ENTRE LES LIGNES
ENTRE LES SIGNES

BIBLIOGRAPHIE

A.B.C. de la Graphologie, J. Crépieux-Jamin, P.U.F. 1930.
L'écriture et le caractère, J. Crépieux-Jamin, P.U.F. 1963, 16e édition.
Expression du caractère dans l'écriture, L. Klages, Delachaux et Niestlé.
Le symbolisme de l'écriture, M. Pulver, éd. Stock 1931 et 1971.
Graphologie par le trait, W. Hegar, éd. Vigot frères, 1962 (épuisé).
Apprenez la Graphologie, G. Beauchataud, éd. J. Oliven, 1959.
Dictionnaire pratique de graphologie, par un collectif de graphologues de la S.F.D.G. et du G.G.C.F., M.A. éd., 1985.
Manuel de Graphologie, A. Lombard, M. de Noblens, J. Peugeot, éd. Masson, 1985.
La Graphologie, Histoire, pratique, perspective, par un collectif de graphologues de la S.F.D.G. et du G.G.C.F., M.A. éd., 1983.
La connaissance de l'enfant par l'écriture, J. Peugeot, éd. Privat, Époque, 1979.
Psychologie de l'écriture, J. C. Gille-Maisani, éd. Payot Paris, 1971.
L'écriture, empreinte de l'homme, S. Brésard, éd. Privat.
Les revues de la S.F.D.G. : La Graphologie, 5 rue Las Cases, 75007 Paris.
Sur la psychologie de Szondi et ses applications à l'écriture :
Diagnostic expérimental des pulsions, L. Szondi, traduction par Mme R. Pruschy, P.U.F., 1973.
Introduction à l'analyse du destin, L. Szondi, traduction par C. Van Reeth, Nauxelaerts, Louvain, 1973.
Le teste de Szondi et la graphologie, Connaissance de l'Homme no 17, 1956.
Introduction à la psychologie du Moi, F. Lefébure et J. C. Gille-Maisani, Mont-Blanc éd., 1976.
Dynamique des pulsions, F. Lefébure et J. C. Gille-Maisani, Mont-Blanc éd., 1980.

Jean-Pierre Nicola : *La Condition Solaire* (Éditions Traditionnelles), *Pour une Astrologie moderne* (éd. Seuil), *Le Grand Livre de l'Astrologue, Pluton, Neptune, éd. Sand.*
Les Signes du destin : collection de 12 livres, du Rocher ou éd. Marabout.
Françoise Hardy présente l'Astrologie universelle, ouvrage collectif, à paraître aux Éditions Albin Michel.

En écrivant au C.O.M.A.C., Saint-Denis-sur-Huisne, 61400 Mortagne-au-Perche, il est possible de se procurer : *l'Aide-Mémoire d'Astrologie conditionaliste* de Jean-Pierre Vézien ainsi que *La pensée conditionaliste,* numéro spécial des Cahiers Conditionalistes, revue éditée par le C.O.M.A.C.
Cette association peut également indiquer les cours et les stages qui dispensent l'enseignement de l'Astrologie moderne.

FRANÇOISE HARDY
ANNE-MARIE SIMOND

ENTRE LES LIGNES
ENTRE LES SIGNES

Éditions de Radio Monte Carlo

Nous remercions vivement Monsieur Christophe de Cène qui a calculé et dessiné les cartes du ciel sur ordinateur (logiciel Galilée).

ISBN 2-86855-006-1

INTRODUCTION

Trois années durant, sur les ondes de Radio Monte-Carlo, des personnalités, en majorité du monde du spectacle, se sont prêtées avec une coopérativité dont Anne-Marie Simond et moi-même leur sommes infiniment reconnaissantes, aux investigations astrologique et graphologique que nous leur avons fait subir. Pourquoi 2 types d'investigations? Parce que l'approche astrologique ne fournit d'informations que sur ce conditionnement particulier qu'est le ciel de la naissance, sans dire quelles solutions bonnes ou mauvaises l'individu a été en mesure d'apporter aux problèmes auxquels celui-ci le prédispose, sans renseigner non plus sur tous ses autres conditionnements. L'approche graphologique, fondamentalement différente, indique quant à elle les traits dominants d'une personnalité : son type d'intelligence, son type et son degré d'activité, son attitude sociale, sa maturité ou son immaturité affectives, autant de points sur lesquels l'approche astrologique reste muette, la qualité humaine, le niveau de pensée, le niveau spirituel, l'équilibre ou le déséquilibre, lui échappant totalement. L'éclairage astrologique ne peut que poser en termes de tendances et de conflits de tendances les problèmes inhérents au seul conditionnement céleste. L'éclairage graphologique renseigne plus précisément sur une grande partie des réponses, négatives ou positives, que l'individu a pu trouver aux divers problèmes posés par l'ensemble de tous ses conditionnements.

Dès le début des émissions de Radio Monte-Carlo, le parti a été pris de ne révéler à Anne-Marie Simond que l'âge et le sexe de l'invité de la semaine, sans lui dévoiler son identité ni sa profession. Anne-Marie a donc fait son travail seule de son côté, tandis que j'effectuais le mien, autrement dit la recherche des questions suggérées par le ciel de la naissance de l'invité, sans la consulter, en collaboration avec l'Astrologue Jean-Pierre Nicola. Ceci, pour que le lecteur n'aille pas imaginer que le travail d'Anne-Marie Simond aie pu influencer le mien ou inversement, question qui risque de lui venir à l'esprit lorsqu'il va constater, comme nous l'avons constaté nous-mêmes, à quel point les 2 approches se recoupent.

Parmi toutes les interviews dont nous disposions, j'ai choisi celles où la personne interviewée avait dit le plus de choses sur elle-même. Certains signes étant moins représentés que d'autres, il a fallu rencontrer des personnalités des signes en question, hors du cadre des émissions de Radio Monte-Carlo : que Messieurs Maupilier, Modiano, Pialat, Pelt, Filipacchi et Caratini, soient ici remerciés de nous avoir aidées, aussi amicalement et efficacement qu'ils l'ont fait, à compléter notre travail. Un grand merci aussi à Serge Gainsbourg et à Isabelle Huppert qui ont tenu à ce que je les revois afin d'améliorer le matériel existant. Un grand merci enfin à tous les autres qui ont pris la peine de lire le travail fait sur eux et nous ont donné l'autorisation de le publier.

Mais avant que le lecteur juge par lui-même si les approches graphologique et surtout astrologique – car l'Astrologie est beaucoup plus contestée que la Graphologie – donnent ou non des informations utiles à une meilleure connaissance de soi et des autres, et méritent ou non qu'on les prenne au sérieux, je passe la parole à Anne-Marie Simond.

F. Hardy

Si mon travail ne convainc pas le lecteur du sérieux de la graphologie, je lui demande de ne pas l'incriminer.

Mon intention n'est pas de démontrer quoi que ce soit ni de gagner à sa cause ceux qui seraient sceptiques.

Un soufflé qui ne monte pas ne prouve rien contre la cuisine française. On peut seulement émettre l'hypothèse que la cuisinière ayant mal dormi a confondu les proportions.

La graphologie ne vaut que ce que vaut le graphologue.

Cela ne veut pas dire que je sous-estime l'importance de la méthode et de la recherche de rigueur. Elles me semblent au contraire si importantes que j'ai inclu dans ce livre les bases techniques de l'observation des écritures présentées.

Mon intention n'est absolument pas d'enseigner ici les rudiments de la graphologie à partir des écritures publiées. Il faudrait y consacrer un volume entier. Ceux qui souhaiteraient s'y initier peuvent se reporter à la bibliographie que j'ai établie.

Avec les données sur lesquelles se fonde une analyse graphologique – qui ne sont d'habitude pas communiquées – le public pourra se faire une idée plus précise de ce qu'est la graphologie et de ce qui la différencie de l'astrologie.

La graphologie s'appuie sur une trace concrète : l'écriture, matérialisation du langage oral, activité spécifiquement humaine, en rapport avec un moment de l'évolution de certaines sociétés.

En ce qui concerne la nôtre, l'ordinateur et la vidéo auront peut-être raison de l'écriture et on peut se demander si au début du siècle prochain les enfants apprendront encore la calligraphie que nous transmirent nos maîtres d'école.

L'écriture qui a une utilité sociale, obéit à certaines règles pour être lisible par tous. Mais avec l'âge et l'entraînement, elle se personnalise et devient expressive de la personnalité.

Chacun a pu constater que son écriture change avec le temps, les émotions, les circonstances, qu'il reconnaît immédiatement sur une enveloppe qui lui parvient l'écriture de X ou de Y et que sans bien s'expliquer pourquoi il éprouve parfois au premier coup d'œil des réactions de sympathie ou d'antipathie.

Notons qu'on n'a pas de trace sensible des effets des astres sur les êtres humains, on ne peut visualiser leur influence qui jusqu'à présent reste mystérieuse.

Tout ce qui est avancé sur la psychologie de l'auteur d'un texte manuscrit repose sur l'examen attentif des caractéristiques physiques de son graphisme que l'on met en rapport les unes avec les autres, que l'on hiérarchise, que l'on relativise.

Si l'intuition du graphologue joue un rôle, bien moindre toutefois qu'une longue expérience assortie d'une égale prudence, tout ce qu'il dit s'explique, se démontre par tel ou tel élément de l'écriture.

Réservée à l'égard de l'astrologie à cause de son irrationalité mais point opposée systématiquement, d'ailleurs tout à fait étrangère à sa pratique, j'ai accepté de collaborer avec Françoise Hardy parce que je connaissais la qualité qu'elle s'efforce d'apporter dans tout ce qu'elle fait et parce que ces émissions me paraissaient devoir être une découverte professionnelle intéressante, vivante, ce qu'elles furent effectivement.

Il m'a bien fallu constater lors des enregistrements des convergences entre nos interprétations. Souvent, il nous est arrivé d'employer des termes identiques ou extrêmement voisins pour décrire le profil d'un de nos invités.

Je n'en tire pas de conclusion, je me borne à signaler le fait.

Que le lecteur ne se laisse pas impressionner par le vocabulaire dont les graphologues se servent pour faire l'inventaire des propriétés d'une écriture.

Il s'agit là d'un jargon ne comportant aucun jugement de valeur.

Les classifications szondiennes ont été établies en fonction de réactions devant les photographies de malades mentaux.

Ainsi, avoir dans son écriture les signes d'une adaptation sociale aisée, de type hystéroïde n'implique aucune hystérie latente ou déclarée... Les facteurs s et h de la pulsion sexuelle correspondent au potentiel d'action combative et à l'acceptation ou au refus de la tendresse, de la conciliation. Qu'on ne croie pas le graphologue au courant des secrets d'alcôve!

Un signe isolé : t en coup de sabre, en coup de fouet, ne signifie rien. Les interprétations s'établissent sur des synthèses et des recoupements d'indices.

Le contexte particulier qui a été le nôtre à l'occasion de ces émissions, puis pour préparer ce livre, ne permettra pas vraiment d'apprécier ce que peut être l'apport de la graphologie soit dans le cadre d'une relation de conseil et d'aide individualisée soit dans le domaine professionnel. Dans la forme, dans le fond, le langage est complètement différent selon les situations. Bien entendu, un éventuel employeur n'a pas à être informé de certains aspects de la personnalité qu'il recrute si ceux-ci n'ont pas d'incidence sur son comportement professionnel.

Le lecteur non graphologue sera retenu par les interviews conduites par Françoise Hardy, le lecteur graphologue prendra peut-être plaisir à comparer son point de vue sur telle typologie ou telle interprétation avec le mien et le complétera.

Mais tous, je l'espère, graphologues et non graphologues seront heureux de découvrir les écritures de ces personnalités connues qui ont répondu favorablement à notre demande.

Peu importent les commentaires que j'ai été amenée à faire, leur insuffisance en densité et en expression, peu importe que bien des choses m'aient échappées, soient approximatives, les écritures sont là, et beaucoup parlent d'elles-mêmes, nous parlent.

Chacune représente une nouvelle rencontre, un monde intérieur, unique, qui nous est entrouvert.

Grâce aux médias, ces chanteurs, acteurs, écrivains, cinéastes, musiciens, nous sont presque familiers. Nous les recevons dans notre salon ou dans notre salle à manger et nous nous faisons d'eux une image à travers leurs propos, leur apparence, qui ne coïncide pas forcément avec ce qu'ils sont véritablement, dont nous avons la révélation dans leur écriture.

En cette occurrence, la chance nous est offerte de mieux les comprendre, de mieux les aimer dans leurs forces et leurs faiblesses.

Ce sont des artistes mais aussi de simples hommes comme nous.

Leurs talents, leurs dons, se laissent mal appréhender par l'écriture et ils consacrent à leur métier le meilleur d'eux-mêmes.

L'homme souvent n'a rien de plus à nous apprendre que son œuvre, que ce qu'il a produit.

Pourquoi essayer d'aller au-delà? N'est-ce pas une sorte de voyeurisme? Non, car c'est parce que nous admirons ce qu'ils font que leur écriture nous touche.

Et pour le graphologue c'est un sujet constant d'émerveillement de remarquer qu'ils n'ont pas davantage que nous confiance en eux, qu'ils gardent les stigmates de leur enfance, qu'ils ont comme nous leurs problèmes, leurs vulnérabilités, et que cependant ils ont su trouver leur voie, leur mode d'expression, infléchir leur destin.

Quelle que soit la valeur d'une analyse graphologique, elle ne peut et n'a pas la prétention de tout expliciter ni de démonter les ressorts d'un individu.

Heureusement chaque personne conserve sa part d'inexprimable.

L'écriture, empreinte visible, renvoie à l'invisible, à l'inaccessible, à l'imprévisible.

C'est cela qui manque dans la rédaction de ces analyses, il aurait fallu des blancs, des silences, des points de suspension, des respirations.

Au lecteur d'y suppléer.

Trouver le ton juste, le mot qui convient exactement est l'obstacle que doit surmonter le graphologue une fois élucidées les complexités d'un caractère.

J'ai dû modifier les portraits présentés aux émissions de R.M.C. Le ton oral est éloigné du ton écrit et je ne m'adressais plus directement à l'intéressé(e).

J'en ai profité pour essayer d'approfondir certaines analyses en les replaçant dans leur contexte social et professionnel que j'ignorais. On ne fait pas de bonne graphologie dans le brouillard.

D'autres analyses sont demeurées presque inchangées

Oser parler des autres est bien téméraire, c'est toujours un exercice de corde raide.

Au-delà des maladresses et gaucheries de ceux qui ne font que gloser, les écritures subsistent et détiennent la vérité.

Qu'on les regarde bien, elles en valent la peine. Pour chaque écriture, la reproduction est en format réduit, la suivante ou les suivantes respectent les dimensions réelles.

A. M. Simond

Résumé des bases de l'Astrologie moderne.

Tout n'est pas « écrit » dans le ciel. Loin de là. Cependant une observation objective fait vite constater qu'une personne née sous le signe du Bélier ou au lever de Mars, n'a pas le même fond comportemental qu'une autre née sous le signe des Poissons ou au lever de Vénus. De là à réduire une personnalité et sa destinée ou son histoire à ses signes et ses planètes, il y a un pas qu'il ne faut pas franchir sous peine de rejoindre dans l'arbitraire tant ceux qui expliquent tout par l'effet astrologique que ceux qui le rejettent en bloc.

Car l'effet astrologique existe et ce n'est pas parce qu'on n'en a pas trouvé les preuves « scientifiques » ni parce que l'interprétation qui en est faite est souvent fantaisiste, superficielle, outrancière, criticable donc, qu'il faut l'ignorer.

La question du déterminisme, le thème de l'acquis et de l'inné, ont toujours soulevé bien des passions et des discussions. Aujourd'hui cependant, il semble moins difficile qu'autrefois d'admettre que tout individu est conditionné par de nombreux facteurs qui restreignent considérablement ce qu'il croit naïvement être sa liberté d'action et de pensée. « L'homme, a écrit Henri Laborit, est inconscient de son inconscient, inconscient de ses déterminismes génétique, biologique, sémantique, de classe, etc.

Le fait d'ignorer ses déterminismes, fait qu'il leur obéit en croyant être libre. »

Le ciel de la naissance conditionne l'individu au même titre que les autres déterminismes cités par Laborit, auxquels on peut ajouter les contextes affectif, géographique, historique, politique, etc. Tous ces conditionnements sont différents et, en même temps, indissociables. Chacun d'entre eux constitue une source d'informations sur l'être humain, mais d'informations partielles et difficiles à circonscrire, dans la mesure où il est extrêmement compliqué d'évaluer de quelle façon et dans quelle mesure tel conditionnement a été modifié par tel autre en particulier ainsi que par l'ensemble en général, et réciproquement.

Pour des Astronomes aussi géniaux que Ptolémée, Copernic, Galilée ou Képler, l'effet astrologique ne faisait aucun doute et ils le modulaient en fonction de leurs autres conditionnements. Témoin, Képler : « Il s'ajoute aux effets des planètes l'imagination de ma mère quand elle me portait... Il s'ajoute encore que je suis né homme et non femme... En troisième lieu, je tiens de ma mère son tempérament physique, plus apte à l'étude que tout autre genre de vie. Quatrièmement, mes parents n'étant pas riches, ils n'avaient pas de terre à laquelle je puisse me destiner et m'attacher. Cinquièmement, il y avait des écoles, il y avait des exemples de la libéralité des magistrats en faveur des enfants doués pour les études... »

C'est au XVIIe siècle, que le rationalisme étroit a interdit l'Astrologie, laissant ainsi tout loisir aux esprits fumeux, plus épris de merveilleux que de rigueur, d'en faire un bric-à-brac où l'anecdotique relègue l'essentiel à l'arrière-plan, où les multiples manifestations possibles de l'effet astrologique sont confondues avec l'effet lui-même. C'est au XXe siècle que Jean-Pierre Nicola rend à l'Astrologie ses lettres de noblesse en étudiant au-delà du symbole, le signal concret qui en est la source et en procédant, à partir de là, à une tentative de codification cohérente de l'effet astrologique. Mais les préjugés demeurent. L'Astrologie est toujours marginale, et il faudra sans doute beaucoup de travail, beaucoup de temps encore, avant qu'elle ne réintègre notre patrimoine culturel.

Pour Nicola, les Astrologues n'ont fait qu'élargir la notion d'environnement. Si je suis conditionnée par le fait que je suis parisienne, française, européenne, je le suis aussi par le fait que je suis « terrienne » et que ma planète appartient au système solaire. En années-lumière, la lune n'est d'ailleurs qu'à une seconde de la terre, le soleil à huit minutes, Pluton à cinq heures, et, une fois en dehors du système solaire, il ne faut pas moins de trois années, pour rencontrer un autre corps céleste. Personne ne conteste l'influence du soleil et de la lune ainsi que du climat qui y est lié, sur les êtres vivants. Or, le système solaire est un tout, qui a sa cohérence et ses lois. N'admettre de relations qu'entre 3 – la terre, le soleil et la lune – sur les 11 éléments les plus importants qui constituent ce tout, c'est un peu comme si on réduisait l'homme ou tout autre système, toute autre globalité, au quart de ses composants. Si l'on admet – et comment faire autrement – les effets solaire et lunaire, il est aberrant d'exclure les effets mercurien, vénusien, martien, jupitérien, saturnien, uranien, neptunien et plutonien.

Mais il n'y a pas que les planètes, il y a les signes, qui en sont indissociables, un peu comme un train est indissociable de ses rails. Pour comprendre ce qu'est un signe du zodiaque il faut faire un minimum d'Astronomie. L'écliptique est le parcours apparent du soleil autour de la terre ou, si l'on préfère, le parcours réel de la terre autour du soleil. Hormis Pluton, toutes les planètes du système solaire circulent dans une zone de la sphère céleste qui s'étend à une huitaine de degrés de part et d'autre de l'écliptique et qu'on appelle « zodiaque ». Le zodiaque est divisé en 12 secteurs de 30° chacun, à partir du point vernal qui correspond à 0° de longitude céleste et se situe à l'intersection de l'écliptique et de l'équateur céleste. Ces 12 secteurs ne sont autres que les 12 signes du zodiaque. Un signe du zodiaque est donc un repère précis dans l'espace. Lorsque le soleil ou n'importe quelle planète du système solaire se trouvent dans un certain signe, cela indique, d'une part, leur longitude, autrement dit leur position par rapport au point vernal, et, d'autre part, le rapport des durées de leur arc diurne (durée de présence au-dessus de l'horizon) et de leur arc nocturne (durée de présence au-dessous de l'horizon), rapport qui est toujours le même pour un signe et un lieu terrestre donnés.

Pour Paris, par exemple, lorsque le soleil ou une autre planète se trouvent dans le signe du Bélier, c'est-à-dire entre 0 et 30° de longitude céleste, cela signifie qu'ils vont rester un peu plus de douze heures au-dessus, et un peu moins de douze heures en dessous de l'horizon. L'Astrologie occidentale, qui ne tient compte que des relations entre l'homme et le système solaire est, entre autres, basée sur la signification qu'elle attribue à l'arc diurne et à l'arc nocturne du soleil et des planètes, à leurs rapports, ainsi qu'à la croissance ou à la décroissance de ces arcs dans le temps, autrement dit aux signes.

Ici s'impose une parenthèse à propos du pseudo-déplacement des signes que l'on ressert à chaque enquête sur la question astrologique pour mieux la ridiculiser, sans se rendre compte que c'est soi-même, en l'occurrence, qu'on ridiculise. Les premiers astronomes-astrologues ont emprunté le nom de chaque signe du zodiaque pour l'attribuer à la constellation qui se trouvait à des années-lumière de lui, dans son prolongement. Or, s'il est exact que depuis ce baptême malencontreux, les constellations se sont déplacées et que, par exemple, celle du Bélier est actuellement dans le prolongement du signe des Poissons et non plus dans celui du signe du Bélier, il est par contre erroné de confondre le signe et la constellation du même nom. Une constellation est un groupe d'étoiles qui se trouve à des années-lumière du système solaire, alors que, comme je viens d'essayer de l'expliquer, un signe est une région déterminée du système solaire que l'Astrologie occidentale prend seul en compte.

Le schéma ci-dessous donne une idée de la théorie astrologique sur le mode de fonctionnement des signes à partir des relations signe-soleil.

Sous nos latitudes, le printemps commence lorsque le soleil parvient à 0° Bélier : à ce moment, les durées du jour et de la nuit sont sensiblement égales, mais celle du jour l'emporte pour la première fois depuis six mois, et ne va pas cesser de croître jusqu'à ce que le soleil parvienne à 0° Cancer qui marque le début de l'été, tout au long duquel la durée du jour reste supérieure à celle de la nuit, mais va en diminuant. Quand le soleil arrive à 0° Balance, c'est l'automne : la durée de la nuit l'emporte désormais, pour la première fois depuis six mois, sur celle du jour, et va aller en augmentant jusqu'à l'arrivée du soleil à 0° Capricorne, qui inaugure l'hiver où la durée de la nuit va rester supérieure à celle du jour, mais aller en diminuant. La théorie astrologique, qui est une tentative d'explication abstraite de l'effet astrologique constaté empiriquement, établit un rapport entre l'augmentation en durée du phénomène dominant – jour ou nuit – et la prépondérance des réactions d'excitation et de rapidité chez le plus sensible des récepteurs vivants qu'est le récepteur humain, ainsi qu'entre la diminution en durée du phénomène dominant et la prépondérance des réactions d'inhibition et de lenteur. De fait, ce sont les réactions d'excitation et de vicacité qui prévalent chez le printanier et l'automnal, alors que ce sont celles d'inhibition et de lenteur qui l'emportent chez l'estival et l'hivernal. En outre, tout se passe aussi comme si chaque signe du cœur de la saison équilibrait celle-ci, en renversant, pour ainsi dire, la vapeur. Ainsi, l'excitation qui caractérise le Bélier et les Gémeaux pour le printemps, la Balance et le Sagittaire pour l'automne, se retourne en inhibition au Taureau et au Scorpion, alors que l'inhibition qui caractérise le Cancer et la Vierge pour l'été, le Capricorne et les Poissons pour l'hiver, s'inverse en excitation au Lion et au Verseau. Évidemment, la nature des réactions d'excitation et d'inhibition n'est pas la même selon la saison. Chaque saison a, en effet, une fonction spécifique, qui découle du facteur évoqué : augmentation ou diminution dans le temps du processus dominant – jour ou nuit.

Le printemps, qui a une dynamique de jour en expansion, a une fonction de dépense de l'énergie, qui se manifeste par une excitabilité naturelle (disponibilité, mobilité, vivacité, variabilité) au Bélier et aux Gémeaux, et par son retournement en concentration et récupération de l'énergie (résistance, fermeture, méfiance, stabilité, unilatéralité) au Taureau.

L'été, qui a une dynamique de jour en régression, a une fonction de maîtrise de l'espace, qui se manifeste par une inhibition protectrice (défense, limitation, contrôle, conservation) au Cancer et à la Vierge, et par son inversion en excitation débloquante (audace, dépassement, surpassement) au Lion.

L'automne, qui a une dynamique de nuit en expansion, a une fonction d'association dans le temps, qui se manifeste par une excitation associative (facilité à se lier, à lier, concilier, comparer) à la Balance et au Sagittaire, et par son retournement en inhibition différentielle (dissection, discrimination, opposition, singularisation) au Scorpion.

L'hiver, qui a une dynamique de nuit en régression, a une fonction de structuration qui se manifeste par une inhibition extinctive (déconditionnement, détachement, élimination de l'accessoire) au Capricorne et aux Poissons, et par son inversion en excitation « re-créatrice » (reconditionnement, repositionnement, renouvellement) au Verseau.

Reste à savoir pourquoi le fait de naître avec telle dominante saisonnière ou zodiacale, autrement dit de naître au moment où le soleil ou d'autres planètes se trouvent dans certains signes, va susciter tel ou tel type de réponse ou de comportement. Malheureusement, si l'on constate concrètement que les personnes nées au moment du passage du soleil en Poissons sont capables d'une distance et d'un effacement qui font généralement défaut à celles nées au moment du passage du soleil en Bélier, de même que celles-ci ont une aptitude à trancher et à se polariser, qui fait défaut à celles-là, on n'en a pas encore trouvé l'explication « scientifique ». Il n'y a pas que l'aspirine dont on connaisse les effets en continuant à tout ignorer ou presque de son mode d'action.

De la même façon, l'observation courante, confirmée par des statistiques, montre que naître au lever, à la culmination, au coucher ou au minuit d'une planète ou du soleil, imprime au caractère des traits spécifiques, au point que la caractérologie nous a familiarisés avec les types martien, lunaire, saturnien et autres...

A partir de ces traits observés depuis des millénaires, l'Astrologie moderne a établi deux théories qui sont une tentative de définition logique des significations astrologiques du soleil et de ses planètes. Ce sont la théorie des âges et le système R E T, dont voici un résumé.

La théorie des âges établit entre les étapes majeures de l'évolution de l'être humain et les durées des cycles planétaires, des corrélations qui tendent à démontrer l'existence d'une similitude de nature entre ce qui caractérise chacune de ces étapes et la fonction de la planète au cycle correspondant ainsi que les traits qui en découlent.

Ainsi, de zéro à un mois, durée du cycle de la Lune, le

nouveau-né ne se différencie pas de son environnement dont il dépend entièrement et qui doit pourvoir à ce à quoi se réduit son existence : la satisfaction de ses besoins élémentaires. La personnalité lunaire fait, plus qu'une autre, corps avec son environnement immédiat. Au négatif, elle en dépend passivement, et se contente d'y puiser ce qui est nécessaire à son bien-être. Au positif, elle sait assurer et maintenir l'harmonie, l'équilibre, entre elle et le milieu. La fonction lunaire est une fonction d'homogénéisation, d'harmonisation.

De un à trois mois, durée du cycle mercurien, l'enfant commence à s'ouvrir à autre chose que la simple satisfaction de ses besoins naturels, ainsi qu'à différencier sans idée préconçue – et pour cause – les éléments disparates de son environnement. Au positif, la personnalité mercurienne est disponible à la nouveauté, au changement, au jeu, à la gratuité. Au négatif, elle saute d'une chose à une autre sans aucune ligne directrice. La fonction mercurienne est une fonction de détente, de diversion, de dédramatisation.

De trois à sept mois, durée du cycle de Vénus, l'enfant reconnaît mieux les sons, les couleurs, les formes, qu'il apprécie de façon plus sélective. Il découvre donc le temps, et du même coup l'inquiétude, puisque reconnaître implique le besoin de retrouver et faire durer les sensations et les émotions agréables. Au positif, la personnalité vénusienne est sensorielle et sentimentale. Au négatif, elle est subjective et émotive. La fonction vénusienne est une fonction de repérage sensoriel et émotionnel.

De sept à douze mois, durée du cycle solaire, l'enfant se tient debout et se rend compte qu'il lui faut se plier à certaines exigences de son entourage pour qui il occupait jusque-là une position centrale, afin d'en obtenir l'approbation, l'appréciation et maintenir ainsi cette position. Au positif, la personnalité solaire sait faire les efforts nécessaires à l'obtention d'une identité sociale valorisante, en conformité avec les critères de son contexte socio-culturel. Au négatif, elle a du mal à se décentrer et à se passer du regard, de l'estime des autres, cantonnés au rôle de miroir. La fonction solaire est une fonction d'identification sociale, de discipline et de maintien de l'ordre existant.

De un à deux ans, durée du cycle de Mars, l'enfant a une indépendance motrice qui lui permet d'aller tout seul vers les objets, de s'en saisir, souvent de les casser. C'est l'âge des plaies et des bosses, l'âge où il est souvent plus intéressant de s'opposer que de se conformer. Au positif, la personnalité martienne explore le monde concrètement, physiquement et sans appréhension. Au négatif elle est incapable d'abstraire, de voir au-delà des faits et des actes. La fonction martienne est une fonction d'agression au sens d'aller vers, au sens de se confronter directement aux réalités les plus brutes, les plus tangibles.

De deux à douze ans, durée du cycle jupitérien, l'enfant acquiert le langage et découvre la vie à plusieurs, au sein de sa famille d'abord, où il lui faut admettre qu'il n'est pas seul dans la vie de sa mère, à l'école ensuite. Au positif, la personnalité jupitérienne est soucieuse d'intégration, sociable, éloquente, logique, pragmatique. Au négatif, elle est simpliste, conformiste, opportuniste. La fonction jupitérienne est une fonction de socialisation.

De douze à trente ans, durée du cycle saturnien, c'est le difficile passage de l'enfance à l'adolescence dans un premier temps puis, dans un deuxième, de l'adolescence à l'âge adulte. Au positif, la personnalité saturnienne est raisonnable, réfléchie, désintéressée, à la recherche du sens et de l'essentiel. Au négatif, elle oscille de l'avidité au renoncement, dans une solitude et une insatisfaction chroniques. La fonction saturnienne est une fonction de distanciation, de détachement, de réflexion rigoureuse.

La durée de quatre-vingt-quatre ans du cycle uranien couvre celle d'une existence humaine normale. Quarante-deux ans, qui correspond au demi-cycle uranien, marque, en principe, l'apogée de la vie adulte, caractérisée par l'indépendance professionnelle, par une façon de penser plus personnelle, mais aussi par le début du déclin de la vie sensorielle et affective. Au positif, la personnalité uranienne est ambitieuse, audacieuse, volontaire, originale. Au négatif, elle est autoritaire, sèche, cassante. La fonction uranienne est une fonction de démarquage et de spécialisation.

Les cycles de Neptune et Pluton, cent soixante-quatre ans pour le premier, deux cent quarante-neuf ans pour le second, ne concernent plus la vie humaine, d'où l'absence de repères et de projet, mais aussi la réceptivité aux réalités non évidentes, à l'irrationnel, qui caractérisent les personnalités neptunienne ou plutonienne. Les fonctions de ces planètes apparaissent plus clairement sous l'angle de la théorie R E T.

Le système R E T, considérant l'être humain en tant que récepteur et le soleil et ses planètes en tant qu'émetteurs, propose 3 plans de réception et d'émission des informations : le plan R des représentations, le plan E de l'existence et le plan T de la transcendance.

Le plan R des représentations va de pair avec un haut niveau d'excitabilité et sensibilise à ce qui est simple, évident, unitaire, au paraître, au discours, au premier degré, en même temps qu'il donne un grand besoin d'appréciation, de reconnaissance, et facilite l'adhésion aux normes, la communication, l'implication, l'ambition personnelle, l'efficacité à court terme. Au négatif, une dominante R fait manquer d'objectivité, de distance, de profondeur, d'originalité, parfois de désintéressement.

Le plan E d'existence va de pair avec un niveau d'excitabilité moyen et sensibilise aux réalités concrètes et duelles : les faits, les actes, mais aussi les émotions et les sensations. Une dominante E favorise le sens concret, le réalisme du présent, l'instinct, la sensorialité, le besoin d'agir, de se confronter directement aux êtres et aux événements, de profiter physiquement de la vie. Au négatif, une dominante E ferme aux abstractions et aux idéaux.

Le plan T de transcendance va de pair avec un niveau d'excitabilité bas et sensibilise à l'au-delà des apparences et des faits, autrement dit à la complexité. Une dominante T favorise la profondeur, le recul, les remises en question, la contestation, l'originalité des vues, l'intérêt pour les idées universelles et les valeurs collectives. Au négatif, une dominante T fait tout compliquer à plaisir et rend l'adaptation, la communication problématiques.

Tout se passe comme si le soleil et chaque planète – la lune faisant, de par sa situation particulière de satellite de la terre, exception – prenaient leur source dans l'un de ces 3 plans pour se diriger vers l'un des 2 autres.

Appartiennent au plan R des représentations, les planètes les plus proches de nous et les plus rapides : Mercure, Vénus et le Soleil. A l'intérieur du plan R, Mercure va vers le plan T, Vénus vers le plan E, tandis que le Soleil reste en R. Procèdent du plan E d'existence, les planètes moyennement éloignées de nous et semi-rapides : Mars, Jupiter et Saturne. A l'intérieur du plan E, Mars reste en E, Jupiter va vers le R et Saturne vers le T. Prennent leur source au plan T de transcendance, les planètes les plus éloignées et les plus lentes : Uranus, Neptune et Pluton. A l'intérieur du plan T, Uranus va vers le R, Neptune vers le E, et Pluton reste en T.

Le Soleil a pour fonction de représenter les représentations, de les maintenir. C'est pourquoi le Soleil concerne les codes, les principes directeurs, les centres de référence, les modèles, les normes, la fonction et le statut sociaux, l'image de marque ou « persona », l'estime de soi par le biais de l'estime des autres, le self-control... La carence de E favorise le dédain du prosaïque et l'excès de cérébralisation ainsi que le refoulement de ce qui est trop pulsionnel et émotionnel. La carence de T prédispose à la linéarité et à un certain simplisme dû à la difficulté d'envisager les choses en dehors des critères du milieu, à voir au-delà des apparences, des évidences.

Mercure a pour fonction de transcender les représentations, d'aller au-delà d'elles pour en appréhender les diverses facettes, les diverses significations possibles, cachées, insolites. Mercure est un kaléidoscope qui constitue plusieurs images à partir d'une seule, qui joue avec les apparences, les rend plus légères, plus insaisissables aussi, et, finalement les dédramatise en leur ôtant ce qu'elles ont de trop évident, de trop entier, de trop unique ou « à sens unique »... Car Mercure s'éloigne du R, c'est-à-dire de ce qui est trop fixe, linéaire, dans les représentations. Sa carence de E lui fait fuir ou ignorer ce qui est trop affectif ou trop terre à terre.

Vénus a pour fonction de faire exister, de concrétiser les représentations : l'impact émotionnel d'une expression est vénusien. Le désir basé sur l'attraction qu'exercent certaines apparences, les émotions qui en découlent et la concrétisation de ce désir, sont également vénusiens. Vénus retient des apparences ce qui l'émeut, pleure quand le film est triste, a le cœur qui bat pour une photo, fantasme sur un timbre de voix. Sa carence de T l'empêche de voir plus loin que ses attirances ou ses répulsions épidermiques.

Mars a pour fonction de vivre, d'éprouver directement, concrètement, les réalités « brutes », telles qu'en elles-mêmes et non telles qu'on se les représente : c'est vivre pour vivre, agir pour agir, sans objectif à long terme ni préoccupation métaphysique. Mars concerne l'instinct et le comportement animal qui pare au plus pressé, agit et lutte sans se poser de questions, sous la pression des réalités concrètes. La carence de R fait ignorer les conventions, les discours, les idéaux, la carence de T rend prosaïque et primaire.

Jupiter a pour fonction de représenter l'existence, autrement dit les réalités concrètes, de les utiliser et de les simplifier. Jupiter concerne ce qui simplifie la vie concrète et la socialise : le langage, l'enseignement, la logique, l'administration, l'organisation, le sens des opportunités, le sens pratique, le sens de l'utilitaire, du fonctionnel, l'argent... La carence de T favorise la difficulté à voir la part d'ombre et de complexité des réalités courantes.

Saturne a une fonction inverse de la fonction jupitérienne, puisqu'elle consiste à transcender l'existence, autrement dit à aller au-delà des réalités concrètes, à s'en distancier, pour mieux en comprendre les mécanismes et le sens cachés ultimes. Saturne vise la structure, l'approfondissement, l'absolu. La carence de R favorise l'hermétisme, l'asocialité, le manque d'efficacité, l'indifférence.

Uranus a pour fonction de représenter la transcendance, autrement dit d'en faire émerger au prix de certaines réductions ce qu'elle a de plus représentatif et de plus communicable. Uranus concerne la prise de conscience de l'inconscient, la vulgarisation de l'intuition, la mise en évidence des motivations les moins évidentes des êtres, des lois les plus souterraines des choses ainsi que l'ascendant qu'ont sur les autres, à leur insu ou non, ceux qui savent traduire, rendre accessible, représentatif et par là même efficace, l'universel. La carence de E favorise l'excès de cérébralisation, la sécheresse, la rigidité, ainsi qu'une prise en compte insuffisante des réalités concrètes débouchant sur le systématisme et l'arbitraire.

Neptune a pour fonction de vivre la transcendance, de la concrétiser. Neptune « sent » ce qui échappe aux autres, l'au-delà des apparences, l'irrationnel, les vibrations subtiles, les courants qui passent ou non. Neptune est le médium, l'artiste ou le mystique en prise directe sur l'inconnu, l'invisible, l'universel. La carence de R porte à se suffire de ce que l'on ressent, à ne pas avoir besoin d'exprimer la richesse des perceptions ou à les exprimer autrement que verbalement, à avoir du mal à se polariser sur un objectif précis et à court terme, à être indifférent au quotidien, au social.

Pluton a pour fonction d'aller au-delà de la transcendance. Si l'on n'est pas plutonien, on ne comprend pas trop, ou même pas du tout, de quoi il est question, ce qui est déjà un premier pas, puisque accéder au plan plutonien consiste à quitter les autres plans, à perdre tous ses a priori, tous ses points de repère, à franchir la frontière entre le connaissable et l'inconnaissable. Toujours aller plus loin, toujours complexifier, autrement dit toujours remettre en question, voire détruire les points de repère et d'appui, les acquis, les certitudes, pour mieux se rapprocher de la Vérité avec un grand V, de l'au-delà de la vie et de la mort, relève de Pluton. La carence de R et de E favorise l'excès d'indifférence, d'inintégration, d'insensibilité, d'incohérence...

Quant à la Lune, elle contiendrait en germe les 3 plans et sa fonction d'homogénéisation consisterait à en faire une synthèse harmonieuse, ce qui, bien évidemment, n'est pas à la portée du premier lunaire venu, de la même façon qu'assumer la fonction des autres planètes ou du soleil implique des aptitudes extra-horoscopiques. Le ciel de naissance n'indique pas des dons, mais des sensibilisations particulières. Selon ses autres conditionnements et son niveau, sa qualité personnels, l'individu est susceptible de vivre ses dominantes planétaires au plus haut comme au plus bas degré. Une dominante T, par exemple, peut aussi bien avoir trait au philosophe ou à l'artiste créateur, au « sorcier », qu'à l'inadapté complet ou au jouet passif d'événements collectifs. De même, une dominante E peut concerner tant l'homme d'action, l'homme de terrain, le « guerrier », que le matérialiste ou le jouisseur. Une dominante R enfin, se rencontre tout autant chez le leader qui sait expliquer, orienter, entraîner, animer, chez le « roi », que chez l'arriviste forcené, prétentieux, vaniteux, simpliste et à courte vue.

Bien qu'il y soit fait référence dans certaines des interviews, je n'aborderai pas ici la théorie plus complexe du S O R I qui concerne les « maisons » astrologiques, et je renvoie le lecteur intéressé à des ouvrages spécialisés dont la liste figure en dernière page et où il trouvera un développement complet de toutes les théories de base de l'Astrologie moderne ou conditionnelle.

BÉLIER

0 à 30° de longitude céleste.

Arc diurne supérieur à l'arc nocturne et croissant. Écart minimal entre les 2 arcs.

L'excitabilité du printemps se manifeste au Bélier, premier signe du zodiaque, et, en tant que tel, instinctif, pur, spontané, tout feu tout flamme, par le besoin de brûler sans compter son énergie dans sa passion du moment. Pas de demi-mesures, pas de concessions, pas de nuances non plus pour lui. Heureusement, car la fonction Bélier consiste à trancher, décider, choisir, oser, pour mieux s'engager, agir, se battre.

Traits Bélier : le Bélier est la personne du premier mouvement, mais aussi des pieds dans le plat. Au positif, le Bélier est vif, rapide, franc, direct, entier, exclusif, enthousiaste, dynamique, courageux, volontaire, passionné, généreux. Mais il manque au Bélier ce qui fait la force de son signe inverse les Poissons et de son voisin Taureau. Au négatif, le Bélier manque de tact, de finesse, de réflexion, de recul, il est également bruyant, remuant, brutal, insolent, agressif, envahissant, naïf, impulsif, impatient, imprudent, inconséquent, inconstant.

SERGE GAINSBOURG *
artiste

Signes dominants : le Bélier par une triple conjonction Uranus-Soleil-Jupiter. Les Poissons par l'Ascendant et une conjonction Mercure-Vénus. La Vierge par la Lune.

Toutes les planètes sont valorisées. Seul le Soleil est sans valorisation.

Dominante équinoxiale.

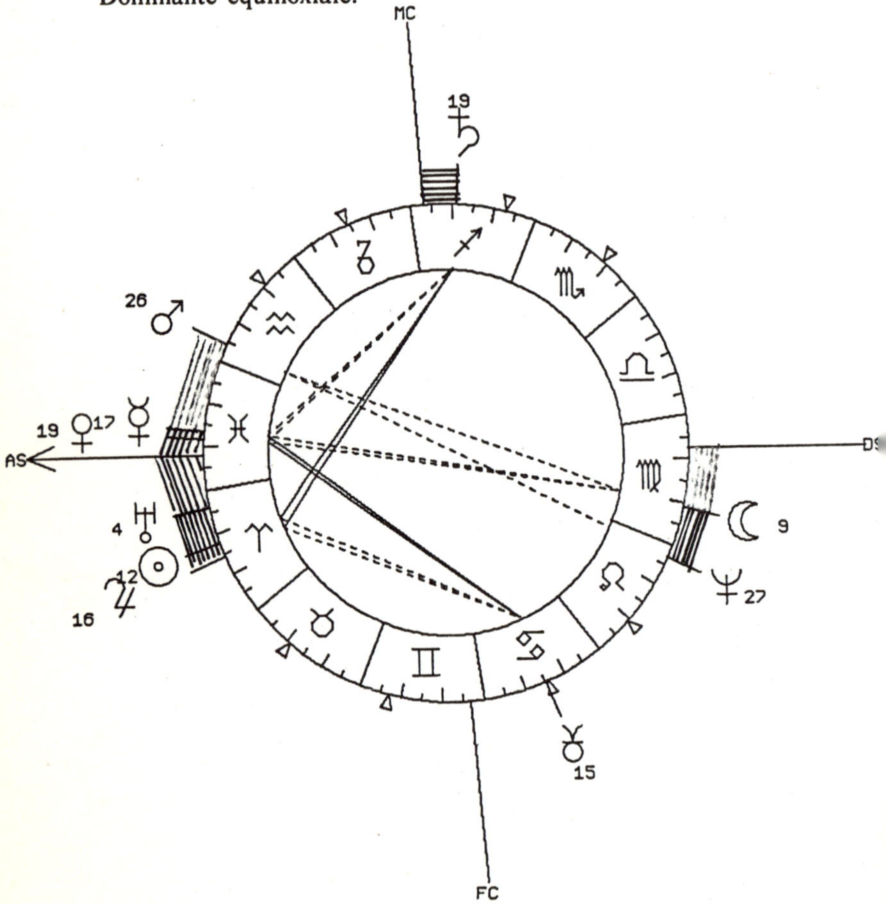

* Par souci de discrétion vis-à-vis de certaines d'entre elles, nous ne publions pas la date de naissance des personnalités interviewées.

Le téléphone sonne sans interruption et on sent Serge partagé entre le besoin de répondre et les impératifs de l'interview. Cela lui prend un certain temps avant de se résigner à tenir sa promesse de ne plus décrocher.

Françoise Hardy : Le Bélier, votre signe solaire, a beaucoup de mal à couper le contact avec le monde extérieur, alors que les Poissons, votre signe Ascendant, auraient plutôt du mal à l'établir.

Serge Gainsbourg : ...

F. H. : Vous dites que la façon dont vous écrivez – je ne parle pas de votre création d'auteur, mais de la façon dont vous formez vos lettres – n'est absolument pas spontanée, or le Bélier est justement spontanéité pure...

S. G. : Je n'ai pas envie de me battre en duel avec mon Ascendant. Ce serait sans merci. Ce n'est pas possible. Axons-nous plutôt sur le Bélier que sur les Poissons...

F. H. : Ces 2 signes sont l'inverse l'un de l'autre et comptent autant l'un que l'autre pour vous. Je ne peux donc pas ne vous citer que les traits Bélier, puisque, selon la logique astrologique, ils devraient coexister avec les traits opposés que sont les traits Poissons.

S. G. : Ce n'est pas à moi d'être analytique, c'est à vous...

F. H. : Justement j'attends de vous une synthèse... Le Bélier est donc un signe qui porte à vivre au présent, à brûler son énergie, à être entièrement dans ce qu'on éprouve, dans ce qu'on fait. On peut schématiser son attitude par : « ici et maintenant » ou « tout tout de suite »...

S. G. *(plaisantant)* : C'est Bélier... c'est reggae...

F. H. : A l'inverse, les Poissons, par une faculté innée de détachement vis-à-vis de la vie en général et de leur vie en particulier, ont tout leur temps : « pourquoi faire aujourd'hui ce qu'on peut aussi bien faire demain » ont-ils tendance à penser...

S. G. : Ça c'est inadmissible... ou alors votre formulation est mauvaise... il y a là quelque chose de... « méridional » que je ne peux pas accepter... oublions méridional. Quelque chose de... disons de langoureux que je déteste. Si je peux baiser aujourd'hui, je baise aujourd'hui, je ne baiserai pas demain.

F. H. : Il y a une indécision chez les Poissons qui fait remettre les choses à plus tard...

S. G. : Indécision j'accepte. Voilà. J'accepte cette autre proposition. Remettre les choses... à la limite des convenances... *(riant)* pas dégueulasse...

F. H. : Pour que l'on tombe sur des formulations qui vous conviennent, je vais être obligée de vous dire les mêmes choses de façon différente. En voici une, empruntée à Jean-Pierre Nicola : « le Bélier est travaillé de l'intérieur par un besoin de plénitude et d'intensité. Il s'agit d'emballer la vie pour se sentir exister. Il s'agit de s'épuiser à vivre. » J'ai noté aussi pour vous cette phrase d'un artiste de variétés, né comme vous sous le signe du Bélier, et qui illustre parfaitement ce signe : « vivre la nuit, c'est vouloir vivre plus intensément, c'est grignoter des minutes éveillées sur la petite mort du sommeil, tenter d'avoir des journées de vingt-quatre heures, pousser la machine à son maximum. »

S. G. : C'est d'une platitude!

F. H. : Il ne s'agit pas d'être original...

S. G. : Il s'agit d'être puriste...

F. H. : Il s'agit d'essayer de cerner un comportement, une attitude...

S. G. : Lui cerne ses yeux et moi je cerne... Qu'est-ce que je vais cerner? Un comportement? Une attitude?

F. H. : Reconnaissez-vous comme vôtre, ce besoin Bélier de vivre vite et dangereusement?

S. G. : Oui d'accord, mais ne prenons pas de références comme ça...

F. H. : Elles servent à illustrer concrètement ce que je vous dis...

S. G. : Je déteste les bouquins illustrés. Je déteste les illustrations. Je préfère que les suggestions visuelles viennent de ma propre volonté, de mon propre gré...

F. H. : C'était une parenthèse...

S. G. : C'était une gaffe.

F. H. : Besoin de vivre vite, dangereusement, irretenue, manque de freins... Voilà des traits Bélier...

S. G. : On peut même rouler sur la jante... Je suis conscient des dangers de la speederie...

F. H. : Enfant, aviez-vous déjà besoin que les choses bougent et aillent vite?

S. G. : J'avais besoin de stridence...

F. H. : Une dominante Poissons donne au contraire un être qui reste dans son coin, replié sur ses rêves. Il y aurait donc en vous à la fois un homme pressé et un contemplatif...

S. G. : Le premier est pressé, l'autre imprécis...

F. H. : C'est excellent.

S. G. *(content)* : C'est net... ... La rêverie c'est vrai. Je m'évadais de ce monde avec les contes de Perrault, d'Andersen, de Grimm et d'Hoffmann, ça ce n'est pas Bélier...

F. H. : Le Bélier est plutôt casse-cou... On vous imagine plus facilement en enfant timide et rêveur, qu'en enfant casse-cou. L'étiez-vous? Faisiez-vous des bêtises?

S. G. : Je crevais les yeux des poupées de mes sœurs avec des aiguilles à tricoter...

F. H. : Ça ne va pas très loin... Faisiez-vous des cabrioles? Tombiez-vous sur la tête – au sens propre –?

S. G. : Non, je ne faisais pas trop de conneries... *(plaisantant)* J'ai été incontinent pendant 13 ans...

F. H. : Étiez-vous un enfant turbulent?

S. G. : Non. J'étais un mince voleur et un gros menteur. Quand j'avais un zéro, je notais 1 devant avant de présenter mon carnet à mon père, puis j'arrachais soigneusement la page avec une de ses lames de rasoir et je refaisais le tout avec les zéros initiaux, en imitant sa signature ainsi que celle de mon professeur. Ça marchait. J'étais donc un faussaire. Et un voleur. Voler était une approche du vertige. Comme je ne pouvais rien emmener chez mes parents, je donnais les objets que je volais à mes petits camarades d'école.

F. H. : On retrouve l'attrait Bélier pour un certain danger...

S. G. : You're right.

F. H. : En dehors de ça, par quoi se manifestait votre besoin de « stridence »?

S. G. : Toutes mes motivations ont été d'ordre sexuel...

F. H. : Pas enfant quand même?

S. G. : Si... Instinctuellement... J'ai été initié très jeune aux dessin, fusain, encre de chine et à la peinture...

F. H. : Très jeune, ça veut dire?

S. G. : 13 ans. Il m'a donc été donné de voir des femmes, des modèles – on appelait ça des modèles vivants – et, tout en restant d'une grande pureté, j'étais perturbé animalement par cet inconnu – u, pas u-e – qu'était la femme...

F. H. : Puisque l'on évoque votre enfance, pouvez-vous dire quelles étaient les injonctions parentales qui vous ont influencé? En quoi par exemple l'influence parentale a-t-elle pesé sur votre décision de tourner le dos à un art majeur où vous n'étiez pas sûr d'être le meilleur, pour vous consacrer à un art mineur, où vous aviez plus de chances de ce point de vue? L'éducation juive est plus élitiste qu'une autre...

S. G. : Élitiste non... Mon père n'avait pas d'a priori qualitatif. Sa position n'était pas... pas élitiste... *(cherchant le mot)* Attendez, je vais trouver... Il y avait cette notion de ghetto qui implique beaucoup de réserve, beaucoup de retenue, et, en définitive, de misanthropie. C'est ce que mon père, petit émigré russe, m'a inculqué sans en être conscient. Certainement pas la notion d'élitisme. Mon père était un garçon trop affable pour être élitiste.

F. H. : L'idée de s'en sortir?

S. G : Se démerder. Pas s'en sortir. Se démerder. *(riant)* C'est pas mal ça, ce que je viens de dire... aberrant : s'en sortir non, parce que je n'étais pas dans la merde, mais se démerder. *(riant encore)* Ça, c'est grand! *(reprenant son sérieux et impératif)* Next?

F. H. : J'aurais aimé que vous me parliez des freins que vous opposez à l'irretenue Bélier. Vous évoquez le ghetto, c'est une forme de frein imposée de l'extérieur... Le Bélier est un être qui a des désirs et entend ne pas en différer la satisfaction. Quels sont les freins internes qui vous empêchent...

S. G. : Qui m'empêchaient...

F. H. : ... qui vous empêchent encore peut-être...

S. G. : De?

F. H. : De vous laissez aller à tous vos désirs.

S. G. : Il y a cette dualité du travelling avant qu'est le désir, et du travelling arrière qu'est... je ne dirai pas le cynisme... quoique le cynisme ne tarde pas à se pointer... mais la lucidité... Ça c'est une dualité.

F. H. : Astrologiquement, il y a le désir Bélier et l'indifférence Poissons pour laquelle tout se rejoint, tout se vaut...

S. G. : Tout se rejoint et rien ne se vaut.

F. H. : Ça aboutit à une attitude attentiste ou àquoiboniste...

S. G. : Non, je parle de travelling avant et de travelling arrière. Je ne fais pas d'arrêt image. Sinon je me flingue. Je parle sérieusement.

F. H. : La dualité Bélier-Poissons peut s'exprimer en termes de passion, d'exclusivisme, de désir moteur, dynamisant, pour le Bélier et d'absence de désir, d'indifférence, de distance démotivantes pour les Poissons...

S. G. : Qu'est-ce que je peux ajouter à ça? C'est vrai. C'est bien formulé. C'est ça. C'est exactement ça. Je suis cerné.

F. H. : Comment vous débrouillez-vous de cette dualité?

S. G. : Difficile...

F. H. : Vous m'avez dit lors d'une précédente interview que vous voulez être « involved », impliqué, tout en ne voulant pas l'être, ce qui est une autre forme de la même dualité...

S. G. : J'ai dit ça?

F. H. : Oui. Par le Bélier il y a le besoin de se polariser sur quelque chose de précis, alors que par les Poissons, il y a une certaine difficulté à savoir ce qu'on veut et la peur de tout engagement trop linéaire, trop exclusif...

S. G. : L'engagement n'est pas linéaire. C'est abrupt. C'est comme un électrocardiogramme impliquant des extrasystoles hyperdangereuses. *(content de lui)* Jolly good, très jolly good! Je note...

F. H. : Vous ne pouvez rien me dire de plus sur cette ambivalence implication-non implication?

S. G. : Si l'on veut faire une allégorie, je serais en même temps le metteur en scène et l'acteur. Je me mets en scène. C'est la dualité de l'acteur qui déteste son metteur et du metteur qui déteste son acteur. De l'acteur qui déteste ses dialogues, du metteur qui les aime. Il faut aussi chercher les cadrages. J'ai été initié à la peinture, je connais les cadrages. Je sais ce qu'il ne faut pas faire, je ne sais pas ce qu'il faut faire. C'est une dualité for ever. C'est très bien comme ça, ça implique des turbulences, des doutes, et si je n'ai pas de doutes, sans doute est-ce foutu quelque part. Je ne veux rien d'acquis. Je préfère être un looser qui baise les autres. Certainement pas un macho.

F. H. : La situation de looser convient bien aux Poissons, alors que le Bélier est un battant, un gagnant. Ce que vous êtes d'ailleurs dans la réalité.

S. G. : C'est le destin qui m'a donné cette réalité...

F. H. : Vous dites que vous avez maté votre destin à coups de cravache...

S. G. : J'en ai reçu aussi et ce n'est que justice, si justice il y a.

F. H. : Parlons d'un thème qui vous est cher : la lucidité.

S. G. : La lucidité est atroce. Quel degré de lucidité peut-on avoir quand on est un rêveur? Et où est le rêve, quand on est lucide, c'est-à-dire hypersensible? On est toujours dans la dualité.

F. H. : Le Bélier qui est trop pris par l'instant présent, manque parfois de recul au point d'être naïf. N'avez-vous pas, maintenant encore, certaines difficultés à mettre en doute l'apparence, ou le discours de l'autre? A imaginer que ce que l'on vous montre cache l'opposé? J'ai cru, à plusieurs reprises, déceler chez vous une certaine naïveté, malgré votre lucidité.

S. G. : Je crois avoir été initié, tout au long de ma vie, à toutes les fourberies féminines et masculines possibles. Mais parfois je préfère la cécité. Je joue la cécité. Puis je reprends mon acuité intellectuelle. Quand je le veux. De temps à autre, selon les informations esthétiques, j'oublie... Au départ il y a quelque chose en moi de ce petit garçon, de ce petit Lulu, de ma première adolescence, et puis vient l'analyse. Alors là, attention, ça fait mal. Si j'écris sur la page de mon cahier d'écolier, je le fais au crayon ou à l'encre violette, mais si j'écris dans la marge, je le fais à l'encre rouge et je balance des zéros pointés.

F. H. : Vous dites que vous avez été initié à toutes les fourberies, or un des traits du Bélier est de ne pas tirer suffisamment de leçons du passé, de toujours, par conséquent, replonger dans les mêmes naïvetés.

S. G. : C'est une faiblesse qui est une force. Il y a de l'ingénuité chez moi qui me préserve peut-être... d'être mécanique... Mécanique, c'est atroce!

F. H. : Qui vous garde une jeunesse...

S. G. : Ouais. Je serai toujours réceptif... – quand je le veux, sinon : rejet –, et toujours... dupe. Mais je peux aussi blesser profondément. C'est la balance entre le masochisme et le sadisme. Je peux être sadique quand je le veux, et masochiste quand je ne le veux pas. L'inverse est également possible.

F. H. : Les dissonances Vénus-Saturne et Mars-Lune-Neptune prédisposent effectivement au sado-masochisme.

S. G. : Ce sont des pleins et des déliés. On en revient toujours au dessin classique : pleins et déliés. Il y a les caresses et il y a les coups.

F. H. : Vous pouvez être sadique et masochiste. Vous pourriez aussi être à la fois franc, par le Bélier, et...

S. G. : Fourbe.

F. H. : Êtes-vous plus attiré par l'ambiguïté ou par la clarté de l'autre?

S. G. : Je pense que mes attirances sont des à priori. Soit je suis disponible, soit je ne le suis pas. C'est une volonté. Mais le terrain est mouvant... Je ne sais pas où je vais.

F. H. : Vous ne décidez pas de vos attirances mais de vous laisser aller à vos attirances...

S. G. : J'ai bien dit « je décide de mes attirances ». C'est la disponibilité ou l'indisponibilité.

F. H. : C'est ça, vous décidez de les vivre ou de ne pas les vivre...

S. G. : Ou d'en crever...

F. H. : On est attiré inconsciemment... par ce qui manque, par ce qu'on n'a pas en soi...

S. G. : Peut-être pas... par l'inconnu, – n-u –...

F. H. : L'inconnu c'est précisément ce qu'on n'a pas en soi.

S. G. : Absolument pas. C'est archi faux. Vous avez un zéro pointé. Vous pouvez trouver votre sosie sans le savoir et passer à côté sans le voir.

F. H. : L'inconscient est souvent attiré par ce qui est aux antipodes de soi.

S. G. : L'inconscient, c'est une espèce de débile mental qui ne conçoit que dale. C'est un handicapé qui voudrait y voir clair et qui n'y voit pas, un primate analphabète. Comment pouvez-vous imaginer que l'inconscient puisse subodorer ou avoir la prescience de ce qui va se passer, de ce qui est devant soi ou de ce qui sera derrière soi? C'est impensable, c'est une aberration totale...

F. H. : On ne sait jamais d'emblée qui est l'autre, mais à un certain niveau, inconscient ou instinctif, on est aimanté, sans s'en rendre compte, vers quelque chose de spécifique...

S. G. : Soyez précise : l'inconscient est différent de l'instinct. L'instinct est animal, certainement pas l'inconscient. L'inconscient et le subconscient impliquent l'ancien et le néo-cortex, alors que l'instinct est un magma indécryptable par l'être humain.

F. H. : Vous êtes attiré, consciemment ou inconsciemment, par les femmes solaires, celles qui ont un art et un besoin d'autoreprésentation plus développés que la moyenne.

S. G. : Il y a des arlequinades. Tiens! néologisme : arlequinade. Je veux dire que chez une petite gamine il y a des losanges, noirs, orangés, bleutés, et moi je ne suis peut-être que d'une seule couleur, mais je ne sais pas laquelle. That's the problem. Il y a des promiscuités dues au destin. Quand votre activité vous fait côtoyer l'extraverti, vous trouvez des extraverties.

F. H. : Il y a autant sinon plus d'introvertis que d'extravertis dans les milieux artistiques où vous évoluez.

S. G. : Il y a un à priori d'extraverti. J'ai connu dans ma vie plus d'extras que d'intros.

F. H. : La meilleure arme du Bélier est l'attaque, celle des Poissons est la fuite. Usez-vous aussi bien de l'une que de l'autre?

S. G. : Take the money and run!

F. H. : Le Bélier est courageux, mais son courage relève souvent de l'inconscience du danger...

S. G. : Cela s'appelle l'intrépidité. Le vrai courage consiste à vaincre sa peur...

F. H. : Y a-t-il de l'intrépidité chez vous?

S. G. : Certainement pas. Je n'ai pas été ce que je suis. J'ai été un garçon assez intrépide et je suis passé au courage. Je suis actuellement très courageux. On ne peut pas naître ainsi et disparaître ainsi. J'ai eu des peurs de gamin. J'avais peur du noir, des ogres, des sorcières, de tous les fantasmes que nous apportent les contes de fée. Comme beaucoup de gamins, j'étais un petit garçon craintif sur le plan de l'imaginaire. Je réalisais en esprit toutes sortes de dangers...

F. H. : Une Lune angulaire en Vierge prédispose à avoir plus peur que la moyenne de tout ce qui menace ou empêche la sécurité...

S. G. : Ça a été valable pendant pas mal d'années. Je suis adulte maintenant. At last. Et tout ceci est effacé.

F. H. : La peur peut engendrer la lâcheté.

S. G. : Mes lâchetés ont été intellectuelles, jamais physiques...

F. H. : Je vous vois mal participer à une rixe...

S. G. : Moi aussi. Je ne crois pas savoir me battre...

F. H. : Vous n'avez jamais eu envie, en bon Bélier et en bon Martien aussi, d'apprendre le judo ou la boxe pour pouvoir vous défendre physiquement?

S. G. : Non. En tant que Bélier je suis un passionné des armes à feu.

F. H. : C'est plus une passion esthétique qu'autre chose. Qu'est-ce que vous entendez par lâcheté physique?

S. G. : Il ne m'a jamais été donné dans ma destinée d'affronter le danger physique.

F. H. : Vous ne pouvez donc pas savoir si vous êtes courageux ou lâche sur ce plan.

S. G. *(rectifiant)* : Si j'étais... Actuellement je sais que je peux aller au casse-pipe.

F. H. : C'est autre chose.

S. G. *(ironisant)* : Autre chose. Ouais. Un autre programme... Une autre séance...

F. H. : Quelqu'un se fait assassiner à coups de couteau dans une rue déserte et vous êtes là, allez-vous lui porter secours ou vous sauver?

S. G. : Ça c'est pas le casse-pipe, c'est le casse-noix.

F. H. : C'est une lâcheté de plus en plus courante...

S. G. : Si elle est courante, ce n'est pas la mienne...

F. H. : ... qui consiste à ne pas porter secours aux personnes en danger, des accidentés ou des femmes qu'on viole, par exemple.

S. G. : C'est anecdotique...

F. H. : Oui, mais c'est typiquement le genre de situation qui requiert un certain courage...

S. G. : Là c'est le casse-tête... On ne peut pas présumer.

F. H. : Parlez-moi de la lâcheté intellectuelle alors.

S. G. : La lâcheté intellectuelle implique un manque d'intégrité.

F. H. : Donnez-moi un exemple.

S. G. : J'ai déserté l'un des arts majeurs qu'est la peinture. C'est de la lâcheté intellectuelle. Je n'écris pas assez. Mais c'est aussi de l'insoumission.

F. H. : Vous voulez dire que passer d'un art majeur à un art mineur relevait d'une insoumission de votre part?

S. G. : Oui. Et c'est là toute l'affaire.

F. H. : Il y a peut-être aussi le fait que le Bélier n'est pas adapté aux efforts patients, aux tâches de longue haleine.

S. G. : Possible.

F. H. : Un art majeur implique plus de patience, de ténacité qu'un art mineur?

S. G. : Pour les indoués peut-être, mais pour quelqu'un d'hyperdoué comme j'étais, ça n'impliquait aucune volonté particulière. De la passion uniquement.

F. H. : La peur de l'échec n'a-t-elle pas eu son mot à dire... Il vous est arrivé d'avouer que vous n'étiez pas à la hauteur.

S. G. : Non. Les questions que l'on se pose à soi-même restent toujours sans réponse. Aurais-je été un grand peintre? Aurais-je été un grand architecte? Qu'en sais-je? Et puis majeur, mineur, il faut oublier tout ça...

F. H. : Je suis ravie de vous l'entendre dire!

S. G. : Majeur... Mineur... Ce sont des présomptions. C'est fini ces conneries. Les arts mineurs sont en train d'enculer les arts majeurs grâce au don d'ubiquité que nous avons par les médias. Nous faisons plus d'entrées avec le vinyl que L'Annonciation de Giotto ou autre Saint Sébastien... Où sont les vraies valeurs? Et peu importe... Si les vraies valeurs impliquent de se survivre, se survivre est une notion dépassée. Ça c'est Bélier de ne pas se survivre, de brûler tout, de tout flinguer, tout détruire. J'ai le culte de l'inutilité. La seule façon de se survivre, la plus belle, c'est d'enfanter, c'est d'avoir un enfant. Ce que j'ai fait de plus beau, c'est ma petite fille Charlotte, et tout le reste est inutile... mais justement, on en revient au culte de l'inutile et je me rejoins moi-même...

F. H. : Il y a ce sens de la gratuité du Bélier dont la devise pourrait être « vivre pour vivre »...

S. G. : Je préférerais parfois mourir pour mourir...

F. H. : Vivre pour vivre cela signifie ne pas vivre en fonction d'une finalité.

S. G. : Pas « vivre pour vivre » : vivre... Et alors?

F. H. : J'essaie d'analyser ce culte de l'inutilité que vous évoquez. Qu'y a-t-il derrière? Qu'entendez-vous par inutile?

S. G. : Les arts majeurs, les arts mineurs... Tout ce qui est abstrait, ce qui n'est pas vivant... C'est inutile... ça frôle le grotesque... on n'en a pas besoin. L'être humain n'a pas besoin d'informations esthético-intellectuelles. C'est faux. Mais, justement, le néodandysme c'est de faire avec... Avec ou sans. S-a-n-g.

F. H. : A partir du moment où vous en parlez trop...

S. G. : Ça veut dire qu'il y a un lézard, un iguane ou un dinosaure...

F. H. : Votre composante virginienne aurait pu vous donner un sens aigu de l'utile et vous faire d'autant plus forcer sur le culte de l'inutilité qu'il suscite chez vous une culpabilité.

S. G. : Qu'est-ce qui est utile? L'utilité ce sont les fonctions organiques. Ce sont les impératifs du corporel... Les impératifs de l'intellect, ça n'existe pas.

F. H. : Vous pensez que le boulanger est plus utile que l'artiste ou l'intellectuel?

S. G. : Ne soyez pas graveleuse!

F. H. : Traînez-vous une culpabilité de l'inutile?

S. G. : Culpabilité? Et devant qui grands dieux!

F. H. : Pourquoi alors cette insistance à propos de l'inutilité?

S. G. : C'est moi qui ai soulevé le problème par rapport à mon moi interne.

F. H. : C'est ce que j'aimerais qu'on appronfondisse justement.

S. G. : Je vais m'attaquer moi-même. En quoi un chirurgien qui retire une tumeur cancéreuse est-il plus utile que moi?

F. H. : C'est vous qui prétendez être inutile! Vous voyez comme vous vous contredisez!

S. G. : Oui. Et bien mes contradictions me sont précieuses et ça ce n'est pas inutile.

F. H. : Je vous lis ce que j'avais noté pour vous : « les Poissons pour qui les contraires se rejoignent...

S. G. : Voilà, c'est parfait!

F. H. : ... prédisposent à voir de l'inutile dans l'utile et de l'utile dans l'inutile...

S. G. : ... c'est magnifique...

F. H. : ... alors que le Bélier porte à exclure les contraires : ce qui est utile n'est pas inutile et vice-versa... » Peut-être est-ce l'une des raisons de vos contradictions?

S. G. : Les structurations du cerveau n'impliquent pas le moment présent. Je peux vous dire ça aujourd'hui et demain autre chose, en étant tout aussi sincère.

F. H. : Mais vous êtes peut-être plus à même que quelqu'un d'autre de dire un jour une chose et le lendemain quelque chose de tout à fait différent, dans la mesure où vous avez des visions contradictoires...

S. G. : Très juste. En ce moment, à chaud, ou à froid si vous préférez, c'est ainsi. Demain ce sera autre chose. C'est fluctuant.

F. H. : Il y a tout de même un fil conducteur.

S. G. : Sûrement pour un psychiatre ou un psychologue. Je me refuse à faire de l'introspection...

F. H. : C'est pourtant typique de l'introverti de faire de l'introspection.

S. G. : En fait, mon drame c'est d'être très doué pour l'introspection. Je suis en même temps la cible et le bourreau. Le prisonnier et le geôlier sont en taule tous les deux, l'un derrière les barreaux, l'autre devant. L'un a les clés... les clés de quoi? des rêves de l'autre?

F. H. : « Les hommes prudents sont des infirmes » disait le Bélier Jacques Brel. C'est votre avis?

S. G. : Je trouve cet aphorisme nul.

F. H. : Votre composante virginienne aurait pu vous prédisposer à une certaine inquiétude, une certaine peur de manquer, ou de rater, qui incite à la prudence...

S. G. : Qu'est-ce que c'est que ces âneries? La prudence renvoie aux notions de courage et de lâcheté...

F. H. : Êtes-vous aussi auto-destructeur que vous en avez l'air? Votre apparente indiscipline cache-t-elle une certaine auto-discipline?

S. G. : La discipline peut être négative...

F. H. : Développez-moi ça.

S. G. *(levant le doigt et sur un ton plaintif)* : Ouh... Monsieur, j'veux sortir... caca... *(sérieux)* Discipline négative ça veut dire que c'est un trajet... positif en soi puisqu'il existe, mais négatif en fait parce que destructeur. J'en suis parfaitement conscient, j'ai pris mes risques, je les connais, mais il y a aussi des garde-fous...

F. H. : Lesquels?

S. G. : Si je n'avais pas de garde-fous – c'est une collure sublime : garde... fou... – je sauterais du haut d'un building. Pourquoi suis-je sujet au vertige? Parce que j'ai en moi un potentiel suicidaire. Sûrement. J'ai donc besoin du garde-fou. Sinon je saute. C'est physique, et si c'est physique, c'est quelque part intellectuel.

F. H. : Tout à l'heure vous avez dit que vous êtes enfin devenu adulte. Qu'est-ce qui vous permet de dire ça?

S. G. *(riant)* : Ce qui me permet de dire ça c'est moi.

F. H. *(riant à son tour)* : En quoi avez-vous changé? Que pouvez-vous me donner comme preuves concrètes de votre état adulte?

S. G. *(évasif)* : Je bois un peu plus... Je tringle un peu moins...

F. H. *(riant)* : C'est peut-être la fatigue...

S. G. : Allons! soyez correcte!

F. H. : L'indifférence?

S. G. : Bah!

F. H. : L'usure?

S. G. *(bougon)* : Non! Non! C'est une vanne, un aphorisme...

F. H. : Je pensais davantage à la lassitude mentale qu'à la fatigue physique... De toute façon, moins tringler, comme vous dites, n'est pas une preuve qu'on est parvenu à l'âge adulte.

S. G. *(léger)* : Ouais! *(sinistre et rendant les armes)* Ce n'est pas vrai. C'est faux. *(haussant le ton)* C'est faux. Je me contredis. Je ne me contredis pas, je me trahis. Je me trahis dans le vrai sens du terme : je dis la vérité. Je peux parfois donner le change et parfois je n'ai ni dollars, ni yens...

F. H. : Le Bélier qui marque le triomphe du jour sur la nuit et inaugure le printemps, s'inscrit dans une symbolique de début de partie...

S. G. : Ouh... dégueulasse...

F. H. : ... alors que les Poissons qui marquent le déclin de la nuit et sont le dernier signe du zodiaque s'inscrivent dans une symbolique de fin de partie... Le Bélier prédispose donc à se maintenir dans un état de commencement perpétuel...

S. G. : Se remettre en question? Se remettre en question et ne jamais avoir la réponse... Surtout pas...

F. H. : Se remettre en question pour repartir de plus belle. Il y a des remises en question qui paralysent. Malgré vos propos désabusés, vous ne perdez pas votre faculté d'enthousiasme...

S. G. : Il ne faut pas dénigrer le désabusement. C'est une très grande force qui donne une distanciation... « brechtienne » et permet un minimum de lucidité. C'est une question de focus. Il ne faut pas être trop sur le sujet. C'est extrêmement précieux d'être désabusé.

F. H. : Il y a aussi l'attitude inverse chez vous...

S. G. : Il y a la passion, you're right. Il y a aussi ce duel entre l'animal et l'homme. L'homme est le seul être vivant qui sait qu'il va mourir. Nous avons donc une ponctuation flagrante. Il faut faire avec...

F. H. : Revenons à cet état de commencement perpétuel du Bélier. Ça peut s'interpréter comme une force de renouvellement. Ça ne vous est jamais arrivé d'avoir l'impression d'avoir fait votre temps, d'avoir dit tout ce que vous aviez à dire...

S. G. : Never...

F. H. : Je vous ai effectivement toujours vu ayant des tas de projets, ayant envie de faire autre chose...

S. G. : Je reviens au travelling avant...

F. H. : Oui, mais pas par devoir...

S. G. : Non, non, c'est pour moi que je fais ça, ce n'est pas pour les autres. Je ne suis pas altruiste, je n'en ai rien à cirer des autres. C'est une nécessité vitale pour moi. Sinon, danger... L'alcoolisme au dernier degré pourrait m'amener aux frontières de la folie. Je connais... Je subodore... Je ne peux pas écrire pour les autres... J'écris pour moi. C'est pour cela que, quelque part, je suis d'une certaine intégrité.

F. H. : Le Bélier a besoin d'agir, de bouger, de provoquer, alors que les Poissons, plus passifs, se laissent porter par le courant...

S. G. : J'en ai conscience... J'ai besoin de m'envoyer chier. Je m'envoie chier de temps en temps. Alors j'écoute le silence... les silences... les vibrations plutôt, parce que le silence ça n'existe pas... Les vibrations de la vie, les oiseaux, les pots d'échappement, les coups de frein... L'inertie est constructive par le mélange qui s'y fait entre l'ancien cortex et le nouveau, par le cocktail de ce que j'ai acquis et de ce que j'ai à acquérir... du vrai, du faux, du réel et du... futur... De ces alambics sortent les fumerolles du Dr Jekyll et Mr Hyde et, ainsi, d'autres structures. C'est tout le trajet d'un créateur... Mais ça ne vaut pas pour les autres trips, pour l'équilibre personnel. J'ai le blé, j'ai la notoriété, j'ai tout. Quand on a tout, on a rien... *(prenant un temps de réflexion)* Il y a aussi une certaine passion dans la création. On ne peut pas créer dans la désinvolture. Je me prétends néo-dandy. Ce n'est pas vrai. C'est faux. Je suis un passionné. Mais être passionné implique des blessures monumentales.

F. H. : Ça implique aussi de l'indifférence...

S. G. : On fait le focus sur un point et tout le reste est flou. Je décide de la profondeur du champ. Je peux avoir le focus à l'infini. Je ne veux pas. Je veux que le focus soit sur l'objet aimé...

F. H. : La facilité à vous passionner ne coexiste-t-elle pas, paradoxalement, avec une difficulté à vous passionner? Il y a les deux...

S. G. : Bien sûr qu'il y a les deux. Je dirais que les dés sont pipés. Ça veut dire que je garde ma lucidité. Si je veux me passionner, le patron du bistro c'est moi. Quand je dis on ferme, on ferme. C'est moi le boss.

F. H. : C'est ce que vous voudriez.

S. G. : Non. C'est ce que je suis. Actuellement, je suis sûr de ma lucidité. Hélas! Car c'est un handicap d'être sûr. Je n'ai plus d'incertitudes. Ce n'est pas dégueulasse d'en arriver là. Il faut avoir fait un parcours du combattant assez éprouvant. Je me suis fait baiser bien sûr. Mais j'ai toujours été le maître de ces affaires... glauques. J'ai eu les plus belles filles de la terre et... c'est bien ainsi. J'ai pleuré... Je ne sais pas si c'est Bélier ou Poissons de pleurer...

F. H. : Ce serait plutôt le masochisme de Vénus-Saturne qui fait aller au devant d'êtres qui vont vous rendre malheureux...

S. G. : Absolument pas. Je ne citerai personne, mais personne ne m'a baisé que je sache.

F. H. : Disons que, quand elle ne bloque pas la demande affective, la dissonnance Vénus-Saturne, incite à avoir cette demande tellement forte et complexe que, quelle que soit la personne en face, il ne peut y avoir que de la déception et de la douleur à la clé...

S. G. : Mais vous oubliez mon côté salopard. Car j'ai été aussi un beau salaud et je le serai encore, I hope.

F. H. : Ça peut relever de la dissociation à laquelle vous devriez être sujet, entre l'amour basé sur l'attraction et l'amour basé sur l'affection.

S. G. : Ce n'est absolument pas ça. Vous avez tout faux. J'exige que vous notiez qu'il y a le pôle tendre comme vous dites, ou le pôle esthétique, et le pôle animal. Comment associer les deux? C'est impossible. C'est un cancer. Les pulsions sexuelles, c'est-à-dire animales, ne peuvent pas ne pas être en conflit avec les pulsions esthétiques. C'est une lutte, contre moi et contre mon gré.

F. H. : Vous pourriez aussi avoir plus de difficultés que la moyenne à vivre l'amour au quotidien?

S. G. : Faux.

F. H. : Il devrait y avoir un besoin important de séduction chez vous...

S. G. : Évidemment! Je ne veux pas perdre mon aura...

F. H. : Je parle dans les deux sens...

S. G. : Je sais. C'est pour ça que j'ai toujours dit à mes gamines qu'elles devaient garder leur aura de disponibilité, tout en étant indisponibles. Bien sûr, sinon on s'éteint comme une fleur coupée qui manque d'eau.

F. H. : Ce ne serait pas plutôt l'inverse? Garder une aura d'indisponibilité tout en étant disponible?

S. G. *(péremptoire)* : Absolument pas. Ma proposition est plus vache.

F. H. : C'est pourtant l'indisponibilité de l'autre qui aiguillonne...

S. G. : It's not my cup of tea... *(jubilant)* Coincée!

F. H. : La maison 6, occupée par une conjonction Lune-Neptune dans votre ciel, se définit par Transcendance de l'Objet, et concerne l'inconnu de l'objet, ce qu'on n'en voit pas, son âme... De plus, votre Lune natale se trouve dans le signe de la Vierge qui a une fonction de maîtrise de l'espace. C'est une tentative d'explication partielle du fait que vous vivez entouré d'objets à la place très délimitée, dans un endroit qui ressemble davantage à un musée qu'à une maison.

S. G. : Je pense que les objets ont des pulsions et impulsions qui agissent sur mon subconscient. Sur mon conscient aussi, esthétiquement. Chaque objet a une âme ainsi qu'un passif. Donc un actif. Le plus précieux, c'est la femme objet. Je perçois les affirmations et les informations esthétiques de chacun des objets qu'il y a ici. Je meurs et je mourrai d'un besoin d'esthétisme...

F. H. : Avez-vous toujours eu cette attirance pour les objets?

S. G. : Dans ma chambre mansardée d'étudiant en architecture, où il y avait très peu de choses : un bouquin de Catulle sur lequel reposait un carton à dessin, un paquet de cigarettes, un cendrier, la photo d'une gonzesse que je me tirais, j'avais déjà trouvé mes rythmiques. J'ai plus d'objets aujourd'hui, de plus précieux, mais je n'ai pas changé. Je ne pense pas que ce soit un handicap...

F. H. : Ça complique un peu la vie...

S. G. : Non, puisque rien ne bouge...

F. H. : Vous êtes obligé de vivre seul, un enfant n'aurait pas sa place ici...

S. G. : Il n'en est pas question, Charlotte n'a jamais eu droit à mon sitting room. Jamais. Jane était très malheureuse, elle disait « c'est chez toi ». C'est comme ça. C'est ça ou rien. C'est dur. Pourtant je suis un gentil garçon. Comment expliquer ça? C'est très dur, mais j'ai connu pas mal de détérioration chez certains qui ont fait des concessions par lâcheté. On commence par le petit doigt et puis on perd les deux bras et la tête...

F. H. : Vous avez perdu Jane. Ça revient au même.

S. G. : Je suis comme un pharaon dans sa pyramide et alors? Ce n'est pas très bien, c'est un peu abject, mais c'est ainsi.

F. H. : Nous pourrions finir par quelques réflexions supplémentaires sur votre volonté uranienne et jupitérienne de réussite, et la dévalorisation plutonienne que vous en faites.

S. G. : Ça prouve que je n'ai pas perdu ma lucidité. Je ne la perdrai jamais. La lucidité me conduira peut-être à des choses très dangereuses corporellement. Mais ne faisons pas de flash forward. J'ai abordé plusieurs disciplines que j'ai cernées très vite, mais je n'ai pas toujours été très... rigoureux avec moi-même. Voilà le conflit : la rigueur contre l'arrivisme. En tant qu'adolescent, le speed de l'arrivisme, c'était très bien, encore que j'étais quand même assez rigoureux. Arrivé à l'âge adulte, le constat est négatif...

F. H. : Y a-t-il des réussites qui vous paraissent enviables?

S. G. : Qu'est-ce que ça veut dire réussite? Je ne comprends pas... Je ne comprends pas!

Paris, décembre 1985

SERGE GAINSBOURG

Analyse graphologique

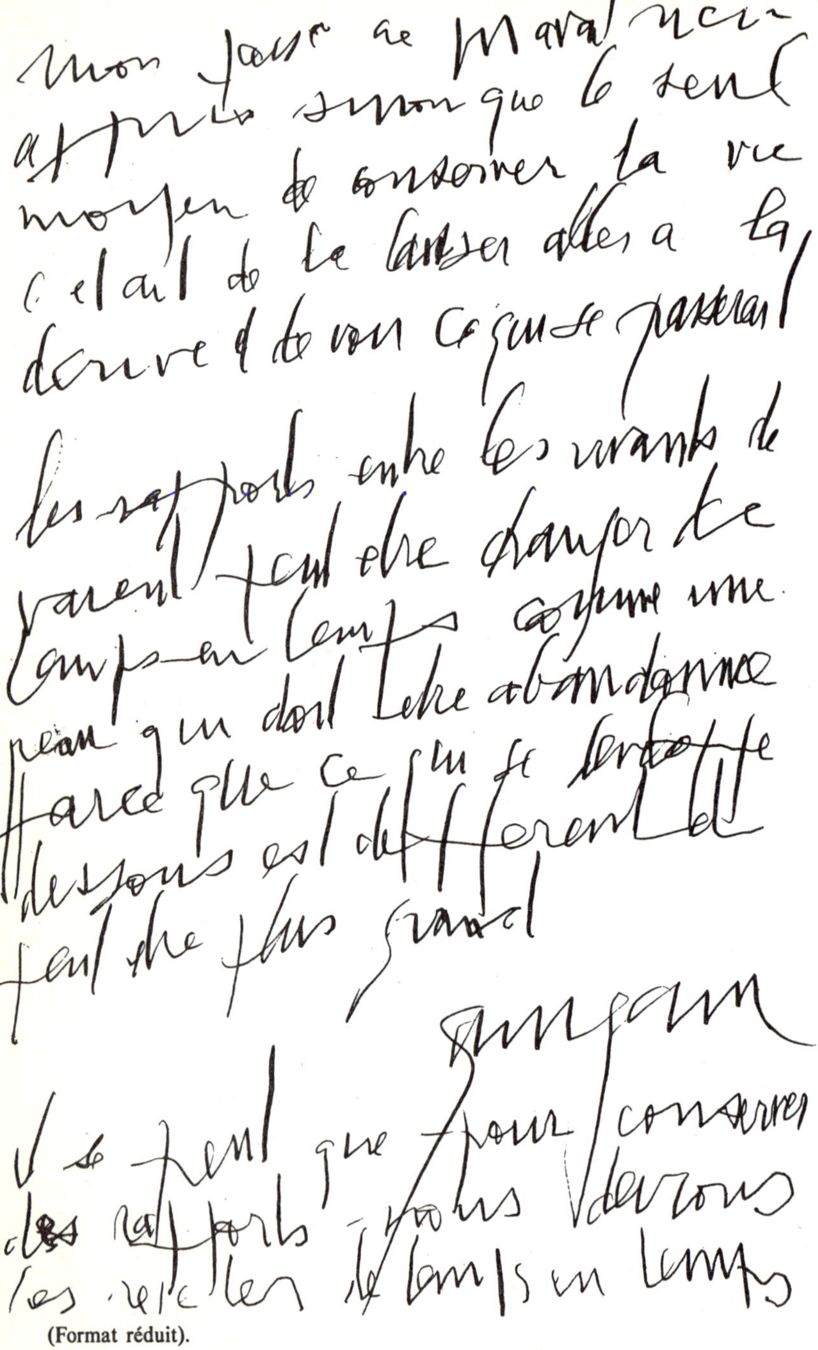
mon passé de Marat ne m'a
appris sinon que le seul
moyen de conserver la vie
c'était de la laisser aller à la
dérive et de voir ce qui se passerait

les rapports entre les vivants de
parents peut être changer le
temps en temps comme une
peau qui doit être abandonnée
parce que ce qui se trouve
dessous est différent de
peut être plus grand

[illegible]

il se peut que pour conserver
des rapports nous devons
les rejeter de temps en temps

(Format réduit).

Texte de l'un des prétendus pactes signés par Urbain Grandier, curé de Loudun, avec le démon Léviathan, en 1634. L'original se trouve à Paris, à la Bibliothèque nationale, et le double, « aux Enfers, dans le cabinet de Lucifer ». *(Cliché J.-L. Charmet.)* N'y a-t-il pas une parenté entre le pacte de Grandier et l'écriture de S. Gainsbourg?

Observation de l'écriture :
Instrument : Plume ou stylo, encre noire.
Impression : Rigidité, raideur, linéarité. Souci de frapper le regard. Scène de bataille avec lances, armures, boucliers. Tableau de Paolo Uccello.
Harmonie : Ni harmonieuse ni homogène.
Formniveau : On sent qu'il y a une « image directrice » car l'écriture est « représentative ». Exagérations massives. Une force, une vie durcies. Inclassable.
Rythme selon Heiss : heurts et conflits. Absence de rythme.
Degrés de tension : V, IVB et IVA.

Définition : Discordante et disproportionnée, anguleuse, saccadée, grande, liée à hyperliée, spasmodique, prolongée, enchevêtrée, bâtonnée, étrécie, montante.
Trait selon Hegar : A,N,D,Lt. Angles dans l'espace. Arcs convexes. Tremblements du trait qui est raboteux.
Du relief, des massues, des fuselages. Des combinaisons, des télescopages, des retouches.

A noter : L'écriture est peu lisible par crispation du geste. Absence de ponctuation et de barres de t.
Marge typographique à droite et à gauche. Signature très plongeante dans la zone des jambages.

Synthèses :
1º Discordante, anguleuse, saccadée, télescopée : équilibre problématique.
2º Spasmodique plus tous les aspects du trait : attitude réfractaire.
3º Mise en page typographique, écriture « représentative », du relief, jambages importants : créativité.

Approches psychologique, caractérologique, typologique :

Tempéraments selon Hippocrate : bilieux, nerveux. Du lymphatisme sous-jacent.
Le Senne : émotif, non actif, primaire : nerveux qui s'est créé un style d'écriture.
Freud : analité. Stade phallique très marqué. Ça envahissant.

Szondi et fonctions selon Jung :

Pulsion paroxysmale
e-hy+
facteur hy dominant
Sensation hystéroïde

Moi autistique
k+ p-
facteur p dominant
Pensée paranoïde

Pulsion de contact
d- mº
facteur d dominant
Sentiment anal

Pulsion sexuelle
h- s+
facteur s dominant
Intuition masculine

Éléments d'interprétation :
–k+ p– : désir de toute-puissance. Masque dur adopté. Refus des contraintes extérieures. Motivations peu conscientes (p-). Socialisation par le travail professionnel. Pensée très marquée par le facteur p. (irrationalité, p– : processus projectif). Absolutisme des positions. Porté à vouloir

entraîner les autres (conjonction de p et de hy+) en les dominant (p renforcé par s+, par hy+).
–e– hy+ : révolte, insoumission, affects violents, réactions impulsives. Plaisir de se manifester d'une manière spectaculaire. Sait jouer de son personnage. La sensation hy permet de « retomber sur ses pieds. »
–h– s+ : tendances masculines accentuées, identification à la force mâle. Avec un facteur e chargé : caractère difficile. Le facteur hy peut aussi faire irruption.
–d– m°: besoin d'accumuler, de garder pour se sécuriser; peu concerné par les aspects affectifs de l'existence. Sentiment : possessif, jaloux (d–).

Qui a vu dans les vallées du Mont-Blanc les immenses troncs des mélèzes sectionnés net à deux mètres du sol par un fœhn de cent cinquante kilomètres à l'heure n'oublie plus cette vision de désolation.

L'écriture de Serge Gainsbourg procure l'illusion d'une forêt dévastée par la tempête.

Elle est, au sens propre, extraordinaire.

Devant des tremblements, des gestes mal coordonnés, peut-être liés à un état de santé, on peut se poser la question : l'interprétation est-elle possible? Mais de belles courbes dans certaines lettres, des déliés parfois souples, et le fait que ces lignes d'Elia Kazan aient été reproduites en vue de l'analyse graphologique, indiquent que le résultat obtenu dans cette page est plus délibéré qu'il ne semble.

On est ici en face d'une véritable composition tant dans les formes visant à la grandeur, à la majesté, que dans le trait incisif comme tracé avec un burin de graveur, et dans le déploiement spatial traité de manière contrastée, le cadre blanc de la marge typographique faisant davantage saillir les fûts noirs des verticales.

Sans nul doute, c'est là l'indice d'une créativité, d'un sens esthétique, d'un besoin de chercher, d'innover, de s'affirmer en se distinguant des autres. Mais, l'expression de cette « image directrice » au sens klagésien *, assez royale et non dépourvue de traits communs avec celle du roi François Ier (doc. 3), par exemple, en tout cas extrêmement éloignée des modèles calligraphiques et des écritures de son époque (en mettant à part l'écriture du Docteur Freud avec laquelle elle a des similitudes), plus proche certainement de ceux du Moyen Age ou des grimoires d'autrefois, si l'on en juge par le prétendu pacte signé par Urbain Grandier, curé de Loudun, en 1634, avec le démon Léviathan, implique un grand orgueil, une conscience exacerbée de sa valeur et de sa différence, une attraction vers quelque chose de grand, de démesuré, d'inaccessible, beaucoup d'insatisfaction, des exigences culpabilisantes

* Ludwig Klages, graphologue et philosophe allemand.

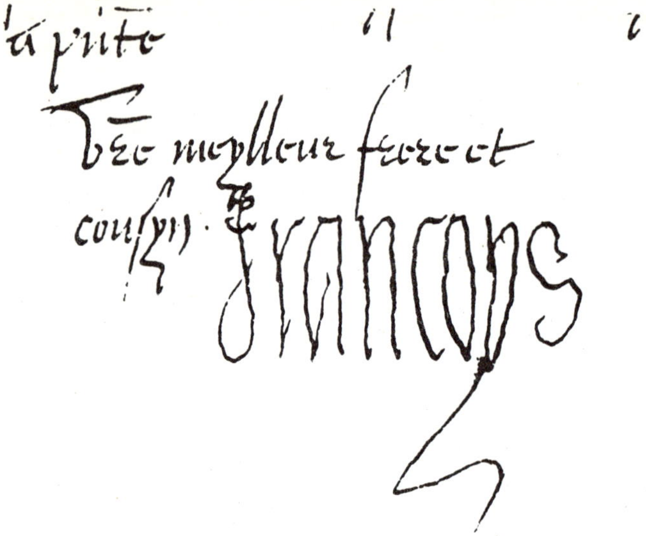

Signature d'une lettre de François Ier à Charles Quint en 1531. Le tracé est tremblé, le roi est sans doute malade. Les mots : vostre meylleur frère et cousyn plus fermes semblent avoir été rédigés par un « secrétaire de la main ».

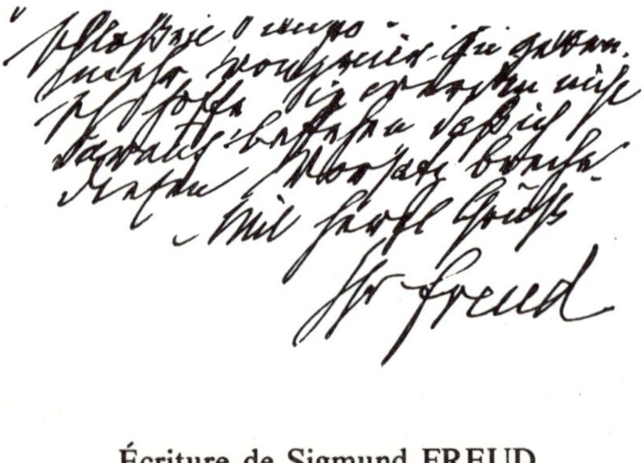

Écriture de Sigmund FREUD

pour soi et pour les autres, et aussi une extériorisation de soi spectaculaire permettant de surmonter des contradictions profondes.

Voici ce que W. Hegar *, le graphologue spécialiste du trait nous fait remarquer à ce sujet : « Il (le scripteur) emmagasine une foule de sentiments et d'impressions, pour s'en décharger de manière explosive, souvent brutale et pourtant incomplète. Incapable de trouver un moyen juste d'expression, il exagère ses manifestations et, dans de nombreux cas, une tendance à bluffer se fait remarquer. Le comportement et les jugements ne sont pas nuancés et il manque d'habileté et de souplesse. »

Et dans la Dynamique des pulsions **, au sujet de ce trait qui pénètre dans le papier et qui est celui du Caïn de Szondi *** il est dit qu'il correspond à une violence potentielle, à une dureté, à des réactions de révolte, de colère, et que ceux qui le produisent ont toujours « quelque chose de fort, d'intense, d'absolu... Les émotions ressenties comme des chocs ne suscitent pas seulement des réactions violentes, mais elles sont aussi la source d'improvisation, d'inspiration, de créativité. »

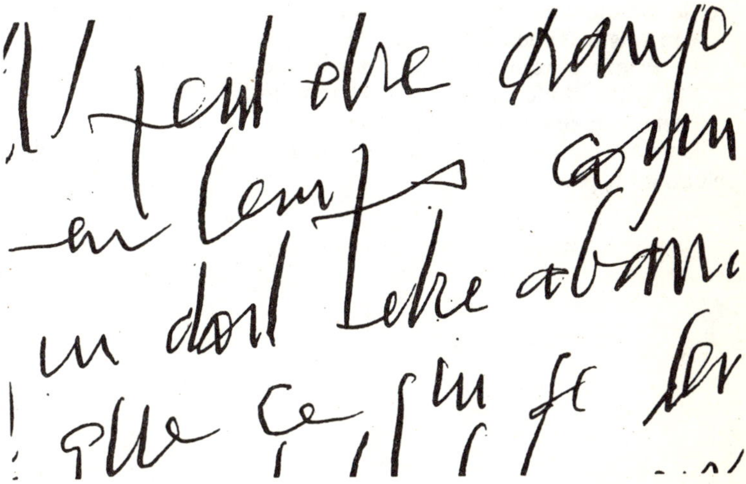

* W. Hegar, *Graphologie par le Trait*, Vigot Frères éd. épuisé.

** *Dynamique des pulsions* de F. Lefébure et J.C. Gille-Maisani, éd. Mont-Blanc.

*** Szondi : *Introduction, à l'analyse du destin*, Nauwelaerts, Louvain.

Ainsi, S. Gainsbourg peut se montrer tantôt : sensible, réceptif, fin, naturel, charmant; tantôt : ombrageux, irritable, tendu, impulsif, agressif.

Ses réactions sont souvent excessives par rapport aux incidents qui les déclenchent et des attitudes opposées peuvent brusquement se succéder, surprenant les autres dont il ne tient alors plus du tout compte et ne se souciant pas de la portée de ses actes à ces moments-là.

Ses critiques, sa subjectivité, son intolérance, son irrationalité ne semblent pas appartenir à l'homme dont les propos, un instant plus tôt, témoignaient de pénétration.

Intérieurement, il passe de l'insouciance, de la disponibilité au présent, au désarroi, à la détresse, à l'angoisse.

Porté aux extrêmes, il ne parvient ni à un contrôle émotionnel ni à un équilibre personnel.

Le décalage entre ce qu'il voudrait être et ce qu'il est, lui est insupportable, expliquant pourquoi il laisse libre cours à sa pulsion destructrice, s'autodétruisant avec autant de rage que ne le ferait un ennemi.

Il s'emploie à provoquer, à défier.

Il se ferme, coupe le contact, brise lui-même ce à quoi il tient, décourage la tendresse, se déteste, se sent incompris, malheureux, tel le Desdichado de G. de Nerval :

« Je suis le Ténébreux, – le Veuf, – l'Inconsolé,
Le Prince d'Aquitaine à la Tour abolie :
Ma seule Étoile est morte, – et mon luth constellé
Porte le Soleil Noir de la Mélancolie. »

Derrière la dureté, la virilité affichées, le petit Lulu d'autrefois n'existe-t-il pas toujours?

TAUREAU

30 à 60° de longitude céleste.

Arc diurne supérieur à l'arc nocturne et croissant. Écart moyen entre les 2 arcs.

Succédant au Bélier qui se dépense sans compter mais pèche par excès de primarité et d'irretenue, le Taureau redresse la barre, en s'efforçant de ne pas gaspiller l'énergie dont il dispose ni d'en abuser. Il s'agit de ne pas parler pour ne rien dire, de ne pas agir sans rime ni raison, de ne pas s'agiter à tort et à travers, de savoir où on met les pieds et où on va. Pas d'emballement ni de précipitation : la fonction Taureau consiste à canaliser et doser l'énergie et les efforts.

Traits Taureau : au positif, le Taureau bénéficie généralement d'un bon instinct de récupération, autrement dit mange quand il a faim, boit quand il a soif, dort quand il a sommeil, bref, sait suivre son rythme naturel, ce qui, contrairement à ce qu'on peut penser, n'est pas à la portée de tout le monde. Il est instinctif, pragmatique, prudent, réfléchi, stable, fidèle, sélectif, tenace, endurant, patient, travailleur. Mais il lui manque ce qui fait la force de son signe inverse le Verseau et de ses deux voisins Bélier et Gémeaux. Au négatif, le Taureau est fermé, méfiant, buté, misanthrope, casanier, terre à terre, possessif, jaloux, et a beaucoup de mal à se renouveler, à changer son fusil d'épaule, à se remettre en question.

MICHEL AUDIARD
adaptateur, scénariste et dialoguiste

Signes dominants : le Taureau par Vénus, Mercure et le Soleil. Le Bélier par la Lune. Le Sagittaire – ou le Capricorne – par l'Ascendant.
Planètes fortes : la Lune, Vénus, Mars, Mercure et Pluton.
Faiblesse du Soleil, de Jupiter, Neptune, Saturne et Uranus.

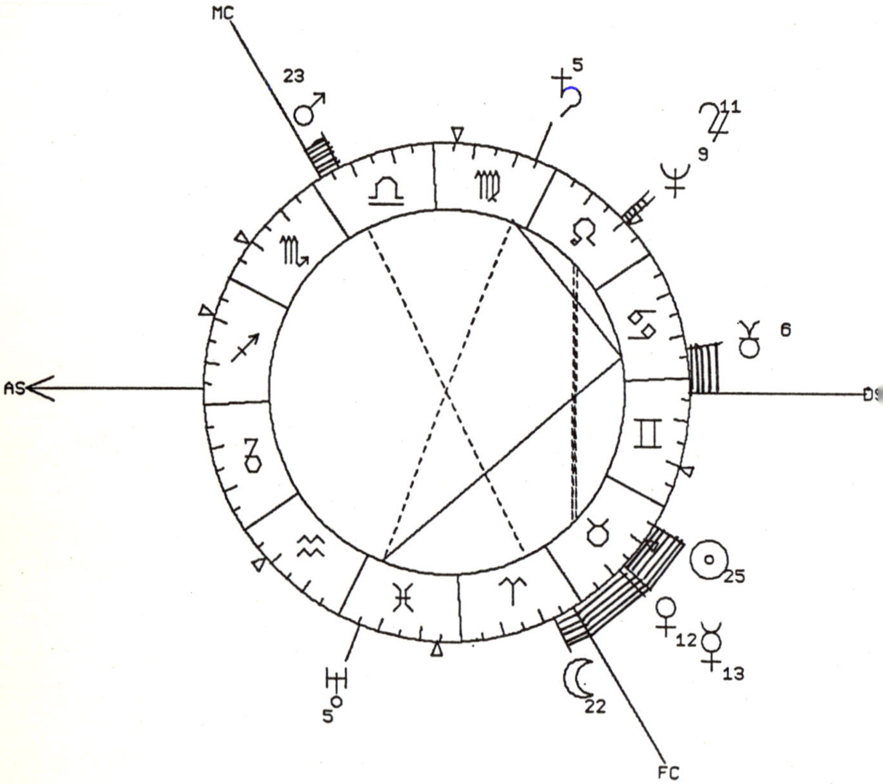

Françoise Hardy : Toute formule zodiacale comporte ses contrastes, et nous allons essayer de voir de quelle façon vous ressentez et vivez des vôtres. Le premier contraste qui vient à l'esprit à propos de votre ciel de naissance, réside dans les tendances à l'inertie, à la fixité, au sédentarisme, du Taureau, votre signe solaire, et celles plus expansives à la bougeotte, au voyage, du Bélier, votre signe lunaire, et du Sagittaire, votre signe ascendant – si tant est que votre heure de naissance n'est pas trop arrondie, auquel cas votre Ascendant tomberait dans le Capricorne –. Comment avez-vous vécu jusqu'ici ce contraste?

Michel Audiard : La première partie de ma vie correspond parfaitement à ce que vous dites du Taureau : j'étais un sédentaire absolu qui détestait les voyages et trouvait tous les prétextes pour les éviter. Mais depuis cinq ou six ans, j'ai une bougeotte absolument frénétique : toute occasion de partir est bonne. C'est à mettre en rapport avec une certaine fainéantise : le goût de bouger est venu d'un certain dégoût de travailler.

F. H. : Le Sagittaire est curieux des autres hommes et se lie facilement, alors que le Taureau est méfiant, misanthrope, et n'accorde que difficilement son amitié.

M. A. : On peut croire que je me lie facilement si on se fie aux apparences. J'ai l'air de me lier, mais je ne me lie pas du tout.

F. H. : J'avais prévu de vous demander si vous aviez une sociabilité de surface qui cache un réfractaire de fond...

M. A. : Exactement. C'est tout à fait ça.

F. H. : Autre façon d'exprimer et de vivre les contrastes de votre signature zodiacale : excès de vitesse, emballement, par le Bélier et le Sagittaire, excès de frein par le Taureau. Ces deux formes d'excès se tempèrent-elles chez vous, ou sont-elles une source problématique de ruptures de rythme?

M. A. Je m'emballe facilement sur ce que font les gens, mais pas sur les gens. Je n'ai pas l'admiration facile envers qui que ce soit. Par exemple, je n'ai jamais éprouvé le besoin de connaître un écrivain que j'admirais et, quand c'est arrivé, j'ai en général été fort déçu. Je m'emballe sur une œuvre mais il ne s'en suit pas le besoin de rencontrer son auteur, ce qui fait aller, le plus souvent, de déception en déception : quand il y a du talent dans une œuvre, l'homme est en général très inférieur à son talent.

F. H. : La dissonance de Mars à la Lune, Vénus et Mercure, qui marque votre ciel en priorité, pourrait se traduire par un conflit entre les tendances actives et réalistes de Mars et celles plus passives de l'autre groupe de planètes qui incite à se laisser aller à ce qu'il y a de plus confortable, de plus agréable ou de plus distrayant dans l'instant...

M. A. : Je pense que je suis très réaliste sur le plan professionnel, je sais à peu près ce que je fais et où je vais, je ne me fais pas beaucoup d'illusions sur les gens que je rencontre dans mon métier, mais je m'emballe, je m'exalte volontiers sur le plan de ma vie privée, de mes amitiés. J'ai des amis bavards et j'adore bavarder, discuter, j'aime les controverses. Alors que dans le travail, je préfère qu'on s'en tienne à ce qu'on a à se dire pour le boulot et puis ça va comme ça...

F. H. : Le Taureau, surtout quand il souffre d'une dissonance de Mars à la Lune, qui oppose le réalisme à la subjectivité, est souvent de mauvaise foi...

M. A. : Ah ça la mauvaise foi... c'est presque maladif... mais je peux être de mauvaise foi par plaisir aussi... par goût du paradoxe, pour faire rire, pour amuser les copains...

F. H. : Le Taureau est lent, retardataire, pour tout ce qui ne fait pas partie de ses intérêts exclusifs, ce qui lui vaut la réputation d'être paresseux, réputation mal fondée, dans la mesure où sa faculté de concentrer son énergie sur ce qui l'intéresse vraiment, lui permet d'en faire souvent plus que tout le monde : êtes-vous, comme beaucoup de Taureaux, un paresseux qui se cache dans le surmenage?

M. A. : Vous venez de donner la définition parfaite de ce que je suis : je suis paresseux, mais j'ai fait 132 films. Je n'aime pas me mettre au travail, par contre, quand je me mets à travailler, quand je m'enferme dans mon bureau pour écrire, je ne pense à rien d'autre. J'ai effectivement cette chance, car c'est une chance, de pouvoir me concentrer. La faculté de concentration m'est naturelle.

F. H. : Faut-il que vous soyiez au pied du mur pour vous mettre au travail?

M. A. : S'il n'y avait pas un contrat avec des dates bien précises, je ne verrais aucune raison de commencer. Ce serait du masochisme. On ne se met pas au travail comme ça... en disant un matin : aujourd'hui il faut que je travaille. Non. On est coincé. Ou alors, ou alors attention, ça peut arriver, quand on travaille pour son plaisir, ce qui est tout à fait autre chose : je peux avoir envie tout à coup d'écrire un livre, ce à quoi personne ne m'oblige, et préférer écrire plutôt que prendre des vacances. Mais dans ce cas j'écris dix lignes et puis j'arrête, parce que je trouve que je n'ai plus rien à dire. Alors que ça ne me vient pas à l'idée de m'interrompre quand je fais des dialogues de cinéma, parce que si je m'étais arrêté chaque fois que je n'avais rien à dire, je n'aurais pas fait beaucoup de films.

F. H. Avec les valorisations d'un côté de Mars, Pluton et Mercure, de l'autre de la Lune et Vénus, votre ciel vous prédispose à être tantôt agressif, opposant, contestataire, tantôt conciliant, charmeur, séducteur, féminin même...

M. A. : Il se passe là un peu la même chose que ce qu'on a dit précédemment pour les voyages : j'ai été très longtemps tout à fait conciliant, mais il y avait une part de je-m'en-foutisme dans cette attitude. Je ne me mettais pas en colère, parce que je me foutais éperdument de ce qu'on me racontait. L'âge venant, j'ai l'impression de devenir plus acariâtre. Autrefois, quand je tombais dans un embouteillage, je mettais la radio dans la voiture et j'attendais que ça se passe. A présent, j'ai tendance à traiter de con le type qui est devant moi. Ce n'est quand même pas bon signe. Serait-ce vieillir mal?

F. H. : Quand j'évoquais ces deux attitudes opposées : l'attitude douce, conciliante, et l'attitude dure, attaquante, je pensais à vos rapports professionnels ou privés.

M. A. : Je suis rarement désagréable avec les gens, mais je suis un peu lâche. Au téléphone par exemple, ce n'est pas moi qui réponds aux gens que j'ai envie d'envoyer bouler, puisque je dis à ma femme non seulement de ne pas me les passer mais encore de les envoyer chier, je n'ai donc aucun mérite. Par contre, quand c'est moi qui tombe sur quelqu'un, c'est « Salut, comment ça va ». Ce n'est pas très net quand même. Je fais faire les corvées par les autres. Ce n'est pas bien.

F. H. : Puis-je vous poser à présent une question extrêmement indiscrète?

M. A. : Bien sûr, puisque je ne suis pas obligé de vous répondre.

F. H. : Cette question découle de l'opposition de Mars à la Lune et à Vénus dans votre ciel, indice classique d'ambivalence amour-haine, autrement dit de dissociation entre les sentiments basés sur la tendresse et ceux basés sur le désir, ce qui peut se traduire par la nécessité d'une résistance voire d'une hostilité pour désirer : l'amour-tendresse exclut-il chez vous l'amour-désir, c'est-à-dire l'attirance sexuelle, et réciproquement?

M. A. : Je réserve l'amour tendresse à mes enfants, mes petits-enfants, mes amis. En ce qui concerne les rapports avec les femmes, puisque mes rapports sexuels se sont bornés aux femmes jusqu'ici – ça aussi, ça peut changer, il ne faut jurer de rien – *(rires),* je ne peux pas dire que j'ai abusé de la tendresse avec les femmes alors que je les adore : je ne suis pas misogyne, je ne suis pas macho... mais... en vérité, je crois qu'il y a chez moi une immense paresse... je ne sais pas si c'est lié à mes signes...

F. H. : Une dominante Lune-Vénus sur fond Taureau indique une forte composante « féminine », au sens traditionnel du terme, c'est-à-dire, plus passive, sensitive, affective et instinctive, qu'active, intellectuelle, rationaliste, ambitieuse...

M. A. : J'ai toujours attendu que les choses viennent et, de ma vie, je n'ai jamais fait la cour à une femme : ou ça s'est passé, ou ça ne s'est pas passé, mais il fallait que ça se passe tout seul... Finalement, je n'appellerais pas ça de la paresse : en réalité, je n'aurais jamais voulu risquer qu'on me dise non. C'est peut-être un orgueil tout à fait démesuré, mais je ne suis jamais allé au-devant de ce genre de catastrophe.

F. H. : D'une façon plus générale, est-ce que vous ne vous méfiez pas particulièrement de toute forme d'exaltation sentimentale, quitte à freiner votre propre sentimentalité, qui, avec votre Vénus angulaire, en Taureau et au carré de Jupiter et Neptune, devrait être particulièrement forte?

M. A. : L'exagération sentimentale me terrifie : j'appelle ça de l'hystérie, et je suis terrorisé par les hystériques.

F. H. : Cela ne vous incite-t-il pas à contrôler un petit peu trop, voire freiner, votre sentimentalité?

M. A. : Mais non, ce n'est pas la mienne qui me fait peur, je sais qu'elle ne dépassera jamais un certain stade *(rires)*. Ce sont les réactions des autres qui m'épouvantent.

F. H. : Votre dominante Vénus-Lune-Mars sur fond Taureau, va généralement de pair avec une sensorialité importante. Les nourritures terrestres ont-elles toujours beaucoup compté dans votre vie?

M. A. *(sur un ton pas vraiment assuré)* : Euh... oui... Mais que voulez-vous dire par nourritures terrestres? Les plaisirs de la table?

F. H. : Entre autre...

M. A. : J'ai la chance de faire partie de ces gens qui, mangeant bien chez eux, n'éprouvent pas le besoin de faire, comme on dit, des détours. Ça ne me vient pas à l'idée de dévier ma route, je ne parle pas de 200 kilomètres, mais même 25 kilomètres, pour aller faire ce qu'on appelle un bon gueuleton. Mais je n'ai aucun mérite à cela, puisque ma table quotidienne est excellente : j'ai une femme qui cuisine parfaitement.

F. H. : Aurait-ce été un inconvénient majeur ou secondaire que votre femme cuisine mal?

M. A. : Si j'aime ma femme, secondaire. *(riant)* Il ne faut pas être abruti à ce point-là!

F. H. : Vous avez beaucoup travaillé pour et avec Jean Gabin qui était né, comme vous, sous le signe du Taureau. Avez-vous noté des points communs entre lui et vous?

M. A. : Lui avait cette religion de la table, il disait : « On va aller là pour se taper un cassoulet. » Mais cela faisait partie de ses contradictions – on en a tous –, car il adorait aller faire un gueuleton, seulement après il avait, comme il disait lui-même, des problèmes de burlingue : chaque fois qu'il faisait un bon gueuleton, il était malade trois jours. Alors je ne sais pas si c'est tout à fait la bonne manière. Je trouve très agréable de bien manger, mais ce n'est pas une religion, ce n'est pas un culte. Franchement pas.

F. H. : Le Vénusien du Taureau et le Lunaire que vous êtes font une personnalité paisible, calme, qui apprécie les joies tranquilles du quotidien alors que le Martien et le Plutonien que vous êtes également, ont besoin de cibles à critiquer, attaquer, au point de rendre le quotidien invivable. Comment vivez-vous cela?

M. A. : Je suis calme dans le cadre de ma vie familiale – ma femme, mes enfants –, alors que je ne décolère pas pour le reste : dès que je mets le nez dehors, je ne décolère pas. La télé me met en rogne, les nouvelles, tout, tout me met en rogne... Dans un sens c'est une hygiène qui m'aide à vivre.

F. H. : J'avais justement prévu de vous demander si, comme beaucoup de Taureaux martiens et plutoniens, vous aviez besoin de boucs émissaires pour évacuer une agressivité, une irritabilité chroniques?

M. A. : Ce qu'on appelle des têtes de Turc. C'est évident : il y en a comme ça deux-trois qui me servent à me soulager. Je dis « tiens, voilà encore l'autre con, ça y est, ça ne rate pas... » Bien sûr. Sauf que, si je tombe sur le type que j'ai traité de con pendant des années, il est en général charmant, plutôt intelligent, et on devient plus ou moins amis. Mais tant que je ne le connais pas... En général les gens qui ne font pas partie de mes amis sont des cons. J'ai divisé la société en deux catégories : mes amis, ou du moins mes cons à moi – mais ça, ça me regarde – et puis les cons des autres, que je ne supporte pas une seconde.

F. H. : Les Taureaux n'ont l'estime facile ni pour les autres – ce que vous nous avez confirmé – ni pour eux-mêmes. Qu'est-ce que vous considérez comme votre plus grand défaut?

M. A. : Ce serait de céder à la facilité. Il m'est arrivé de dire des choses que je n'aurais pas dû dire, de faire des mots que j'aurais pu m'abstenir de faire, allons même plus loin, d'écrire des films ou des articles dont j'aurais pu me passer. Je cède un peu à la facilité. Mais c'est aussi une chance d'en avoir, alors je ne peux pas me plaindre. Ce serait imbécile de me dire « oh là là mon Dieu pourquoi m'avez-vous donné tant de facilité... » Mais ça peut inciter aussi au moindre effort.

F. H. : J'ose à peine vous demander si vous vous reconnaissez une qualité.

M. A. : Effectivement, je crois que je n'ai aucune très grande qualité. J'avais envie de vous dire la franchise, mais, si j'y réfléchis, ce n'est pas tellement vrai.

F. H. : Le bon sens?

M. A. : Je n'en ai aucun. Je suis complètement caractériel, alors je ne peux pas avoir de bon sens. Je suis capable de céder à des envies irraisonnées, à des emballements brusques, des coups de cœur – je ne parle pas spécialement pour des gens – ... Je suis encore capable de m'intéresser à des choses... même pas intéressantes...

F. H. : C'est à mettre sur le compte de l'excitabilité tant de votre forte composante Bélier, que de vos planètes dominantes : Lune, Vénus, Mercure et Mars. Je pensais au bon sens intellectuel, à une certaine lucidité...

M. A. : Maintenant je n'ai même plus envie de conduire, je ne sais pas pourquoi, au fond j'aimerais avoir un chauffeur, mais à une époque je faisais des chèques sans provision pour acheter des voitures de sport. Alors ça et le bon sens... Quand j'étais ouvrier, je bouffais ma semaine d'avance, après j'étais journaliste et je bouffais mon mois, maintenant je bouffe mon film : c'est le contraire du bon sens. Je n'ai aucun sens pratique.

F. H. : L'absence de valorisation de Jupiter, mais aussi du Soleil, d'Uranus et de Saturne qui, dans leurs aspects positifs, et chacun à leur façon, font œuvrer en fonction d'une finalité qui implique raison et discipline, aurait dû m'y faire penser.

RMC, 25 avril 1984
décédé le 28 juillet 1985

MICHEL AUDIARD

Analyse graphologique

Chère Françoise,

Voici donc un échantillon de ce qui, plus tard, trouvera sa place au musée dans la galerie : l'art graphique au XXème siècle. Les enfants des écoles étudieront ça à la loupe, les profs aussi pourquoi pas : même les chinois si ça se trouve ? On y découvrira sans nul doute les sales complexités de ma mauvaise nature. Mon Dieu quelle horreur !

Je vous prie, Madame, de bien vouloir présenter l'assurance de mes sentiments distingués à monsieur Dutronc chanteur de genre et, pour vous, bien sûr, mon admiration fanatique.

[illegible]

Michel

(Format réduit).

Observation de l'écriture :
Instrument : Crayon feutre, couleur bleue.
Impression : Quelque chose de fin, de pointu comme le museau d'une fouine, de preste.
Harmonie : Moyenne. L'écriture est homogène.
Formniveau : Il est élevé parce que l'écriture est vivante et personnelle et cela d'autant qu'il s'agit d'un homme n'ayant pas fait d'études. Le mot est parfaitement bien rassemblé, entouré d'un anneau blanc le faisant ressortir, jaillir vers la droite car il est propulsé comme la flèche que l'archer décoche. 2 $^{1}/_{2}$.
Rythme selon Heiss : Le rythme de mouvement est accentué. Il y a également du rythme de l'espace mais avec la perturbation due aux lignes descendantes peut-être liées à l'état de santé. Formes de mouvement, plastiques, animées par l'élan centrifuge.
Degrés de tension de Pophal : I et IVB.
Définition : Très inégale surtout de dimension, inclinée, étrécie, en arcades et à tendance filiforme, saccadée, liée, lancée et acérée, accélérée, descendante et sinueuse.
Trait selon Hegar : R,N,D et C,Lg. Dans la belle signature : fil dans l'espace. Des rebours, des pochages, gladiolée, des finales rentrantes.
Signature au centre, hyperliée, filiforme, en arcades, montante. Marge sociale.

Synthèses :
1° Très inégale, étrécie, tendance au fil, saccadée : des complexités.
2° Accélérée, acérée, lancée, liée, gladiolée : vivacité d'esprit, associations d'idées nombreuses et inventives.
3° Inclinée, lancée, accélérée : besoin d'échanges, impulsions, spontanéité mais prudence (marge de droite, signature au milieu).
4° Liée, accélérée, descendante, ordonnance respectée : activité, esprit de suite s'inscrivant dans un projet professionnel.

Approches psychologique, caractérologique, typologique :

Tempéraments d'après Hippocrate : nerveux, lymphatique.
Le Senne : non-émotif, actif, primaire : sanguin, faux paresseux.
Freud : de l'analité.

Szondi et fonctions selon Jung :

Pulsion paroxysmale
e+ hy+
facteur hy dominant
Sensation hystéroïde

Moi possédé
k^{0} p+
facteur p dominant
Sentiment paranoïde

Pulsion de contact
d+ m+
facteur d dominant
Pensée anale

Pulsion sexuelle
h^{0} s+
facteur s dominant
Intuition masculine

Éléments d'interprétation :
–k^{0} p+ : besoin de communication avec le monde extérieur par l'intellect, par la transmission des émotions. Désir de dépassement de soi. Appétits acceptés sans barrage; hy+ renforce cette tendance. Sentiment peu différencié. Enthousiasme ou rejet. Besoin d'être aimé.
–e+ hy+ : recherche de réussite. Aime plaire, amuser. Très adaptable, très adroit.
–h^{0} s+ : besoin de conquérir l'autre pour obtenir sa tendresse, pour le dominer aussi. Jeu du « plaire pour avoir ». Charme renforcé par l'adaptabilité de hy+.
–d+ m+ : se tourne vers le monde extérieur pour en jouir. Souci de résultats.
Réalisme et sens de l'argent. Nombreuses motivations. Pensée avisée extravertie.

Maître Cerveau sur son homme perché
Tenait dans ses plis son mystère

Ainsi commence la fable parodique dont Paul Valéry n'a jamais écrit la suite et qui me semble bien s'appliquer à Michel Audiard.

En effet, son cerveau n'était pas n'importe quel cerveau!

Dans son livre *Des clés et des serrures,* Michel Tournier rappelle que les anatomistes de la Renaissance ont été les premiers à noter que le réseau des fibres nerveuses humaines ressemble à un homme retourné. Il ajoute : « Le cerveau constitue sa racine en bulbe, la moelle épinière son tronc d'où partent quantité de branches qui éclatent elles-mêmes en une infinité de rameaux et de fibres. »

Sur le limbe blanc de la feuille de papier, l'aspect extrêmement nervuré et découpé de l'écriture élancée de Michel Audiard nous laisse le témoignage des dons variés de son intelligence :
– esprit très vif, agile, rapidité de réparties, alacrité,
– finesse du coup d'œil, sens aigu de l'observation,

– talent pour trouver le mot juste, pertinent, le mieux choisi pour faire mouche,
– esprit critique bien affûté ne laissant rien échapper et même dent dure à l'occasion, ironie détectant immédiatement la faille ou le ridicule.

Suspicieux, Michel Audiard prenait un malin plaisir à contester, à contredire et cela d'autant plus qu'il s'agissait de personnages, de conceptions, de situations considérées comme respectables.

C'était un homme au jugement indépendant, irrévérencieux, dont l'impertinence amusée correspondait à sa nature profonde d'individualiste mais aussi à son expérience de la vie.

Était-il toujours rationnel, était-il toujours logique, était-il très réceptif au point de vue de celui auquel il s'adressait, était-il vraiment impartial? Je n'en mettrais pas ma main au feu, et d'ailleurs peu lui importait.

Sans doute, sa pensée pouvait manquer peut-être de construction car elle était celle d'un homme qui s'était formé tout seul.

Il fuyait tout ce qui pouvait ressembler à des modèles, à des moules et craignait comme la peste les individus bardés de principes et de bonne conscience.

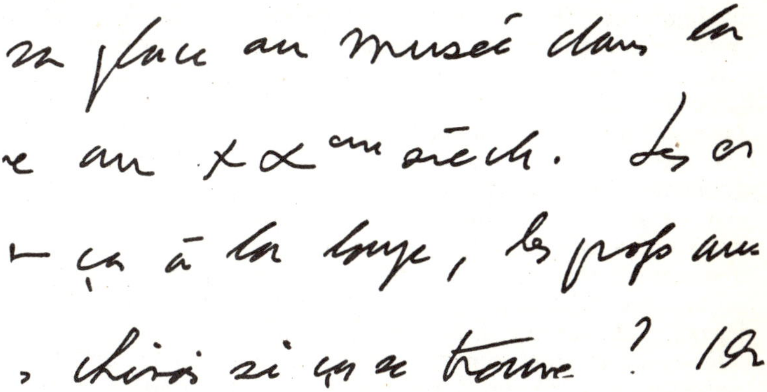
sa place au musée dans la
e au XXème siècle. Les
ça à la loupe, les profs au
choisi si ça se trouve ?

Son scepticisme de fond, sa méfiance, ne l'empêchaient pas, en homme au tempérament impulsif, réagissant, émotif, de se laisser emporter par ses enthousiasmes, ses sympathies ou ses répugnances, parfois plus instinctives que raisonnées.

Cette vivacité concernait surtout le domaine cérébral car il était réaliste, avisé, prudent pour les questions d'ordre pratique.

Il était certainement très motivé par le désir de réussir et par la joie que lui apportait un métier répondant si bien à ses goûts, à ses dons, à son besoin de fantaisie et de liberté, un métier qui le stimulait intellectuellement et qui, de plus, comblait son attirance pour l'escrime verbale.

A son projet du moment, il travaillait avec ardeur, le menant tambour battant vers sa bonne fin.

Sa personnalité, à bien des égards était restée jeune. Ce qui comptait pour lui n'était-il pas de s'amuser en écrivant ses dialogues?

Être le marionnettiste qui tire les ficelles derrière le rideau était une voie lui convenant parfaitement, aussi utile – et à ses yeux plus salubre – que les entreprises visant à changer le monde.

Autant il était à l'aise pour jongler avec les mots, autant il pouvait se montrer réservé à l'égard de ce qu'ils recouvrent, notamment dans le domaine du sentiment.

Adroit dans les relations sociales courantes, aimant plaire, usant de son charme avec spontanéité, il était très circonspect quant aux implications affectives.

Aussi évitait-il de s'aventurer au pays du sentiment, pays de marécages et de labyrinthes, donc de complications dangereuses.

Comment définir les incidences de cette retenue dans le comportement?

Guère de déclarations ou de démonstrations mais des manières simples, naturelles, un ton allusif, léger, alerte, enjoué.

Si l'attachement de ses proches dispensait à cet homme inquiet une impression de sécurité et de chaleur qu'il appréciait, il n'était probablement pas toujours si accessible ni si compréhensif.

Il fallait s'accommoder d'un certain égocentrisme inconscient, d'une possessivité domestique supportant mal d'être contrecarrée, d'une irritabilité soudaine et passagère.

Toutefois, il savait trop séduire quand il le voulait, il avait trop d'habileté pour que l'on puisse lui en tenir rigueur.

Je ne sais ce qui diront les Chinois lorsqu'au XXIe siècle ils étudieront, ainsi que Michel Audiard le prévoyait, son écriture. Ils ne seront pas plus mal placés que moi pour la comprendre car c'est toujours une gageure que de tenter d'interpréter une écriture et, au départ, c'est toujours un peu du chinois...

Ils y rencontreront, comme moi, la trace d'un homme attachant par sa sensibilité cérébrale, par son intelligence des situations, par son adaptabilité souple et hardie, par son attitude d'élégance innée consistant à ne pas se prendre davantage au sérieux qu'il ne prenait les puissants ou ceux qui jouent les importants et sur lesquels il exerçait sa verve caustique avec tant de bonheur.

RENAUD
auteur, compositeur et interprète de chansons

Signes dominants : le Taureau par le Soleil, Vénus et Jupiter. Le Sagittaire par la Lune. Les Poissons par l'Ascendant.
Planètes fortes : la Lune, puis, probablement, Uranus.
Axe maison 2 – maison 8.

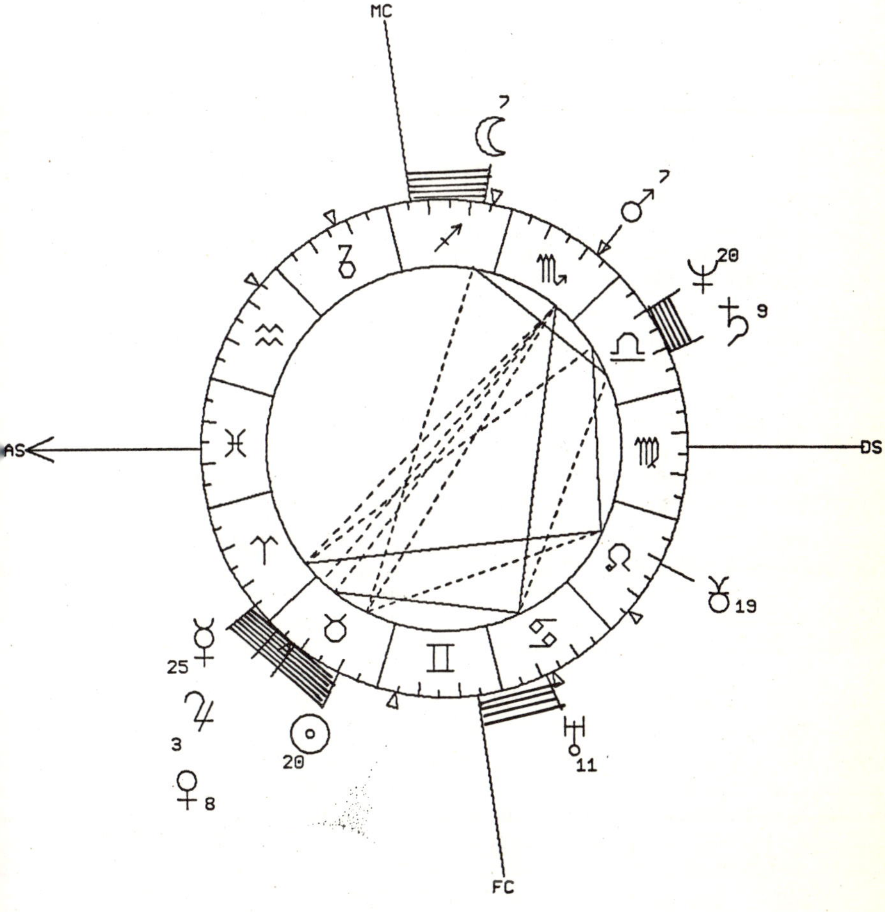

Françoise Hardy : L'importance du Taureau, où vous avez le Soleil mais aussi Vénus et Jupiter, ajoutée à celle de la maison 2, qui, traditionnellement, concerne l'argent et a, pour l'Astrologie moderne, trait à l'Existence de l'Objet, autrement dit à la vie que l'on prête aux objets, me pousse à vous demander si vous n'avez pas tendance à exagérer l'importance des motivations d'ordre matériel dans les choix et comportements d'autrui?

Renaud : Il me semble que tout ce qu'on fait est guidé par un intérêt quelconque, matériel le plus souvent, chez les adultes en tous cas, pas chez les enfants.

F. H. : Vous avez du mal à croire au désintéressement?

R. : Il y a quand même des purs, mais les purs aiment bien l'argent, parce qu'il amène le confort et la liberté.

F. H. : L'importance de l'ensemble Taureau-maison 2 dans votre ciel, peut également indiquer l'importance pour vous de l'argent, des objets, des possessions matérielles. Cependant, l'opposition de vos planètes en maison 2 à d'autres planètes en maison 8, celle, pour la tradition, de la dépossession, suggère une ambivalence avidité-générosité, possessivité-détachement, accumulation-gaspillage, etc.

R. : Dans le rapport amoureux, c'est l'horreur : je suis le plus possessif, le plus jaloux qui soit. Autrement, le besoin d'accumuler est plus fort que celui de dilapider. Dès que je commence une collection, il faut que j'accumule, que j'achète des tas de trucs...

F. H. : Vous êtes collectionneur?

R. : Oui. J'ai des milliards de bibelots chez moi, que j'ai accumulés depuis une quinzaine d'années. Même à l'époque où j'étais complètement fauché, j'allais aux Puces, je chinais des petites bricoles à 10 ou 15 F. Mon appartement ressemblait à une boutique d'antiquaire, à la cour des miracles ou au marché aux puces. J'adore les objets, ça me sécurise, ça peuple mon univers. Je fais des collections qui peuvent aller jusqu'à 250, 300 objets, sous forme de bibelots, d'angelots, de statuettes, de lampes, de potiches...

F. H. : Comment ça se passe maintenant que vous disposez de plus d'argent?

R. : J'achète beaucoup moins d'objets depuis que j'ai la possibilité d'en acheter beaucoup plus.

F. H. : Avez-vous des alternances bas de laine-panier percé?

R. : Ce n'est pas à moi de le dire, mais je suis assez généreux et il m'arrive de flamber, de dépenser mon argent à tort et à travers, de le foutre un peu par les fenêtres, et, souvent, pour faire plaisir aux gens. En même temps, j'ai un côté bas de laine, parce que, depuis que ça marche pour moi, j'ai toujours mis 5 F à gauche quand j'en gagnais 10, afin de payer mes impôts rubis sur l'ongle. J'ai conscience de la difficulté à gagner de l'argent et de la chance inouïe qui est la mienne d'en avoir beaucoup. J'adore jouer au poker, au casino et tout ça, mais je me l'interdis.

F. H. : Changeons de sujet. Votre signe solaire, le Taureau, signe réfractaire par excellence, incline à n'avoir ni l'enthousiasme ni l'admiration ou l'estime faciles. Mais le Sagittaire où vous avez la Lune, planète de loin la plus forte de votre ciel, donne des tendances inverses : pouvez-vous être aussi méfiant, misanthrope, fermé, que naïf, sociable, ouvert?

R. : Je suis plus naïf que méfiant. J'aime les gens en général, et dès que je tombe sur quelqu'un de gentil, je suis tout de suite séduit, je le porte vite aux nues et je n'essaie pas de déceler ce qu'il peut y avoir de moins bien derrière ce côté positif...

F. H. : C'est effectivement l'attitude d'une Lune dominante en Sagittaire, mais j'aurais cru que l'apport Taureau vous fermait davantage.

R. : Je suis assez fermé aussi. Lorsque je suis en société, il faut que je boive un petit coup ou plusieurs, avant de me libérer. Même dans ma famille, chez mes parents, mes frères et mes sœurs, je ne dis pas un mot, je suis coincé, timide, je garde tout à l'intérieur. Et quand il m'arrive d'être avec des gens ou des copains au resto, si je ne bois rien, je ne dis rien de la soirée.

F. H. : L'Ascendant dans le signe d'inhibition des Poissons accentue sans doute le manque d'expansivité du Taureau... Mais revenons à votre Lune toute puissante en Sagittaire. L'ensemble est contradictoire, dans la mesure où la Lune porte à avoir besoin d'un milieu protecteur clos sur lui-même, alors que le Sagittaire appelle la liberté des grands espaces sans frontières. Mais vous avez trouvé la solution avec le bateau.

R. : J'ai toujours été casanier et j'ai toujours eu besoin de la cellule familiale que j'ai cherché à créer dès l'âge de quinze ans. Dès que je rencontrais une gonzesse, je me disais : celle-là, ça va être la bonne... Mais ce n'était jamais la bonne. Puis, un jour, à vingt-quatre ans, j'en ai vu une et j'ai dit : celle-là, je suis sûr que c'est la bonne : je la drague, je l'épouse, je fais des enfants avec elle, je vieillis avec elle... Et c'était la bonne. Ça fait huit ans que ça dure et ça durera tout le temps. C'était la gonzesse que je cherchais pour être la mère de mes enfants, vivre avec, avoir une maison. Car j'ai voulu ma maison, j'ai ma maison et pas un appartement qu'on loue, parce que ce qu'on loue n'est jamais vraiment à soi.

F. H. : Et le besoin d'aventure, de liberté du Sagittaire?

R. : C'est venu plus tard... à cause du succès, de la vie parisienne, des médias, des journalistes, des groupies, des mômes qui m'attendent dans l'escalier... J'avais envie d'échapper un peu à tout ça...

F. H. : Supposons que vous n'ayiez pas fait ce métier, pas eu ce succès : vous n'êtes pas casanier au point de rester toujours au même endroit et faire toujours la même chose?

R. : Non... finalement.

F. H. : Vous sentez-vous, en tant que Sagittaire, solidaire de tous les hommes, citoyen du monde, ou bien, en tant que Taureau, uniquement de ceux que vous considérez comme vôtres?

R. : Je me sens solidaire de tous ceux qui souffrent, moins des autres.

F. H. : Une dominante lunaire porte à rêver. Aux yeux du public, vous avez tout ce dont on peut rêver : la jeunesse, le talent, la séduction, le succès, une famille que vous aimez, etc. Avez-vous réalisé tous vos rêves d'enfant? A quoi rêvez-vous encore?

R. : Enfant, je rêvais de vivre comme mes parents. On était 6 frères et sœurs, on était donc une famille nombreuse, très unie et traditionaliste, avec les anniversaires, les réveillons où on continue à se retrouver tous ensemble. Mon père et ma mère, c'était pour moi l'exemple à suivre dans la passion, dans la fidélité... Pour ce qui est du métier, je ne savais pas très bien ce que je voulais quand j'étais plus jeune, mais je savais que je voulais faire un métier artistique : acteur, chanteur, clown, un truc comme ça... J'ai à peu près réalisé tous mes rêves, en fait. Maintenant, je rêve d'arriver à écrire un bon scénar, de faire un film. Sinon, les grandes options de ma vie sont là : je suis heureux, je n'ai besoin de rien de plus : j'ai une enfant que j'adore, je n'en veux pas d'autre – pour l'instant – j'ai une femme, une maison, un bateau qui me permet de m'évader, de voir des gens différents... Tout va bien... C'en est presque minant des fois...

F. H. : Les Poissons, votre signe ascendant, se tiennent à distance égale des camps antagonistes et ont l'art d'agir sans choisir leur camp, afin de rester eux-mêmes tout en étant disponibles à ce qui est susceptible de les intéresser. Le Taureau, au contraire, se réalise en exploitant à fond une voie unique. De quelle façon vivez-vous les tendances, à priori contradictoires, des Poissons à naviguer entre plusieurs eaux, à fuir, louvoyer, et celles du Taureau à s'engager à fond dans une seule direction?

R. : Je fais toujours dire au téléphone que je ne suis pas là, parce que je n'ose pas dire non à quelqu'un. Je ne peux pas dire à quelqu'un : « Écoutez Monsieur, c'est très gentil ce que vous me proposez, mais ça ne m'intéresse pas. » Ça ne prendrait que cinq secondes, au lieu de ça, je fais poireauter la personne pendant cinq mois, en lui faisant dire que je ne suis pas là, et tout ça, parce que je n'ai pas le courage de faire de la peine à quelqu'un. C'est de la lâcheté en fait. Par contre, il m'arrive d'être brusque, de ne pas avoir de scrupules, de ne pas prendre de gants et d'être carrément odieux avec les gens que j'aime beaucoup, alors que je peux presque être une carpette avec ceux que je n'aime ou ne connais pas. Je suis donc plus gentil avec les gens que je n'aime pas qu'avec ceux que j'aime. Je me dis que les gens que j'aime me connaissent avec mes défauts, et qu'ils me pardonneront si je les envoie balader. Mais je n'ose pas être ferme ni violent avec ceux que je ne connais pas, alors je louvoie.

F. H. : Et ces gens-là vont peut-être croire que le courant est passé entre vous alors que derrière leur dos vous serez virulent à leur sujet?

R. : Ah oui! mais pas devant. J'ai du mal à dire aux gens que je n'aime pas que je ne les aime pas, c'est pour ça que j'ai écrit des chansons.

F. H. : L'un des péchés mignons du Taureau est de ne pas se remettre en question quand il y a des problèmes. Pour un Taureau, c'est la faute des autres quand ça ne va pas...

R. : C'est toujours la faute des autres... Je plaisante...

F. H. : Avez-vous tendance à voir plus facilement la paille qui est dans l'œil du voisin que la poutre qui est dans le vôtre?

R. : Je n'ai pas d'exemple particulier qui me vienne à l'esprit, mais il me semble quand même que c'est souvent la faute des autres. Les échecs m'arrivent rarement.

F. H. : A condition que son conditionnement génétique le lui permette, le natif du Taureau a la réputation d'avoir de solides appétits. Est-ce votre cas?

R. : Oui. Dans quel domaine?

F. H. : Tous, tous! Bien manger, bien boire...

R. : Bien manger, non, mais souvent, oui. Je peux manger un plat de 500 grammes de spaghetti froids, la nuit, tout seul, quand j'ai faim...

F. H. : C'est très mauvais les spaghetti froids!

R. : Les grands restaurants, le caviar, le foie gras, le saumon fumé, ça n'est pas trop mon truc. Je ne suis pas du tout gastronome, un peu boulimique plutôt. Il faut que je mange quand j'ai faim, que je boive quand j'ai soif, et mes autres appétits sont encore plus féroces.

F. H. : Vous nous avez parlé de vos réticences, timidités, inhibitions en société, lesquelles, astrologiquement, sont imputables au recul intérieur des Poissons, au peu d'expansivité du Taureau et à la difficulté relative de votre dominante lunaire à sortir de sa coquille. Vous ne devez, par conséquent, pas tellement avoir le goût de la fête qu'on prête au Sagittaire, où les tendances dyonisiaques du Taureau peuvent trouver une satisfaction?

R. : Rien que le mot « fête » est déjà tabou. J'aime bien boire avec des copains dans un bistro, mais tout ce qui est fête du genre boum, soirée, réception, cocktail, je ne supporte pas, je n'y vais jamais... Par contre, si je suis au resto avec des gens que j'aime, je peux rester six heures à table. D'ailleurs ça m'arrive souvent : j'arrive au resto à 8 heures, et j'en ressors à 4, 5 heures du matin.

F. H. : Une question un peu plus compliquée pour finir. La force dans votre ciel des planètes de Représentation, la Lune et surtout Uranus, à laquelle fait pendant la faiblesse des planètes d'Existence, suggère que vous privilégiez les idées, vos textes donc, aux dépens de ce qui est plus concret, car plus émotionnel, comme la musique ou la mélodie.

R. : Complètement. Je me sens plus poète que musicien. Ce qui m'intéresse, c'est ce que je dis aux gens. La façon dont je le dis, que ce soit en poésie ou en musique, m'importe moins.

F. H. : La musique n'est pour vous qu'un moyen?

R. : C'est le véhicule de mes idées, de mes textes. Au début, je bâclais complètement les musiques, je faisais plus ou moins n'importe quoi. Maintenant j'essaie de les améliorer en travaillant un peu plus. Mais je ne sais ni lire, ni écrire la musique. Je ne connais que 10 accords de guitare avec lesquels j'ai la chance d'arriver à composer des mélodies et j'essaie que ce soit des mélodies populaires qui se retiennent facilement. Je pourrais très bien m'arrêter de faire de la musique et dire mes textes, par contre je ne pourrais pas ne plus chanter et continuer à faire de la musique. Ça ne m'intéresse pas. Je ne suis pas musicien dans l'âme.

F. H. : Vous préférez lire un livre qu'écouter un disque?

R. : Oui. Bien sûr.

RMC, juin 1984

RENAUD

Analyse graphologique

Chère Madame,

(ou cher Monsieur, je sais même pas...)

Un ami qui travaille avec moi m'a demandé de vous écrire quelques mots afin que vous analysiez ma personnalité au travers de mes chiures de mouche. Je vous souhaite bien du courage, d'abord parceque je n'ai aucune personnalité, ensui parceque je n'aime pas du tout a stylo Mont-Blanc qui bave et dont la plume est trop épaisse, enfin parcequ la dernière graphologue qui s'est penchée sur mon écritur a cru déceler derrière celle-ci la personnalité d'un Homme 40 à 50 ans. Erreur grossière, je ne suis pas un Homme mais une bête immonde assoiffée de pouvoir et je n'ai encore 12 ans.

Je ne sais pas si je dois m'appliquer à écrire lisib Je le fais néanmoins, sinon vous ne pourriez me lire.

Que vous dire de plus, sinon que je ne crois à aucu de ces "sciences parallèles" que sont l'astrologie, la grapholog les lignes de la main, les tables qui tournent, les Nostrada la Thélépathie et autres charlataneries, mais malgré mon rationalisme grossièrement cartésien, je ne demande qu'à être co de l'existence des extra-terrestres et d'un Socialisme à visage Hu

(Format réduit).

Observation de l'écriture :
Instrument : Stylo, encre noire sur papier gaufré de nappe de restaurant dans la lettre : « Un ami qui travaille avec moi », etc. Crayon à bille, noir (instrument habituel) pour : « Je reconnais avoir dénigré », etc.
Impression : Des pattes de mouche comme le dit l'intéressé. Du mouvement, des formes adroites, une zone médiane assez fragile.
Harmonie : Plutôt harmonieuse, la petite dimension réduisant toutefois la clarté.
Formniveau : Bon formniveau en raison du frémissement vivant de l'écriture, de son élan, de ses irrégularités, de son originalité et sa simplicité. $2^1/_2$.
Rythme selon Heiss : Les trois aspects du rythme sont évolués, particulièrement le rythme de l'espace.
Degrés de tension de Pophal : III et IVA.
Définition : Petite à rapetissée, très inégale dans la zone médiane, en arcades, à tendance filiforme, légère, progressive, inclinée, accélérée, simplifiée, combinée, groupée, sinueuse.
Trait selon Hegar : Lg,P,R,C. Fil dans l'espace dans la signature. Signature plus grande que le texte, montante. Belle ordonnance, des marges sociales. Acérations. Ponctuation précise, lettres en deux morceaux. Chiffres de grande dimension (pour la taille de l'écriture).

Synthèses :
1° Petite, accélérée, groupée, simplifiée, combinée, bien ordonnée, acérée : esprit vif, critique.
2° Légère, inégale, rapetissée : sensibilité, cérébralisation.
3° Filiforme, zone médiane très inégale : fluctuations du sentiment de soi.
4° Élan de la signature, inclinée, progressive, rythme de l'espace : motivations, « image directrice » canalisant les pulsions.

Approches typologique, psychologique, caractériologique :

Tempéraments selon Hippocrate : nerveux et lympatique.
Le Senne : émotif, non-actif, secondaire : sentimental timide qui a le sens de sa dignité.
Freud : analité.

Szondi et fonctions selon Jung :

Pulsion paroxysmale
e+ hy–
facteur hy dominant
Intuition hystéroïde

Moi possédé
k° p+
facteur p dominant
Sentiment paranoïde

Pulsion de contact
d+ m+
facteur d dominant
Pensée anale

Pulsion sexuelle
h– s–
facteur s dominant
Sensation masculine

Éléments d'interprétation :
– Moi qui accepte ses pulsions, ses appétits tels qu'ils sont et qui cherche à les vivre, à les satisfaire. Il désire exprimer ce qu'il sent en lui. Vulnérable aux frustrations, hyperémotif, réagit avec agressivité face aux obstacles, aux contrariétés. Inflation de la conscience des désirs. Besoin de sortir de soi-même pour établir un contact par les idées. Volonté d'être davantage (p+).
–e+ hy– : Surmoi assez exigeant, profil assez intransigeant, se fixe une ligne de conduite et la suit. Désir éventuel : servir l'humanité. Avec hy dominant : adaptabilité, capacité de pressentir. Sensibilité, émotions cachées, considérées comme une faiblesse.
–h– s– : les instincts, l'énergie psychique sont canalisés vers un combat humanitaire. Importance des concepts moraux et intellectuels. Sensation cérébralisée.
–d+ m+ : sens des réalités. Intérêt pour les objets matériels, les relations humaines, les idées qui sont en rapport avec ses buts, ses projets. Acquérir, posséder, permet d'être reconnu par les autres. Motivé pour agir et lutter. Pensée personnelle car introvertie, incisive, lucide, avisée, analytique, mais peu rationnelle (p fort). Sens de l'argent. La réussite professionnelle et matérielle sécurise un moi qui a des vulnérabilités (fil de la zone médiane).

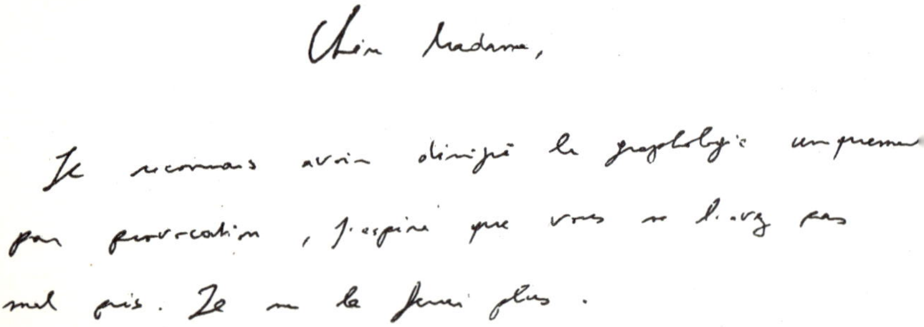
Chère Madame,

Je reconnais avoir dénigré la graphologie un premier par provocation, j'espère que vous ne l'avez pas mal pris. Je ne le ferai plus.

Oui, cette écriture est bien du type de celles que l'on appelle « pattes de mouches ». La mouche Renaud n'est certes pas une mouche qui se laisserait attraper avec du vinaigre ni même avec du miel.

Elle serait plutôt une mouche contrariante qui, dans une chambre, au moment de s'endormir se mettrait à vrombrir, à vous tourner autour, bref, vous obligerait à vous lever, à allumer la lumière pour commencer une chasse très énervante au cours de laquelle vous auriez l'occasion de faire tomber la lampe de chevet, de renverser sur l'oreiller le verre d'eau préparé pour la nuit.

Mouche piquante des soirs d'orage, Renaud peut certainement l'être car il résiste mal à une pulsion agressive qui le pousse à provoquer, à défier, à taquiner, à être irrespectueux par plaisir. Réagir avec esprit, avec humour, avec désinvolture, avec fantaisie, trouver des formulations amusantes, inattendues, ce qui est son cas, indique bien qu'il possède un esprit vif, fin, agile, critique. Mais il s'agit aussi du mode de défense d'un homme émotif, beaucoup plus sensible qu'il ne le paraît et ne veut le paraître, et qui cache ainsi ses vulnérabilités, ses incertitudes, ses sentiments, comme des faiblesses.

Il est assez conscient de ses pulsions, de ses appétits, de ses désirs; il veut les vivre, les satisfaire tels qu'ils sont, supportant mal les obstacles qu'il rencontre sur sa route, et les frustrations en général, fuyant ce qui l'ennuie et tenant à réussir pour pouvoir mieux faire ce qu'il aime.

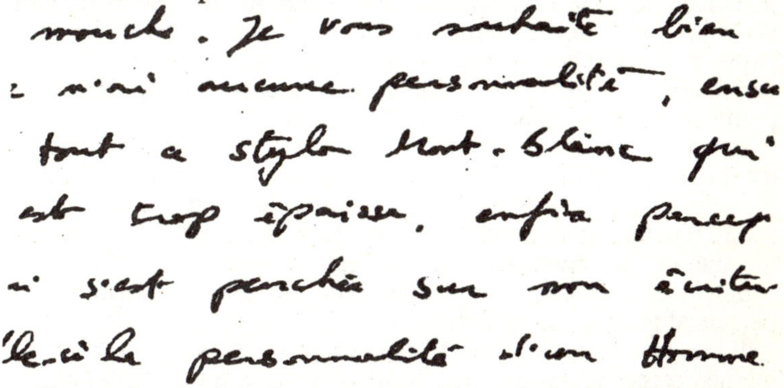

Il peut être entraîné par ses impulsions, impatient d'obtenir ce dont il a envie, se jetant à l'eau de manière souvent intuitive, irrationnelle, à la suite d'une émotion, d'un choc, d'une impression forte. Aussi peut-il facilement s'enthousiasmer pour une idée, pour un projet qui lui plaît, en être possédé, se comporter avec une sorte de fièvre, de passion.

Mais il ne faudrait pas croire qu'il s'enflamme pour n'importe quoi ni qu'il parte comme une flèche dans n'importe quelle direction. Il a un radar intérieur qui lui sert à s'orienter dans l'existence de façon réaliste et même avisée, un radar qui a dû lui éviter de s'égarer dans des chemins ne menant à rien de positif, ne menant à rien d'utile, ne menant à rien d'intéressant. Son auto-contrôle vient d'une perception suffisamment claire des finalités qu'il poursuit, des conceptions morales et sociales auxquelles il croit.

Cela va plus loin chez lui qu'une simple ligne de conduite. Son élan psychique est canalisé vers des perspectives de type social et humanitaire.

Ses instincts, sensations sont cérébralisés, engagés au service d'idéaux, au service de valeurs qui lui semblent justifier qu'on se batte pour elles.

Il a besoin de sortir de lui-même, de dépasser le cadre de ses seuls intérêts, de participer à sa manière et selon ses propres moyens à un effort collectif de progrès humain.

Cette faculté de cérébralisation, cette combativité pour des buts, pour des idées, contribuent certainement à le lester dans la vie en contrebalançant ce qu'il peut avoir de moins solide par ailleurs. Il lui faut se sécuriser en tenant à distance toutes les menaces auxquelles il pourrait se sentir exposé s'il n'édifiait pas autour de lui quelques constructions protectrices.

La présence attentive, compréhensive, chaleureuse d'un milieu familial et amical remplit cette importante fonction. C'est sa muraille de Chine.

L'argent constitue son second système défensif, non recherché pour lui-même mais comme une garantie, un gage d'indépendance face aux aléas éventuels. Toutefois sa plus belle fortification, avec mâchicoulis, créneaux, échauguettes, celle qui est l'objet de tous ses soins, celle qui lui donne des joies toujours renouvelées et à laquelle il consacre toutes les ressources de son esprit c'est la communication verbale, les mots, instruments de maîtrise d'une petite fraction du monde.

Les mots sont les ailes qui lui permettent de sortir de lui-même, d'exprimer ce qu'il sent, ce à quoi il aspire, d'abolir les limites, d'atteindre à une forme de liberté. Traquer les mots, les assembler, les manipuler, les faire chanter, c'est bien là le métier de Renaud, un métier de messager, un métier de Mercure. Gagner un supplément d'être par le verbe, quoi de plus conforme à sa personnalité et à son ambition?

Il met beaucoup de sincérité dans ses textes sans aucun doute, ce qui ne l'empêche pas de saisir intuitivement ce qui est dans l'air du temps.

Intelligent, éveillé, il a une pensée personnelle, une vision des choses originale sinon objective qui le rend créatif professionnellement, inventif.

Ainsi derrière ce facétieux « chébran » *, nature, direct, gouailleur se profile un autre homme : en apparence sceptique mais sujet aux emballements, individualiste mais prêt à témoigner et à prendre parti, malin et débrouillard mais plus exigeant moralement et, à sa manière, plus concerné par la collectivité qu'il n'en a l'air. Qui l'aurait cru au fond si sérieux? Qui aurait pensé que le profil psychologique de Renaud est un profil d'intellectuel?

---

* Adjectif tiré du verlan sur les affiches annonçant un spectacle de Renaud en 1986. Branché devient ainsi chébran.

GÉMEAUX

60 à 90° de longitude céleste.
Arc diurne supérieur à l'arc nocturne et croissant. Écart maximal entre les 2 arcs.

Après le Taureau tout d'une pièce, peu concerné par l'agitation extérieure générale, prisonnier qu'il est d'une ou deux idées fixes qui le rendent parfois pesant, bougon et rabâcheur, voici les Gémeaux, signe multiple plus que double, signe tout de légèreté, de mobilité, de grâce aérienne. Moins instinctif, moins physique, moins « brut », moins polarisé aussi, plus cérébral et fragile que ses prédécesseurs, il diffuse l'énergie plus qu'il ne la décharge (Bélier) ou ne la concentre (Taureau). L'excitabilité du printemps se manifeste chez lui par une disponibilité et une curiosité incessantes pour tout ce que le monde extérieur offre, dans l'instant, de divertissant, d'insolite, de nouveau et de pas trop impliquant. La fonction Gémeaux consiste à aller d'une idée, d'une personne à l'autre pour mieux se divertir et divertir, s'informer et informer de la surface des choses.

Traits Gémeaux : le signe des Gémeaux prédispose à se sentir partagé entre les besoins de liberté, l'attrait pour le jeu et l'éphémère, et le sens de la superficialité et du dérisoire. Au positif, il donne des qualités de vivacité, de curiosité, de brio, d'astuce, d'inventivité, d'improvisation, de fantaisie, de charme, de jeunesse, d'aisance dans les contacts, d'adaptation au changement. Mais il manque aux Gémeaux ce qui fait la force de son signe inverse le Capricorne et de son voisin le Taureau. Au négatif, les Gémeaux sont influençables, cyclothymiques et capricieux, ils ont du mal à se polariser, à s'impliquer, ils manquent de constance, de profondeur, de poids.

CATHERINE LARA
musicienne, compositrice et interprète de chansons

Signes dominants : les Gémeaux par le Soleil et Uranus. Le Bélier par Vénus et Mars. Le Capricorne par l'Ascendant. Le Sagittaire par la Lune.
Saison dominante : le printemps.
Tous les signes de solstice sont occupés.
Force du Soleil, d'Uranus, de Mercure et de Pluton.
Faiblesse de la Lune et de Jupiter.
Prépondérance des plans R et T. Carence du plan E.

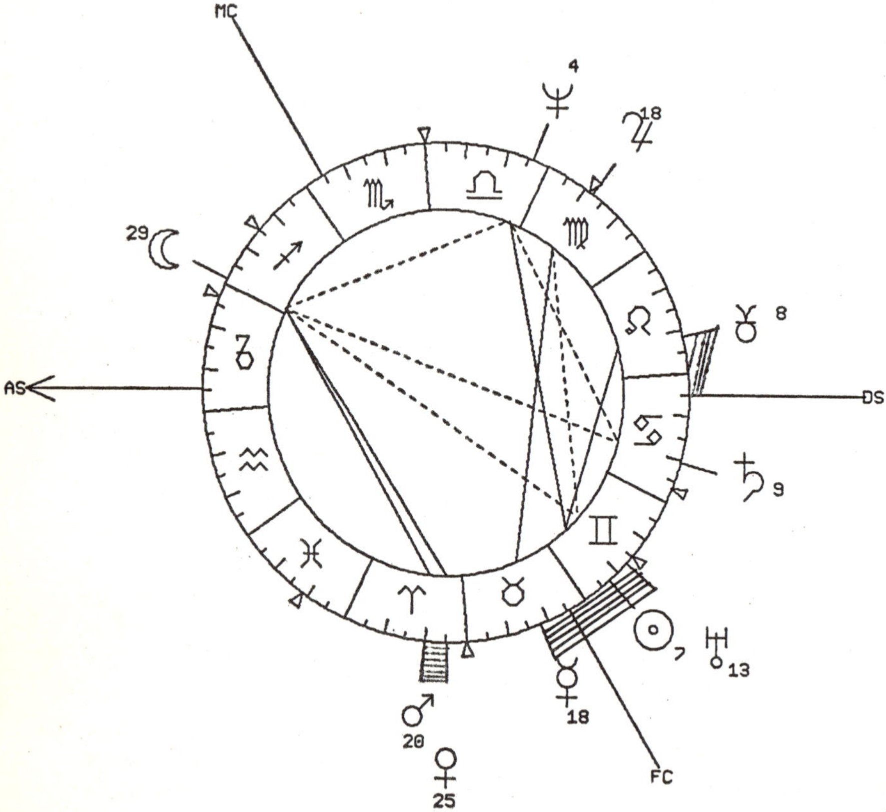

Françoise Hardy : L'Astrologie moderne attribue au printemps, dont tous les signes sont occupés dans ton ciel, l'énergie à l'état pur, ce qui se manifeste par un besoin de dépense sur tous les plans, par l'enthousiasme, la fougue, mais aussi par l'impatience, l'impulsivité, les feux de paille... Cependant, la valorisation d'une conjonction Soleil-Uranus appelle une passion exclusive. As-tu le sentiment de pouvoir contenir toutes tes foudres dans une seule passion?

Catherine éclate de rire : Je voudrais, je voudrais...

F. H. : Autrement dit : que ferais-tu de ton énergie ou qu'est-ce que ton énergie ferait de toi, si tu n'avais pas la musique?

Cathetine Lara : Ce serait dramatique. La musique est véritablement la thérapie à ma ou mes névroses. Mais pour répondre à la première question, j'ai l'impression que plus j'aime une seule personne et plus j'en suis aimée, plus mon cœur s'ouvre à d'autres choses, à d'autres formes d'amour...

F. H. : A l'image du printemps, tout ce qui te concerne ne devient-il pas vite turbulent, excessif, explosif?

C. L. : J'ai une énergie démentielle qui me rend invivable, insatiable...

F. H. : Trois facteurs « célestes » contribuent à ton insatiabilité : ta dominante printanière qui entraîne le besoin de dépense énergétique que nous venons d'évoquer, ta dominante solsticiale qui se manifeste par l'envie de rayonner dans tous les sens et le plus loin possible, mais aussi ton opposition Lune-Saturne qui est, généralement, l'indice d'une insécurité chronique, en rapport avec une mère ressentie comme trop ou pas assez aimante ou protectrice, l'excès comme le manque induisant un comportement immature, insatiable sur le plan affectif.

C. L. : Mes parents étaient très amoureux l'un de l'autre – ils le sont toujours d'ailleurs – mais tout s'est passé comme si ma mère réservait ses démonstrations de tendresse, ses baisers, à mon père, et j'ai effectivement souffert d'un manque de tendresse. C'est très difficile, quand on est petit, d'avoir envie d'un baiser et d'être repoussée, et ça m'a blessée souvent. C'est peut-être une des raisons pour lesquelles je suis attirée par les femmes matures. J'ai besoin de cette protection féminine qui m'a manqué quand j'étais petite fille.

F. H. : Cette frustation initiale qui, avec des contextes céleste et terrestre différents, aurait pu te replier sur toi-même dans un renoncement douloureux, n'a donc fait qu'augmenter l'appétit de réussite de Soleil-Uranus ainsi que les tendances solsticiales à vouloir toujours plus, à aller toujours plus loin...

C. L. : Il est un fait certain que je suis totalement insatiable, que c'est là un de mes grands travers et que ça me pose beaucoup de problèmes... C'est vrai qu'il faut toujours que ce soit plus : quand les autres vivent jusqu'à 2-3 heures du matin, moi j'ai envie d'aller jusqu'à 6-7 heures... J'aime tellement la vie, j'ai un tel besoin de dépenser, de donner, un besoin qui a été tellement frustré... Et comme ce n'est que depuis peu que ma communication avec les autres a commencé à se faire, voilà qu'à présent je me mets à avoir très peur de la mort...

F. H. : Finalement qu'est-ce qui arrive à te combler, à te donner une impression de satiété?

C. L. : Il n'y a que l'amour qui me procure cette impression. Quand j'ai aimé, que je suis comme un papillon cloué, là oui, ou alors après un concert, ce qui revient pratiquement au même... Malheureusement cette impression dure très peu de temps.

F.H. : As-tu trouvé le juste milieu entre les tendances autodépréciatives de Lune-Saturne et les tendances au narcissisme et à l'autosatisfaction de Soleil-Uranus?

C. L. : L'autocritique l'emporte. Je doute beaucoup et, ce qui est dramatique, je ne cesse de changer d'avis. Je passe par des méandres infernaux de oui et de non, de blanc et de noir, avant de prendre une décision. Tout me tente et je manque de détachement, de sagesse. L'excès d'autocritique, que je considère comme mon point le plus faible, n'arrange rien. Quant à l'autosatisfaction je ne la connais que dans l'euphorie de la communion musicale, la musique étant le nombril de ma vie.

F. H. : L'axe Gémeaux-Sagittaire donne un besoin primordial de communication, mais l'hyperindividualisme, la subjectivité de Soleil-Uranus, ainsi que la présence de Pluton, planète de l'incommunicable et l'incommuniquant, dans le secteur du ciel dévolu à l'autre, ne facilitent pas la pleine conscience de l'autre en particulier, et des autres en général. L'autre est-il pour toi un miroir, un faire-valoir, ou une réalité difficile qui te renvoie à tes manques, à ta solitude?

C. L. : C'est là un autre de mes points les plus délicats. Il est difficile de ne pas vivre égoïstement ou plutôt égocentriquement. J'ai une tendance certaine au nombrilisme, mais comment l'éviter? Je fais un métier où tout tourne autour de moi, où je joue mon propre rôle, où je ne peux pas, contrairement à un comédien, entrer dans une autre peau. L'autre – la personne qui partage ma vie – est pour moi une leçon de générosité de tous les jours. Tous les jours je voudrais m'élever à sa hauteur, mais je n'y arrive pas. Pas encore.

F. H. : Par le Capricorne, Saturne et Pluton, il devrait y avoir chez toi une distance, une fermeture, une froideur, quelque chose de sombre, qui contrastent singulièrement avec le bouillonnement, la chaleur, l'éclat de Soleil-Uranus et du printemps. Ce contraste est visible sur scène : tu es déchaînée quand tu chantes, mais, entre les chansons, tu ne dis pas un seul mot, tu n'essaies pas d'avoir un contact avec le public.

C. L. : Je suis extrêmement timide et je lutte contre ma timidité, ce qui me donne souvent des attitudes dont l'excès visible masque l'excès caché inverse.

F. H. : Il faudrait dire un mot sur Mercure, l'une de tes planètes fortes, qui a une fonction de dédramatisation, de désacralisation, de détente...

C. L. : J'aime rire, j'aime jouer. Je joue avec les mots, avec ma vie. Je passe mon temps à me foutre de moi, à monter les choses pour mieux les descendre, les dévaloriser ensuite...

F. H. : Comment concilies-tu les tendances simplificatrices de Soleil-Uranus, avec les tendances complexificatrices de Mercure et Pluton? Ta sensibilisation à la complexité n'est-elle pas frustrée par ce qu'il y a de réducteur dans la chanson?

C. L. : En partie encore. Mais depuis dix ans que j'essaie d'évoluer, c'est justement pour essayer de trouver une porte de sortie à ma complexité qui est trop grande. J'ai choisi la chanson, ou j'ai été choisie par elle, probablement pour m'en guérir, car la chanson est un art simple. Mon premier disque était trop sophistiqué, tarabiscoté, baroque : un enfer de complexité. Au fil des ans, j'ai essayé de dépouiller au maximum et d'alléger le poids de vingt ans de musique classique, une culture à laquelle je dois énormément, dont je suis heureuse de bénéficier, mais qu'il fallait que je dépasse.

RMC, juin 1983

CATHERINE LARA
Analyse graphologique

Très chère Anne

Le contenu de cette lettre
est dénué de tout intérêt
Toutefois je tiens à vous
signaler l'immense plaisir
l'extraordinaire sensation,
que me procure l'idée de
participer à votre émission

débilement
Toute mon Tendresse

(Format réduit).

Observation de l'écriture :
Instrument : Feutre noir.
Impression : L'écriture fait penser à un mustang qui galope comme un fou dès qu'il entend le bruit du vent dans les branches, s'arrête un instant et repart soudainement.
Harmonie : Assez peu harmonieuse. Peu homogène, changements de train.
Formniveau : L'écriture est très vivante mais pas de retour périodique, trop d'accidents. Des excès. Les forces de vie tirent à hue et à dia $2\,^3/_4$.
Rythme selon Heiss : Le mouvement est emporté. L'espace est annexé. Pas de structure de la forme.
Degrés de tension de Pophal : Beaucoup de I, du IVA.
Définition : Très inégale en tous genres, agitée, lancée, envahissante, groupée à liée avec des laps de cohésion, des angles et des guirlandes, spasmodique, déplacée, acérée.
Trait selon Hegar : C,P,R,A$\pm$ Arcs dans l'espace.
Immense signature surélevée, terminée par un lasso souple.
Geste-type : lancements surplombants des barres de t et coups de fouet, des imprécisions, des formes lâchées, jambages à traits couvrants et en pinces, lettres en deux morceaux. Grands accents.

Synthèses :
1° Lancée, inclinée, agitée, coups de fouet, acérée, spasmodique : impulsivité, nature peu docile.
2° Envahissante, grande signature, gestes surplombants : orgueil, ambition.
3° Inégalités de la zone médiane, laps de cohésion, lettres en deux morceaux : incertitudes intérieures

Approches psychologique, caractérologique :

Tempéraments selon Hippocrate : sanguin, nerveux. Pas de carence.
Le Senne : émotive, active, primaire : colérique typique par la démesure, le côté bouillant.
Freud : stade phallique présent dans l'écriture. Irruption de l'inconscient. Ambivalence.

Madame.

Je n'ai pas le plaisir de vous connaître. par contre vous avez vous la corvée de me lire.

Je vous souhaite Bon courage
Toute ma Sympathie

[illegible]

(Format réduit).

Szondi et fonctions selon Jung :

Pulsion paroxysmale
e+ hy+
facteur hy dominant
Sensation hystéroïde

Moi possédé
k^0 p+
facteur p dominant
Pensée paranoïde

Pulsion de contract
d^0 m$\pm$ à m+
Facteur m dominant
Sentiment oral

Pulsion sexuelle
h+ s+
facteur s dominant
Intuition virile

Éléments d'interprétation :
– Moi qui aspire à une fusion avec le milieu. Inflation. Les émotions dominent le comportement. Réactions de défense impulsives.
Pensée subjective. Moi peu porté à l'autocritique.
– L'hystéroïdie donne de l'effervescence. Besoin de séduire. Désir d'être prise en considération. Extériorisation facile et démonstrative des impressions.
– Équilibre trouvé par l'activité. Combativité. Le pôle viril est très investi. Personnalité Animus.
– L'ambivalence affective a pu à une époque être source d'insécurité et d'anxiété. Besoin d'une participation affective de la part des autres.

Son écriture incite à appeler Catherine Lara la grande Catherine!... L'impératrice de toutes les Russies n'avait pas une signature plus imposante ni plus majestueuse, et, on retrouve chez les deux femmes certaines caractéristiques graphiques qui leur sont communes. La tsarine était expansionniste, la chanteuse l'est aussi à sa manière, et a besoin de régner sur les foules, de les séduire, de les conquérir en diva qu'elle est.

Elle lance ses mots dans l'espace de la feuille de papier comme des voiliers de compétition pourvus de spinakers multicolores pour mieux capter le vent, comme des mouettes se laissant porter par les courants ascendants ou planant presque immobiles face au noroît. A l'image de ses mots-mouettes, Catherine Lara est indéfectiblement attachée à sa liberté et à son indépendance.

Elle en revendique les bénéfices comme ses droits les plus essentiels, les défend quand elle les croit menacés avec une énergie farouche.

Sa nature est rebelle à toute tentative de domestication, à toute emprise extérieure, à tout accommodement avec des contraintes qu'on chercherait à lui imposer sans qu'elle les ait acceptées.

Il lui faut se différencier de convention ou de modèles qu'elle juge dépassés.

Elle a tendance à s'affirmer en s'opposant, en se distinguant des autres. Il lui a peut-être fallu autrefois attirer ainsi l'attention de ceux qui comptaient le plus pour elle. N'obtenant pas leur affection elle a dû chercher à la gagner par des performances, des exploits, ou encore par des manifestations de rébellion, comme l'enfant qui se sentant mal aimé et incompris fait des fugues.

Très passionnée, entière, possessive, elle n'admet pas de résistance et ne se contente pas de ce qui est mesuré, réservé, synonymes pour elle de tiède, timoré.

Elle ne craint ni la démesure ni l'inflation, moyens de dépasser sa propre individualité, de repousser ses limites, de fusionner avec ce qui est source d'exaltation : la musique ou le public par exemple.

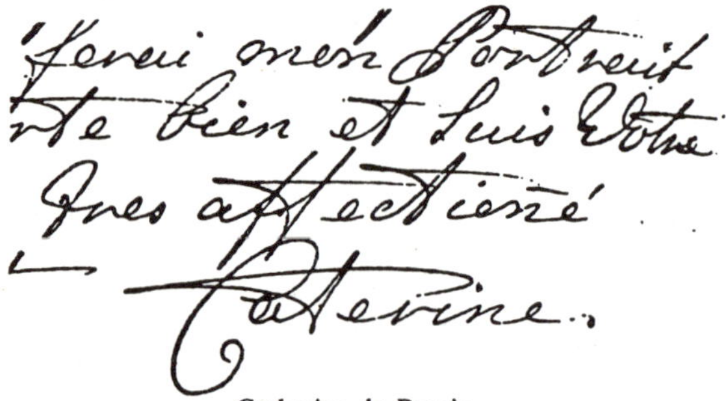

Catherine de Russie.

Ses désirs, ses émotions, ses inspirations du moment la guident plutôt que la raison ou la logique.

Elle n'écoute pas davantage le langage de la prudence.

Le bon sens quotidien, les nuances, les compromis, la pondération, sont à l'opposé de ce qu'elle est et de ce qu'elle veut être. Vibrer, participer et faire participer à ses enthousiasmes voilà ce qui lui importe et lui apporte la sensation de vivre pleinement.

Son climat intérieur est fait de la fièvre qu'entretiennent en elle des projets, des initiatives, des risques pris dans son métier, où elle s'engage sans réserve et où elle s'exprime le mieux, avec conviction, avec ardeur, avec courage aussi, avec dynamisme, avec combativité.

Sans doute, à cause de ses jugements tranchés et souvent subjectifs à cause de ses emballements, de ses engouements, de ses exagérations, à cause de ses emportements, de ses réactions impatientes ou capricieuses, à cause de son attitude dominatrice, ses proches ne la trouvent pas toujours facile à vivre.

Mais on lui pardonne beaucoup parce qu'elle sait aussi se montrer généreuse et sincère.

Ceux qui la connaissent savent bien que le rôle professionnel tenu avec éclat n'empêche pas les vulnérabilités intimes.

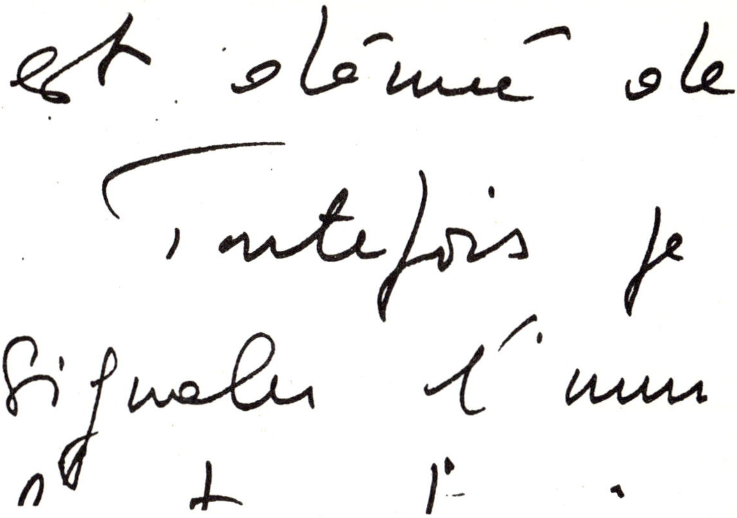

Insatisfactions, doutes, inquiétudes, expliquent la fuite en avant et l'investissement professionnel.

Malgré des difficultés à trouver une unité et une paix intérieures, Catherine Lara a réussi à canaliser ses ressources, ses forces, dans son métier, métier qu'elle exerce avec le lyrisme et la foi d'une prêtresse antique pénétrant dans le cercle sacré réservé aux célébrations religieuses....

ALAIN SOUCHON
auteur, compositeur et interprète de chansons, acteur

Signes dominants : les Gémeaux par le Soleil, Uranus, Saturne et l'Ascendant. Le Taureau par Vénus et Mercure. Le Lion par Mars, la Lune, Pluton et Jupiter.
Force du Soleil, d'Uranus, de Vénus, Mercure, Mars, la Lune, Pluton et Jupiter.
Faiblesse de Saturne.

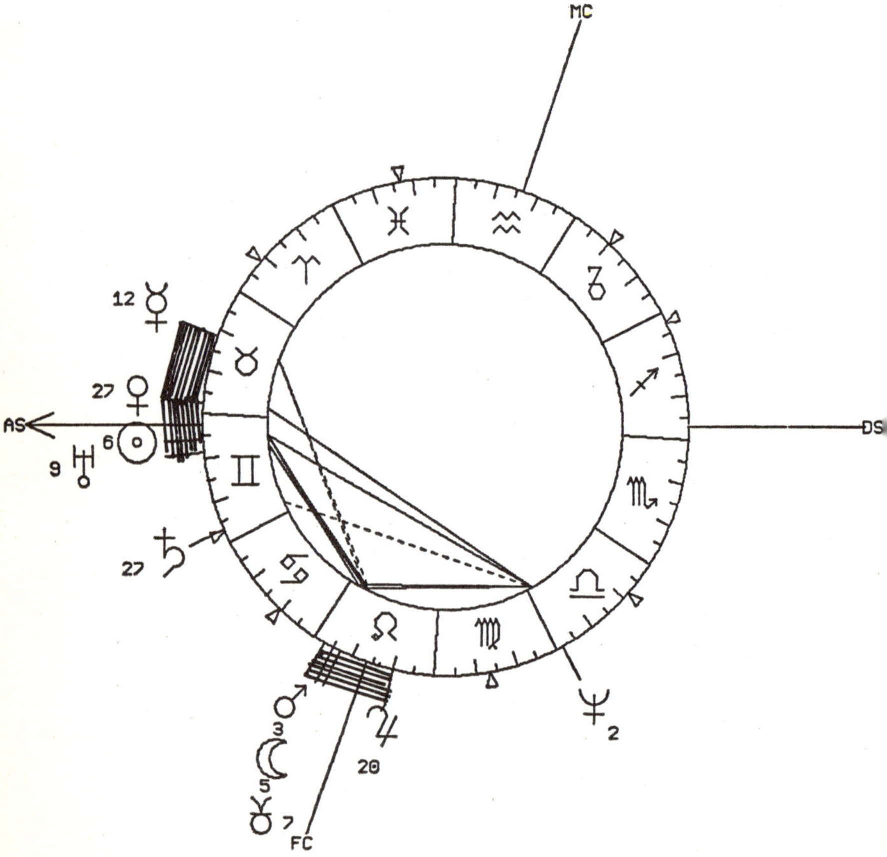

Françoise Hardy : A quelques minutes près – il suffirait que tu sois né à 6 h 05 au lieu de 6 h10 –, ton Ascendant se placerait fin Taureau au lieu de début Gémeaux. Cela pose la question – théoriquement insoluble – du moment où commence et où finit l'influence d'un signe. Concrètement, on peut quand même essayer d'y voir plus clair, en posant les principales différences qui distinguent les signes à propos desquels on hésite, afin de voir avec la personne de quel côté elle penche le plus. Par exemple, les Gémeaux souffrent d'une overdose d'excitabilité : ils ont besoin de bouger, de parler, de multiplier les occasions de sorties, de distractions, de rencontres, alors que le Taureau est un réfractaire-né, plus proche de la nature et des animaux, que de la ville et des gens, peu enclin à communiquer...

Alain Souchon : C'est ça qui est curieux avec moi. J'aime bien me montrer, puisque je fais un métier qui consiste à se montrer, j'aime bien faire l'idiot, j'aime être sur scène, m'exciter dans tous les sens... Et puis j'aime aussi beaucoup me retirer à la campagne, j'aime la nature, les animaux, les promenades dans les bois... Je crois que ma caractéristique principale est d'être double, ce qui est le propre des Gémeaux.

F. H. : ... Les Gémeaux sont plus multiples que doubles...

A. S. : Je dis tout le temps que je n'ai pas d'opinion – ce qui est monstrueux – parce que je trouve toujours un argument contraire à ce que je dis. Par exemple, si je dis que j'aime la nature, je vais réfléchir qu'en fait je préfère la sophistication et les villes. Ou bien j'ai envie d'avoir la foi, et en même temps je trouve ça débile. Ou encore, j'aime beaucoup mon métier et en même temps je trouve ridicule d'aimer faire ça...

F. H. : L'ensemble Gémeaux-Taureau prédispose à une grande dualité, sans parler des tendances Gémeaux à ne pas voir les antagonismes et même à les confondre. Mais peut-être faut-il davantage incriminer la dualité qui résulte de tes tendances plutoniennes à dénigrer tout ce que le Soleil et Uranus t'incitent à décider, vouloir, ambitionner. Si on se place sur le plan de l'activité, qu'est-ce qui, au fond, te paraît plus enviable : la vie d'un jardinier, d'un potier, d'un sculpteur, d'un vétérinaire, autant d'activités qui conviendraient à une dominante Taureau, ou bien celle d'un journaliste, d'un attaché de presse, d'un interprète, d'un acteur, autant d'activités plus dans les cordes d'une dominante Gémeaux ?

A. S. : Je ne sais pas. Je crois que je serais davantage attiré par la première série d'activités, mais en fait, malgré moi, je me retrouve dans la seconde. J'aimerais mieux être vétérinaire qu'acteur, mais en réalité je suis acteur... *(plaisantant)* j'ai souvent pensé que j'aurais pu être un excellent représentant de commerce, dans la mesure où les premiers contacts se passent toujours bien avec moi.

F. H. : C'est un trait typiquement Gémeaux.

A. S. : J'ai lu une brochure astrologique avant de venir, et je me suis bien reconnu dans le portrait Gémeaux Ascendant Gémeaux : air et nerfs.

F. H. : La Lune, qui est en rapport avec le conditionnement familial d'origine, se trouvait, au moment de ta naissance, à la même longitude que Mars et Pluton, le tout se groupant dans un secteur du ciel qui concerne les bases que ce conditionnement est supposé apporter. Cette convergence de facteurs fragilisants a-t-elle ou non été amplifiée par les circonstances concrètes, « terrestres » de ton enfance?

A. S. : J'étais un garçon assez solitaire et renfermé, mais insouciant, ne se posant pas trop de questions. La vie était à peu près normale, et puis il est arrivé quelque chose dans ma famille qui a tout changé, qui nous a repliés sur nous-mêmes, à partir de quoi on ne s'est plus beaucoup parlé. Les vrais problèmes étaient effacés. Tout le monde y pensait, mais personne n'en parlait. Ça rend fou au bout de quelques années.

F. H. : Ceci vaut-il pour ta période adolescente où tu as perdu ton père, ou bien pour ta prime enfance?

A. S. : Pour les deux périodes. Il s'est également passé quelque chose de très difficile dans ma prime enfance. Mais je ne peux pas en parler, ce serait indécent... C'est sûr que mes parents ont eu une vie qui nous a assez déstabilisés mes frères et moi. Jusqu'à l'âge de huit ans, à peu près, j'étais plutôt le premier de la classe, j'étais plutôt attentif et sérieux à l'école. Et puis il y a eu cette « merde » dans ma famille, et ça a dû casser quelque chose dans ma tête, puisque, du jour au lendemain, je suis devenu dernier, je ne comprenais plus rien.

F. H. : La conjonction Lune-Pluton prédispose au complexe du vilain petit canard qui se sent étranger à son environnement, sa famille, sa mère. Ce complexe te concerne-t-il?

A. S. : Oui. Je me sentais assez isolé... différent... *(Alain rit)* de tout le monde en fait, ce qui est d'une prétention ahurissante, mais pas dans le sens : les gens ça ne va pas et moi ça va... dans l'autre sens. Que ce soit dans ma famille ou à l'école, je ne me sentais pas intégré.

F. H. : La dissonnance Lune-Pluton prédispose à se sentir mal dans sa peau, mal dans son corps, à le méconnaître, à en méconnaître les besoins, à le maltraiter...

A. S. : J'ai un corps qui n'a jamais très bien marché...

F. H. : Tout ça est d'autant plus paradoxal, que par ta Vénus natale toute puissante en Taureau, tu devrais particulièrement apprécier les satisfactions sensorielles, celles liées au corps justement.

A. S. : Manger, faire l'amour, tout ça? Non... Je ne suis pas un gros bouffeur, je ne suis pas non plus quelqu'un d'extraordinaire sur le plan amoureux. Manger, dormir, les trucs de base, je n'y arrive pas bien... Je ne ferai jamais un détour pour faire un gueuleton dans un restaurant qu'on m'a signalé. Quand j'ai faim, j'aime autant que ce soit bon, mais je n'y attache pas plus d'importance que ça.

F. H. : La configuration Mars-Lune-Pluton prédispose à ne pas savoir trouver ni créer l'harmonie avec l'environnement, parfois même à la casser quand elle existe.

A. S. : Toute ma vie j'ai cherché l'harmonie!

F. H. : Sans la trouver?

A. S. : C'est impossible. C'est ça ma vie, c'est pour ça que je suis chanteur!

F. H. : Quand on est marqué par Lune-Pluton, de deux choses l'une : ou bien on refuse de voir ce qui ne va pas dans le sens de l'harmonie, de l'équilibre souhaités, et c'est le silence dont tu parlais à propos de ta famille d'origine et qui provoque un effet de boomerang forcément destructeur, ou bien on a un comportement tel, que l'on ne peut que perturber les ambiances harmonieuses, ce qui rend le quotidien difficile à vivre...

A. S. : *(Très spontanément).* Eh bien c'est les deux... *(craignant d'être imprécis)* C'est horrible pour toi? Pourtant c'est exactement ça. C'est les deux. Alternativement.

F. H. : Le complexe Lune-Pluton du vilain petit canard aurait pu gêner ou exacerber les besoins d'affirmation et de réussite extérieure de ta conjonction Soleil-Uranus qui se lève. Tu as – hors micro – laissé entendre que sans les problèmes familiaux dont tu as souffert, tu n'aurais peut-être jamais été chanteur.

A. S. : Le métier que je fais est tellement ahurissant par rapport à la timidité, la solitude, la terreur des autres – ce sont des termes bien prétentieux – qui étaient les miennes avant! Car c'est un métier d'extériorisation, bien que j'aie remarqué que les deux tiers des chanteurs et des acteurs, sont en fait assez timides. J'avais donc certainement besoin de m'affirmer, d'affirmer ma présence là sur terre, d'expliquer que j'existais. Mais n'est-ce pas l'ambition de tout le monde?

F. H. : Plus ou moins. Sacha Distel, par exemple, semble plus motivé par des besoins d'émotions et de sensations agréables et diverses que par ceux de reconnaissance sociale, tout au moins si l'on en croit son ciel, l'écriture dit peut-être autre chose.

A. S. : C'est assez l'image qu'il donne, c'est lui qui chante *(Alain se met à chanter en appuyant exagérément et comiquement sur « belle »)* : « Oh la belle vie! Oh la belle vie! » C'est une chanson qui me fascine ça, comme La ballade des gens heureux...

F. H. : Le signe des Gémeaux prédispose à une ouverture maxima aux diverses sollicitations du monde extérieur, mais ta conjonction Soleil-Uranus qui, du fait qu'elle se lève dans ce signe, est dominante, devrait t'inspirer l'idéal d'une ambition forte, unique, exclusive...

A. S. : Je sens bien que je m'éparpille, que je fais des tas de choses à cause de mon métier, que ma vie quotidienne est meublée de choses légères, superficielles, brillantes, grisantes, et qu'en même temps ça ne correspond pas à ce que j'ai dans la tête sur la vie d'un homme. Je me dis que ce que je fais manque souvent d'intérêt et de dignité. Il y a un décalage entre ce que j'ai envie d'être et ce que je suis.

F. H. : Qu'aurais-tu eu envie d'être?

A. S. : J'aurais aimé être moins branché sur la superficie et l'extérieur. J'aurais aimé être plus intelligent et plus philosophe. Je trouve ça mieux d'être professeur de philosophie à Aix-en-Provence que chanteur de variétés. Il y a quelque chose de pas très sain, de pas très beau dans l'envie d'être admiré...

F. H. : C'est la réaction naturelle au complexe du vilain petit canard dont on a parlé...

A. S. : C'est ça, mais le fait de se sentir rejeté, à l'écart, rend orgueilleux... c'est prétentieux d'avoir besoin d'être bien considéré, besoin d'être très « reconnu » par les autres...

F. H. : Ta forte composante plutonienne prédispose en effet à voir tout ce que le succès a de futile, tout ce qu'il engendre comme faux-semblants, comme faux rapports, ce qui incite à un maximum de distance vis-à-vis de toute réussite. A l'inverse, le Soleil et Uranus incitent à avoir du mal à s'en passer, à avoir du mal à vivre à l'ombre...

A. S. : Quand j'ai commencé à chanter, j'étais sur mes gardes. Je savais que je m'engageais dans quelque chose d'où je pourrais être viré du jour au lendemain et où tout ce que j'aurais comme facilités, privilèges, argent, succès, serait fragile, mais je me disais aussi que je n'en serais jamais esclave et que je saurais me barrer quand il le faudrait. Or, plus je m'enfonce là-dedans, plus ça marche, plus ça continue, plus le temps passe, et plus je suis accroché. Je sais que ça me manquera beaucoup le jour où ça s'arrêtera...

F. H. : Autant le Soleil et Uranus favorisent l'implication, autant les Gémeaux et Pluton inspirent l'àquoibonisme, l'ennui... Ton ciel indique en fait une difficile ambivalence « motivation-démotivation »...

A. S. : J'ai passé beaucoup d'années à ne trouver d'intérêt à rien. Mon boulot a été un médicament par rapport à cet ennui profond que je peux éprouver. Je vais à la campagne parce que j'adore ça et que j'aime le changement, mais au bout d'un moment je m'ennuie... Et puis la vie me prend en main, je me redresse avec ma famille et mon boulot qui me fait repartir dans la superficie, les guignoleries, etc... Sinon, à la base, je m'emmerde... Le seul truc qui m'ait vraiment botté, c'est d'avoir du succès. Je sais que c'est artificiel , superficiel, que c'est du vent, mais ça fait mousser une espèce de mayonnaise qui me soûle. Malgré ma conduite plus ou moins relâchée, j'ai envie que ça dure et je me donne du mal pour ça. Sans ça je me dégoûte. Je ne m'aime pas du tout. Je ne suis pas très positif : ma femme a le cafard avec moi...

F. H. : Les Gémeaux sont en principe curieux de beaucoup de choses. De quoi es-tu curieux?

A. S. : Des autres. J'aime rencontrer des gens et communiquer avec eux. Mais il me faut du temps pour m'habituer aux autres et vaincre ainsi ma timidité. Au départ je suis timide et je n'ose par leur parler.

F. H. : Le Soleil et Uranus rendent élitiste et perfectionniste. Ils donnent envie d'avoir du succès en faisant mieux que le commun des mortels.

A. S. *(acquiesçant comme s'il s'agissait d'une évidence)* : Ah mais oui! Je trouve mes chansons mieux que celles de certains...

F. H. : Tu n'as pas tort....

A. S. : Mais si... C'est vrai que je suis très perfectionniste dans mes chansons. Pas dans ma vie où je suis, au contraire, très brouillon.

F. H. : Être à la fois solaire et uranien implique, malgré la dispersion des Gémeaux et le décrochage plutonien, le besoin d'avoir des repères fixes.

A. S. : Je suis assez buté sur certains trucs. Ma famille et mon métier en fait. Ma famille c'est ma vie. Mon métier aussi.

F. H. : Le signe des Gémeaux prédispose à ne pas avoir de ligne fixe, à se laisser porter par les événements, alors que le Soleil et Uranus font le volontaire, l'ambitieux, qui provoque les événements plus qu'il ne les subit.

A. S. : Je me sens complètement porté par les événements...

F. H. : Tu as pourtant voulu faire des chansons et être chanteur et tu as fait beaucoup de choses par rapport à ça!

A. S. : Parce que je ne pouvais pas faire autrement, parce que je ne savais pas quoi faire. Je ne savais rien faire. J'allais voir Jacques Brel et je me disais que lui, au moins, s'en sortait, qu'il était libre. Voilà : j'étais admiratif de cette liberté...

F. H. : La liberté est le mot-clé des Gémeaux : liberté d'aller là où les envies du moment vous poussent, liberté de dire et de se dédire, etc... :

A. S. : Pour moi, être chanteur consistait à écrire son truc, dire qu'on est malheureux, être reconnu à cause de ça et, en plus, être libre de faire ce qu'on veut : avoir de l'argent, partir au Venezuela, envoyer chier les autres même... C'était donc une situation que je trouvais formidable et que j'enviais. Sinon je me suis toujours senti extrêmement ballotté par les événements. J'ai fait des chansons instinctivement. Pour le reste c'était n'importe quoi, je n'avais pas de vraie détermination.

F. H. : Bien que le Lion soit, dans ton ciel, déstabilisé par la présence de Pluton, ce signe devrait compter pour toi puisque quatre planètes l'occupaient à ta naissance. Le rôle du Lion consiste à dénouer les situations embrouillées, vaincre les difficultés, se dépasser...

A. S. : C'est drôle comme on est un mélange de contradictions. Je suis un peu comme ça. A certains moments j'ai la pêche et à d'autres je suis fuyant : je fuis les discussions et les affrontements... Ça doit venir de ce silence familial...

F. H. : En fait, le jour sous lequel tu te présentes le plus souvent, est un jour plein de charme, de gentillesse et d'humour, à l'image des Gémeaux et de la conjonction Soleil-Vénus-Mercure qui se levait quand tu es né. Mais ta dominante Soleil-Uranus peut faire penser que ta sociabilité coexiste avec des tendances autoritaires, dominatrices, intolérantes. J'ai du mal à t'imaginer ainsi...

A. S. : Si, je suis comme ça. Laurent * te le dira. C'est vrai que je suis plutôt gentil, tolérant... Mais Laurent, par exemple, est lent. Il est bien installé dans l'instant. S'il joue de la guitare pour chercher une mélodie, il va y prendre du plaisir au point de rester six-sept heures assis comme ça. Moi ça m'énerve, j'ai envie d'atteindre le but tout de suite, de trouver la mélodie le plus vite possible. Lui est bien dans l'instant, et moi pas tellement. Alors comme quand on fait des chansons, on vit parfois jusqu'à un mois ensemble, au bout de quinze jours je m'énerve et je deviens assez chiant, directif, emmerdant. Laurent m'a d'ailleurs surnommé le « majordorf ».

F. H. : Et dans les autres domaines?

A. S. : Aussi... Dans ma famille je m'agace facilement, je suis facilement tyrannique... Ça m'étonne d'ailleurs, quand je suis comme ça je me demande ce que j'ai... Ma femme trouve que je suis assez dirigiste, que la famille entière suit le plus souvent mes envies. Je n'aime pas être comme ça. En voiture j'ai également un comportement surprenant : je suis un conducteur vulgaire qui s'énerve, klaxonne et énerve les autres...

F. H. : Une partie très importante de tes dominantes planétaires : le Soleil, Uranus, Vénus, Mercure et Jupiter donne le besoin de s'exprimer par le langage, ce qui n'est pas étonnant pour un auteur. Mais ta conjonction Lune-Pluton, qui est le trouble fête de ton ciel, incite à ne pas se satisfaire du langage, à n'en déceler que le côté réducteur, impuissant finalement à rendre compte de l'essentiel.

A. S. : On est tous plus compliqués qu'on ne le croit ou qu'on ne le montre. Dans mes chansons j'ai traduit l'image que j'ai en général : en gros, celle d'un frisé gentil qui appelle sa mère. Je suis ça. C'est bien que je sois arrivé à le traduire. Mais c'est sans nuance : je ne suis pas que ça. Seulement je n'ai pas réussi à traduire le reste. J'ai fait des chansons comme « Le dégoût » ou « Tu vois pas qu'on s'aime pas » qui parlent d'autre chose, mais qui n'ont pas touché les gens. Je suis beaucoup plus violent que l'image, que j'aime beaucoup mais qui est un peu simpliste, d'« Allô maman bobo », plus contestataire, plus gueulard...

---

* Laurent Voulzy, musicien et chanteur, axe Capricorne-Cancer valorisé.

F. H. : Ta forte composante Mars-Pluton rend en effet généralement contestataire, refusant, rejetant, agressif, méchant même...

A. S. : J'ai très souvent envie de faire des chansons agressives, mais je ne crois pas être agressif ni méchant dans la vie. Je serais même assez indulgent...

F. H. : Réfractaire alors...

A. S. : Réfractaire oui... je suis assez comme ça... je suis capable de dédain, de mépris, spécialement pour les gens de la classe politique. Tout gentils qu'ils puissent se montrer avec moi, je ne veux pas leur parler, je ne leur fais pas confiance, je ne vote pas. Pour en revenir à ce que tu disais, c'est certain que je n'ai pas fait la chanson que j'ai envie de faire. Je ne suis jamais vraiment satisfait de ce que j'ai fait. Je les aime bien mes chansons, mais je sens que je pourrais faire mieux, qu'il y a des choses à dire que je n'ai pas encore su dire. Peut-être que je n'y arriverai jamais.

RMC, septembre 1983
Paris, février 1986

ALAIN SOUCHON

Analyse graphologique

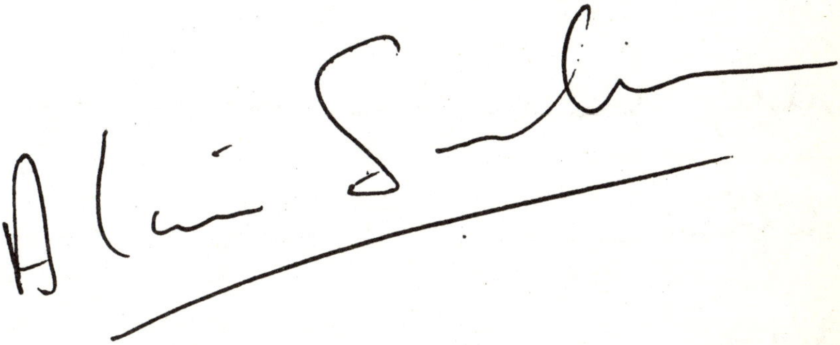

chère Anne Marie Simon

Je ne vous connais pas du
tout mais on m'a dit de
vous écrire parceque vous
allez pouvoir lire mon écriture
différemment — vous allez donc
voir comme je trouve la
vie merveilleuse et combien
je suis heureux d'être sur la terre
chère Anne Marie Simon — Alain

(Format réduit).

Observation de l'écriture :
Instrument : Stylo, encre de couleur bleue foncé.
Impression : Gêne, flottement, écrasement, étirement, les plages blanches investissent la page.
Harmonie : Moyenne mais l'écriture est homogène.
Formniveau : Ici les irrégularités ne créent pas une impression de vie et ne correspondent pas à des retours périodiques. Trop de contrainte. $3^1/_2$ à $3^3/_4$.
Rythme selon Heiss : Pas de rythme de mouvement : aspect figé. L'organisation de l'espace est peu évoluée, elle est perturbée par les blancs. Freins et crispations destructurent la forme.
Degré de tension Pophal : IVA.
Définition : Filiforme et saccadée, très inégale surtout en dimension, espacée, laps de cohésion, verticale à renversée, arcades et angles, crénelée, spasmodique, trait souvent creux, parfois en relief.
Trait selon Hegar : A±, N±, Lt±, C±.
Des jambages réduits, des tirets pour des points, finales gladiolées ou grossissantes. Lignes espacées.
Signature montante, filiforme, soulignée, à grandes majuscules.

Synthèses :
1° Filiforme, saccadée, des angles, des trous, inégalités : identité difficile à cerner.
2° Écrasée, cheminées entre les mots et les lignes espacées : sentiment d'isolement.
3° La signature, le trait appuyé, parfois liée : mobilisation possible.

Approches psychologique, caractérologique, typologique :

Tempéraments selon Hippocrate : lymphatique, nerveux, bilieux.
Le Senne : émotif, non-actif, secondaire : sentimental para-amorphe (signature surtout) d'où une certaine plasticité.
Freud : oralité, Oedipe.
Complexe d'infériorité d'Adler.

Szondi et fonctions selon Jung :

Pulsion paroxysmale
$e+$ à e^0 $hy\pm$
facteur hy dominant
Sensation hystéroïde

Moi abandonné
k^0 $p\pm$ ou :
Moi possédé
k^0 $p+$
facteur p dominant
Sentiment paranoïde

Pulsion de contact
$d+$ m^0
facteur d dominant
Pensée anale

Pulsion sexuelle
h^0 $s-$
facteur s dominant
Intuition masculine

Éléments d'interprétation :

–k^0 $p\pm$: Dans sa vie privée, intimement se sent sans défense. Réactions instinctives. Désirerait arriver à se passionner pour quelque chose. Guidé par ses émotions qu'il sait verbaliser (p+). Ceci peut permettre de compenser le sentiment d'abandon, de frustration. Processus de projection et désir de dépassement de ses limites ; besoin de communiquer à travers ses émotions.

Avec la vie professionnelle et la réussite : k^0 $p+$: émotions utilisées dans le métier. Difficultés du moi oubliées dans une fusion avec le milieu extérieur, le public, à qui il est agréable de plaire (sentiment p).

–$e+$ à e^0 $hy\pm$: le facteur e n'est pas assez fort pour permettre un engagement personnel. Ambivalence de l'attitude. Szondi parle de « maladie du doute ». Tantôt se manifestent le besoin de se faire valoir de façon spectaculaire tantôt : incapacité de s'exprimer. Inhibitions que la sensation extravertie peut contrebalancer car elle favorise l'adaptation à l'ambiance.

–h^0 $s-$: Szondi appelle ce profil « le sacrifice irréel » car on temporise sans retirer de bonheur. Impossibilité de faire preuve d'agressivité par crainte d'être exclu.

–$d+$ m^0 : pas d'accrochage profond, efforts pour s'intéresser à quelque chose mais souvent infructueux. Insertion sociale assez aisée mais insatisfaction.

On ne peut vraiment croire Alain Souchon lorsqu'il déclare trouver « la vie merveilleuse » et être si « heureux sur terre ».

Tout dans son écriture incite au contraire à conjecturer que loin d'éprouver un sentiment d'exultation ou de joie durable il se sent plutôt mal à l'aise, endolori et doit lutter contre une tendance à se replier sur lui-même.

La vie n'est pas pour lui un trempoline sur lequel il rebondirait avec souplesse. Je le comparerais plutôt à un marcheur du Paris-Strasbourg mais qui n'aimerait pas la marche et à qui les silex du chemin donneraient des ampoules... Intérieurement, il pesterait contre ce parcours interminable et absurde, jurant qu'on ne l'y reprendrait plus et se maudissant d'avoir quitté ses pénates mais plaisantant, adoptant des manières détachées, faisant semblant de trouver divertissante cette petite aventure.

Avoir recours à l'humour, rire de soi et faire rire en racontant combien on est malheureux tout en espérant secrètement ou inconsciemment se faire un tout petit peu plaindre, se faire un peu consoler, n'est-ce pas sa parade d'autodéfense?

Mais on a vite fait de s'apercevoir que cela cache du désarroi.

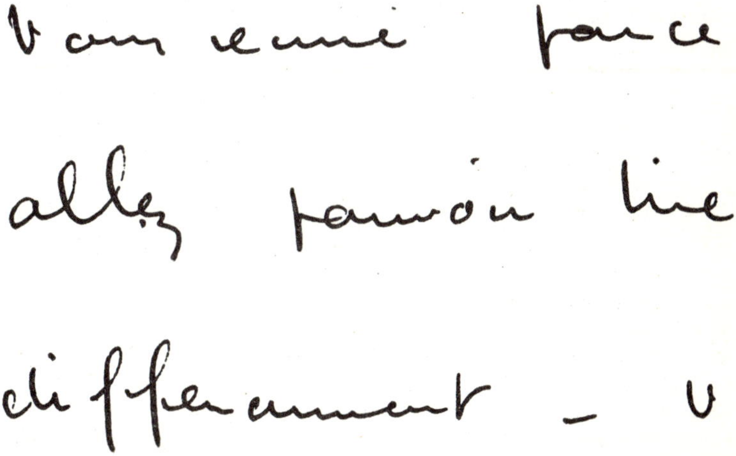

Son histoire personnelle, un choc affectif dans son enfance ont pu contribuer à le fragiliser et peuvent expliquer le sentiment d'isolement ainsi que l'état d'insécurité dont il a longtemps souffert.

Il s'est probablement senti exclu, à l'écart des groupes où les autres enfants s'inséraient sans problème.

Il s'est aperçu qu'il ne parvenait pas à s'intéresser à ce qui paraissait important aux garçons de son âge et qu'il était sans prise sur qui que ce soit ou quoi que ce soit.

Il faisait semblant de jouer le jeu pour ne pas attirer l'attention, pour ne pas s'attirer d'ennuis mais il n'y croyait pas.

Sans doute était-il de ces enfants dont on dit qu'ils sont gentils mais absents; à l'école comme à la maison, ils sont ailleurs, ils ne participent pas. Avec l'adolescence, son malaise s'est accru. Comme un grand nombre de ses congénères il s'est demandé ce qu'il pourrait bien avoir à faire sur cette terre. Peu à peu les autres semblaient trouver leur identité, pas lui.

Par suite d'une impossibilité à se déterminer en fonction d'un modèle adulte acceptable à l'époque où se construit la personnalité, ses incertitudes se sont installées, incrustées.

Sans motivations, sans perspectives, peu concerné par la réalité, il essayait de flotter, ballotté par les courants, effrayé par les risques auxquels l'exposait sa vulnérabilité.

Il avait l'impression d'être semblable à un bernard-l'ermite privé de sa coquille et à l'idée des prédateurs croisant dans les parages, s'il rencontrait une anfractuosité, il s'y réfugiait n'osant plus en sortir.

Longtemps il a mal supporté les obligations et les frustrations.

Affectivement, il évitait les choix, attendant plutôt d'être choisi.

Il s'étonnait de l'hostilité du monde et n'arrivait pas à s'y habituer.

C'est en parvenant à exprimer avec sincérité (et avec talent, mais le talent n'a pas toujours sa traduction dans l'écriture) tout ce qui lui pesait, l'étouffait, en prêtant sa voix à tous les grands enfants qui ont eu de la peine à devenir de grandes personnes qu'il a pu évoluer et créer les conditions de son succès.

Ce succès est étayé par un contexte affectif de stabilité, de confiance, de compréhension qui lui est indispensable.

Ainsi, des réalisations professionnelles réussies, des responsabilités affectives assumées ont apporté à Alain Souchon non seulement des satisfactions mais un supplément d'être, plus de densité de personnalité qu'il n'en avait jusqu'alors.

A présent, s'il n'a toujours rien d'un « dur à cuire », s'il n'a toujours pas une opinion extraordinaire de lui, s'il est fréquemment mécontent de lui-même, il ne se sent plus égaré chez des Martiens.

Par certains traits de son caractère, il reste bien l'ancien jeune homme, assez imprévisible parce que conduit par ses émotions, hésitant et changeant car partagé entre un désir de nouveauté et une passivité tenant à son besoin de sécurité, conditionné et freiné par ses peurs, dont celle, ancienne, d'être rejeté et de souffrir, souvent méfiant et refusant par crainte d'être berné, cherchant à éviter les complications, irritable face aux contrariétés. Son individualisme relève en partie de l'attitude de celui qui a pris conscience de tout ce qui lui convenait pas avant de savoir ce qui lui plaisait, de son incapacité à s'intégrer à une communauté, à y trouver sa place, à en partager les aspirations.

Ce qui passionne les autres le laisse souvent indifférent.

Sans être devenu combatif, il est maintenant mobilisable et intéressé par son métier, ayant pris conscience de ses possibilités et acquis plus de confiance en soi.

En apparence, il semble peut-être désinvolte et nonchalant mais, étant au fond inquiet, il se montre vigilant, plus consciencieux et plus travailleur qu'on n'aurait pu le prévoir.

Son attitude dans les contacts : simple, spontanée, ouverte, lui sert.

Toutefois, il garde de la réticence, ne s'engage pas en dehors des liens affectifs avec quelques êtres, reconstituant ainsi une sorte d'union fondamentale du type de celle qui existe à la naissance entre l'enfant et la mère.

Cela ne l'empêche pas d'aimer exercer une sorte de séduction et de sentir instinctivement comment y parvenir.

En scène, en dépit de ses timidités, cette faculté est précieuse, lui facilitant l'échange avec le public à partir d'une situation où il peut se mettre en valeur tout en restant lui-même.

En tant que chanteur comme dans ses rôles d'acteur, en s'extériorisant à travers des personnages avec lesquels il a des affinités, il se délivre de sa vacuité, de son indétermination.

Il a pu constater que face au public il trouvait le langage, le ton, le comportement appropriés, qu'il s'adaptait mieux que dans les situations de la vie courante, qu'il prenait plaisir à avoir du succès et qu'il découvrait sur lui des choses qu'il ignorait.

Alain Souchon, grand Duduche ahuri et godiche, appartient d'une certaine façon au passé. Il en a terminé avec les injustices, les déceptions, les déboires de toutes sortes. Il n'appelle plus au secours, il est sorti de la bande dessinée de Cabu, il est devenu adulte, presque... Il a toujours un peu de mal à vivre mais juste ce qu'il faut pour soutenir son inspiration, pour tirer parti de ses différences, de ses rêves, de son esprit fantaisiste.

CANCER

90 à 120° de longitude céleste.

Arc diurne supérieur à l'arc nocturne et décroissant. Écart maximal entre les 2 arcs.

L'inhibition protectrice de l'été se manifeste au Cancer par la crainte de, ou le manque d'intérêt pour tout ce qui faisait les délices du signe précédent : la nouveauté, la gratuité, la liberté insouciante. Le Cancer se conforte au contraire dans le connu, le familier, les bonheurs simples et tranquilles du quotidien. La fonction d'auto-protection qui est la sienne lui donne le sens de la différence entre le tien et le mien, ainsi que le besoin de marquer son territoire et de le protéger en ne prenant du monde extérieur que ce qui est susceptible de le consolider, et, corollairement, en éloignant tout ce qui risque de l'affaiblir.

Traits cancériens : le Cancer ne fait pas aux autres ce qu'il n'a pas envie qu'on lui fasse, il craint autant de déranger que d'être dérangé, déteste la provocation et redoute d'ailleurs les retours de bâton qui en résultent le plus souvent. Il est doux, calme, gentil, pudique, discret, modeste, dévoué, fidèle, prudent, patient, tenace. Mais il lui manque ce qui fait la force de son signe inverse, le Sagittaire et de son voisin Lion. Au négatif, le Cancer est lent à démarrer, long à se lier comme à se délier, paresseux, conservateur, casanier, entêté, chauvin, dépendant, timide, peureux, hypocondriaque.

MAURICE MAUPILIER

prêtre, orientaliste

Signes dominants : le Cancer par le Soleil et Pluton. Le Sagittaire par la Lune et l'Ascendant. Les Gémeaux par Jupiter et Mercure.
Dominante solsticiale.
Planètes fortes : la Lune, Mars, Mercure, Pluton et Jupiter.
Axe maison 1 – maison 7.

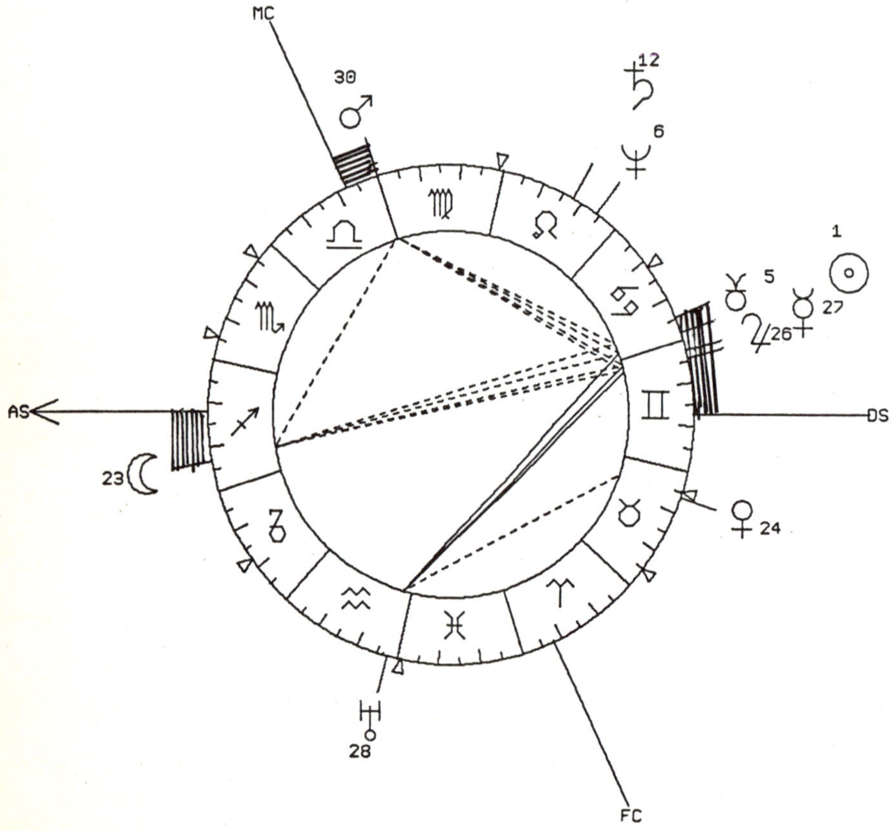

Françoise Hardy : Le Cancer, ton signe solaire, et le Sagittaire, ton signe ascendant et lunaire, sont l'inverse l'un de l'autre. En effet, la fonction d'auto-protection du Cancer incite à fixer des frontières, alors que la fonction associative du Sagittaire incite à les abolir. Tu as su, apparemment, bien concilier ces 2 fonctions en explorant le monde et les autres religions, tout en restant fidèle à ta Vendée natale et à ta religion d'origine. N'as-tu pas cependant été tiraillé toute ta vie entre un démon qui te poussait à t'en tenir à ce que tu connaissais et reconnaissais, et un autre qui te poussait à aller voir ailleurs les façons de penser à priori étrangères aux tiennes ?

Maurice Maupilier : Le fait est constant chez moi. Mais le mot tiraillé est faible. Aussi loin que je remonte, il y a toujours eu cette espèce de tension entre 2 aspirations contradictoires : d'une part, l'aspiration au confort – tu parles de protection et c'est exact – dans des limites bien déterminées où l'on ne viendra pas m'embêter et où je pourrai être moi-même, comme je l'entends, en toute tanquillité, peut-être même « en paresse ». – Il m'est arrivé d'avoir la réputation d'un type qui, au fond, ne travaillait pas assez. – D'autre part, l'aspiration fondamentale à aller au bout du monde, pas seulement au sens propre du terme, au bout de l'univers : pour savoir ce qu'il y a derrière et « y être avec ». Cette question s'est posée à moi dès ma huitième année. En même temps, il y a le goût du confort agréable, de l'amitié tranquille, le besoin de choisir ce qui me va... en tout... mais en posant moi-même mes propres limites au-delà desquelles je n'admets personne ou simplement les quelques personnes qui me conviennent. C'est plus qu'un tiraillement. Dans certaines circonstances c'est un déchirement.

F. H. : Le Soleil et Jupiter, qui concernent la socioculture, se heurtent dans ton ciel à la Lune qui a trait à la nature, à ce qui est instinctif, ainsi qu'à Mars qui a trait au monde des faits, des réalités brutes. En conséquence de quoi tu aurais pu te sentir, plus souvent et plus fortement que la moyenne, en contradiction avec ton éducation ou les valeurs admises.

M. M. : J'ai fait mes études secondaires sans problème. Mais à partir de ma deuxième année d'études supérieures de théologie catholique, ce que l'on nous enseignait sur le contenu de la foi et de la conduite de la vie équivalait pour moi à des « comprimés » tout à fait insuffisants. Seulement ça n'a pas été tragique. Quand j'ai été au Maroc, à vingt-trois ans, j'ai eu l'occasion de lire les auteurs grecs ecclésiastiques des premiers siècles et je me suis libéré là-dedans. Mais c'était là une rupture avec pas mal de valeurs qu'on m'avait enseignées comme très fermes et qui m'apparaissaient parfaitement discutables. Il était d'ailleurs hors de question que j'en parle à qui que ce soit. A peu près à la même époque, j'ai dû faire des choix déchirants qui allaient contre toute une série de valeurs et qui remettaient en cause tout le monde qu'on m'avait enseigné et où je me sentais confortable, mais avec lequel le réel me forçait à rompre.

F. H. : Rien à signaler avant tes études supérieures?

M. M. : J'ai senti une contrainte intolérable au collège. J'étais interne et je me souviens avoir été absolument sidéré, stupéfait, qu'on nous réveille tous les jours, à 5 h 30-6 heures du matin, pour nous imposer la messe. J'avais treize-quatorze ans, et je me disais qu'à force de nous gaver « ils » nous en dégoûteraient. Je réagissais pratiquement contre tout ce qui était réglementation de collège, sans m'en rendre compte rationnellement. J'avais d'ailleurs une réputation d'élève difficile. J'étais très indépendant.

F. H. : J'avais justement prévu de te demander à partir de quand tu avais commencé à refuser l'autorité et les modèles imposés, ce qui est typique d'un Soleil en conflit tant avec la Lune, qu'avec Mars et Pluton.

M. M. : Pas avant ma quatorzième année. Je n'ai rien à reprocher à ma famille, au contraire. Avec le recul j'ai été très impressionné par la sagesse avec laquelle mon père, qui était considéré comme un homme exceptionnel, nous a laissés vivre notre enfance, mes frères et moi. Je n'ai jamais eu à me révolter contre lui, alors que j'ai toujours, à partir de l'âge de quatorze ans environ, mis en question les autorités personnalisées que j'ai eu à subir.

F. H. : Une Lune qui se lève à l'opposé d'un Soleil qui se couche, peut prédisposer à s'identifier davantage à la figure maternelle qu'à la figure paternelle.

M. M. : Comme mon père, ma mère avait beaucoup de personnalité. Elle aimait ses enfants mais elle n'était pas une femme tendre et je me suis toujours senti en manque sur ce plan.

F. H. : Ce devait être un manque d'autant plus éprouvant que ta dominante lunaire te prédispose à être plus féminin que masculin, autrement dit à avoir d'importants besoins de tendresse et d'affection.

M. M. : C'est ce que ceux qui m'ont le mieux connu ont noté chez moi, et je n'ai aucun complexe à ce sujet. Je me souviens que l'un de mes profs de fac me disait à propos d'un autre professeur qui me reprochait d'être tortueux : « ce type est un dictionnaire ambulant, mais le cœur et l'intuition n'existent pas pour lui. Quant à vous, vous avez de la vivacité intellectuelle, de la vivacité réflexe, le goût de la méthode dans l'action et un peu d'aventurisme : c'est votre côté mâle. Mais quand il s'agit de vos études, vous rentrez dans les questions à la façon des femmes. Tous vos modes d'intuition sont féminins, c'est ce qui fait qu'il n'a rien compris à votre exposé. Vous êtes chrétien, disait-il encore, et vous êtes tout à fait armé pour nous donner ce qui nous manque du point de vue de la théologie chrétienne : la théologie de la féminité de Dieu. Non seulement vous avez des dons masculins, mais je ne serais pas étonné qu'entre les femmes et vous il y ait une autre complicité. »

F. H. : La question suivante consistait justement à te demander si tu ne te sens pas plus proche des femmes que des hommes?

M. M. : Très fréquemment. Si je me retourne en arrière, je constate que mes plus grandes amitiés, les plus chaleureuses, ont toujours été spontanément féminines. Parallèlement il y a des femmes que j'irrite. Un psychologue, qui avait assisté à mon altercation avec l'une d'elles, attribuait cela au fait que, leur ressemblant trop, je les devinais trop vite. J'ai une sorte de communion dynamique avec mes amitiés féminines. Ma Ananda Mayi, la solitaire indienne, par exemple : au bout d'un certain temps de correspondance épistolaire, les présences, qui ne sont pas affaire de kilomètres, étaient à ce point établies dans le réel, que nous avions jugé d'un commun accord que ce n'était plus la peine d'écrire.

F. H. : Une composante féminine – lunaire – forte comme la tienne, indique la primauté de l'affectivité, de l'imagination et du rêve sur le reste.

M. M. : Oui. Je n'ai pas de récitence vis-à-vis de toi ni de tes questions, mais cette forme de sensibilité dont tu parles m'a contraint à me réfugier dans un immense silence, chaque fois que l'environnement, trop masculin, me paraissait, à tort ou à raison, manquer de délicatesse. Je sentais qu'il valait mieux ne pas répondre, me taire, m'écarter... ou rompre.

F. H. : Le Lunaire « sent » mieux qu'un autre si les vibrations de l'ambiance sont en accord, en harmonie, ou non, avec les siennes.

M. M. : Il y a là quelque chose de fondamental dont les autres se sont rendu compte avant moi. C'est très curieux, parce que sur le plan de l'action j'étais décidé, parfois même brutal, mais, à plusieurs reprises, des hommes d'un âge avancé m'ont déclaré que derrière cette attitude, qui révélait que je n'étais pas encore parvenu à l'épanouissement voulu, j'étais quand même beaucoup plus féminin que je ne paraissais.

F. H. : Une Lune dominante et en Sagittaire prédispose à caresser des rêves d'amour et d'harmonie universels ainsi qu'à s'oublier dans la contemplation des grands espaces où tout semble se confondre. Mais Pluton qui s'oppose à ta Lune natale, donne un sens aigu de l'inanité de ce genre de rêve, ou, sinon, provoque des chocs en retour qui obligent à redescendre brutalement sur terre.

M. M. : Les observations que tu fais sont quand même curieuses. Je devais avoir entre quatre et six ans, lorsqu'au cours d'une promenade où je montais en haut d'une côte, j'ai eu une intuition de... oui, ce que tu dis, de l'harmonie universelle. Je me trouvais harmonieusement bien avec tout. Il y avait du soleil et des nuages – j'ai toujours beaucoup aimé les nuages et les grands ciels – et l'impression de Dieu vivant. J'étais formidablement et indéfiniment bien. Ça ne m'est jamais sorti de la tête. Ce rêve d'harmonie universelle a pris pour moi différentes formes, mais j'ai toujours vécu avec et il a pris de la solidité au fur et à mesure que j'entrais dans la vie. L'éveil qu'a été pour moi Teilhard de Chardin était de ce type. Également certains mystiques musulmans ou indiens ainsi que l'interrogation humaine indienne, lorsqu'elle est en dehors des systèmes et englobe toute la question de la vie, des autres vies, du monde... Tu as évoqué la contemplation des grands espaces. Je me suis toujours trouvé en accord avec la mer. Plus encore avec l'océan qu'avec la Méditerranée, l'océan vibrant, immense, sous toutes ses formes et sous toutes ses couleurs... Maintenant il y a l'autre partie de ta question. Là oui. Je vais encore te raconter une histoire d'enfance, une histoire d'hiver. Je regardais les oiseaux et j'avais envie de toucher un rouge-gorge. J'attrape le rouge-gorge à l'aide d'un piège et je constate avec stupeur qu'il ne bouge plus. C'était ma première rencontre avec la mort et c'était un choc extraordinaire : je ressentais cette rupture comme énigmatique et inadmissible à la fois. J'avais huit ans. Ce choc est revenu chaque fois que je me suis, par la suite, trouvé confronté à la mort. La mort est pour moi injustifiée et injustifiable.

F. H. : C'est inattendu dans la bouche d'un prêtre mais pas d'un Lunaire.

M. M. : Pour moi la prêtrise chrétienne ne ressemble à aucune autre et la prise de position chrétienne est libre, en particulier à l'égard de ces mystères. Je ne vois pas pourquoi j'admettrais facilement la mort ou des catastrophes de ce genre, parce qu'il y aurait un dieu qui l'impose. S'il impose la mort, Dieu n'est plus qu'une idole pas meilleure que Moloch ou autre. Je trouve que la souffrance et la mort, ou le fait que ça puisse servir à quelque chose de mieux – c'est ce qu'ont ajouté les hommes pour défendre Dieu – sont quelque chose d'inadmissible et d'incohérent. Je reste donc en point d'interrogation là-dessus. Je suis en face d'un fait qui est là et auquel je dis non. J'irais même jusqu'à dire que Dieu est en dette à l'égard de tout homme sur ce plan-là, qu'il en doit, de quelque façon que ce soit, l'illumination et l'explication définitives. Si c'est Lui qui donne la vie, il est en dette à l'égard de tout être qui vit dans une condition aussi imparfaite que celle-là. Mais au fond je suis convaincu qu'en toute vie il y a un « plus » qui se réalise même en dehors de la conscience claire de ce vivant. C'est ce qui forme l'essentiel de cette vie, qui la « réalise » secrètement, dès avant la mutation qu'est la mort et, sûrement et en continuité pour moi, au-delà de cette mutation qui est grand X pour l'instant.

F. H. : N'a-t-on pas la foi parce que c'est le seul moyen de vivre moins difficilement la réalité de la mort?

M. M. : Je n'admets pas que la foi soit une résignation...

F. H. : Une compensation...

M. M. : J'ai besoin que les choses soient réelles d'un bout à l'autre et si, non pas l'irrationnel, mais l'au-delà du rationnel existe, autrement dit Dieu, il faut que ce soit non une compensation, mais la révélation dynamique de la réalité telle qu'elle est. Chaque être qui s'est trouvé dans une réalité imparfaite, doit avoir accès à cette réalité parfaite.

F. H. : Comment ce qu'il y a en toi de besoin d'harmonie par la Lune, s'accommode-t-il de ce qu'il devrait y avoir en toi de contestataire et d'intolérant par Mars-Pluton?

M. M. : La façon même dont je parle de Dieu est une forme d'intolérance. En ce qui concerne les hommes, j'ai été profondément indigné par l'intellectualité administrative et théoricienne des hommes de pouvoir à l'intérieur d'une communauté comme l'Église, qui devrait se présenter comme accueillante à toutes les cultures et à tous les hommes, même s'ils ne viennent pas vers elle : une intellectualité qui rejette, anathématise, fixe, et qui est froidement inhumaine, tout en présentant, à coup de prédications, la grande face de Dieu qui est la face de l'amour. J'ai mis des années à m'en rendre compte et cette découverte m'a stupéfié, renversé...

F. H. : Une dominante lunaire favorise une certaine naïveté. Te considères-tu comme naïf?

M. M. : Je crois oui. De vrais amis me l'ont dit à plusieurs reprises.

F. H. : Finalement, la réalité extérieure, objectale, a toujours été plus brutale pour toi que pour d'autres?

M. M. : Oui, je le crois. C'est très pénible, surtout si ton environnement n'est pas à même de le deviner ou de le comprendre. Dans certains cas, quand tu cesses d'être naïf pour être perspicace, tu ne peux pas exprimer la violence de ton impression, parce qu'il ne convient pas que tu l'exprimes : ce serait mal reçu ou pas reçu du tout.

F. H. : Parmi les problèmes majeurs que pose ton ciel, on a évoqué celui qui consiste à abolir les frontières tout en en gardant, il y a aussi celui qui consiste à s'opposer, déranger, contester, tout en voulant sauvegarder l'unité.

M. M. : C'est quelque chose que j'ai toujours éprouvé. Dans 80 % des cas, mes refus se sont faits dans la douleur, et, en certaines circonstances, dans une détresse véritable. Quand j'ai décidé de refuser la succession de mon père pour partir vivre la vie que je souhaitais, je me souviens qu'au moment où j'en ai fait part à mes parents, j'ai eu l'intuition que tous leurs projets pour leur propre vieillesse s'effondraient. C'était comme si j'avais entendu les murailles tomber avec bruit. Mon père a dit : « bien ». Aucun autre mot n'est venu. Comme il était tard, nous nous sommes embrassés, dit bonsoir et, sur le chemin qui menait à ma chambre, j'ai vraiment su ce qu'était la détresse. Le fait d'avoir pris une décision comme celle-là qui écrasait des projets primordiaux, et qui crucifiait une naïveté en m'obligeant à rompre avec l'imagination et le rêve, comme tu dis, m'a éveillé à la miséricorde, pas la miséricorde au sens de pitié, mais au sens d'affection des tripes. La miséricorde n'est pas ce que la prédication ou la roucoulade ordinaires en disent. C'est la tripe de Dieu comparable à la femme qui enfante et ne lâche jamais son enfant, même s'il s'avère le plus vil de tous, parce que c'est son enfant. En fait, il n'y a pas de miséricorde ni de pitié, il y a la solidarité intensément affective de celui qui est à la fois père et mère. Si Dieu n'est pas à la fois père et mère, Dieu n'est pas.

F. H. : Ta dominante solsticiale donne, au positif, le goût et le sens des vastes synthèses. De ce point de vue, ton intérêt pour les autres religions que la tienne est révélateur. T'est-il venu de bonne heure ?

M. M. : Dès l'âge de dix-neuf ans, alors que j'étudiais la philosophie, j'ai été intéressé par ce que l'un de mes manuels disait sur le panthéisme : ça me paraissait à la fois curieux et formidable. Puis j'ai trouvé dans un fascicule sur l'hindouisme traduit par Jean Herbert, tout un schéma sur le mode d'attention méditative progressive indienne, où était rapidement exposé ce que pouvaient être certaines croyances hindoues. Le panthéisme n'y était pas présenté comme caractéristique de toutes les croyances hindoues et il était question d'autres façons de voir, d'autres concepts. A partir de ce moment-là, je n'ai pas cessé de m'interroger sur l'hindouisme.

F. H. : Tu t'es interrogé sur d'autres religions aussi.

M. M. : Je suis tombé ensuite sur des extraits de mystiques musulmans déchirés entre leur vie terrestre et l'aspiration à l'union à Dieu. C'était vibrant de poésie, c'était magnifique. Je me suis dit qu'il fallait que j'examine ça aussi. Puis il y a eu le bouddhisme. Paradoxalement je n'ai pas été trop intéressé par la Bible. Ensuite, à partir de ma vingt-cinquième année, j'ai pris des informations sur l'ensemble des autres religions. Là j'étais à mon aise pour voir quelles étaient les tendances fondamentales communes qui pouvaient donner un sens, non pas simplement à ma vie, mais à l'ensemble des vies, y compris la vie de ceux et de celles qui étaient des « brutes », comme les assassins ou les idiots. L'enseignement chrétien sur ce dernier point me paraissait très insatisfaisant. Les vues de l'Islam et surtout de l'Inde m'éclairaient plus sur la foi chrétienne que ce que m'en avaient dit mes professeurs. Cela dit, j'admets les analyses, il faut bien analyser pour agir, mais je ne suis pas à mon aise dans l'analyse seule.

F. H. : Tu préfères la vision d'ensemble, la vision globale...

M. M. : Oui. La plus large possible. Et en même temps, bien qu'il y ait une formidable part de rêve, il faut que cette vision ait une base solide. Ceci dit, je ne cherche pas à faire une synthèse intellectuellement. Ça ne m'intéresse pas, c'est hors de ma nature. Mais l'interrogation et la recherche sur le mouvement de la réalité qui se fait à travers même les bariolages et les ratages, là, je me sens concerné, je suis dedans. Voilà ce qui est à vivre : la solidarité, même inconnue, avec les autres et le cosmos. Je crois que, pratiquement, j'ai toujours vibré avec ce qui, chez les êtres vivants, dans la nature – nature au sens où on l'entend, mais aussi nature travaillée par les êtres vivants, autrement dit les arts – me mettait en relation, en acte de relation. Je ne serais certainement pas ce que je suis sans les arts : la peinture, l'architecture, la musique, sous toutes leurs formes, sans hiérarchie ni nationalité, ni culture, pourvu que je respire avec, que je sois dedans. Tout cela relève de l'« union d'amour », de la communion, comme la camaraderie ou l'amitié ou l'union sexuelle ou la passion non exploiteuse. Les différences? Oui, mais de simples degrés, des nuances. Les nuances de couleur sur la gorge du pigeon. Elles sont, mais il suffit d'un mouvement de l'oiseau pour qu'elles passent de l'une à l'autre, se fondent, disparaissent...

F. H. : Tu décris-là, mieux que ne saurait le faire un manuel d'Astrologie, les sensibilisations d'une Lune qui se lève en Sagittaire. Mais avec Pluton, qui se met en travers de ta Lune et de ton Soleil natals, tu devrais être davantage un homme qui doute qu'un homme qui a des certitudes. L'approche d'autres religions n'a jamais ébranlé ta foi chrétienne?

M. M. : Ma connaissance des autres religions a été progressive, ce qui a permis à la routine de ma pratique chrétienne de continuer. J'étais éveillé quand même. D'autre part, quelques-uns de mes professeurs provoquaient les interrogations. Or, dès lors que tu interroges, tu mets en doute d'une façon ou d'une autre, mais sans forcément passer au doute destructeur et définitif. Je sentais bien que j'étais en doute sur certaines solutions. L'Islam n'a jamais mis en doute mon adhésion chrétienne, dans la mesure où il me semblait cloisonner l'homme et Dieu au point de rendre toute relation existentielle d'amour impossible entre eux. Les idées indiennes ouvraient beaucoup plus d'horizons, et je m'y suis toujours trouvé très à mon aise. Toute la part proprement théiste de l'hindouisme réveillait certains passages de la révélation chrétienne, en particulier dans l'évangile de Saint Jean et les lettres de Saint Paul, si bien que l'Inde n'a jamais mis en doute non plus mon adhésion chrétienne. En fait, j'ai toujours affirmé Jésus comme vivant hier et aujourd'hui, comme étant l'homme plénier et comme étant Dieu, au-delà de toute dimension de cloisonnement temporel. Il y a là pour moi une évidence. Une évidence terrible, difficile à vivre, redoutable, déchirante, révoltante...

F. H. : Révoltante?

M. M. : Je suis un insoumis. Il n'est pas toujours facile d'arriver à être logique par rapport à l'évidence de Jésus qui est existentielle et pas théoricienne ni métaphysique...

F. H. : Que veux-tu dire?

M. M. : Ce n'est pas une évidence pour mon intelligence, comme un théorème par exemple, ce n'est pas une lumière rationnelle, bien qu'elle ne soit pas contraire à la raison. C'est une évidence trans-rationnelle mais qui ne va contre aucune science, aucun art, aucune réalité humaine et qui se moque de l'intelligence philosophique. Ce serait plus facile de vivre sans elle.

F. H. : Comment cela?

M. M. : Quand on a cette référence, on ne peut pas vivre anarchiquement...

F. H. : Tu aurais été tenté par une façon de vivre anarchique?

M. M. : Oui, oui... Je supporte très mal toute législation. Mais je fais la différence entre la législation et la nécessité de se contraindre. L'évidence de Jésus fait corps et âme avec moi et c'est difficile, c'est empoisonnant, parce qu'elle ne résout pas toutes les indignations et les contradictions que je rencontre. En même temps, elle donne un sens et un dynamisme à tout. Je parle de la réalité du Christ à travers les premiers témoignages écrits sur lui, et non de ce que le corps ecclésiastique y a surajouté et que je n'admets pas.

F. H. : Du point de vue astrologique, il est étonnant, vu ta forte composante féminine et l'importance de ta maison 7, celle de l'autre et du mariage pour la Tradition, que tu aies opté pour la prêtrise.

M. M. : Personne ne m'a influencé. Il y a eu une première décision assez confuse vers douze-treize ans, puis un choix vers dix-huit-dix-neuf ans, ratifié à l'âge de vingt-cinq ans. J'avais l'intuition de Dieu, j'avais envie de faire des études là-dessus, pas d'être curé de paroisse. J'avais déjà commencé mes recherches de comparaison des diverses mystiques les unes avec les autres, ça me passionnait. Je suis donc entré dans la communauté religieuse de Chavagnes, parce qu'elle était indépendante de l'évêché et que je pouvais y poursuivre mes recherches, tout en ayant l'opportunité de partir de France. Le seul déchirement dans ce choix de vie, consistait dans l'abandon du féminin, l'abandon de la relation homme-femme. Pas fondamentalement par rapport à l'union sexuelle. Le vrai déchirement aurait été la rupture du contact concret avec le monde féminin. Mais il s'est trouvé que très tôt, dès ma vingt-troisième année, j'ai été désigné d'office, malgré moi, pour aller étudier et régler des questions délicates de relations entre les femmes cloîtrées de certains monastères. Je m'en suis tiré et j'ai été chargé une vingtaine de fois par la suite de ce genre de mission, que ce soit en Afrique, en Europe, et même en Inde. J'ai dû également m'occuper pendant dix ans d'inadaptées sociales. Les circonstances ont été telles, que je n'ai jamais rompu avec le monde féminin.

F. H. : Le Lunaire a plus qu'un autre le sens de ce qui perturbe un groupe et l'art de ramener l'équilibre. La fonction lunaire est une fonction d'homogénéisation et c'est donc très intéressant de voir que tes supérieurs ont su déceler cette aptitude chez toi et faire en sorte que tu l'exerces. Mais revenons à la configuration majeure de ton ciel qui oppose la Lune qui se lève en maison 1, celle du moi, à Jupiter, Mercure, le Soleil et Pluton qui se couchent en maison 7, celle de l'autre : est-ce qu'opter, comme tu l'as fait d'une certaine façon, pour les autres en général, ne revenait pas à fuir l'autre en particulier, dans la mesure où il aurait mis ton intégrité – lunaire – trop en danger? C'est une question bizarre peut-être?

M. M. : Elle n'est pas bizarre du tout. Il s'agit du problème de l'intégrité par rapport à l'autre?

F. H. : Oui... Intégrité au sens de rester entier.

M. M. : Je ne veux pas me dissoudre dans l'autre et pourtant j'ai besoin de l'autre... J'ai la réputation de ne pas être facile dans la relation et de me réserver intensément en certaines circonstances. Je suis incapable d'entrer en contact avec quelqu'un si ce n'est pas de façon naturelle ou suffisamment aisée. Faute de quoi, je m'écarte. Quand je suis pris et que quelqu'un arrive, si c'est un fâcheux, comme dit La Bruyère, je règle la question en 2 coups de cuiller à pot, correctement mais froidement. Si c'est quelqu'un de bien, je joue le jeu, mais avec grand-peine. Ta question me fait constater qu'il y a toujours une zone de protection de moi-même.

F. H. : Comme chez tout Cancérien. Renoncer à la sexualité, n'est-ce pas renoncer à la possibilité d'une relation totale à l'autre?

M. M. : La sexualité n'est pas réductible à l'acte charnel, que je considère comme une part privilégiée mais non essentielle de la relation réussie homme-femme, et peut se réaliser sous d'autres formes. Alors que je sortais de classe, vers l'âge de treize ans, j'ai entendu 2 copains parler d'une fille comme d'une génisse. Ma réaction intérieure a été définitive : « pas ça! » Ça me paraissait tout foutre en l'air du point de vue de la relation homme-femme. D'autre part, il n'y a pas de doute que si la cohésion affective qu'il y a toujours eu entre le monde féminin et moi n'avait pas pu exister, je ne serais pas resté dans la fonction sacerdotale chrétienne. Pour moi la relation à l'autre est aussi importante que l'existence de Dieu et si on me prouvait que cette relation ne soit pas de type éternel et ne puisse pas se perpétuer au-delà de l'accident mortuaire, dans un échange, une compénétration sans cesse renouvelés, ce serait aussi fort que si on me prouvait que Dieu n'existe pas : je cesserais d'être chrétien.

Paris, janvier 1986

MAURICE MAUPILIER

Analyse graphologique

22 septembre 1985

Blandine,

Tu me casses amicalement les pieds parce que tu ne m'as pas donné la seconde adresse, celle où je devrai envoyer les notes.

J'ai vraiment fermé la porte aux premiers éditeurs : ils me demandent le récit d'un témoignage, mais... à condition que je n'y mette que ce qu'ils veulent ! De surcroît le directeur de collection s'est surtout montré avide de curiosité exploiteuse : non pas intéressé par l'influence que l'Inde avait pu avoir sur ma pensée, sur mes façons de considérer et de vivre la relation à l'univers, aux autres hommes, à moi-même. J'ai donc refusé et choisi l'autre éditeur.

Pour une éventuelle interview, je précise : l'expression "théologie de la féminité de Dieu" a été employée deux fois. Une première fois par un de mes vieux prof. de Fac. : "Vous êtes curieusement constitué. Vous désarçonnez les schématiques. Vivacité intellectuelle, vivacité reflexe, goût des méthodes dans la pratique de l'action, c'est votre côté mâle. Mais vous êtes plein de relations et d'antennes avec tout. Et je crois que tous vos modes d'intuitions sont féminins. Alors débrouillez-vous. Pas de conseils à vous donner. Pour faire l'unité de ça, il faut vous laisser faire. Vous êtes armé en tout cas pour nous expliquer la féminité de Dieu !

Dsorya en Inde procédait autrement. Nous avions longuement parlé des mes mystiques indiennes sur l'Univers, sur la composition double de l'être, sur Śiva et la Śakti. C'est ensuite qu'il avait dit : "N'attendez pas de faire une équipe. Donnez-nous ce qui nous manque et ce qu'il nous faut. La théologie de l'Esprit de Dieu est inséparable de la théologie de la féminité de Dieu." Oui, si tu veux, la formule d'Energie Créatrice pourrait aller, au moins en un certain sens.

D'accord. Renvoyons à plus tard une rencontre avec Chenu. Renvoyons seulement, n'effaçons pas le projet.

C'est Bonnard que Picasso n'aimait pas, pas Matisse. Mais si nous nous mettons à communier en vie avec l'Univers énergétiquement transformé par les peintres (quelle formule !) je ne la terminerai pas, cette lettre. Donc une bise sur la mate peau de ta joue et amitié.

Mau—

(Format réduit).

Observation de l'écriture :
Instrument : Crayon feutre de couleur bleue.
Impression : Courbes ondoyantes, fluidité, trait un peu flou, quelque chose d'un peu palpitant anime le graphisme.
Harmonie : moyenne. De l'homogénéité.
Formniveau : Peu élevé à cause de la monotonie de l'ensemble, du manque de puissance formatrice selon Klages; une petite vibration apporte de la vie cependant. $3\,^1/_2$.
Rythme selon Heiss : L'espace est très rempli, comme gavé. Le mouvement est incertain voire chancelant.
Degrés de tension de Pophal : Beaucoup de IV B : retouches, porosité du trait, et du III. Dans la signature, du I.
Définition : Ondulée, très légère, ronde et gonflée dans les jambages et les majuscules, molle, compacte, oscillant autour de la verticale, groupée, posée, retouchée, sinueuse.
Trait selon Hegar : Lg, C, P, Lt $\pm$.
Envahissante. Petite marge de gauche régressive.
Signature en fusée, montante, inclinée, plus rapide avec un paraphe en proue de bateau.

Synthèses :
1° Formes gonflées et rondes, compacte, molle, petite marge de gauche : une forme de dépendance affective.
2° Retouches, cabossages, oscillations, sinuosité, J, j, petits : vulnérabilités.
3° Ondulée, légère, crénelée, nuancée : adaptabilité, réceptivité.
4° Légèreté, jambages réduits : sublimation.

Approches psychologique, caractérologique, typologique :

Hippocrate : lymphatique, nerveux.
Le Senne : non-émotif, non actif, secondaire : apathique. L'oralité secondaire est rare.
Freud : oralité. Œdipe.

Szondi et fonctions selon Jung :

Pulsion paroxysmale
e+ hy–
facteur hy dominant
Intuition hystéroïde

Moi autistique
k+ p–
facteur k dominant
Pensée catatonique

Pulsion de contact
d^{o} m+
facteur m dominant
Sentiment oral

Pulsion sexuelle
h–s–
facteur h dominant
Sensation féminine

Éléments d'interprétation :
–Moi k+ p– : investissement narcissique pour trouver un accommodement avec la réalité. L'activité intellectuelle permet de prendre du recul par rapport aux affects. Rôle de l'imaginaire.
Pensée logique, théorique, facultés d'assimilation, goût des études.
– Pulsion paroxysmale : e+ hy– : émotions contenues par des règles personnelles dans l'optique d'une ligne de conduite et d'un surmoi contraignant. L'intuition est fine, elle sert l'adaptation.
– Pulsion sexuelle : h–s– : processus de sublimation, la libido est investie dans un engagement humanitaire. Besoin d'harmonie, d'entente. Compréhension instinctive.
– Pulsion de contact : do m+ : relation adulte à l'autre, sociabilité non agressive. Oralité bien vécue, contact teinté d'affectivité. On retrouve l'aspect Anima de l'écriture.

L'écriture fait bébé pour soixante-huit ans, m'étais-je dit en voyant pour la première fois le texte de Maurice Maupilier! Mais par ses formes lovées sur elles-mêmes, par l'impression de flottement dans un milieu aquatique qu'elle suggère, n'est-ce pas au fœtus dans son liquide amniotique, dans son placenta, qu'elle doit être comparée?

Il n'y a bien entendu pas d'écriture type de spécialiste de la Bible ainsi que des grands textes religieux orientaux *, et les essais de classification dès que l'on a affaire au psychisme humain sont toujours vains et dangereux. Toutefois, s'il avait fallu, comme par jeu, essayer de s'en représenter l'écriture par l'imagination, ce n'est pas aux caractéristiques de celle de Maurice Maupilier que j'aurais songé.

Je veux faire remarquer par là que ce qui apparaît dans son écriture ce ne sont pas en premier l'identification passionnée à des

* M. Maupilier a traduit le *Zen* et *la Bible* de Kadowaki (éd. de l'Epi). Il est l'auteur du *Yoga et l'Occident*. (Seuil).

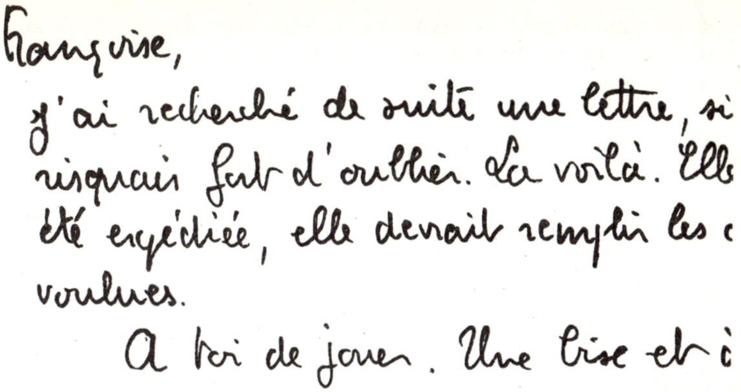

idées, ni le besoin de s'exprimer par la pensée, de convaincre, d'entraîner, ni la vision synthétique de l'esprit.

Son attitude est autre : il s'interroge, il est parfois hésitant, il cherche en restant souple, ouvert.

Il analyse avec un souci de discrimination, de comparaison, de logique scrupuleuse, minutieuse.

On peut se demander si l'organisation logique du raisonnement à laquelle il tient, ne s'inscrit pas dans le contexte d'un processus psychique dont il n'est pas forcément tellement conscient.

Son domaine ne serait-il pas essentiellement celui de la sensibilité et de la tendresse? Son désir profond ne serait-il pas d'apporter aux autres, de façon désintéressée, de l'amour?

Une composante très importante de sa personnalité ressemblant à une sorte d'intuition féminine, à de la douceur, ne lui permettrait-elle pas d'appréhender mieux que d'autres les ambiances, les sentiments, les craintes et les difficultés de ceux qui s'adressent à lui? L'élément aquatique auquel s'apparente son graphisme, est, on le sait, symbole des origines de la vie, de devenir à l'état de germe, de potentialité. Il est possible que la curiosité qui l'a porté à s'intéresser aux très anciennes religions indiennes et asiatiques tienne au goût de comprendre quelles réponses elles apportent à ces grandes questions : d'où venons-nous, où allons-nous.

Certainement, il existe chez lui : une grande réceptivité à tout ce qui lui parvient de l'extérieur, un refus d'être enfermé dans les limites de règles, de traditions, de normes édictées par un milieu social et qu'il n'approuverait pas, ne trouverait pas justifiées. Rien de conventionnel chez lui, rien de systématique, rien d'exclusif, rien de figé.

Au contraire, dans l'existence, son comportement est : disponible, authentique, spontané.

Il assimile ce qui est nouveau ou différent.

L'auto-contrôle, la vigilance un peu inquiète qui ne le quittent pas, l'amènent à ne retenir que ce qui lui convient sans trop se soucier des réactions autour de lui.

C'est pourquoi les motivations de ses choix échappent à certaines personnes, c'est pourquoi il surprend et ne le situe-t-on pas toujours bien.

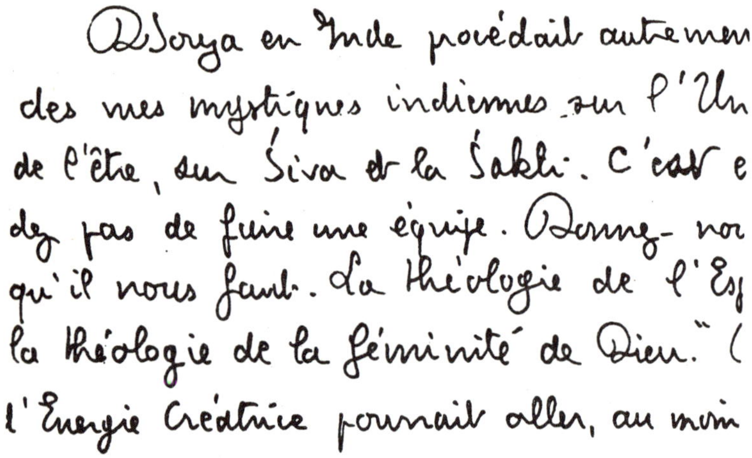

Ses motivations : sont de rapprocher, de concilier, de réconcilier, d'unir, d'apaiser, de dépasser tout ce qui est étroit.

Accueillant, simple, naturel, il met à l'aise, il écoute.

S'il ne déteste pas susciter la sympathie d'autrui, il reste : discret, modeste.

Sa confiance peut être communicative. Elle n'exclut pas, en ce qui le concerne, de l'anxiété, des doutes, des vulnérabilités, qui le rendent sans doute plus proche des êtres qui souffrent.

Les tourmentés, les sceptiques, les angoissés, les intellectuels, peuvent peut-être interpréter son enthousiasme comme de l'ingénuité, sa jeunesse de cœur comme de la jeunesse tout court.

Cependant les arrondis de son écriture ne relèvent-ils pas d'une aspiration d'effusion, de retour à l'unité primordiale?

La relative compacité du tracé n'indiquerait-elle pas la nécessité intérieure de s'orienter vers ce qui est affectivement dispensateur d'une chaleur, d'un réconfort, d'une sécurisation?

Ne lui faut-il pas se tourner vers une force nourricière, vers un substitut maternel, ressenti comme un « bon objet » ainsi que l'entend Mélanie Klein *? Le « bon objet » étant doté fantasmatiquement de pouvoirs bénéfiques il ne peut qu'apporter des gratifications.

Il se laisserait donc volontiers absorber par ce « bon objet » auquel il serait entièrement dévoué. Tout ce qui s'y rapporte serait alors ingéré comme le lait provenant de son sein.

* *Psychanalyse des enfants,* M. Klein, P.U.F.

LION

120 à 150° de longitude céleste.

Arc diurne supérieur à l'arc nocturne et décroissant. Écart moyen entre les 2 arcs.

Il revient au Lion de réagir à l'attitude raisonnable, mesurée, mais aussi craintive et repliée de ses 2 voisins, par une attitude inverse de défi, d'audace, d'affirmation spectaculaire de soi. C'est un signe royal qui s'impose et impose, s'expose et expose, car il a une confiance – parfois exagérée – en sa force, en sa supériorité, ou, à défaut, en la force du vouloir. Les petits soucis comme les petites joies du quotidien sont indignes de lui, dont la fonction est dite de « déblocage » et consiste à dépasser ses limites, élargir son espace, vaincre les obstacles, dénouer les situations embrouillées, dénoncer les stagnations, briser les routines.

Traits léonins : le Lion passe rarement inaperçu, c'est un leader qui cultive l'exemplarité et se fait apprécier pour ses qualités d'envergure, d'ambition, de volonté, de décision, d'autorité, de courage, de générosité, de constructivité. Mais il lui manque les atouts, tant de son signe inverse le Scorpion que de ses 2 voisins Cancer et Vierge. Au négatif, le Lion est naïf, orgueilleux, susceptible et exhibitionniste. Il a tendance à abuser des rapports de force pour mieux diriger et dominer. Il manque de recul, de finesse, de mesure et a tendance à se laisser piéger par les apparences trop exaltantes.

SYLVIE VARTAN
chanteuse

Signes dominants : le Lion par une conjonction Soleil-Pluton. Le Cancer par une conjonction Lune-Saturne. La Vierge par Jupiter, Vénus, Mercure et Mars. Le Capricorne par l'Ascendant.
Dominante estivale.
Planètes dominantes : la Lune, Saturne et Pluton.
Planètes faibles : Uranus, Neptune et Vénus.

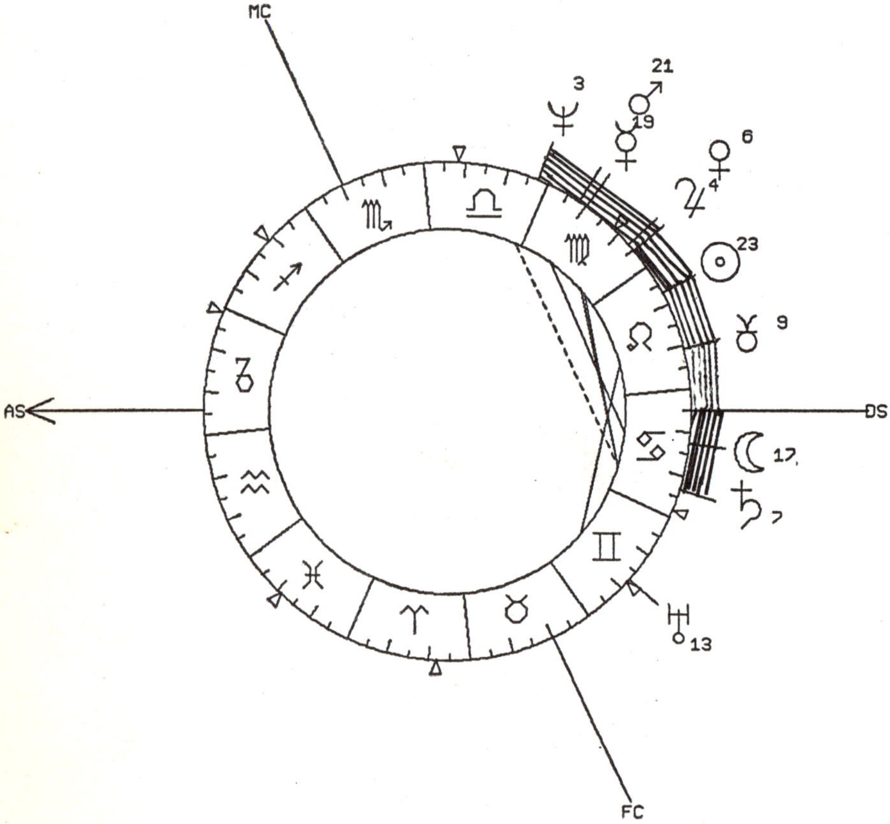

Françoise Hardy : Avec une conjonction Soleil-Pluton en Lion, une conjonction Saturne-Lune en Cancer et 4 planètes en Vierge, l'été est ta saison dominante. L'été a une fonction d'autoprotection, mais il faut savoir que chaque signe fixe réagit aux excès et aux carences de la saison dont il occupe le centre, en prenant le contrepied de ses 2 voisins. Ainsi, le Lion, ton signe solaire, réagit à l'attitude de fond raisonnable, prudente, économe, mesurée, du Cancer et de la Vierge, par l'audace, le goût de l'exploit et de la démesure. Cela a-t-il été, est-il, un problème pour toi de trouver le juste milieu entre le besoin fondamental d'installer des barrières protectrices, de vivre à l'intérieur de ses limites, du Cancer et de la Vierge, et celui du Lion, tout aussi fort, de briser les barrières protectrices, de dépasser ses limites?

Sylvie Vartan : Non, car l'un équilibre l'autre. Je joue la carte de la démesure dans mon métier et ma vie publique, alors que ma vie privée est beaucoup plus calme. Et j'ai justement besoin de ces grands moments de calme pour recharger mes batteries et repartir à fond dans la démesure.

F. H. : Une autre façon d'exprimer la même chose consiste à dire que Vierge et Cancer, infiniment discrets et pudiques, ont horreur de se faire remarquer alors que le Lion aime occuper le devant de la scène, tenir la vedette. Comment as-tu réussi à équilibrer ta brillante carrière et les besoins de retraite d'une partie de ton ciel?

S. V. : Je vis plus mal cette dualité-là. En fait, je prends mon métier comme un jeu. Je veux dire que je le fais très sérieusement, mais que je ne me prends pas au sérieux par rapport à lui. Mais il constitue aussi une sorte de thérapie, de défoulement salutaire pour moi. Par exemple, quand je suis en colère ou que j'ai des moments difficiles dans ma vie, le fait de chanter est comme un cri qui me soulage, me calme énormément...

F. H. : La fonction du Lion est une fonction de déblocage...

S. V. *(elle rit)* : Eh bien pendant deux heures je me débloque à fond et ensuite tout va beaucoup mieux. Mais le reste du temps je suis très timide. Socialement, j'ai des rapports difficiles avec les gens en général et avec les timides en particulier. Quand je rencontre un autre timide je suis complètement bloquée. Il me faut plutôt des gens à l'aise et dynamisants, sinon je suis mal à l'aise moi-même, ce qui rend la situation très inconfortable. C'est vrai que je n'aime pas me faire remarquer. Si j'ai besoin d'aller me laver les mains dans un restaurant, je ne me lève même pas, parce que j'ai peur que toute la salle se retourne et me dévisage de la tête aux pieds, ce dont j'ai une sainte horreur. D'ailleurs les gens ne le comprennent pas, mes proches non plus qui se demandent comment je peux faire le métier que je fais et avoir cette attitude dans la vie. Évidemment c'est interprété comme de la froideur ou de l'arrogance par ceux qui ne me connaissent pas, mais tant pis, ce n'est pas grave, les gens qui m'aiment bien et me connaissent savent qui je suis.

F. H. : La fonction d'autoprotection de l'été incite, au positif, à la réflexion, la prudence, l'organisation, la stabilité, mais, au négatif, cela peut porter à l'entêtement et à la résistance au changement (renforcée dans ton cas par le monolithisme du Capricorne que tu as à l'Ascendant). As-tu autant de difficultés à accrocher qu'à décrocher, que ce soit sur le plan des sentiments, des idées ou des entreprises?

S. V. : Il me semble que j'accroche plus facilement que je ne décroche. Quand je m'enthousiasme pour quelque chose, j'y crois à fond. C'est pareil dans les amitiés et les amours : j'ai du mal à décrocher, il faut vraiment qu'il se passe des choses invraisemblables et invivables pour que je décroche. Je suis assez entêtée, c'est vrai. Il y a aussi le fait que je n'aime pas du tout la destruction, qu'au fond je ne la comprends pas et que je lutte contre ça : j'ai besoin que l'entente règne et que les gens autour de moi soient heureux.

F. H. : Bien que tu dises que tu accroches plus facilement que tu ne décroches, tu n'es tout de même pas la personne des coups de foudre?

S. V. : Sur le plan privé je suis assez prudente, mais j'analyse moins, je suis davantage ma première impulsion sur le plan professionnel.

F. H. : L'été incite à toutes sortes de lenteurs et persistances de l'excitabilité...

S. V. : C'est vrai, je suis très paresseuse en fait...

F. H : ... les souvenirs, les impressions, les habitudes ont, chez les estivaux, tendance à ne pas s'effacer aussi vite qu'ailleurs : ils s'organisent, se cristallisent pour faire « cuirasse » contre les dangers de la nouveauté et de la dispersion. Éprouves-tu plus facilement la nostalgie du passé que la curiosité, l'appétit de l'avenir?

S. V. : Je suis effectivement très attachée à mes souvenirs, à certaines valeurs, à certains sentiments. Je suis aussi assez renfermée. En amitié par exemple, j'ai mes amis que j'aime depuis toujours et je n'éprouve pas le besoin de connaître d'autres gens. Je ne vais pas tellement aux autres, ce sont plutôt les autres qui font la démarche et comme il m'est difficile de savoir si les autres viennent à moi pour moi ou pour ma notoriété, cela complique les rapports. Je garde les gens dont je suis sûre. Autant j'aime le changement dans ma vie professionnelle, domaine où j'aurais horreur de m'« installer », de faire toujours les mêmes choses, autant j'ai horreur du changement dans ma vie privée. Ça va du coiffeur à... je veux dire que quand je me suis habituée aux gens, que je suis bien avec, je n'aime pas du tout en changer. J'ai une sorte de peur... des nouveautés en fait...

F. H. : Le proverbe « qui veut voyager loin ménage sa monture » peut s'appliquer à l'été, saison en réaction au printemps, lequel porte, au contraire, à vivre dans l'instant et à se dépenser sans compter, ce dont tu as dû t'apercevoir au cours des années passées avec un printanier pur-sang : Johnny Hallyday. Qu'est-ce qui t'a le plus aidée, jusqu'ici, à ménager ta monture?

S. V. : Des plaisirs simples, banals, mais pourtant très importants pour moi puisqu'ils sont le fondement de mon bonheur : me retrouver chez moi, coller mes photos, lire, prendre le thé avec ma mère, parler, voir mes amis, guetter l'heure à laquelle mon fils va rentrer, dîner, sortir... J'ai toujours veillé à ne pas partir plus de trois semaines, un mois grand maximum, de chez moi. J'en ai absolument besoin, car je fais tellement de choses, ma vie professionnelle est un tel tourbillon, que, si je reste plus longtemps que cela sans revoir les gens que j'aime, j'ai l'impression qu'ils n'existent plus et je deviens... folle!

F. H. : Voici un passage qui exprime la dualité Cancer-Vierge d'un côté, Lion de l'autre, dont nous parlons depuis le début, par la coexistence de : « l'esprit de conquête et la soumission, l'orgueil triomphaliste et la modestie, les appétits égocentriques et les penchants charitables, l'instinct sensuel et la tendresse platonique ». Te reconnais-tu dans ces lignes?

S. V. : C'est complètement juste. C'est fou d'ailleurs! Ce sont des sentiments très secrets!

F. H. : Ta composante Cancer-Vierge appelle la tutelle d'un plus fort que soi, alors que ta composante Lion préfère être celle qui protège, qui prend en mains : as-tu eu du mal à concilier ces deux incitations à priori contradictoires?

S. V. : J'ai « donné » dans les deux sens, mais ce n'est que tout dernièrement que j'ai réussi à les concilier. Ça a été un problème pendant longtemps. Autant, dans ma vie professionnelle, je suis quelqu'un de fort qui sait ce qu'il aime, où il veut aller et dirige pratiquement tout depuis le début, autant, dans ma vie privée, j'ai besoin de la tendresse d'un homme fort, ce qui est très difficile à trouver, car, en général, les hommes forts et déterminés font passer la réussite avant les sentiments. Sans compter que je ne peux pas me laisser dominer par quelqu'un que je ne respecte pas ou qui me donne l'impression, à tort ou à raison, que j'en sais plus long que lui, ce qui cérébralise l'approche et la complique d'autant.

F. H. : Rien ne satisfait autant le besoin de sécurité de l'été que le sentiment lunaire d'homogénéité, d'harmonie avec l'environnement, dont tu as d'ailleurs évoqué la nécessité pour toi. Malheureusement, ta Lune natale est à la double dissonance de Saturne et de Pluton ce qui rend toute homogénéité difficile, – ta vie avec Johnny en a été l'exemple – et ce qui donne également un sens beaucoup plus aigu que la moyenne, fragilisant par conséquent, de la précarité de toute sécurité, de toute harmonie.

S. V. : Je suis quelqu'un d'inquiet pour tout ce qui touche à ma famille et aux gens que j'aime. Je suis hypersensible à ce qui peut arriver à mon fils qui a pourtant dix-huit ans déjà. J'ai beaucoup d'imagination, j'envisage toujours des difficultés, des problèmes et j'essaie, justement en les envisageant, de les éviter, ce qui a, entre autres conséquences, de mettre en garde les gens que j'aime de façon excessive. C'est vrai que si mon fils part aux sports d'hiver sans moi, je vais craindre l'accident et téléphoner tous les jours, même si je suis à l'autre bout du monde, pour être rassurée. Je me fais beaucoup de souci.

F. H. : La conjonction Lune-Saturne est souvent l'indice d'une difficulté à couper le cordon ombilical. Tu as toujours gardé ta mère auprès de toi, et, à une certaine époque, je m'étais demandée s'il ne fallait pas voir dans ton choix de Johnny, l'homme enfant ar excellence, le symptôme d'un refus inconscient de couper le cordon ombilical avec ta mère?

S. V. : C'est très profond comme analyse... Peut-être... Quand on est jeune, les attirances sont tout à fait instinctives, puis, avec le temps, on est davantage en mesure d'analyser son passé et de s'expliquer un certain nombre de choses le concernant. C'est vrai que j'étais très touchée, très attirée par le côté enfantin de Johnny, que j'avais aussi d'ailleurs, mais que je vivais différemment. Mais, lorsque j'ai eu un enfant, mon besoin de protéger s'est tout naturellement reporté sur lui, et j'ai découvert alors, que j'avais d'autres besoins, inconnus de moi jusque-là, en particulier le besoin d'un mari. C'est vrai aussi que, pour moi, les liens de sang sont très forts et que j'ai les mêmes rapports d'amour, de passion, avec ma mère, mon frère, mon fils, qu'avec mon mari.

F. H. : Une dominante Lune-Saturne est souvent l'indice d'un fond de mélancolie, de pessimisme, voire de défaitisme, qui contraste singulièrement avec le côté brillant et gagnant du Lion : es-tu d'autant plus battante que tu as besoin de compenser des tendances dépressives ou un sentiment de solitude?

S. V. : J'aime la solitude. Évidemment il faut faire la différence entre la solitude habitée et la vraie solitude que, Dieu merci, je n'ai jamais connue, parce que j'ai eu la chance de naître dans une famille unie qui s'aimait très fort et d'avoir été entourée et aimée dès que j'ai ouvert les yeux. J'ai toujours eu autour de moi des gens que j'aimais profondément. Je n'ai donc jamais connu la vraie solitude, terrible, à laquelle je ne pense jamais car je ne m'imagine pas pouvoir la vivre.

F. H. : Pour l'Astrologie traditionnelle une Lune natale prise en sandwich entre Saturne et Pluton est l'indice d'une enfance difficile...

S. V. : Ah oui? J'ai eu une enfance de rêve qui est là dans ma tête et dans mon esprit comme un lac : c'est le calme, c'est l'éternité, c'est d'une pureté incroyable, c'est intouché, c'est extraordinaire. Tout mon équilibre est là : dans ce lac...

F. H. : Si l'on tient compte de l'alarmisme Cancer-Vierge et des angoisses souvent irrationnelles et incontrôlables de la conjonction

Saturne-Lune-Pluton, d'une part, et, d'autre part, de la volonté de dant Capricorne, on en déduit que la voie la plus positive, la plus difficile aussi, de ton ciel, serait d'approfondir, pour les dépasser, tes refus, tes rejets, tes peurs...

S. V. : Mes angoisses arrivent comme des flashs et sont très fortes. Le seul moyen de m'en défaire est d'en trouver l'explication en les analysant, en les décortiquant, en les mettant par terre, à plat. J'ai procédé de la même façon pour les angoisses de mon fils : j'essayais de les démanteler par des évidences. Malheureusement ce procédé ne vaut rien pour les peurs viscérales, phobiques...

F. H. : En dehors de la peur de perdre les êtres chers qui est, je crois, encore plus forte chez toi que chez d'autres, quelles sont tes peurs les plus courantes?

S. V. : J'éprouve par exemple une peur complètement stupide, ridicule, dans les avions et Dieu sait si j'en prends! Ça me prend aux tripes chaque fois; chaque fois j'essaie de me raisonner par mille choses, mais je n'y arrive jamais, ce qui est bien la preuve qu'on ne peut pas tout vaincre par le raisonnement.

RMC, novembre 1984

SYLVIE VARTAN
Analyse graphologique

Paris le 26 Novembre 1984

Promenade Sentimentale.

Le couchant dardait ses rayons suprêmes
Et le vent berçait les nénuphars entre les roseaux
Tristement luisaient sur les calmes eaux
Moi j'errais tout seul, promenant ma plaie
Au long de l'étang, parmi la saulaie
Où la brume vague évoquait un grand
Fantôme laiteux se désespérant
Et pleurant avec la voix des sarcelles
Qui se rappelaient en battant des ailes

(Format réduit.)

Observation de l'écriture :
Instrument : Stylo, encre bleu foncé.
Remarque : Le nom a été ajouté après l'analyse.
Impression : Graphisme massif. Écriture de type « Persona ». Forte adhérence à la ligne de base.
Harmonie : Moyenne, ni simple ni sobre.
Formniveau : Peu élevé par suite des exagérations, de l'aspect acquis de l'écriture, de l'absence de rythme. Écriture « représentative » au sens de Klages $3^1/_2$ à $3^3/_4$.
Rythme selon Heiss : Le fil graphique s'enroule sur lui-même et l'écriture avance peu. Pas de rythme.
Contraste noir-blanc bien marqué sans que l'on puisse parler d'un rythme de l'espace évolué. Formes de structure.
Degrés de tension de Pophal : IVA.
Définition : Grande, acquise, très gonflée et ovalisée dans la zone médiane et les majuscules, guirlandes étrécies, nourrie, envahissante, horizontale, posée avec des gestes lancés, de tendance liée, jointoyée, en lassos.
Trait selon Hegar : C, P, A, Lt$\pm$.
Signature conforme au texte, placée au centre. Le S forme un huit. Gestes enroulés. Petite marge à gauche.
Tous les d sont à rebours, des coups de fouet, beaucoup de a en deux morceaux ainsi que des g, acérations, massues, moirages.

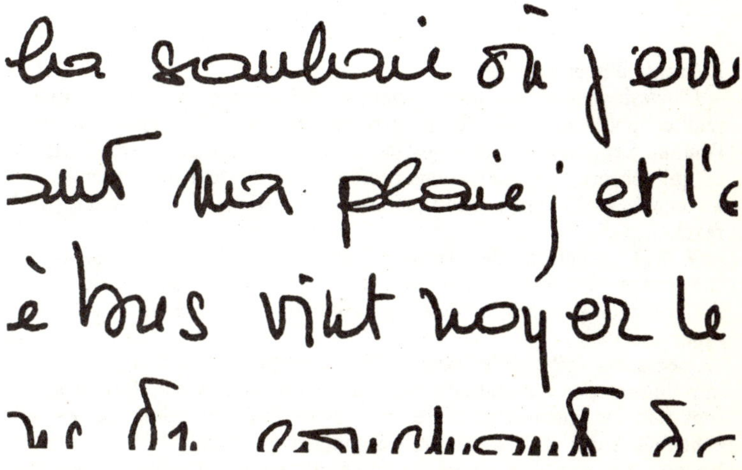

Synthèses :
1° Grande, gonflée, ovalisée, étrécissements, moirages : demande affective importante pas toujours comblée.
2° Persona, homogène, nourrie, tendance liée, en lassos, coups de

fouet, rebours : construction et défense vigoureuse d'une image de valeur.
3° Envahissante, gonflée, liée : occupe le terrain.
4° Inégalités de dimension de la zone médiane : incomplétude.

Approches psychologique, caractérielle, typologique :

Tempéraments selon Hippocrate : sanguin, bilieux, nerveux.
Le Senne : émotive, non-active, primaire : nerveuse s'étant construit un masque social.
Freud : oralité forte. Narcissisme.

Szondi et fonctions selon Jung :

Pulsion paroxysmale
e+ hy+
Facteur e dominant
Sensation épileptoïde

Moi autistique
k+ p–
Facteur k dominant
Pensée catatonique

Pulsion de contact
d– m+
Facteur m dominant
Sentiment oral

Pulsion sexuelle
h+ s+
Facteur h dominant
Intuition féminine

Éléments d'interprétation :
– L'investissement narcissique permet d'échapper aux limites que la réalité oppose au désir de toute puissance, désir identique à celui de l'enfant. Sentiment d'être soi-même le monde. Processus de projection en ce qui concerne les motivations profondes qui restent inconscientes.
La pensée est logique, théorique, portée à rationaliser, marquée par la réaction p–.
–e+ hy+ : contrôle des émotions pour imposer une image de soi valorisante. Solidité et équilibre de l'épileptoïde. Besoin de gagner l'affection ou l'admiration de l'entourage, besoin également de reconnaissance sociale.
La sensation épileptoïde contrebalance l'aspect Persona si accentué en introduisant une authenticité quant à ce qui est ressenti fortement. La sensation est introvertie; mise au service des aspirations du e+ elle contribue à des réalisations professionnelles positives.
h+ s+ : bon équilibre sexuel. Libido forte, les instincts sont bien vécus. Activité réalisatrice importante. L'intuition est la fonction la moins différenciée, elle peut perturber le comportement par des attitudes irrationnelles, de la superstition.
d– m+ : attachements durables qui dispensent sécurité, réconfort, bonheur. Liens familiaux forts. Le sentiment colore les contacts. Sentiment introverti.

On conseille à la graphologue de s'interdire d'interpréter le contenu des documents à analyser.

Cela, en effet, semble contraire à toute méthode rigoureuse, à tout souci d'objectivité. Aussi, lui arrive-t-il fréquemment de scruter minutieusement les lignes qu'elle a sous les yeux sans même les lire.

Et pourtant, le choix d'une citation, d'un poème – quand on n'adresse pas directement une lettre à la graphologue – n'est-il pas toujours de quelque façon significatif?

Le texte sélectionné ne pourrait-il être comparé à un vêtement que l'on préfère à d'autres et dans lequel on se sent bien car il répond à un désir secret : plaire et attirer l'attention par une élégance raffinée, par une originalité un peu provocante, ou au

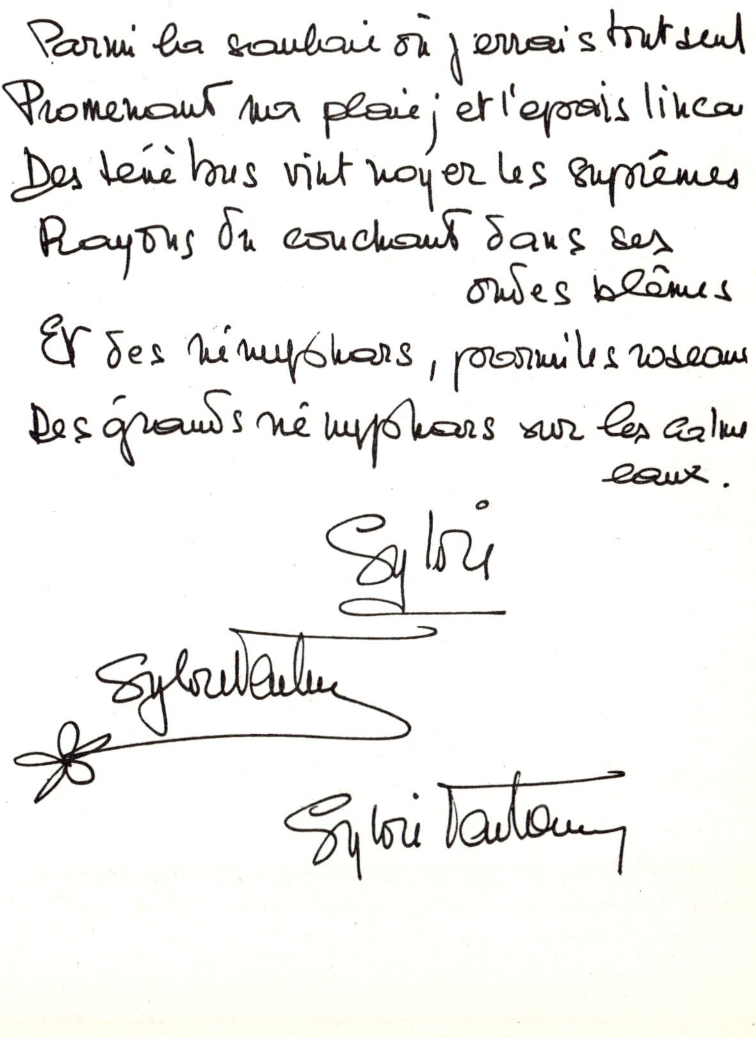

contraire, échapper au regard d'autrui par son caractère passe-partout conforme à la mode actuelle du groupe social auquel on appartient?

Une citation permet peut-être d'arriver moins nu face à la graphologue dont le diagnostic, à l'avance, inquiète toujours un peu même si l'on s'en défend. Ainsi, en lui proposant un contenu que l'on trouve intéressant et auquel on s'identifie, qui, parfois, dit ce que nous n'osons pas dire ou ne croyons pas savoir dire, ne tente-t-on pas plus ou moins consciemment de la détourner de la question de fond : qui suis-je?

Sylvie Vartan se montre parée de deux vêtements...

L'un est son ensemble Verlaine de la promenade sentimentale, l'autre est son costume d'apparat, sa calligraphie (du grec Kallos : beauté, et graphein : écriture) très particulière dont la forme massive – sculptures à la Bourdelle ou à la Maillol – les courbes, produisent un effet décoratif.

Avec deux tenues de représentation, Sylvie a certainement un très grand besoin d'imposer d'elle une image de valeur, une image en rapport avec les satisfactions narcissiques auxquelles elle aspire.

En apparaissant dans une écriture-robe de bal, il lui semble mettre les chances de son côté, avoir consacré à sa toilette les soins destinés à la reine de la fête qu'elle a envie d'être, fête qu'elle organise selon ses conceptions et à qui elle donne son ton, son style, ses règles.

Remarquons que son écriture dessinée s'accorde mal avec l'atmosphère impressionniste de nymphéas décrite par Verlaine. Quel contraste entre le vent du soir, les roseaux, les nénuphars, la brume laiteuse sur l'étang et ses lettres bien charpentées, bien terrestres, bien charnelles! Seul le S enroulé de son prénom, sorte de cygne majestueux pourrait s'intégrer dans ce paysage.

Sylvie n'en est pas moins une sensorielle qui appréhende le monde par des émotions physiques. Instinctivement, elle peut être bouleversée par ce qu'elle éprouve et garder en elle le souvenir de ce que ses sens ont enregistré, du retentissement psychique durable qui en est résulté.

Il y a là, chez elle, quelque chose de fort, d'authentique, qui dans son métier peut lui servir pour transmettre ce qu'elle a vécu : joies ou peines.

Son goût, son sens plastique, son sens des couleurs font partie de son langage.

Mais sans doute, son affectivité a pu être touchée et son besoin de rêver déclenché par la tristesse de Verlaine, par sa solitude désespérée tout autant que par l'évocation des « ondes blêmes » du poème.

En effet, pour elle qui trouve bonheur, apaisement, épanouissement auprès de ses proches, elle pour qui sécurité se définit par une affection pleinement partagée, non remise en cause, durable, comment ne pas s'identifier à cet infortuné du poème, errant « tout seul, promenant (sa) plaie », comment ne pas être gagnée par cette mélancolie qui naît d'une séparation?

Dans sa vie, l'absence de ceux qu'elle aime engendre une sourde inquiétude, la distance fait naître des regrets et l'attente lui pèse.

Des craintes peuvent alors, bien que sans fondement, l'étreindre et son habituel bon sens se révéler inopérant.

Sincère dans ses sentiments, intense, entière, elle a besoin de prendre en charge ceux à qui elle tient, de les protéger, bien décidée à œuvrer pour leur bien, même contre leur volonté. Son bien et le leur se confondent, ce qui ne va pas sans déconvenue car ses protégés fuient parfois ou ne la paient pas de retour; elle peut aussi être victime d'illusions.

N'ayant pas le sens de la nuance, ne sachant ni composer ni renoncer, directe, absolue, il lui est assez difficile d'accepter les autres tels qu'ils sont quand ils ne répondent pas à l'idée qu'elle s'en fait.

Elle souhaiterait qu'ils aient la même conception qu'elle de l'existence et de la réussite, qu'ils y investissent pour l'atteindre, à son exemple, un important potentiel d'énergie, qu'ils s'attachent à l'obtenir à force de travail.

C'est une femme pratique, réalisatrice, constructive, avisée, ayant beaucoup misé sur son métier mené avec efficience, prévoyance, régularité.

Elle s'y donne sans réserve, faisant preuve de sérieux et de conscience professionnelle, abordant les difficultés avec résolution, courage, persévérance.

Elle lutte contre des appréhensions et contre une nature qui n'est pas portée à l'optimisme, avec la détermination de mener sa carrière sans défaillance et sans s'écouter. Elle se concentre sur son entreprise du moment avec conviction, puisant ses forces dans les « calmes eaux » d'harmonie affective qu'elle s'attache à préserver dans sa vie.

Avec cette analyse-explication de texte, je donne ici l'exemple de ce qu'il faut proscrire. Ma contribution est probablement détestable, mes défauts y apparaissent comme les verrues sur un visage. Que Sylvie Vartan me pardonne, d'autant plus que mes défauts feront oublier les siens!

PATRICK MODIANO
écrivain

Signes dominants : le Lion par une conjonction Soleil-Pluton. Les Poissons par l'Ascendant. Le Bélier par la Lune. La Vierge par Jupiter et Mercure. La Balance par Neptune. Les Gémeaux par Vénus, Uranus et Mars.
Dominante équinoxiale. Importance de l'été et du printemps.
Planètes fortes : Jupiter, Neptune, Mercure, Vénus et Uranus.
Faiblesse de Soleil-Pluton et de Lune-Saturne.

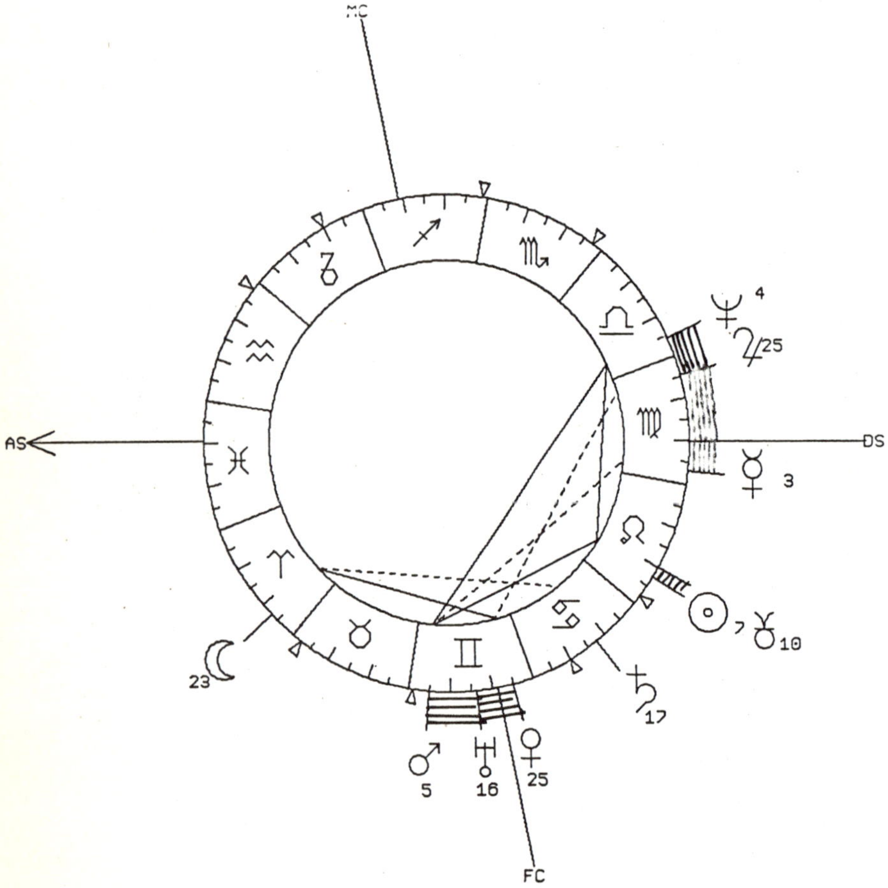

Tout au long de l'interview, la conversation avec Patrick Modiano va être entrecoupée des innombrables hésitations, sous forme de points de suspension ou de « comment t'expliquer », « c'est compliqué », « c'est difficile », que quiconque a assisté à ses rares apparitions télévisées lui connaît, et qui le font autant souffrir que ses interviewers. Après deux heures d'entretien, il exprimera ses doutes quant à l'intérêt de ses réponses tandis que j'en serai venue à douter de mon côté de celui de mes questions.

Patrick commence par me faire part de ses doutes sur son Ascendant, ayant lu dans un livre d'Astrologie que son heure de naissance le lui plaçait en Bélier et non en Poissons comme je le lui avais toujours dit.

Françoise Hardy : Le livre où tu t'es trouvé un Ascendant Bélier ne tenait sans doute pas compte de l'heure d'été qui était en vigueur en 1945. C'est tellement l'univers des Poissons que l'on trouve tout au long de tes livres, qu'il n'est pas possible que tu aies un autre signe ascendant! Si tu étais Lion Ascendant Bélier, tu serais beaucoup plus... décidé...

Patrick Modiano : Je serais Éric Tabarly...

F. H. *(riant)* : A peu près...

P.M. : Il n'est peut-être pas Lion?

F. H. : Si justement... Enfin je voulais dire que sans les Poissons, tu ne te projetterais probablement pas autant dans des personnages flous, incertains, entre deux eaux, bien que ce soit également imputable à ta conjonction Soleil-Pluton en maison 6. Mais finalement je ne te connais pas aussi bien que ça, et tu as de toute façon, en plus de ton Soleil en Lion, une composante Bélier. J'ai pourtant du mal à t'imaginer en personne particulièrement décidée, volontaire, impérative...

P. M. : Non... ou alors ça se manifesterait dans des domaines plus concrets...

F. H. : Une dominante Lion-Bélier donne des gens qui font face, qui prennent position de façon claire et nette, tranchée... J'aimerais bien savoir en quoi tu es ainsi?

P. M. *(continuant à réfléchir à l'éventualité d'un Ascendant Bélier et à la trouver de moins en moins probable)* : Ce n'est pas tellement le fait de prendre des engagements, ça, ce serait encore possible, mais c'est tout un côté un peu... en rapport avec ce que je fais... un peu introverti, qui ne peut pas convenir... Lion-Bélier ça donnerait plutôt un homme d'action?

F. H. : Tout dépend des valorisations planétaires. Mais c'est vrai qu'une telle combinaison de signes collerait davantage, à priori, à quelqu'un de plus extraverti que tu n'es...

P. M. : C'est ça... Donc ce n'est pas possible que je sois Ascendant Bélier...

F. H. : De toute façon, tu as tous les signes d'équinoxe occupés, ce qui donne une sensibilisation particulière aux contraires. On peut supposer que par le Bélier et le Lion tu aspires à des choix nets, alors que, tant par les Poissons, que par la Vierge et la Balance, tu as un sens des contraires plus nuancé, plus flou aussi, qui rend les choix nets très difficiles...

P. M. : Ça tient aussi à l'enfance qu'on a eue, à ses parents, à sa situation familiale... J'ai toujours eu l'impression que j'étais un produit de contradictions. C'est pour cela que je n'ai jamais pu trancher entre deux choses contradictoires. Il m'est difficile d'exclure quelque chose de contradictoire, je préfère... *(pas très sûr du mot)* l'englober... Mais ça vient de ce sentiment d'être moi-même un tissu de choses contraires...

F. H. : Pour toi les contraires ne s'excluent pas?

P. M. : Non, puisque je suis moi-même hybride...

F. H. : Tu mets ça sur le compte de tes antécédents familiaux?

P. M. : Ça a sans doute joué. Par la suite, cela m'a toujours été difficile de trancher de manière catégorique, non par hésitation, par manque de volonté ou de netteté, mais par aptitude à concilier. Finalement je ne vois pas tellement les choses contradictoires se heurter, elles coexistent plutôt. Évidemment parfois il faut trancher... J'ai toujours été attiré par les êtres qui avaient des comportements, ou qui se trouvaient dans des situations, particulièrement contradictoires, dans les périodes où justement les choix doivent être tranchés. Un résistant qui serait amoureux d'une collabo par exemple...

F. H. : Ton Soleil en Lion est conjoint à Pluton. Le Soleil concernant la façade et Pluton l'envers de la façade, une telle conjonction peut prédisposer à associer les extrêmes, et à toujours voir, de façon exagérée même, puisque cette conjonction est « aveugle » dans ton ciel, le démon derrière l'ange ou l'ange derrière le démon. Y a-t-il eu tôt dans ta vie des rencontres qui t'aient fait réaliser que l'on pouvait être aussi blanc par-devant, que noir par-derrière?

P. M. : Essayer de voir les contradictions rapproche de l'humain, de la vérité. Tandis qu'une vision unilatérale débouche sur l'esprit de système et risque de faire passer à côté de la réalité. On comprend mieux quelqu'un, si l'on parvient à voir que tout peut se mélanger. Tout le monde n'est pas ambigu, mais tout le monde a des contradictions. Au fond, je n'ai pas tant le goût des choses ambiguës ou troubles, que le sentiment de la nécessité de sortir d'une logique où tout est blanc ou noir, pour arriver à une meilleure compréhension.

F. H. : N'es-tu pas pourtant d'autant plus fasciné par l'ambiguïté, qu'une partie de ton ciel, je pense à l'ensemble Lion-Bélier, t'incite à une relative naïveté?

P. M. : La naïveté serait peut-être à mettre en rapport avec le fait que j'ai une vision des autres qui les enrobe... je leur prête des choses... comment t'expliquer?

F. H. : Tu veux dire que tu les vois plus compliqués qu'ils ne sont?

P. M. : Oui, ou alors je les associe à des fantasmes ou à des époques en rapport avec des fantasmes... Il m'est quelquefois arrivé de m'intéresser à des gens qui, objectivement, n'avaient aucun intérêt. Mais je les voyais autrement... Un peu comme un daltonien. Eux-mêmes auraient sans doute été très étonnés de savoir tout ce dont je les enrobais. Il suffisait qu'ils aient participé à certaines choses qui m'intéressaient, pour qu'ils deviennent des créatures mythiques à mes yeux. Mais en fait, je savais très bien que ça ne correspondait pas à la réalité...

F. H. : Je pensais à cette naïveté qui consiste à se faire piéger par certaines apparences et à ne pas être assez méfiant.

P. M. : Je ne suis pas comme ça. Ma naïveté serait plutôt à rebours, dans le sens où j'ai tendance à toujours m'attendre à ce que les gens aient une double vie. Finalement les gens sont plus simples que ce que j'imagine.

F. H. : Y a-t-il eu des événements, des situations dans ton enfance qui aient été déterminants par rapport à cette tendance?

P. M. : Je ne suis pas d'un naturel confiant. Ça vient peut-être d'un sentiment d'insécurité dû à un manque de cohésion familiale dans l'enfance. Du fait de s'être aperçu que tout ce qui paraissait stable ne l'était pas. Si l'un de tes parents est quelqu'un de fuyant qui se dérobe, ça engendre une sorte de défiance, de... *(il cherche le mot)* désenchantement, de... désillusion. Mais ça dépend du tempérament. Il y a des forces de la nature dont la confiance n'est pas entamée par une enfance difficile. Sinon subsiste une pulsion enfantine à la recherche d'une confiance qui permette de s'appuyer sur quelqu'un, comme on aurait voulu pouvoir le faire au départ. Malgré ma méfiance, ou à cause d'elle, j'ai un besoin contradictoire de confiance. C'est compliqué...

F. H. : Ton attirance pour les êtres qui ont une double vie implique-t-elle que tu serais capable ou incapable d'avoir toi-même une double vie?

P. M. : C'est vrai que j'ai toujours été attiré par les gens qui avaient une double vie. Il y a des cas limite, par exemple quelqu'un qui aurait une vie de famille tout à fait normale et qui serait un espion, sans que personne autour de lui ne le sache ni ne s'en doute. Quelqu'un qui serait obligé de cacher toute une partie de sa vie. Moi-même je pourrais difficilement vivre dans l'équivoque. Bien que cela m'attire beaucoup sur le plan de l'imaginaire, il y a quelque chose que je n'aime pas, justement, dans l'équivoque. Ce qui m'intéresse le plus, c'est de voir les contradictions de quelqu'un, parce que quand je surprends une attitude contradictoire, j'ai l'impression d'arriver à l'essence de la personne. Mais d'un autre côté je suis aussi attiré par les gens qui sont tout d'une pièce.

F. H. : Comment est-ce que tu te situes entre les gens tout d'une pièce et ceux qui sont doubles ou multiples?

P. M. : Le fait d'écrire est une espèce d'infirmité qui te met plus ou moins sur la touche, qui fait de toi un voyeur... *(se reprenant)* pas un voyeur... tu es dans une position de repli et tu n'arrives pas très bien à te situer... Si j'arrivais à ne plus avoir envie d'écrire, ce serait comme si je me détachais d'un poids, et j'arriverais à m'épa... pas épanouir... je veux dire à être tel que j'aurais dû être. J'ai toujours considéré qu'écrire était un handicap pour vivre. Comme si tu étais obligé de piloter avec un seul bras, ou de marcher avec des chaussures pas à ta pointure. Tu n'es pas « au plein de toi-même ». Écrire est une activité antinaturelle qui fait de toi une sorte de somnambule, qui fausse les contacts...

F. H. : C'est peut-être cette difficulté de contact qui est l'un des points de départ de l'écriture?

P. M. *(conciliant)* : Oui, finalement...

F. H. : Quel genre d'activité te paraît enviable?

P. M. : J'ai, non pas une admiration, mais une sorte de nostalgie pour les gens qui font les choses d'une façon plus spontanée... Je suis sûr qu'il y a d'autres gens qui sont nés à la même heure, en même temps que moi...

F. H. : Sûrement, il ne faut jamais perdre ça de vue...

P. M. : A mon avis quelqu'un né au même moment que moi, devrait être très différent de moi, plus accompli du point de vue de la vie tout court, dans la mesure où il n'y aurait pas pour lui cette sorte d'éclipse qu'il y a pour moi... je veux dire que mon activité voile beaucoup de choses et fausse les problèmes. C'est comme si tout le mobilier d'une pièce était éclairé par une ampoule bleue, au lieu d'une ampoule normale. Tout est en place comme ça doit être, mais il y a cette lumière qui donne un éclairage autre... J'ai l'impression que le fait d'écrire fausse les choses et me donne une attitude qui n'est pas toujours celle que je voudrais avoir dans la vie...

F. H. : Quand tu dis que si tu n'écrivais pas tu serais peut-être ce que tu devrais être, c'est que tu as une ou des idées précises à ce sujet. Lesquelles?

P. M. : Ça vient peut-être de cette contradiction qu'il y a entre le signe des Poissons et celui du Lion. Je sens que je pourrais avoir des attitudes moins... bizarres... Il me semble que certaines de mes attitudes de retrait ou de sauvagerie viennent plus de ce que je fais que de mon tempérament...

F. H. : C'est quand même lié. Tu ne pourrais pas faire ce que tu fais si une partie importante de ton tempérament n'en avait pas besoin.

P. M. *(pas vraiment convaincu)* : Oui, c'est peut-être vrai. Je sens pourtant qu'il y a toute une dualité.

F. H. : Tu sens qu'il y a toute une partie de toi-même que tu n'actualises pas, que tu ne vis pas?

P. M. : Ce n'est pas que je ne prenne pas mon activité au sérieux, mais il y a certaines personnes qui ont la même activité et qui sont plus à l'aise par rapport à elle, parce qu'ils se considèrent comme des écrivains, alors que je n'arrive pas à me définir par l'écriture. J'écris, mais en même temps je n'arrive pas à me considérer comme un écrivain. Peut-être parce qu'il y a une grande part de hasard dans tout ça...

F. H. : Une conjonction Soleil-Pluton non valorisée prédispose à avoir des problèmes d'identité sociale...

P. M. : C'est ça ! Sur le plan social, j'ai la hantise d'être figé dans une image. C'est un danger auquel il est difficile d'échapper, surtout en France et à partir d'un certain âge. Si tu écris, il y a un âge où la pression sociale exige que tu sois « écrivain ». Et moi je n'arrive pas à me voir comme ça. L'identité sociale tient aussi à la cohésion sociale qu'est susceptible de te donner la fréquentation de ton milieu professionnel. Mais quand je vois d'autres gens qui écrivent...

F. H. : Tu ne te sens pas comme eux?

P. M. : Ce n'est pas que je ne me sente pas comme eux, mais tout ce qui est « métier » je ne m'y sens pas... Comment t'expliquer?

F. H. : Le fait d'être Lion devrait rendre ton malaise plus aigu encore, dans la mesure où le Lion a besoin de s'affirmer.

P. M. : L'affirmation ce n'est pas forcément d'avoir une identité sociale.

F. H. : Ça aide...

P. M. : Pas toujours, parce que le fait d'avoir une identité sociale t'oblige à te plier aux règles d'un milieu social, ce qui, au fur et à mesure que le temps passe, risque, et c'est là une de mes angoisses, de te statufier...

F. H. : Ce problème d'identification sociale amène un inconfort, mais aussi une remise en question permanente de soi sur le plan professionnel, ce qui est bon pour la créativité.

P. M. : Ce n'est pas tellement le problème de la créativité qui est en cause, mais plutôt la nostalgie de pouvoir perpétuellement tout recommencer à zéro. Ce qui est terrifiant, c'est de sentir que, petit à petit, l'image se fixe. Mais on ne peut pas lutter contre ça. J'ai le rêve obsessionnel des choses qui débutent...

F. H. : C'est là que l'on retrouve ta composante printanière, Bélier et Gémeaux.

P. M. : C'est ça la difficulté de la vie. Les débuts, que ce soit en amour ou autre, sont toujours exaltants. Je suis obsédé par les débuts.

F. H. : Par la fin des choses aussi. Bélier : début de cycle, Poissons : fin de cycle.

P. M. : Si je suis obsédé par la déchéance, par le vieillissement, c'est par rapport au début.

F. H. : La fonction du Lion est dite de déblocage et consiste à dénouer les situations compliquées, à surmonter les obstacles, à se dépasser, se surpasser. Est-ce que cela a joué dans ta vie?

P. M. : Je pourrais être concerné par cela à condition de ne pas avoir à trancher, à condition d'essayer de réconcilier des antagonismes. Je rêve d'un métissage où tout se mélange au point que les gens ne puissent plus devenir ennemis. J'ai horreur des antagonismes parce que j'ai vécu cela dans mon enfance. J'aime trouver le terrain d'entente.

F. H. : « Je me sentais sans volonté, prêt à me laisser emporter par le courant » est l'une des innombrables phrases à tonalité Poissons que l'on trouve dans tes livres. Tu disais tout à l'heure que le hasard est pour beaucoup dans le fait que tu écris. Or si les Poissons, à cause de leur fonction de déconditionnement et de leur prédisposition à penser que tout se vaut, sont susceptibles de souffrir d'une certaine faiblesse de la volonté, c'est, au contraire, la force de la volonté qui caractérise le Lion.

P. M. : Je ressens cette ambivalence. Quand tu me parles des caractéristiques du Lion, je sens bien que je les ai : je veux que tout soit parfait, mais il y a en même temps quelque chose qui tamise cette volonté.

F. H. : Le Lion est positif...

P. M. : J'aime que les choses soient positives.

F. H. : Parallèlement tu es fasciné par ce qui n'est pas positif... par certaines formes de laisser-aller par exemple?

P. M. : Je n'aime pas le laisser-aller pour moi. Je m'intéresse aux personnages troubles, mais je ne suis pas, et je n'aimerais pas être trouble moi-même.

F. H. : On peut aussi utiliser les termes d'impuissance, de fatalisme, de résignation qui vont avec les Poissons, alors que l'on peut utiliser ceux de volonté de puissance, d'optimisme, d'élitisme, de combativité pour qualifier le Lion...

P. M. : J'essaie peut-être d'expulser tout le côté Poissons en écrivant... Je décris souvent des êtres qui se laissent glisser...

F. H. : Attitude négative des Poissons...

P. M. : Mais en même temps je suis le contraire...

F. H. : On peut aussi opposer l'humilité de l'axe Poissons-Vierge à l'orgueil du Lion, bien que, dans ton cas, ton Lion soit plus ou moins sapé par la conjonction Soleil-Pluton dans la maison d'anti-pouvoir qu'est la maison 6...

P. M. : Je me sens éloigné de l'orgueil ainsi que du goût du paraître que je crois que l'on prête au Lion...

F. H. : Ton Soleil est trop faible pour que tu aies le goût du paraître, mais les valorisations d'Uranus et de Jupiter devraient te donner une certaine ambition, un certain besoin de te démarquer...

P. M. : Je n'aurais pas aimé être un « poète maudit »...

F. H. : Uranus et Jupiter incitent à aimer imposer ses idées, sa façon de voir, à aimer convaincre, aussi curieux que cela puisse paraître en ce qui te concerne. Écrire revient de toute façon à avoir envie de communiquer ce que l'on a en soi.

P. M. : Oui, mais pas d'une manière péremptoire ni brutale.

F. H. : Uranus et Jupiter, qui sont en rapport avec le pouvoir et avec le langage – les deux étant liés – sont associés dans ton ciel à Vénus et Neptune qui concernent les sentiments et les émotions. On retrouve donc là l'écrivain, mais on peut y trouver aussi tes difficultés d'expression sur le plan verbal, dans la mesure où il y a difficulté à accorder la richesse des sentiments et des émotions qui t'envahissent, avec l'expression verbale qui implique une réduction, une simplification de ce que tu ressens.

P. M. : J'essaie par l'écriture de rendre clair ce qui, sinon, serait trop confus. C'est pourquoi je fais des phrases très courtes...

F. H. : Sur le plan de ton comportement dans la vie de tous les jours, qu'est-ce qui l'emporte : l'attitude Poissons-Balance qui consiste à éluder ce qui dérange, ou l'attitude Lion-Bélier qui consiste à y faire face et même à mettre les pieds dans le plat.

P. M. : Les gens qui peuvent éluder les choses ont une souplesse, une désinvolture dont je suis incapable. Du fait que je ne peux éluder ce qui me dérange, des détails dérisoires prennent parfois une importance disproportionnée, surtout sur le plan matériel, concret.

F. H. : Et sur d'autres plans? L'évitement ne fait-il pas partie de tes armes défensives?

P. M. : C'est vrai pour les situations contradictoires, où l'on s'aperçoit qu'il n'est pas possible de concilier les choses. Il ne reste alors que la fuite. Mais il y a un aspect lâche dans la fuite, qui me déplaît.

F. H. : Ne jamais répondre au téléphone, comme c'est ton cas, est une forme de fuite...

P. M. : Ça ce n'est pas très grave... Mettre les pieds dans le plat, d'un côté, c'est très bien, mais, de l'autre, c'est inutile de faire de la peine à quelqu'un, souvent pour pas grand-chose. Tout dépend des circonstances et des liens que l'on a. Une personne est un tout. A partir du moment où j'aime quelqu'un, je ne peux pas dissocier ce que j'aime en lui de ce que j'aime moins. Je ne le juge donc pas lorsqu'il fait quelque chose que je ne trouve pas bien, je trouve ça bien aussi.

F. H. : Bravo!

P. M. : Il y a des écrivains qui ont un univers auquel tu te sens étranger, mais si tu as une sympathie pour l'homme, pour sa vie, tu finis par ne plus avoir d'œil critique sur son œuvre. Je suis toujours tributaire des liens émotionnels, affectifs, et je ne peux pas juger.

F. H. : Il n'est pas étonnant que Mars planète d'opposition et d'affrontement direct ne fasse pas partie de tes dominantes : il ne t'arrive donc pas souvent de te mettre en colère, d'être agressif?

P. M. : Non, mais il m'arrive quelquefois... comment appelle-t-on ça?... se monter le bourrichon... *(l'expression suscite notre hilarité)*... c'est un complexe de persécution : brusquement tu as l'impression que les autres t'en veulent. Ça tient aussi à cet obscurcissement de la réalité inhérent à la solitude de mon activité. C'est pourquoi je dis qu'écrire est une infirmité. Il y a des cas pathologiques : Simenon par exemple. Cette solitude où l'on marine, donne des réactions bizarres sur tous les plans et va jusqu'à porter atteinte à l'objectivité. J'ai été intéressé par un livre sur les fantasmes que peuvent avoir les gens dans un univers carcéral... Quand on est plus ou moins déconnecté du monde extérieur, ça finit par troubler la vision et provoquer un déséquilibre, un décalage. L'engagement politique de certains écrivains n'est rien d'autre qu'une tentative inconsciente de combattre leur solitude. Leur prise de position est souvent complètement névrotique et on devrait en tenir compte.

F. H. : D'une manière générale, les prises de position politiques sont rarement objectives dans la mesure où elles prennent presque toujours leur source dans les problèmes affectifs.

P. M. : En particulier pour certains écrivains, Drieu la Rochelle, par exemple.

F. H. : Céline?

P. M. : On reproche des tas de choses à Céline sans penser qu'il avait les nerfs complètement détraqués. On ne peut pas le juger d'une manière objective. Sa paranoïa, qui est indissociable de son génie, était en même temps aggravée par cette activité tout à fait antinaturelle qu'est l'écriture. Au stade le plus spectaculaire, l'écriture peut susciter des déséquilibres qui se traduisent par des obsessions très étranges.

F. H. : Comme pour les problèmes de contact, on peut se demander si le déséquilibre n'est pas autant le point de départ que le point d'arrivée de l'écriture. Un écrivain créateur a obligatoirement une hypersensibilité qui frise le déséquilibre.

P. M. : L'avantage des autres activités c'est qu'elles comportent une part de travail collectif.

F. H. : Si l'on se retrouve dans une activité aussi solitaire, isolante, que l'activité d'écrivain, c'est parfois aussi parce qu'on est inapte au travail collectif. La vocation d'écrivain était-elle impérieuse chez toi, comme il sied à un Lion, ou bien te paraît-elle, comme tu y as fait un tout petit peu allusion en évoquant la part de hasard, plus le fruit des circonstances que de ta volonté, ce qui sied plus à un Poissons?

P. M. : Je ne pense pas que j'aurais pu faire quelque chose d'autre, mais j'aurais pu ne rien faire. Les rencontres et les influences ont eu leur importance. J'ai fait mon premier livre, parce que je ne savais rien faire d'autre et qu'il fallait bien faire quelque chose. Si je n'avais pas été le dos au mur, je n'aurais peut-être jamais rien fait.

F. H. : Ta conjonction Soleil-Pluton se trouve dans la sixième maison qui concerne la part d'inconnu de l'objet. Qu'évoque le monde des objets, on peut d'ailleurs élargir ça aux lieux, pour toi?

P. M. : C'est pareil les objets et les lieux, parce que ce sont les seules choses qui restent du passage des gens. Ce sont les seules choses fixes, puisque les gens disparaissent. C'est pourquoi les objets m'ont toujours fasciné, non en eux-mêmes, mais à cause des personnes auxquelles ils étaient liés. Posséder des objets ne m'intéresse pas...

F. H. : C'est seulement leur pouvoir de suggestion sur toi qui t'intéresse?

P. M. : Oui.

F. H. : Serge Gainsbourg qui a, comme toi, une maison 6 importante, vit carrément dans un musée.

P. M. : Je comprends ça. Je n'irais pas jusque-là, mais si j'en avais les moyens, je m'approprierais tous les lieux de mon enfance, non pour y remettre les pieds, mais pour les savoir préservés. Gainsbourg peut se permettre de vivre dans un musée parce qu'il vit au présent et a une vie extérieure, mais moi qui n'ai que trop tendance à me reporter dans le passé et à vivre à l'intérieur, ça me rendrait fou.

F. H. : Avec Serge, on a l'impression que le monde des objets finit par chasser le monde des personnes.

P. M. : L'angoisse peut faire aller jusqu'à préférer vivre avec une photo qu'avec la personne qu'elle représente. Le passé est une volupté, parce que rien ne peut l'attaquer. Alors que le présent est finalement dérangeant. En même temps, c'est dangereux : on préfère évoquer les gens qu'on aime dans ses souvenirs, au lieu de les voir.

F. H. : C'est une façon de refuser la réalité de l'autre pour n'en garder que ce qu'on aime qu'il évoque pour soi.

P. M. : C'est ça.

F. H. : La maison 3 qui a trait à la Transcendance de la relation est également occupée dans ton ciel. Les personnages de tes livres, sont des gens que tu as connus et que tu as, comme tu le disais au début, transfigurés.

P. M. : Vu d'un œil froid, certaines de mes fréquentations, qui constituent parfois une véritable corvée pour moi, pourraient sembler une perte de temps incompréhensible. Mais elles me fournissent, à leur insu, des éléments importants pour mes livres. Il y a un quiproquo entre elles et moi. Un peu comme ces maniaques qui allaient dans des bordels pour demander des filles déguisées et un rituel très compliqué. Ces filles devaient donc jouer un rôle apparemment absurde, qui ne correspondait pas à la réalité et dont elles ne pouvaient comprendre le sens. Moi aussi, je frise l'absurde parfois, en me braquant sur des gens qui n'ont que l'intérêt dont je les investis et que je vois d'une manière différente de ce qu'ils sont objectivement.

F. H. : A l'inverse, peux-tu être inspiré par les gens qui ont une existence et une personnalité réellement hors du commun?

P. M. : Mais non. Quand tu es confronté à quelqu'un qui a eu une vie réellement mouvementée, trouble, bizarre, tu t'aperçois que ce n'est pas du tout la même personne que celle que tu avais imaginée. Et en même temps tu as besoin de voir des personnes comme ça, parce qu'elles peuvent te donner des renseignements dont tu as besoin.

F. H. Finalement, ta vision est toujours décalée, dans un sens ou dans un autre.

P. M. : Oui. Ce qui est curieux aussi, c'est que tu interroges ces personnes sur des épisodes de leur vie qui, au fond, n'ont aucun intérêt pour elles, et dont elles te parlent uniquement pour te faire plaisir. Comme si je te posais des questions, parce que je me serais aperçu que tu avais connu telle personne dont tu te fiches complètement, et que je revienne sans arrêt sur le sujet. Ça crée des rapports très étranges, des rapports faussés, parce que tu rencontres quelquefois des gens intéressants, mais tu les réduis à des détails qui t'obsèdent par leur énorme pouvoir fantasmatique sur toi, et qui sont sans importance pour eux. Finalement, tu passes à côté des gens eux-mêmes, de ce qui est essentiel pour eux. Cette attitude que j'ai, mais qui ne vaut pas pour les gens qui font partie de ma vie, est évidemment liée au fait que j'écris.

F. H. : Une dernière tentative dans cette difficile chasse au Lion : tu évoques dans l'un de tes livres « la race encombrante des héros ». Or il y a une aspiration à l'héroïsme chez tout vrai Lion...

P. M. : François-Régis Bastide m'a dit un jour que le Lion n'est pas un signe littéraire et qu'il convient mieux à des hommes d'action, des hommes politiques. A la suite de ça, j'ai cherché des écrivains nés sous le signe du Lion. Il y a Maupassant, Malcolm Lowry...

F. H. : Le premier, avec ses obsessions et ses excès sur le plan sexuel, le second avec son alcoolisme, ont dépassé certaines limites, bien que d'un point de vue négatif, or il revient au Lion de dépasser ses limites, ses routines, ses phobies...

P. M. : Mon attitude de repli, liée à mon activité, engendre forcément un tas d'appréhensions et de phobies. Mais quand je suis confronté à un vrai problème, mes phobies disparaissent, je fais face.

F. H. : Durant ces deux heures de conversation, le Lion aura tout de même, de temps en temps, montré le bout de son museau.

Paris, décembre 1985

PATRICK MODIANO
Analyse graphologique

La nuit, à Rome, on croit entendre les lions rugir. En un murmure confus, la ville respire, entre ses coupoles noires et le sommet lointain des collines, brillant ça et là dans l'ombre. Par moments s'élève le cri rauque des sirènes, comme si la mer était proche et que du port partissent des navires vers Dieu sait quels horizons. Et puis aussi, cette rumeur, à la fois imprécise et sauvage, cruelle mais non dénuée d'une étrange douceur, le rugissement des lions, dans le désert nocturne des maisons.

Je n'ai jamais compris d'où provenait ce bruit. Peut-être d'ateliers invisibles, ou de moteurs de voiture en côte ? Ou, plus peut-être que par une cause immédiate, ce bruit naît-il au plus profond de la mémoire, quand entre le Tibre et les forêts, /

(Format réduit).

Observation de l'écriture :
Instrument : Crayon feutre de couleur noire.
Impression : Équilibre d'ensemble. Graphisme un peu précautionneux, avançant avec une sorte d'appréhension.
Harmonie : Écriture harmonieuse. Seule, l'aisance fait défaut. De plus, très homogène.
Formniveau : La petite vibration de l'écriture, les anneaux blancs qui cernent et délimitent bien les mots, l'absence totale de toute exagération et de toute « habileté » graphique constituent des données positives. Mais, manque de force. 2 1/2.
Rythme selon Heiss : Le mouvement bien que freiné est perceptible. Le rythme de l'espace est évolué. Rythme de la forme également en notant que les formes sont des formes de structure comportant de l'inhibition.
Degrés de tension de Pophal : III : stylisation logique et éthique, IVB : des fragilités dans le trait, de petites crispations.
Définition : Nuancée, simple et simplifiée, aérée, posée, retenue, légère, un peu inclinée, arcade souple et semi angulosité, groupée à juxtaposée, plutôt petite, sinueuse.
Trait selon Hegar : Lg, P, Lt $\pm$, C et D.
Disposition du texte en pavé. Marge de gauche tenue avec souplesse. Marges sociales. Majuscules typographiques. Lignes sinueuses, parfois concaves.
Des retouches, des pochages, des torsions, des suspensions, des lettres scindées, o souvent fermés ou crénelés à gauche. Signature lisible, avec des majuscules la mettant en valeur, au centre, soulignée, montante.

Synthèses :
1° Homogène, simple, signature lisible, retouches pour préciser : authenticité, scrupules. Avec la mise en page et certaines majuscules : recherche de dépassement.
2° Nuancée, légère, retenue, plus les différents signes d'inhibition : sensibilité, vulnérabilité, anxiété.
3° Aérée, sobre, claire, petite, posée : réflexion, intuition, mesure.

Approches psychologique, caractérologique, typologique :

Tempéraments selon Hippocrate : lymphatique, nerveux, traces de sanguin dans la signature. Pas de bilieux.
Le Senne : émotif, non-actif, secondaire : sentimental raffiné et très évolué.
Freud : analité. Restes d'Œdipe.

Szondi et fonctions de Jung :

Pulsion paroxysmale
e+ hy–
facteur e dominant
Sensation épileptoïde

Moi masculin, qui se détache
k± p°
facteur k dominant
Sentiment catatonique

Pulsion de contact
d° m+
facteur d dominant
Pensée anale

Pulsion sexuelle
h+ s–
facteur h dominant
Intuition féminine

Éléments d'interprétation :
– k± p° : Moi dont la personnalité est adulte. Souci d'acquérir son indépendance. Les désirs conscients sont satisfaits dans une activité professionnelle. Acceptation d'une discipline. Moi moins fort que le Moi professionnel k+ p° qui coexiste dans ce profil avec le Moi qui refoule : k– p°. Il peut subsister de l'anxiété et une conduite compulsive, des automatismes pour se rassurer. Dans la signature, présence de p+ : inflation de la conscience des désirs. Le sentiment est intériorisé, non dévoilé.
– e+ hy– : symbole de l'Abel, être de douceur. Choix d'une attitude éthique, recherche du bien. Émotions contenues. Profil contrôlé et contraignant. Les sensations sont utilisées pour servir les aspirations et l'imagination réalisatrice, créatrice.
– h+ s– : profil inversé pour un homme, nature féminine. Non-combativité, tendance à s'éloigner du tangible, goût du rêve, du symbolisme des représentations. Faible besoin d'activité physique. On retrouve l'Anima de Jung. Réceptivité (intuition introvertie), sensitivité, refus de manipuler l'autre, acceptation de l'appétit de tendresse.
– d° m+ : contact adulte recherché c'est-à-dire stable, confiant. Besoin d'un lien affectif, peur de perdre l'être auquel on est attaché. Sociabilité non agressive. Pensée introvertie, personnelle, soucieuse d'amener la clarté, l'exactitude.

A la fin de l'un de ses romans : *De si braves garçons,* Patrick Modiano fait tenir au narrateur le propos suivant : « Je me disais que le collège nous avait laissés bien désarmés dans la vie. »

Désarmé, l'auteur, qui s'adresse à nous par l'intermédiaire de tous ces jeunes gens tendres, égarés dans un monde trop dur pour eux, l'est aussi d'une certaine façon. N'est-il pas devenu écrivain par difficulté à s'adapter à la réalité et en raison de son peu d'intérêt pour les entreprises concrètes, de son éloignement pour les compétitions qui attirent en général les hommes?

Avait-il réellement tant de choix? Une position d'observateur, en retrait, ne devait-elle pas forcément devenir son lot dès lors que, dépourvu des motivations masculines habituelles, il était peu incité à lutter contre ce que dans sa nature certains pourraient considérer comme des faiblesses?

Comme les jeunes gens de ses livres, Patrick Modiano a une sensitivité, une impressionnabilité, une perméabilité aux atmosphères qui le vulnérabilisent.

Son regret de la saveur douce-amère des jours passés, son désir de retrouver le bonheur enfui d'autrefois – illusoire peut-être – ne cachent-ils pas une impossibilité à affronter les faits et un besoin de refuge?

Semblable à ses faibles héros, il a de la peine à se détacher de son passé, de sa mère, du souvenir d'un Eden disparu, celui de l'enfance, protecteur, du moins pour l'adulte qu'il est devenu.

Comme eux il a besoin de rêves plus que d'action.

C'est un contemplatif, un spectateur.

A l'opposé d'un modèle social de mâle performant, il n'est ni combatif ni ambitieux, ni animé d'un quelconque goût du pouvoir. Il ne considère pas les individus comme des rivaux, n'essaie pas de les dominer.

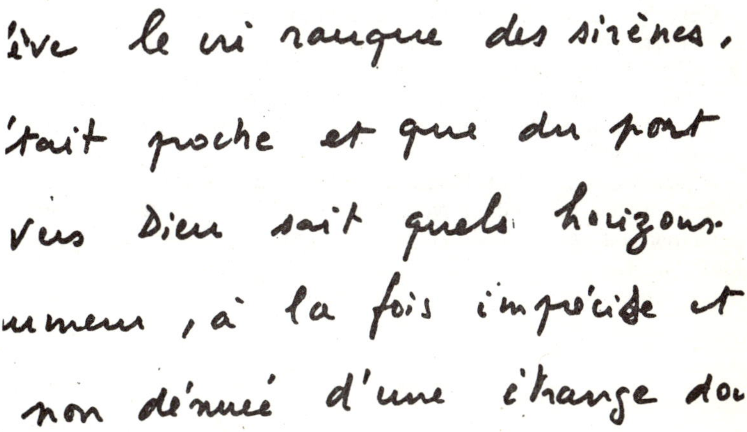
ève le cri rauque des sirènes.
était proche et que du port
vers Dieu sait quels horizons.
umeur, à la fois imprécise et
non dénuée d'une étrange dou

Passif, appréhensif, il a dû autrefois être gêné par la conscience de ses limites, de ses différences, par la crainte de ne pouvoir venir à bout d'obstacles que les autres semblaient surmonter mieux que lui et se demander s'il arriverait à trouver sa place. Son indifférence à ce qui mobilise les autres: gagner de l'argent, de l'influence, des responsabilités, le situe également à part. Ses doutes, ses hésitations, son influençabilité lui ont certainement pesé. Par nature, il est inquiet et même anxieux, perdant parfois toute assurance.

Affectivement, il a de la maturité car, pour sa part, il contribue à instaurer des contacts stables, confiants, impliquant le respect de l'autre.

Mais sa douceur, son manque d'agressivité s'il est attaqué, son absence de savoir-faire peuvent l'exposer aux mauvais procédés de ceux qui sont moins délicats que lui.

Ses sentiments sont nuancés; il s'interroge sur ceux des autres, les ménage, ne se jette pas à leur tête.

Il est réceptif, fin, intuitif.

Simple, il n'est cependant pas spontané; il garde beaucoup de réserve, beaucoup de pudeur.

Ce qu'il éprouve est très intériorisé. Pour l'exprimer, il lui faut vaincre non seulement ses réticences ainsi que sa discrétion foncière, mais trouver les termes exacts, une formulation ayant du tact, suggestive et un peu floue, ne trahissant pas ce qu'il a ressenti, qui reste parfois mystérieux, incommunicable. Aussi n'est-il pas toujours compris et peut-il paraître maladroit.

Il a besoin de la présence affective de ses proches, du climat de tendresse un peu ouaté dont ils l'entourent, de leur soutien tacite. C'est là son havre, son aire de sécurité.

Cela lui suffit, des rencontres nombreuses et renouvelées le perturberaient, le déconcentreraient. Pour son travail, pour son équilibre, il préfère rester à l'écart.

Acquérir puis sauvegarder son indépendance ainsi qu'une paix et un calme intérieurs, sont ses impératifs constants et certainement conscients.

Il y parvient en tenant le remue-ménage du monde à distance, en filtrant ses effets au moyen d'une réflexion et d'un regard personnel, en s'efforçant d'élucider ses émotions, de les amener au jour.

les fauves rodaient le long des collines solitaires et
les louves allaitaient encore les enfants abandonnés

Patrick Modiano

Son métier l'isole mais le dédommage en lui offrant par l'imagination tout ce qui lui échappe dans le domaine tangible.

Bien qu'en marge, son esprit observateur, analytique, qui crée ses propres critères, lui restitue ce qu'il n'appréhende pas directement.

Son attitude mesurée, pondérée, est un facteur de discernement et de tolérance.

Le succès rencontré auprès du public lui a apporté des satisfactions bénéfiques pour son narcissisme assez fragile.

La régularité, l'auto-discipline, la tranquillité d'une entreprise individuelle, loin des agitations et des pressions diverses contribuent à faire naître en lui une sorte de sagesse et de bonheur.

Sincère, très authentique, très scrupuleux, Patrick Modiano a l'amour du vrai dans son travail et il s'identifie à cet accomplissement.

On ne peut s'empêcher d'évoquer l'homme un peu louche, un peu « paumé » qu'il aurait pu devenir s'il n'avait pas eu l'envie et le talent d'écrire et s'il n'avait été immunisé contre le poison du laisser-aller par une éthique assez contraignante.

Peut-être serait-il actuellement un de ces désargentés noyant ses nostalgies dans l'alcool, un de ces parasites oubliant leur désœuvrement et leur ennui dans les salles de jeu, un de ces ratés que l'on rencontre dans ses livres. Non, Patrick Modiano ne sera jamais « une sorte de Mickey du Pam-Pam, vieux jeune homme de soixante ans à la chevelure teinte » qui traverse furtivement un de ses récits. Il les a peuplés des échantillons d'une faune étrange, cosmopolite, inadaptée, dont les renoncements et les lâchetés auraient pu éventuellement être les siens si justement il ne s'en était délivré en écrivant. Ce qui lui a permis de ne pas disputer à ses enfants la nursery bleu ciel dans laquelle un de ses héros allait dormir...

VIERGE

150 à 180° de longitude céleste.

Arc diurne supérieur à l'arc nocturne et décroissant. Écart minimal entre les deux arcs.

Prenant la suite de son brillant mais fatigant voisin, la Vierge va s'employer à en baisser le ton et les prétentions. Le Lion surestimait ses possibilités, la Vierge sous-estime les siennes. Le Lion se mettait en pleine lumière, la Vierge se cache. Le Lion était prodigue, la Vierge est économe. Le Lion rêvait de se surpasser, était le champion de l'exploit tapageur et de l'orgueil triomphant, la Vierge aspire à se suffire, est la championne de l'efficacité discrète et du mérite modeste. Bien sûr, elle peut paraître terne, plate ou empotée en comparaison du Lion, mais elle a plus de ressources qu'elle en a l'air, la fonction d'auto-protection qui est la sienne l'incitant à ne pas abattre toutes ses cartes en même temps.

Traits virginiens : l'auto-protection donne à la Vierge des qualités de raison, de mesure, de perfectionnisme, de minutie, d'ordre, de méthode, de prudence, de prévoyance, de sens des responsabilités. Tout comme le Cancer, elle est effacée, discrète, pudique, délicate, pacifiste. Mais beaucoup plus cérébrale, elle cherche à tout contrôler par le mental et a un sens critique, un esprit logique et rationaliste particulièrement développés. Il manque à la Vierge ce qui fait la force de son signe inverse la Balance et, nous l'avons vu, de son voisin Lion. Au négatif, elle est rigide, étroite, voire mesquine et calculatrice, coupeuse de cheveux en quatre, maniaque, tatillonne, timorée, alarmiste, phobique, indécise, défaitiste, incapable de laisser quoi que ce soit au hasard.

JEAN-MICHEL JARRE
compositeur, musicien, auteur de chansons

Signes dominants : la Vierge par le Soleil et Mercure. Le Lion par l'Ascendant, Pluton et Saturne. Le Bélier par la Lune.
Dominante estivale.
Planètes dominantes : Pluton, la Lune, Vénus, Mars et Neptune, Jupiter.
Faiblesse du Soleil.
Prépondérance du plan E.

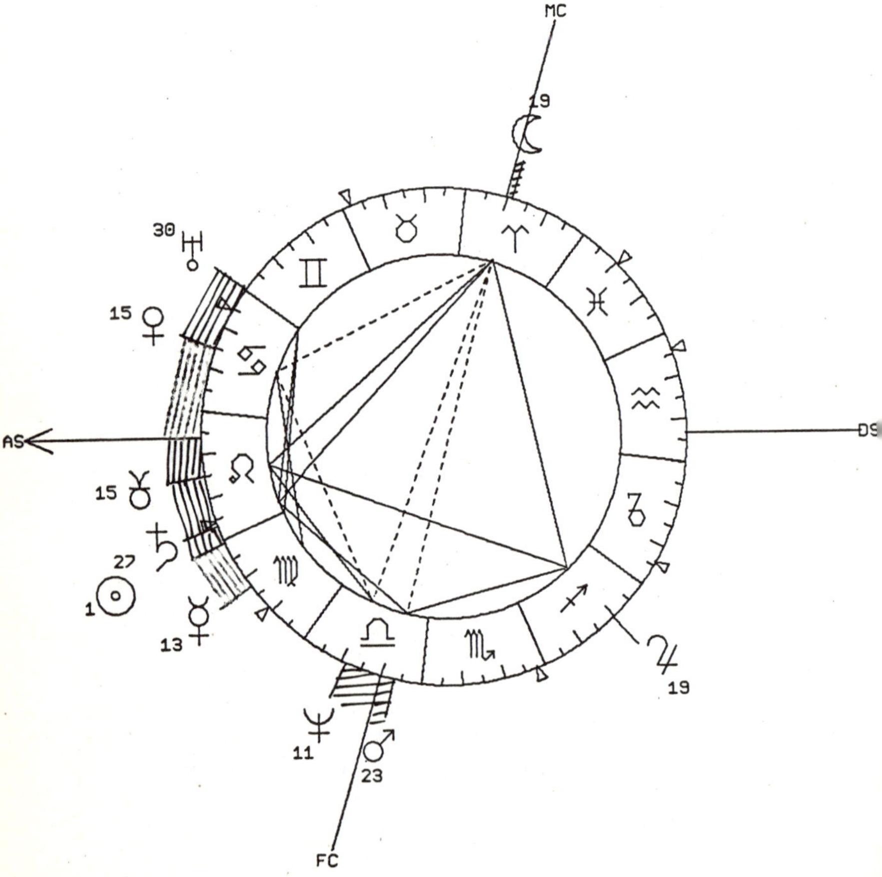

Françoise Hardy : L'été, qui est ta saison dominante puisqu'on y trouve cinq planètes sur neuf, plus le Soleil, incite à être un « excitable lent », c'est-à-dire à ménager sa monture et à toucher au but, comme la tortue de la fable, avant le lièvre, au prix de beaucoup de ténacité et de régularité. Mais à côté de ta dominante estivale, tu as également, avec une Lune culminante en Bélier, une forte composante printanière. Comment s'accordent en toi le lièvre du Printemps, tout au moment qui passe, vif, brillant, improvisateur, mais peu endurant, et la tortue de l'été, plus bûcheuse qu'inspirée?

Jean-Michel Jarre : Mal. Effectivement, il y a chez moi un côté très laborieux. Tout ce que je fais doit être préparé, réfléchi, et, en même temps, il y a le désir d'aller vite. Il y a donc une contradiction, fatigante à vivre, entre la nécessité intérieure de toucher rapidement au but, quel qu'il soit, et le perfectionnisme, la volonté d'améliorer le plus possible les choses en les retravaillant sans cesse, alors que, certaines fois, elles auraient peut-être intérêt à être plus spontanées.

F. H. : La Lune, Vénus Mars et Neptune, en position de force dans ton ciel, font les instinctifs qui agissent au gré de leur sensibilité, leurs impulsions, leurs enthousiasmes. Mais ton Soleil en Vierge et à la conjonction de Saturne devrait t'inspirer un grand besoin de recul, de mesure, de logique. Quels rapports entretiens-tu entre l'instinct et la raison?

J.-M. J. : Toute activité artistique nécessite une part importante d'instinct et d'intuition et même une certaine dose d'inconscience sans laquelle on n'oserait pas écrire, produire quelque chose et le livrer à la vue et au jugement de tout le monde. Mais pour ne pas sortir n'importe quoi de soi n'importe comment, il faut équilibrer cette part-là par une autocritique permanente. Le contraste dont tu me parles devrait donc être idéal. En réalité, cette tendance à toujours raisonner la spontanéité de mes constructions et de mes rapports avec les autres est éprouvante.

F. H. : Autre contraste : par le Lion, ton signe ascendant, goût de l'exploit, du spectaculaire, du faste, et par la Vierge : horreur de la démesure, discrétion, pudeur, effacement, sens de l'économie sur tous les plans. Comment t'en débrouilles-tu?

J.-M. J. : Je suis souvent partagé entre le goût du défi et la pudeur. Le jugement constant que je porte sur ce que j'entreprends m'en fait vite voir l'aspect éventuellement ostentatoire, superficiel. Je m'efforce de trouver le juste milieu entre les deux pôles, ce qui n'est pas toujours évident. Aller en Chine, par exemple, était un défi, mais je crois que mon attitude vis-à-vis des Chinois a été très pudique, pas du tout « colonialiste », et c'est peut-être la raison pour laquelle ça a marché alors que des groupes comme les Stones, Police, Pink Floyd, n'ont jamais pu aller là-bas malgré les démarches qu'ils avaient faites dans ce but.

F. H. : Une forte composante lunaire porte à trouver une forme d'équilibre entre soi-même et l'environnement immédiat, qui permette de vivre le plus possible en autarcie. Ce mode de vie te tente-t-il?

J.-M. J. : Ça ne fait pas de doute. Je crois d'ailleurs que c'est le cas de beaucoup d'artistes qui, au-delà de leur personnage public et des contacts divers, multiples, apparemment faciles, qu'ils sont amenés à avoir, ne survivent qu'à condition d'avoir pu constituer une tribu de familiers avec qui ils ont des rapports plus profonds. Pour s'en sortir, pour sortir de l'autarcie quasi schizophrénique par laquelle on passe obligatoirement pour créer et pour que la créativité puisse s'épanouir, fleurir, durer, il est absolument indispensable d'avoir cette sorte de miroir que vous tendent les familiers.

F. H. : Pluton, qui est au moins aussi fort dans ton ciel que la Lune, va pourtant complètement à l'encontre des besoins lunaires d'intégration à un petit groupe qui se suffise à lui-même, dans la mesure où Pluton est la planète de l'inappartenance, du refus des repères et des protections, de l'ouverture à l'inconnu, à l'inspiration cosmique et à une forme d'absolu irréalisable dans le quotidien. Bien que Pluton soit relié à ta Lune natale par un angle harmonique, la conciliation des sensibilisations lunaire et plutonienne est loin d'aller de soi.

J.-M. J. : Je croise les doigts, mais j'ai l'impression d'y être relativement parvenu. Pour l'instant. D'un côté j'ai une certaine harmonie, une certaine stabilité sur le plan affectif, de l'autre j'ai également la possibilité de m'isoler presque instantanément pour composer la musique que j'aime ou réaliser les projets artistiques qui m'intéressent. Cela peut paraître paradoxal, car une vie affective harmonieuse demande énormément d'énergie, de temps, ainsi qu'une certaine forme de générosité, ou même toutes les formes de générosité, alors que la création est essentiellement solitaire et incompatible, à priori, avec la vie de groupe. J'ai la chance d'arriver à ménager les deux plans, tant en ce qui concerne le territoire – l'espace – que l'énergie. Je ne travaille pas régulièrement, mais par crise. Il y a des périodes où je me consacre entièrement à la musique et d'autres où je m'occupe exclusivement de mes proches. Mais sans préméditation. Par besoin profond et non par devoir.

F. H. : Pour le Plutonien et pour le Neptunien la communication, si jamais communication il y a, passe plus par le non-dit que par le dit. Il doit en être ainsi pour toi qui, en plus, es musicien.

J.-M. J. : J'ai tendance à trop expliquer parce que je me méfie des mots et des malentendus générateurs de conflits qu'ils entraînent, que ce soit à l'intérieur du couple ou entre les nations. Dans les pays orientaux il y a beaucoup d'autres modes de communication et de contact que le langage verbal. Les Français, eux, sont handicapés par une sorte d'hypertrophie cartésianiste qui leur fait considérer les mots comme la seule façon de communiquer. Nulle part ailleurs qu'en France il n'y a autant de débats à la télévision ou d'analyses dans la presse, par exemple.

F. H. : Le carré Lune-Vénus qui marque ton ciel évoque une difficulté à concilier l'amour basé sur la séduction et la passion, avec l'amour tendresse.

J.-M. J. : Je me donne beaucoup de mal pour concilier les deux. En amour, comme en amitié, je ne crois pas au laxisme et ça ne m'intéresse d'ailleurs pas beaucoup. J'ai donc plus tendance à être honnête, vrai, absolu, que relatif dans mes relations avec les autres, tout en essayant de tenir compte du fait que les autres sont, de leur côté, susceptibles d'être plus relatifs qu'absolus.

F. H. : La conjonction Soleil-Saturne, non valorisée dans ton ciel, en est l'élément le plus vulnérable. Le Soleil concernant la réussite extérieure celle-ci pourrait ne pas t'avoir apporté ce que tu en attends.

J.-M. J. : J'ai une attitude assez désinvolte vis-à-vis du succès que j'ai pu avoir. Je sais à quel point il est relatif et je n'en ai jamais été dupe. Je suis plutôt insatisfait de ce que j'ai fait jusqu'ici. J'ai l'impression de ne pas avoir fait grand-chose et de n'être qu'au tout début de ce que j'ai envie de faire. Il y a donc toute une part d'incertitude sur ma valeur artistique, mais qui est finalement motivante. Nietzsche disait que ce n'est pas le doute mais la certitude qui rend fou. C'est le sujet que j'ai eu au bac et qui était très inspirant pour moi, car il correspondait à l'état dans lequel j'étais à l'époque, état dans lequel je suis encore, et dans lequel je suppose que je mourrai. Heureusement, car l'insatisfaction est le meilleur moteur de la création artistique, c'est ce qui pousse à avancer et à se remettre en question.

RMC, février 1985

JEAN-MICHEL JARRE

Analyse graphologique

Prisonniers des gouttes d'eau, nous ne sommes que des animaux perpétuels. Nous courons dans les villes sans bruits et les affiches enchantées ne nous touchent plus. A quoi bon ces grands enthousiasmes fragiles, ces sauts de joie desséchés ?

Jean Michel

Observation de l'écriture :
Instrument : Stylo, encre bleu foncé.
Impression : Étirement horizontal. Prédilection pour la courbe. Graphisme qui semble exécuté au pinceau.
Harmonie : Moyenne. Homogène.
Formniveau : Écriture personnalisée. De la chaleur par le trait. De la souplesse. Mais des exagérations, souci d'effet. Le geste achoppe, se coince. 2 $^3/_4$ à 3.
Rythme selon Heiss : Glissement plus que mouvement. La recherche de forme prime et retient le geste. Beau rythme de l'espace. Essai de stylisation esthétique de la forme qui est plus représentative qu'expressive. Polarité entre horizontales et verticales.
Degré de tension de Pophal : IVA.
Définition : Étalée, en guirlandes tendant au fil, écrasée, grandes majuscules, jambages importants gonflés ou en vasques, envahissante et aérée, épaisse, groupée à juxtaposée, posée.
Trait selon Hegar : C, P, A±, R±. Arcs dans l'espace. Angles dans l'espace (J, A). Immense majuscule du J du prénom avec lancement régressif. P en parasol. Minuscule marge de gauche. Des laps de cohésion, des collages, des points de soudure, des lettres en deux morceaux, des formes fœtales, des pochages, des massues, des torsions.

Synthèses :
1° Écrasée, à tendance filiforme, geste régressif de la signature, lettres en deux morceaux, formes fœtales, marge de gauche collée à la page et aspect stylisé de l'écriture, surélévations des majuscules : vulnérabilités intimes mais l'énergie mise au service de « l'image directrice » l'emporte. Besoin de conquérir le monde, aspirations motivantes.
2° Formes en vasque, trait épais, rythme d'espace : sensorialité, créativité, adaptabilité.

Approches psychologique, caractérologique, typologique :

Tempéraments selon Hippocrate : sanguin, lymphatique. Pas de carence.
Le Senne : non-émotif, actif, primaire : sanguin, para-passionné par l'élaboration personnelle.
Freud : Œdipe. Complexe d'infériorité surcompensé selon Adler.

Szondi et fonctions selon Jung :

Pulsion paroxysmale
e+hy+
facteur e dominant
Sensation épileptoïde

Moi possédé
k^0 p+
facteur p dominant
Sentiment paranoïde

Pulsion de contact
d+m+
facteur m dominant
Pensée orale et anale

Pulsion sexuelle
h–s+
facteur s dominant
Intuition masculine

Éléments d'interprétation :

– Moi conscient de ses désirs; enthousiasme, inflation. Conduite instinctive. Sentiment introverti selon Jung, grand besoin de plaire, d'être aimé, ceci renforcé par l'Anima.

– e+hy+ : force d'impulsion d'émotions magnifiées par une sensation introvertie créatrice. Besoin d'apporter quelque chose de positif. Image de valeur.

– h–s+ : concentration de l'énergie dans le travail; souci de réussite. Intuition extravertie qui favorise l'assimilation et l'insertion.

– d+m+ : Ce vecteur correspond à ce que Szondi appelle le « bloc de réalité ». Ce que propose le monde extérieur est recherché : contacts, activités, plaisirs. Avidité qui joue dans tous les domaines. Sens de l'efficience, du résultat. La pensée est extravertie, orientée vers ce qui est concret, pratique, cherchant à obtenir des autres ce qui est désiré. Beaucoup de sociabilité, de savoir-faire, les facteurs m+, hy+, p+ convergeant pour stimuler le désir de plaire.

Est-ce l'essor du P majuscule dans l'écriture de Jean-Michel Jarre, est-ce le moelleux, le velouté de son tracé, est-ce la cambrure des formes arquées de ses lettres qui font que trois mots de Saint John Perse s'imposent à moi : « ... hanté d'inflation solaire »? Je cherche dans quel contexte ils s'inscrivent et je trouve : « L'oiseau de tous nos consanguins le plus ardent à vivre, mène aux confins du jour un destin singulier. Migrateur et hanté d'inflation solaire, il voyage de nuit, les jours étant trop courts pour son activité. Et plus loin : « Au fléau de son aile l'immense libration d'une double saison; et sous la courbure du vol, la courbure même de la terre... * »

Comme les oiseaux qui survolent océans et continents en se fiant à leur mystérieux instinct d'orientation, Jean-Michel Jarre est guidé par des sources subjectives, sources qu'il utilise dans ses

* *Oiseaux*, Gallimard.

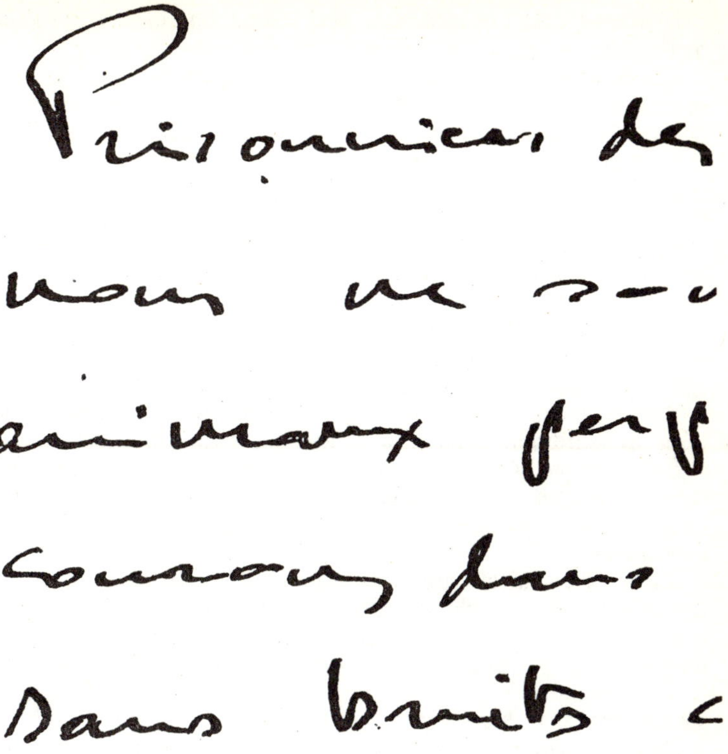

recherches musicales. Ses émotions, ce qu'il voit, ce qu'il entend, ce que son corps éprouve, voilà les matériaux dont il se sert.

C'est à travers ses sensations, grâce à elles qu'il se met au diapason de la vie autour de lui, qu'il en enregistre les palpitations.

Sa compréhension du monde est communion physique.

La participation sensorielle fait naître l'exultation psychique.

On peut dire que la vocation de Jean-Michel Jarre est la transcription d'états d'exaltation.

Il aspire à une dilatation de lui-même dans un langage esthétique.

Les impressions du moment dans la mesure où elles dispensent un avant-goût de paradis appellent une prolongation idéale dans la durée, une amplification par un travail personnel de création.

Il semble qu'alternent chez Jean-Michel Jarre des phases de pure réceptivité et des phases actives.

Les premières étant : passivité, attente, béatitude, gestation semblable à l'hiver gros du printemps futur.

Les secondes sont : fabrication, mise à bas, mise en ordre.

L'homme qui, hier était un peu insouciant, joyeux, détendu, disponible, se ferme, se rassemble, se concentre, se force.

L'homme qui absorbait les manifestations concrètes de l'univers, se veut alors miroir de ses reflets changeants, caisse de résonance de ses chuchotements, de ses cris et de ses fureurs.

Il s'exhorte à donner corps à une image de lui, à mettre en forme ce qui correspond à son désir d'être plus, de dépasser ses limites.

Il s'affirme ainsi par une expression de soi assez spectaculaire. Il lui faut produire de manière suffisamment brillante pour s'attirer considération, notoriété, réussite.

Il lui importe d'autant plus d'être dans la lumière qu'il a pu autrefois avoir le sentiment d'un relatif délaissement, qu'il s'est cru ignoré de ceux dont il souhaitait conquérir l'attention.

Peut-être, enfant s'est-il perçu comme négligeable, inconsistant, dérisoire, sardine à proximité de quelque requin marteau.

En réaction contre un passé qui compromettait son espoir d'exister par ses propres moyens, de susciter l'intérêt, de plaire, il s'est employé à se construire une identité qu'il cernait mal et à la consolider.

S'il reste en lui des zones de pénombre, des interrogations sur lesquelles il ne s'attarde pas car il évite ce qui le ramènerait à une confrontation qui lui paraît assez stérile, il devine bien qu'il lui faut d'autant plus de renom que sa confiance en soi a été précaire.

Maintenant, ses dons, ses facilités d'adaptation, son aisance sociale ont porté leurs fruits.

Des liens affectifs stables sont le fertilisant d'une affectivité plus fragile qu'on ne l'imagine.

En effet, son charme, son naturel, son sens des situations, son amabilité, son savoir-faire dans les contacts, non seulement lui gagnent aisément ceux à qui il a affaire et le font apprécier, mais ne laissent absolument pas deviner l'incertitude intérieure sous-jacente.

Ingénieux, persuasif, souple, adroit, il atteint professionnellement ses buts. Cette écriture qui déploie voluptueusement ses courbes douces nous parle d'un rêve où tout ne serait qu'harmonie, calme, plaisir; elle nous invite au voyage, elle capte les rayons solaires et nous restitue de la chaleur.

J.-M. Jarre est un Icare, comme nous, il cherche parfois à planer dans les airs, à vaincre ses pesanteurs, ses incertitudes, ses insatisfactions, et à déployer à temps le train d'atterrissage avant de toucher le sol.

MAURICE PIALAT
cinéaste

Signes dominants : la Vierge par le Soleil, Mars et l'Ascendant.
Axe Vierge-Poissons.
Planètes dominantes : Mars, le Soleil, Uranus, Jupiter, Saturne.
Mercure et Neptune.
Planètes faibles : la Lune et Vénus.

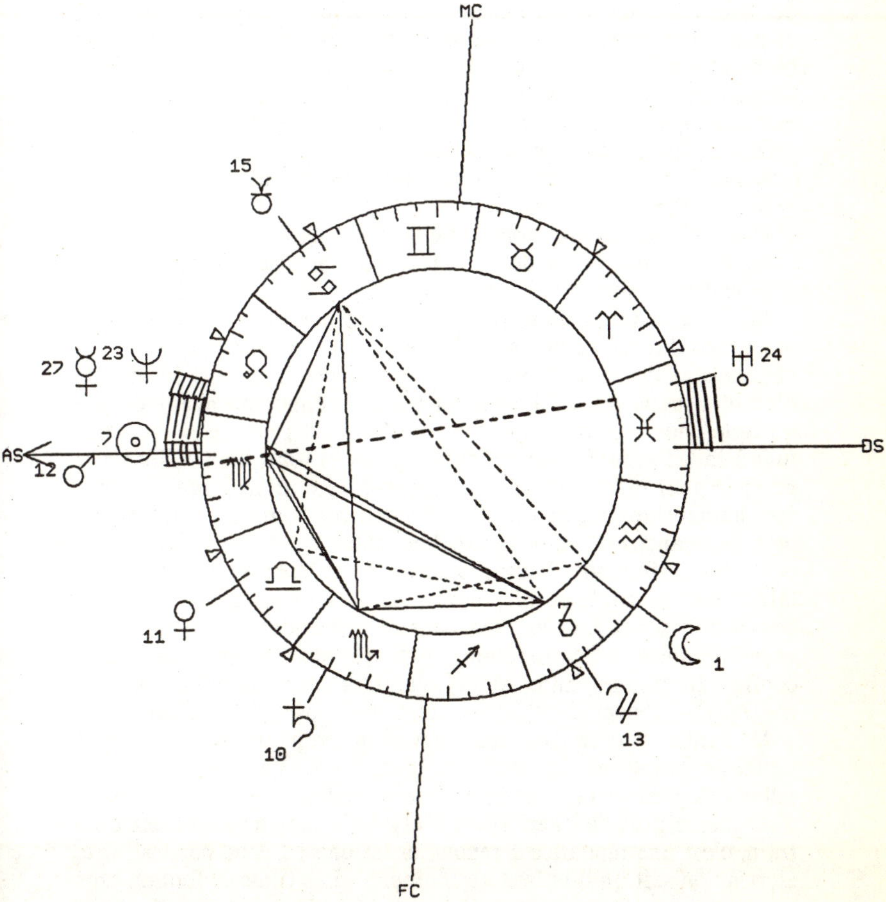

Françoise Hardy : Parce que, lorsqu'une planète ou le soleil se trouvent dans la portion du zodiaque appelée Vierge, la durée de leur arc diurne équivaut à celle de leur arc nocturne, avec une légère prépondérance, mais aussi la diminution graduelle du premier par rapport au second, l'importance, autrement dit l'occupation de ce signe dans un ciel, prédispose à toujours soupeser avec une certaine lenteur l'envers et l'endroit des choses et à avoir, de ce fait, beaucoup de difficultés de choix et d'engagement. Ces difficultés sont d'autant plus paradoxales dans votre cas, que les angularités du soleil, de Mars et d'Uranus devraient favoriser chez vous la décision et l'exclusivisme. Ressentez-vous cette dualité?

Maurice Pialat : Est-ce que ce n'est pas le lot de tout le monde? Effectivement, les deux tendances, l'une autant que l'autre, sont très marquées chez moi. J'éprouve continuellement de l'hésitation devant un choix à faire, mais je suis également capable de prendre des décisions sans hésiter. C'est la contradiction complète. Si j'ai à choisir entre deux films à réaliser par exemple – ce qui est déjà bien, il y en a qui n'ont pas cette chance –, je crois que j'hésiterai longuement, que je ferai des retours en arrière etc. Mais dans le même temps, je pourrai prendre une décision brutale sur un autre plan, ne plus revoir quelqu'un par exemple...

F. H. : Vous avez tantôt l'une, tantôt l'autre attitude?

M. P. : Plutôt les deux en même temps.

F. H. : Cette dualité vous est-elle désagréable?

M. P. : Ce qui m'est désagréable, c'est le côté Vierge...

F. H. : Que voulez-vous dire?

M. P. : Hésiter, balancer... Prenons un homme comme Chirac, quand on lui demande s'il lui arrive de se tromper dans ses décisions et de le regretter, il invoque un pourcentage inévitable d'erreurs, mais dit qu'il vaut mieux se tromper en ayant décidé quelque chose, qu'hésiter et ne rien faire du tout. Je ne suis pas tout à fait d'accord avec ça, parce qu'après tout, bien réfléchir et peser le pour et le contre, c'est une qualité enrichissante que tout être humain devrait avoir. C'est finalement comme ça qu'on a le plus de chances de faire le meilleur choix.

F. H. : La fonction d'autoprotection de la Vierge porte à ne rien laisser au hasard, pour bien savoir où on met les pieds et ne pas courir de risques inutiles. On peut se demander de quelle façon vous assumez cette fonction, à partir du moment où votre configuration dominante, Mars-Soleil-Uranus, vous prédispose, au contraire, à foncer dans le tas, sans vous poser de questions?

M. P. : On voit ça dans mon travail de préparation – si on peut toutefois employer le mot « préparation ». Ça finit par être tellement paralysant... ce côté Vierge, justement, qui fait que ce n'est même plus de l'hésitation, c'est de la lenteur à se mettre en train, c'est une tendance à repousser les choses, à ne pas les faire, alors qu'on sait qu'il le faut absolument... Les films se font en gros comme ça : on écrit quelque chose et, à partir de là, on prépare et on tourne. Comme je supporte difficilement d'écrire et que, quand je fais écrire, ça ne va pas, je traîne. Mais les dates ont été prises, il faut tourner, et j'arrive, pratiquement sur tous mes films, avec quelque chose qui n'est pas prêt : c'est ce qui en fait le plus grand défaut. Par contre, quand je tourne, c'est l'inverse qui se passe : je fonce et je n'ai plus d'hésitation.

F. H. : Le perfectionnisme de la Vierge...

M. P. : Plus que ça : on en arrive même à l'« à quoi bon »... C'est vrai, on en arrive à se dire – moi en tout cas – que ce n'est pas la peine, puisqu'on n'y arrivera pas, puisque ça ne sera pas prêt à temps...

F. H. : Ça ne sera jamais assez bien...

M. P. : C'est curieux comme le je-m'en-foutisme peut marcher de pair avec le perfectionnisme. Mais c'en est le revers après tout... Finalement s'en foutre complètement parce que... – dans le cinéma, c'est monnaie courante, forcément, c'est tellement approximatif comme travail... – comme on sait, qu'on n'atteindra pas, et de loin, ce qu'on voudrait faire, soit par manque de moyens, à cause des interprètes, ou parce qu'on n'a soi-même pas assez de talent à ce moment-là, eh bien... on finit par « laisser pisser » comme on dit vulgairement... je fais un peu n'importe quoi, parce que je sais que je n'arriverai pas à faire quelque chose de vraiment bien...

F. H. : Récapitulons : le côté fourmi, besogneux, laborieux de la Vierge...

M. P. : L'image de la fourmi laisse entendre un côté travailleur et vous ne tenez pas compte de la paresse. Les Vierges passent pour des gens travailleurs, alors je ne suis pas Vierge...

F. H. : Jean-Pierre Vézien donne comme caractéristiques de la Vierge inadaptée : « l'absence d'entrain, d'initiative, d'appétit de vivre, l'inaction par sentiment d'infériorité, la passivité insouciante ou masochiste »... J'aimerais qu'on parle des tendances virginiennes à préférer rester dans l'ombre, en deçà de ses limites, autrement dit à ne pas avoir d'ambitions trop élevées, par peur de ne pas être à la hauteur, – la Vierge préfère faire parfaitement quelque chose qui est en dessous de ses possibilités, qu'imparfaitement quelque chose qui en est à la limite. Là encore, on se demande comment jouent ces tendances chez vous, à partir du moment où l'ensemble Soleil-Uranus-Jupiter, qui ressort de votre ciel, porte, au contraire, à avoir besoin de s'affirmer, se démarquer, se dépasser, réussir avec éclat.

M. P. : Pour moi, la réussite est liée à la mort. Je me suis longtemps dit que quand je réussirai, je mourrai. Alors je crois qu'il y a chez moi quelque chose qui a toujours repoussé ce qui pouvait m'amener à la réussite. Mais l'un et l'autre côté que vous décrivez, sont en contradiction complète avec moi : une des caractéristiques de mes films – puisqu'après tout on juge les gens sur ce qu'ils ont fait – est justement qu'ils ne sont pas « Vierge » du tout puisqu'ils sont bâclés. C'est connu, on le dit assez, et c'est assez juste. On en revient à cette espèce de démission que j'ai depuis que je fais des films : comme je sais que ça ne risque même pas d'approcher ce que j'aimerais faire, alors bon... Je me répète... Par moment, ça doit être l'autre côté dont vous parlez, je m'excite. Ce sont sans doute les meilleurs moments et dans ces moments-là, j'arrive à me moquer que la forme ne soit pas léchée, mais le reste du temps...

F. H. : Pourrait-on aller jusqu'à penser, c'est là un aspect pernicieux de la Vierge, que vous ne vous donnez pas les moyens qui vous manquent pour atteindre ce que vous ambitionnez, par peur inconsciente de vous trouver confronté à votre propre insuffisance, si vous n'avez plus cette excuse du manque de moyens? Parce qu'enfin, les moyens si on les veut vraiment, on finit par les trouver.

M. P. : C'est sûrement ça... Vous êtes au cœur de la cible, quand vous laissez entendre que si on n'a pas les moyens, c'est qu'on ne veut pas les avoir. C'est vrai que ça donne toujours une justification, même si ce n'est pas la seule.

F. H. : Il faudrait toujours pouvoir approfondir en quoi les prédispositions célestes sont aggravées, atténuées ou déformées par les autres conditionnements qui sont les nôtres, le conditionnement familial en particulier. A ce sujet, votre carré Lune-Saturne peut induire un défaitisme en rapport avec une relation insatisfaisante à la mère...

M. P. : Mes parents étaient affectueux, mais ils n'éprouvaient aucun intérêt pour moi. Leur affection était comme... dénuée de carapace. Ma mère a été toute sa vie obsédée par la jalousie qu'elle éprouvait vis-à-vis de mon père qui la trompait. Elle est morte en pensant à ça. Il n'y avait que ça pour elle.

F. H. : Voilà qui en dit long et qui a sans doute aggravé les tendances démissionnaires de la Vierge. Passons à une autre contradiction de votre ciel, celle qui résulte de la pudeur virginienne et du besoin de représentation de soi du Soleil qui se lève. Autrement dit : peur de s'exposer par la Vierge, besoin de se montrer par le Soleil. Peur du regard de l'autre par la Vierge, besoin de se voir dans le regard de l'autre par le Soleil.

M. P. : Même si je l'ai peu fait, le simple fait de jouer... Quand j'ai essayé de jouer quand j'étais plus jeune, j'étais complètement bloqué, ça venait sans doute de la Vierge... Je ne sais pas pourquoi je voulais jouer puisque je ne demandais qu'à me cacher...

F. H. : Vous vouliez jouer la comédie quand vous étiez plus jeune?

M. P. : Oui, j'ai même fait des essais. Quand c'était amateur ça allait, mais après quand j'ai connu Trintignant, il y a très exactement trente ans, j'ai joué pendant deux ans.

F. H. : Au théâtre?

M. P. : Oui et j'étais malheureux comme les pierres. Alors que maintenant ça a disparu. J'ai fait cet essai dans « A nos amours » et je suis sûr que je vais rejouer. J'en ai envie. En fait, j'ai plus envie de jouer que de faire des films.

F. H. : J'ai trouvé votre prestation d'acteur parfaite dans « A nos amours ». Vraiment.

M. P. : Attention, quand on joue dans son propre film on s'arrange bien son coup. Je ne sais pas comment ça se passerait si je jouais avec d'autres. *(cherchant)*... Il faudrait que je trouve des exemples, c'est mieux. Je pense très mal alors j'exprime forcément mal ma pensée, puisqu'elle est brouillonne, confuse...

F. H. : Il manque aux signes d'été ce qui fait la force des signes d'automne : l'aptitude à une vision globale rapide, ce qui, à certains moments, se manifeste par une « pensée morcelée, sans fil conducteur », je cite à nouveau Jean-Pierre Vézien...

M. P. : Je pense en écrivant... Quand je parle – ou alors il faut que je sois très en confiance – je n'arrive à exprimer qu'une petite partie de ma pensée. Ce qui fait que je crains toujours de paraître bête et ce qui doit d'ailleurs être le cas quand je suis avec des gens intelligents. Je n'en fais pas une maladie, mais je souffre de ne pas pouvoir communiquer ce que je pense être ma culture, mon intelligence, qui sont supérieures à l'apparence que je donne. Enfin je crois.

F. H. : Vous cherchiez un exemple pour illustrer la peur de s'exposer, de se mettre en avant de la Vierge...

M. P. : J'avais quand même ce côté-là quand je tournais dans « A nos amours ». Pourtant j'étais maître à bord. Les autres savaient bien que j'avais le rôle du père, mais je ne les prévenais pas de mes interventions et si je cachais les choses, c'était simplement pour qu'il n'y ait pas de jugement, que je ne les sente pas en train de m'attendre au tournant, encore que je n'avais plus tellement cette crainte. J'attendais donc toujours le dernier moment, quand la journée de tournage allait pratiquement s'arrêter, pour passer tout à coup mon imperméable, prendre « Le Monde » et dire vaguement à l'opérateur : « bon je vais entrer par la porte, tu as assez de pellicule etc... et puis on va voir, on va y aller... » Et je partais comme ça... Ça prouve bien que je me cachais... J'ai essayé de jouer depuis dans un court-métrage avec des copains : mais même là, je n'étais pas à l'aise, j'ai de la peine...

F. H. : En général, les gens de la Vierge sont bien élevés, réservés, délicats, discrets : ils n'aiment ni se faire remarquer, ni faire aux autres ce qu'ils n'ont pas envie qu'on leur fasse. C'est d'ailleurs sous ce jour que vous m'êtes apparu les quelques fois où je vous ai vu. Mais, vos planètes dominantes vont dans un tout autre sens...

M. P. : C'est presque Docteur Jekyll et Mr Hyde...

F. H. : Votre ciel de naissance est effectivement très ambivalent. La courtoisie, le quant à soi virginiens devraient donc coexister chez vous avec les tendances inverses de Mars-Uranus, à mettre les pieds dans le plat, à être agressif, autoritaire, explosif, impératif...

M. P. : Vous savez sans doute que je m'insurge contre la réputation qu'on me fait dans le métier. Les calomnies ont été tellement loin parfois, qu'il y a vraiment de quoi... Il m'est même arrivé de faire de la surenchère, tellement ça allait loin.

F. H. : Je ne suis que vaguement au courant. Quelle réputation vous fait-on?

M. P. : D'un type épouvantable... Même actuellement où j'étais en droit de penser que j'étais sorti des années noires, patatras! ça repart de plus belle avec « Police » et les calomnies, qui sont de purs mensonges, de Sophie Marceau à mon sujet. Je n'ai fait que sept-huit films. Il y a eu des histoires sur certains qui étaient souvent dues à des personnes qui m'avaient cherché. Mais il m'est aussi arrivé de faire certaines choses dures à avaler, et ça plus ça a fini par faire un mélange complexe et une réputation telle que, finalement, je suis plus connu par ce qu'on raconte sur moi, que par mes films. Mais vous venez de me faire comprendre que ce n'est pas tout à fait comme je croyais – c'est la première fois que je concède ça – et que, dans le fond, moi qui me présente comme un agneau, je suis beaucoup plus désagréable et agressif que je le crois. Sûrement. Dans un milieu où la sincérité n'est pas monnaie courante, on a parfois, quand on est un peu plus sincère que les autres et qu'on ne joue plus, alors que ce métier n'est qu'un jeu – la vie aussi peut-être –, des réactions brutales. J'ai peut-être des coups de gueule, j'ai peut-être insulté des gens, mais je n'ai fait qu'une mauvaise action en quinze ans de cinéma.

F. H. : Je voulais justement vous demander si la réputation que vous avez d'avoir des rapports difficiles, n'était pas due à vos prédispositions tant virginienne que martienne, saturnienne et uranienne, à détester le mensonge, l'ambiguïté, l'inauthenticité...

M. P. : Ce n'est pas la peine d'aller plus loin. C'est... incontestable.

F. H. : Votre ciel suggère d'autres raisons d'avoir des rapports difficiles...

M.P. : Je peux faire une parenthèse? Voilà un autre défaut – je ne sais pas si c'est la Vierge – : les rapports sont presque toujours des rapports de force, des marchandages où, presque toujours, l'un veut avoir l'autre ou obtenir quelque chose de l'autre, au moindre prix. Il faut tout de suite annoncer la couleur : si ça plaît, si on marche, ou non. Il y a des gens qui se font embarquer parce qu'ils n'ont rien compris, qui se font avoir parce qu'ils n'ont pas mauvais esprit. En ce qui me concerne, je vois tout de suite ce qui ne va pas et je ne le dis jamais. Je me laisse embarquer et c'est seulement au bout d'un certain temps que je réagis. En caricaturant, si je tombe sur quelqu'un de pervers qui veut m'avoir, il va, étant donné ma réputation, se dire dans un premier temps que je ne suis pas du tout comme on raconte et me prendre pour une bonne poire. Et puis, tout d'un coup, généralement au bout de quelques semaines, après que ça m'ait bien travaillé puisque j'avais tout de suite vu la faille, patatras! J'ai donc une réaction à retardement, intempestive, et qui aurait été naturelle si seulement j'avais été capable de l'avoir tout de suite, au moment où il fallait l'avoir...

F. H. : On peut mettre cette attitude sur le compte du mélange de lenteur d'excitation et de vitesse d'inhibition inadaptée qui caractérise la Vierge, ainsi que sur tout ce complexe qu'on vient de développer et qui consiste à faire inconsciemment en sorte de détourner l'idée qu'on se fait de ses propres insuffisances, sur des insuffisances extérieures à soi. Vous-même, comment vous expliquez-vous cette attitude : par de la timidité?

M. P. : Dans certains cas, quand je n'ose pas exprimer les exigences que je sais pourtant indispensables – je pense à cet écrivain qui avait accepté de travailler sur un film avec moi et à qui je n'ai pas osé demander qu'il lâche toutes ses autres activités le temps de ce travail –, c'est comme si j'avais peur de gêner les gens, d'être indiscret, indélicat, brutal... Souvent, comme je vous l'ai dit, je réagis à contre-temps, mais il y a aussi toutes les fois où je ne réagis pas du tout et où je me laisse embarquer malgré moi dans des choses que je n'ai pas envie de faire. C'est ce que j'appelle le syndrome de l'aiguille. Il y a vingt-cinq ans environ, je venais de faire mon premier court-métrage et je n'avais vraiment rien à bouffer. Je passe devant un endroit où on collectait du sang. Je n'avais jamais fait cela encore, mais je savais qu'on recevait un sandwich en échange. J'ai donc donné mon sang. Je n'ai pas pris le sandwich ensuite, mais il y a eu plus ennuyeux. Au moment où l'on allait me faire la prise de sang, j'ai vu qu'au lieu d'une aiguille stérile, on prenait l'aiguille qui avait servi à la personne précédente. Je n'avais qu'à le signaler. Mais je me suis dit que j'aurais l'air d'un trouillard, qu'il y avait une chance sur 100 000 que j'attrape quelque chose. Résultat : j'ai attrapé une jaunisse et j'ai failli en crever. Toute ma vie je me suis fourvoyé dans des situations qui avaient le même schéma.

F. H : Le flair des incompatibilités de la Vierge, que vous nous avez illustré en disant que vous voyiez tout de suite ce qui ne va pas dans un rapport, s'accompagne d'hypersélectivité. Quel défaut supportez-vous le moins, quelle qualité appréciez-vous le plus chez autrui?

M. P. : Je n'aime pas la lâcheté, mais comment peut-on prétendre une chose pareille après tout ce que j'ai dit? Je n'aime pas non plus la bêtise, mais ça c'est de la fatuité, car comment peut-on se permettre de juger de l'intelligence des autres?

F. H. : Exagérée, la fonction d'autoprotection de la Vierge débouche sur l'alarmisme, l'hypocondrie, les phobies. Vivez-vous ce côté négatif de votre signe : avez-vous des peurs paralysantes particulières?

M. P. : Plus maintenant.

F. H. : La Vierge a une fonction de maîtrise de l'espace qui incite à l'ordre. Êtes-vous particulièrement ordonné?

M. P. : C'est curieux : depuis le début il y a ce que vous dites, mais il y a aussi le contraire.

F. H : On parle pour l'axe Vierge-Poissons qui marque votre ciel de « choc des contraires »...

M. P. : Il y a des gens qui ont besoin de tout un cérémonial pour travailler, d'autres pas. Stravinski ne pouvait composer que si tous ses crayons étaient bien taillés etc... J'ai ce côté là et je peux aussi complètement m'en foutre, pratiquement en même temps. Les bouquins par exemple : je vais recoller, gommer, nettoyer de vieux bouquins trouvés aux Puces, et à côté de ça, lors d'un récent déménagement, j'ai entassé des bouquins n'importe comment dans des sacs-poubelle – des bouquins aussi intéressants que ceux qui sont dans ma bibliothèque – et je n'en avais plus rien à foutre...

F. H. : Revenons à l'autoprotection de la Vierge. On a vu que, d'une certaine façon, vous vous protégez en ne vous donnant pas les moyens d'avoir les moyens. Avez-vous d'autres façons plus simples, plus conscientes, de vous protéger?

M. P. : La plus grande évidence, c'est que, quand même, je fais partie de ces gens qui ont vécu un peu au ralenti, qui ne se remuent pas, qui ne bougent pas beaucoup – aussi bien physiquement qu'autrement –, qui évitent l'usure, à tort ou à raison...

F. H. : La Vierge est le signe de l'économie : économie d'espace, mais aussi d'énergie...

M. P. : Alors qu'en fait je me sens beaucoup mieux quand je suis obligé d'en dépenser...

F. H. : Matériellement, la Vierge se contente de peu...

M. P. : Alors là vous tombez pile. J'ai été à deux ou trois reprises dans la « misère ». Je n'en souffrais pas tellement. A présent que je gagne mieux ma vie, ça ne change rien... Je ne suis pas propriétaire de quoi que ce soit et ça ne me gêne pas du tout. Je n'ai pas la hantise de l'insécurité...

F. H. : Vous faites donc mentir votre signe qui prédispose à nourrir une certaine obsession de l'insécurité justement. On n'a rien dit sur la culpabilité que le Virginien est plus porté que d'autres à éprouver, s'il est paresseux comme vous prétendez l'être. La paresse vous inspire-t-elle un sentiment de culpabilité?

M. P. : Non. C'est atténué par la pensée que j'ai le temps. C'est curieux, parce qu'étant donné que c'est entre vingt-cinq et quarante-cinq ans que l'être humain est le plus créatif, penser que j'ai le temps est de la foutaise : non seulement je n'ai plus le temps, mais encore il est dépassé... Ce n'est pas à soixante ans qu'il faut se dire qu'on va s'y mettre, et pourtant, par certains côtés, j'y pense...

F. H. : Et la culpabilité qu'on éprouve devant un travail bâclé?

M. P. : J'ai tourné mon dernier film pratiquement sans scénario. J'aurais dû en être malade et je m'en foutais complètement. J'ai envie d'employer une expression vulgaire que je n'aime pas du tout, mais qui est évocatrice : j'ai déjà donné. Quand les choses viennent trop tard, qu'il reste trop peu de temps et que ça ne se passe pas comme il faudrait, il y a peut-être une espèce d'usure qui fait qu'on s'en fout... mais peut-être que tout ça va être démenti dans six mois, quand tout d'un coup je vais rejaillir... Je vais peut-être faire ma « Sonate d'Automne » dans un an... Je suis peut-être décourageant, mais je ne suis pas découragé.

F. H. : L'ambition de faire le film que vous n'avez pas encore pu ou su faire vous motive donc?

M. P. : Ces temps-ci j'ai carrément envie de ne plus faire de films. Ça me travaille pas mal. J'ai fait trois années de peinture dans ma jeunesse et j'ai envie d'y revenir. J'y pense très sérieusement. Les plus grandes satisfactions que j'ai eues dans ma vie sont liées à la peinture. A l'âge que j'ai, ça me repousse loin, car, quand on est au point zéro, j'estime qu'il faut au moins cinq ans de travail pour arriver à un début de professionnalisme et de crédibilité. Il me semble que le cinéma en France est condamné à la médiocrité. Et quant à moi, j'en suis au point où je me dis que, même si j'allais au bout de mes exigences, je n'y arriverais pas, parce qu'en plus de mes exigences, il y aurait aussi celles des autres. Au cinéma on n'est pas seul, hélas...

Paris, février 1986

MAURICE PIALAT
Analyse graphologique

21 Février 86.

Françoise.

Voici votre texte avec quelques corrections.

A la relecture, l'ensemble me paraît assez approximatif. Encore un souci rigueur ; mais il me paraît, que par manque d'approfondissement /quand je vous ai parlé/ que je dis parfois presque le contraire de ce que je pense. Il y a aussi ce paragraphe où cela devient exactement faux. En réalité si j'ai une somme importante pour tourner, je tourne sans me poser + de questions.

(Format réduit).

Observation de l'écriture :
Instrument : Crayon feutre de couleur noire.
Impression : Graphisme dépouillé mais assez monotone. Un poids semble entraîner l'écriture vers le bas de la page.
Harmonie : L'harmonie est moyenne; l'écriture est homogène.
Formniveau : Élan propulsif mais impression métronomique. Des contraintes. Couleur grise du trait. Vibration étouffée, le la est assourdi. 2 $^3/_4$ à 3.
Rythme selon Heiss : Le rythme de mouvement est raidi et le trait manque de vigueur pour le bien soutenir. Des élans et des accidents de parcours, le mot trébuche. L'immense marge de droite perturbe le rythme d'espace. La forme est trop souvent schématique, appauvrie pour que l'on puisse parler de rythme de la forme.
Degrés de tension de Pophal : I, III et IVB.
Définition : Anguleuse, étrécie (avec un peu de liaison secondaire), simplifiée, bâtonnée, inclinée, légère, pochée, inégale, zone supérieure peu développée mais surélevée, progressive avec des traits couvrants, combinée, aérée, groupée à liée, sinueuse, gladiolée.
Trait selon Hegar : D, P, Lg, R. Le trait pâteux semble parfois baveux. Signature assez petite, montante.
Très grande marge de droite. Marge de gauche soit progressive soit régressive. Chevauchements constants, en montant, en descendant.
Majuscules typographiques. Des imprécisions, des déplacements d'appui. Barres de t et finales de e lancées, acérées ou massuées.

Synthèses :
1° Anguleuse, inclinée, progressive, liée : suit son idée, attraction du but mais peu conciliant car : écriture étrécie, pochée, à traits couvrants.
2° Grande marge à droite, signature petite, inégalité, chevauchements, pochages : interrogations, doutes, malaise.
3° Inclinée, pâteuse, zone médiane assez grande : cherche à communiquer, mais difficultés : trait couvrant, pochages, déplacements, acérations.
4° Simplifiée, aérée, bâtonnée, combinée, liée : processus d'intellectualisation.

Approches psychologique, caractérologique, typologique :

Tempéraments selon Hippocrate : nerveux, lymphatique, bilieux.
Le Senne : difficile à classer, peut-être un sentimental anal, sorte d'Alceste.
Freud : poids du ça. Analité.

Szondi et fonctions selon Jung :

Pulsion paroxysmale
e° à e+ hy–
facteur hy dominant
Sensation hystéroïde

Moi qui intègre
k± p±
facteur p dominant
Sentiment paranoïde

Pulsion de contact
d– m±
facteur d dominant
Pensée anale

Pulsion sexuelle
h– s+
facteur s dominant
Intuition virile

Éléments d'interprétation :
– Le moi qui intégre est parmi les seize profils du moi celui qui est le plus complexe et qui présente le plus d'ambivalences. Moi anxieux, pessimiste, selon Szondi, c'est un moi « qui pressent les catastrophes ». Quand il subsiste à l'âge adulte, la personnalité est riche, évoluée, cherchant à trouver une solution par la création intellectuelle. Intellectualisation du sentiment, mal vécu. Difficultés affectives escamotées grâce à un processus de négation.
Si p– est fort : accusation possible et projection de l'ombre selon Jung.
– e° hy– : le surmoi social assure seul le filtrage des émotions et des émois sexuels (hy érotise les affects). Recherche d'une valorisation sociale. Crainte d'être deviné, blâmé.
– d–m± : peur de perdre l'Objet. Incertitude, absence de sécurité primordiale. Il peut y avoir eu un empêchement à construire une éthique.
– h–s+ : concentration des ressources en vue de l'action. La tendance hystéroïde peut amener de l'agressivité dans les contacts.

Représentons-nous le Sisyphe de la mythologie hissant péniblement son rocher au sommet d'une montagne ou encore un randonneur chargé d'un lourd sac à dos, soupirant avec mélancolie et une pointe d'amertume lorsqu'au détour d'un sentier, il croise un de ces grimpeurs de la nouvelle génération qui partent à l'assaut des cimes en baskets, munis seulement d'une provision de talc. L'espace que le randonneur a l'intention de traverser est vaste mais le barda qu'il transporte ne le rend guère bondissant.

Ces images pourraient être les premières d'un film sur Maurice Pialat...

En effet, il veut satisfaire ses exigences personnelles mais il est entravé par ses contradictions, bien plus pesantes à surmonter que n'importe quel obstacle.

Intérieurement, il est harcelé par ses oppositions, tenté par de

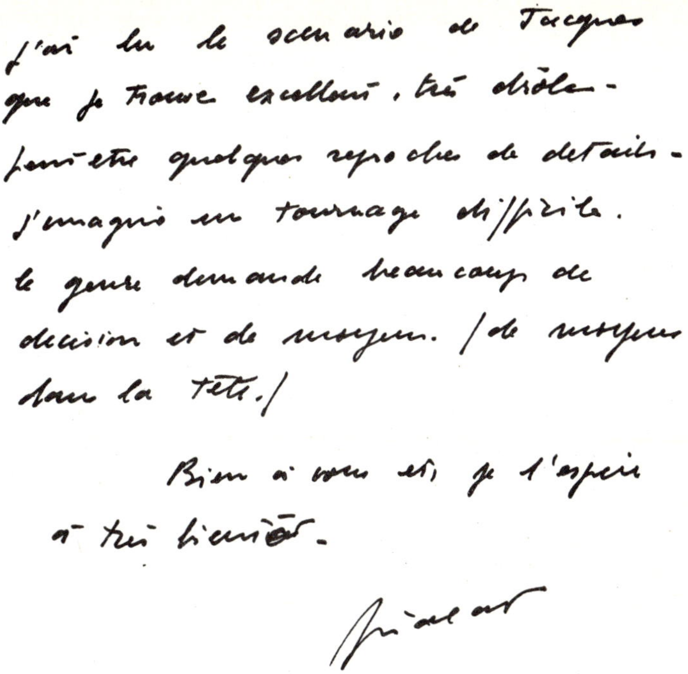
j'ai lu le scenario de Jacques
que je trouve excellent, très drôle -
peut-être quelques reproches de détails -
j'imagine un tournage difficile.
le genre demande beaucoup de
décision et de moyens. /de moyens
dans la tête./

Bien à vous et, je l'espère
à très bientôt.

Pialat

multiples possibilités, partagé entre ses désirs et des règles de conduite sociale auxquelles il ne se soustrait pas mais qu'il aurait envie d'enfreindre.

Il se fixe des buts d'action tout en appréhendant l'échec.

Le fait qu'il soit conscient de ses dilemmes, qu'il s'analyse sans aménité, qu'il se scrute avec une sorte de hargne – sans être pourtant toujours vraiment lucide sur ses propres motivations – le rend encore plus inconfortable.

Ses difficultés ne viennent pas tant de la poursuite de ses objectifs que d'une lutte pour son autonomie profonde, pour sa liberté, qu'il n'arrive pas à atteindre parce qu'il souffre d'un sentiment de solitude, d'abandon.

Comment construire sa vie sur des bases solides lorsqu'on n'a pas eu autrefois ou pas cru avoir la quantité d'amour indispensable pour se croire digne d'amour?

Puisqu'on n'a pas eu, à l'époque où on attendait tout des autres, l'attention, les encouragements qui auraient aidé à se reconnaître comme un être ayant de la valeur en soi, l'existence toute entière s'en trouve assombrie. Les efforts ultérieurs, les combats pour tel ou tel projet sont menés tout en ayant à endiguer les effets démobilisants de l'idée qu'au fond ce qu'on fait n'a pas d'importance.

On a alors beau vouloir s'affirmer, obtenir des résultats professionnels, on demeure insatisfait.

Telle qu'elle s'est constituée, la personnalité de Maurice Pialat est divisée. Il est lié, ligoté lui semble-t-il parfois, par tout ce qui le renvoie à son passé, à ses souvenirs. C'est une forme d'enracinement dans le terreau à la fois fertile et mortifère des jours anciens.

Sa sensibilité douloureuse, son éducation peut-être, les situations embrouillées dans lesquelles il se place lui-même, ses fluctuations ainsi que les contraintes diverses et inévitables de la réalité sont des entraves contre lesquelles il s'insurge par moment.

Pour desserrer l'étau qui l'étouffe, il lui semble indispensable de défendre coûte que coûte une indépendance qu'il croit menacée. Et cela même au prix de heurts, de tensions avec son entourage, et en se montrant intransigeant.

Affectivement, il est réticent à se livrer, secret, méfiant.

Il éprouve une impression pénible d'isolement et d'incapacité à se fondre dans un groupe, à participer à sa vie, à en retirer de la joie.

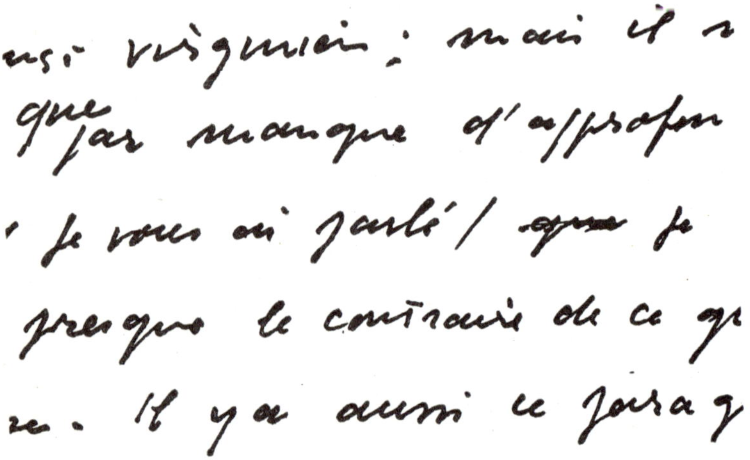

Il fait barrage à l'expression de ce qui en lui pourrait ressembler à de la tendresse, il accentue au contraire la manifestation d'un côté dur voire destructeur de sa nature. Trait inné ou acquis il est impossible de le savoir. Possessif, exclusif, ses attachements ne le rendent pourtant pas heureux. Est-ce la crainte inconsciente d'être rejeté, qui par une réaction de peur lui fait prendre les devants et déclenche une agressivité qui coupe le contact?

Les déceptions passées, la culpabilité, les doutes de soi, la tendance à attribuer au monde extérieur les ombres qu'il porte en lui, apparaissent comme des comportements négateurs.

Plus qu'inquiet, Maurice Pialat est anxieux, pessimiste, très critique. C'est un homme tourmenté, certainement fort complexe, dont la personnalité est évoluée mais difficile à comprendre.

Son ambiguïté est également richesse et il l'utilise dans son métier. A travers des créations qui font appel à son émotivité, à sa sensorialité (pour donner à voir, il doit lui même voir et sentir) mais surtout à son intelligence conceptrice qui donne corps à ses interrogations, à sa vision du monde, il trouve un exutoire dans son métier.

Son caractère directif, de l'autorité, de la décision dans l'exécution en font un homme avec qui il faut : ou suivre ou se démettre.

Le cheminement de Maurice Pialat ne va pas sans découragements mais le courage vis-à-vis de lui-même, la persévérance l'emportent.

Ce qu'il obtient n'est pas toujours né dans l'allégresse et ne lui apporte guère d'apaisement.

Il ne se décerne pas de satisfecits et puise dans ses contradictions l'incitation à poursuivre.

Qu'il déconcerte cela ne fait pas de doute. Des attitudes opposées se succèdent : implication puis indifférence, conscience de devoir choisir sans s'y résoudre.

Quelles que soient ses désillusions, ses amertumes, il continue et sa devise pourrait être celle de Guillaume d'Orange : « Il n'est pas nécessaire d'espérer pour entreprendre ni de réussir pour persévérer. »

Au Grand Prix de Longchamp, Maurice Pialat prendrait-il un pari sur le cheval Pialat?

A la vue de sa signature, il est permis d'être sceptique.

BALANCE

180 à 210° de longitude céleste.

Arc nocturne supérieur à l'arc diurne et croissant. Ecart minimum entre les 2 arcs.

L'excitation associative de l'automne se manifeste à la Balance par une attitude qui fait le contrepoids de l'attitude virginienne : là où cette dernière se rétractait devant les incompatibilités, la Balance, le nez au vent, cherche et trouve les affinités, le terrain d'entente. Son côté « tout le monde a quelque chose de beau, tout le monde a quelque chose de gentil, tout le monde peut et doit s'aimer », autrement dit sa répugnance à admettre que l'agressivité, la haine, la violence, sont des maux inévitables, parfois même nécessaires, en agace plus d'un. Et pourtant derrière son amabilité uniforme, elle est sélective et sait parfaitement voir et éviter ce qui ne lui convient pas ou la dérange. Sa fonction étant essentiellement une fonction de conciliation, la Balance s'y entend comme personne pour dialoguer, négocier, pour ménager la chèvre et le chou, pour transformer ses éventuels ennemis en amis.

Traits Balance : l'excitation associative rend la Balance sociable, coopérative, capable de concessions, égale d'humeur, souple, diplomate, pleine de tact, raffinée, nuancée. Mais il lui manque ce qui fait la force de son signe inverse la Vierge et de son voisin le Scorpion. Au négatif, la Balance est conformiste, opportuniste, futile, instable, désordonnée, imprévoyante, étourdie, indécise, louvoyante, insaisissable, inconstante et pas très franche.

PIERRE BELLEMARE
journaliste, animateur de radio, conteur

Signes dominants : la Balance par le Soleil, Mercure et Vénus. Le Sagittaire par l'Ascendant et Saturne. Les Gémeaux par la Lune et Jupiter.
Dominante automnale.
Planètes forte : Mercure, Vénus, Jupiter, la Lune. Saturne.
Faiblesse de Pluton et du Soleil.

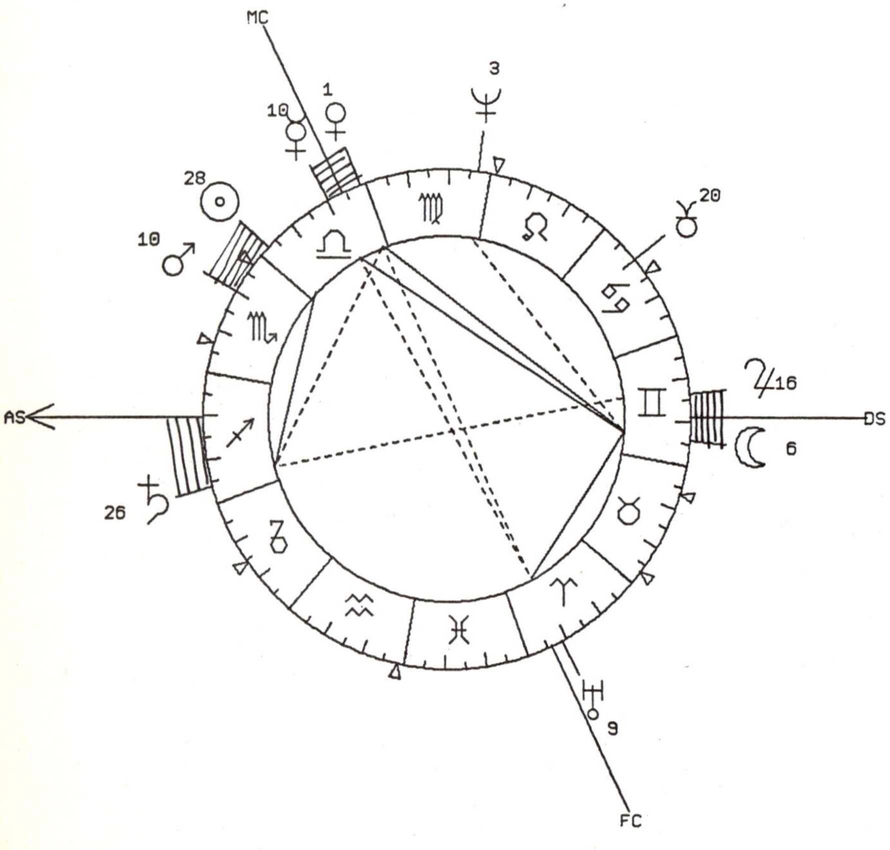

Fançoise Hardy : Arrivez-vous à trouver le juste milieu entre les tendances de la plus grande partie de votre ciel – Mercure et Vénus qui culminent en Balance et la Lune et Jupiter qui se couchent en Gémeaux –, à fuir la solitude dans une vie sociale à la limite de l'excès, et celles de Saturne – sur le point de se lever et à la double dissonnance de Vénus et de Jupiter –, à se ressaisir loin de votre tourbillon habituel?

Pierre Bellemare : le métier d'homme de radio n'est pas un métier de contact avec la foule, et ce n'est d'ailleurs pas ce genre de contact que je recherche, même si j'ai ressenti de grandes émotions quand je l'ai rencontré. Je travaille avec des personnes avec lesquelles je suis tout à fait en confiance, car j'ai besoin de la « réflection » constante que cela permet – réflection au sens de miroir – : on parle, on envoie des idées, elles vous sont renvoyées, elles reviennent, elles repartent. Les émissions que nous montons sur l'antenne ne sont rien d'autre que le résultat de la lente digestion de toute une succession de conversations et de débats. Je serais incapable de travailler seul, incapable de me retirer à la campagne, qui d'ailleurs ne m'intéresse pas terriblement, pour essayer de penser tout seul devant une page blanche. Par contre, je sais très bien ne rien faire et je peux être parfaitement contemplatif. Quand mon bateau est mouillé dans la marine d'Elbo, qui est l'un des plus beaux endroits de Corse, et que je vois la fin du jour arriver, je peux rester trois-quatre heures à regarder simplement la lente modification des choses, le changement des couleurs sur les rochers par exemple. Dans ces moments-là, je n'ai absolument besoin de rien faire, je ne pense à rien, je me vide de tout. Je ne fais qu'apprécier, admirer, me pénétrer complètement de ce paysage et je jouis de la vie au point d'oublier complètement mon corps que je sens, sinon, constamment – je vis tout le temps avec mon estomac, mon ventre etc... et c'est extrêmement désagréable... – J'adore la mer, j'adore les déserts. Je suis un peu « baudelairien », dans le sens où j'aime beaucoup les univers minéraux et moins les herbes folles, les petites fleurs...

F. H. : Il y a chez les Sagittaires, et vous êtes Sagittaire par l'Ascendant, un appel vers le large, vers les grands espaces, qui peut se manifester par le goût de la mer et du bateau qui est le vôtre, surtout quand la Lune est forte, puisque la Lune a trait à la gestation et que la mer est notre berceau originel. Or, votre Lune natale est non seulement très valorisée, mais aussi bien soutenue par Jupiter, Uranus, Vénus et Mercure, ce qui est souvent l'indice d'un bon équilibre en rapport avec une relation positive à la famille d'origine, la mère en particulier. Votre famille a-t-elle effectivement été une source d'équilibre pour vous?

P. B. : Totalement, puisque j'ai vu s'accomplir devant moi un roman d'amour permanent, qui a hélas pris fin avec la mort prématurée de ma mère quand j'avais dix-sept ans. Mon père, qui est mort longtemps après, ne s'en est jamais remis. J'ai regretté de ne pas avoir été, sur le moment, assez conscient de toute la richesse que mes deux parents m'ont apportée. Je n'ai pas su très bien rendre à mon père tout ce qu'il m'a donné et je suis... désespéré de ne pas l'avoir mieux compris de son vivant.

F. H. : Le carré Vénus-Saturne qui marque votre ciel est l'indice d'une difficulté à se laisser aller à ses sentiments. D'une façon plus générale, autant Lune-Jupiter prédispose à la bonne humeur, par aptitude à se satisfaire de ce qui est à sa portée, autant Vénus-Saturne porte à la mélancolie, par aspiration à un absolu irréalisable, particulièrement sur le plan sentimental. Est-ce là votre talon d'Achille?

P. B. : C'est vrai que j'ai un caractère qui me permet de retrouver ma bonne humeur relativement facilement. C'est vrai que le vague à l'âme fait aussi partie de mon caractère et que je suis en proie à des moments de tristesse, cachée et solitaire...

F. H. : Vous considérez-vous comme un sentimental?

P. B. : Sûrement, même si je n'en donne pas l'impression. Par exemple on me fait souvent de la peine sans s'en rendre compte, parce qu'on n'imagine pas que ça puisse m'en faire. Ma réputation de type solide m'a incité à bétonner les morceaux branlants du mur, mais je suis plus près du mur de briques que du mur de granit.

F. H. : L'ensemble Mercure culminant en Balance au trigone d'une conjonction Lune-Jupiter angulaire en Gémeaux justifie les qualités de mobilité, de vivacité, d'improvisation, de répartie, d'humour et d'aisance dans les contacts en surface que tout le monde vous connaît. Mais le carré Vénus-Saturne suggère un inconfort équivalent dans la relation plus profonde : les tête-à-tête, surtout s'ils sont d'ordre sentimental, vous font-ils perdre tout ou partie de vos moyens?

P. B. : J'ai toujours été très maladroit avec les femmes : lamentable!

F. H. : On peut supposer aussi que si vous êtes souple et conciliant dans les relations superficielles ou professionnelles, vous êtes par contre plus raide et intransigeant dans la relation plus intime.

P. B. : Oui, oui, je suis un type parfaitement insupportable (*éclat de rire général*)...

F. H. *(riant)* : Mais non, non...

P. B. : *(riant)* Mais si, mais si, mais si, je suis un type très insupportable, je ne suis pas très « marrant » dans la vie de tous les jours, je ne sais pas bien partager... J'admire beaucoup ma femme de me supporter...

F. H. : Comment conciliez-vous le besoin Balance, Gémeaux et mercurien de renouvellement, de pluralité dans les associations, et, éventuellement, les unions, avec l'exclusivisme et la fidélité de Vénus, de Saturne et d'Uranus?

P. B. : Je m'efforce de n'être infidèle à personne dans mon

métier, mais ma fidélité n'est solide que dans la mesure où j'agrandis le cercle, faute de quoi on se scléroserait complètement. Tout le monde en est conscient. Ce n'est pas facile d'entrer dans le cercle, mais le cercle sait qu'il faut qu'il s'entrouvre s'il ne veut pas crever. C'est très différent en ce qui concerne ma vie privée. Je ne suis pas l'homme des aventures multiples. J'ai connu ma première femme sur les bancs de l'école. Nous nous sommes mariés après mon service militaire et avons vécu vingt ans ensemble. Et puis un jour, j'ai rencontré ce qu'il est convenu d'appeler le coup de foudre. Ça arrive comme ça – c'est imparable – sur un regard, sur un rien, sur un instant. On ne sait pas comment ça arrive, bon, boum! et puis ça arrive. Quand on est aussi maladroit et minable dans ces domaines que je le suis, ça vous frappe d'autant plus le jour où ça arrive. Il s'agissait tout simplement de ma seconde femme, avec laquelle je vis depuis treize ans. C'est vous dire que ma vie privée n'est pas sujette à des bouleversements constants.

F. H. : L'importance dans votre ciel de la Balance, jointe à celle de Vénus, de la Lune et à la faiblesse de Mars et Pluton font supposer que vous n'aimez ni attaquer, ni provoquer, ni vous opposer. Craignez-vous plus que la moyenne les situations conflictuelles, les rapports de force, et, si oui, jusqu'où peut aller votre goût de la conciliation?

P. B. : Je dois les craindre, car je n'ai jamais été capable de m'intégrer d'une manière aisée à une hiérarchie imposée. Je n'ai d'ailleurs fait qu'une brève expérience dans ce domaine. Il y a quelques années de cela, on m'a proposé la direction générale d'Europe 1, aux côtés de Jean-Luc Lagardère. J'étais forcément flatté, et j'ai eu la faiblesse d'accepter sans bien analyser au préalable toutes les conséquences de cette proposition. J'avais, jusque-là, toujours été un travailleur indépendant, un artisan, et je me suis brusquement retrouvé cadre supérieur, avec, bien évidemment, des tas de gens sympathiques qui ne me voulaient que du bien, mais aussi des tas d'autres qui passaient leur temps à essayer de me faire des croche-pieds. Ce genre de situation oblige à faire non seulement son métier, mais aussi ce que j'appellerais de la politique intérieure. Et ça, ça m'est complètement étranger! Je n'ai donc pas pu assumer cette fonction. Mon équipe de travail ressemble un peu à une troupe de théâtre, où l'on se rassemble autour de quelqu'un par osmose, peut-être parce qu'on a de l'admiration pour lui, ce que je crois indispensable, mais surtout parce que, même si l'on diffère sur certains points, on a des goûts communs et une volonté commune d'aller dans certaines directions. L'autorité d'un chef d'équipe y est librement acceptée et coule de source. Je peux donc l'assumer sans problème, alors que je suis totalement incapable d'exercer une autorité à partir du moment où il faut entrer dans une hiérarchie et en jouer le jeu. Si bien que je fuyais littéralement tout ce qui était conflictuel et que j'étais un directeur général lamentable! La-men-ta-ble! Parfaitement inutile. J'en ai eu très vite conscience et je suis tout aussi vite retourné à mes habitudes, mon bureau, mon équipe.

F. H. : Ce que vous dites là relève astrologiquement de la force de votre Lune natale cœxistant avec la faiblesse de votre Soleil. Le mécanisme de défense privilégié de la Balance est l'évitement. Êtes-vous particulièrement doué pour détourner la conversation dès qu'on aborde des sujets qui vous dérangent ou pour vous rendre insaisissable quand on vous cherche trop à votre goût?

P. B. : Quand je ne veux pas du contact avec une personne, je sais l'éviter. Il y a des jours où je suis saisissable et d'autres où je ne veux pas l'être et où je me comporte en conséquence : je suis alors, volontairement, tellement distant, tellement absent, que personne ne m'aborde. Par contre je suis assez maladroit dans la conversation, j'ai toujours envie de répondre franchement aux choses que l'on me demande et non de les éviter. Cependant, et c'est là où je vous rejoins peut-être, il doit être très difficile de me connaître, même pour moi, parce que je me cache constamment. Lorsque je raconte certaines choses, je suis tout à fait sincère, et, en même temps, je ne me livre pas vraiment à travers ce que je dis. Je suis toujours sur mes gardes parce que je suis extrêmement pudique.

F. H. : L'aptitude Balance à voir aussi bien l'envers que l'endroit de la médaille ainsi que les besoins de liberté, tant de ce signe que des Gémeaux, pourraient vous poser des problèmes sur le plan de l'engagement.

P. B. : Quand je m'engage je m'engage. Je suis comme ce grand armateur libanais qui traitait des marchés dans le monde entier et faisait passer, par simple coup de téléphone, des millions de dollars d'une main dans l'autre. Les Américains, avec lesquels il avait commencé à travailler après la guerre, lui posaient problème, parce qu'il ne pouvait traiter avec eux qu'à coup de contrats et d'avocats, alors que, jusque-là, sa seule parole avait toujours suffi partout. Comme il avait besoin du marché américain, il s'était donc résigné à signer des contrats. Mais il disait à qui voulait l'entendre que s'il avait toujours été fidèle à sa parole, il ne l'avait pas été autant à sa signature. Ceci pour dire que je me sens plus engagé par ma parole que par toute autre chose. La promesse est une chose essentielle pour moi, mais je n'en fais pas beaucoup.

F. H. : Contrairement à votre apparence, votre ciel, par les valorisations de Vénus et de la Lune et par la faiblesse de Soleil-Mars, est plus féminin que masculin, ce qui signifie que vous êtes particulièrement tributaire de vos sentiments, de vos rêves, de votre imagination et de vos émotions.

P. B. : Je suis rêveur, c'est sûr. Ce qui me donne l'énergie pour me battre, c'est la volonté d'accomplir un rêve qui est d'ailleurs d'une affligeante banalité. J'ai constamment présent à l'esprit l'exemple de Jean Nohain, dont j'ai été le collaborateur et que j'ai donc très bien connu et beaucoup admiré en tant que professionnel.

En même temps, c'est un homme qui m'a fait beaucoup de peine – pas par rapport à moi, mais par rapport à lui. Quand on a été Jean Nohain, qu'on a eu son talent, qu'on a été le poète et l'homme de radio qu'il a été, je trouve terrible de terminer sa vie en animant des galas pour les maisons du 3e âge. Mais il ne pouvait pas s'en passer. C'était comme une drogue. En même temps il en avait besoin matériellement, car Jean Nohain ressemblait à la cigale de la fable, il avait été très généreux et n'avait pas mis un sou de côté.
Je sens bien que les youpis et le reste sont de moins en moins en adéquation avec mon âge et qu'il va falloir que j'arrête un jour. Mon but est donc d'y échapper, tout en ayant de quoi m'assurer un minimum de confort, pour pouvoir m'évader sur mon bateau, partir... Je vis dans le rêve de m'évader un jour, rêve que je n'accomplirai peut-être jamais, j'en suis conscient aussi, parce que je suis raisonnable, mais qui m'aide à vivre. C'est en fonction de ce rêve là que je vis, et non en fonction d'ambitions de pouvoir ou d'argent.

RMC, mai 1985

PIERRE BELLEMARE

Analyse graphologique

Ma chère Françoise

Nous avons sûrement un point commun c'est notre amour de la Corse. Heureux marin je redécouvre chaque année l'anse d'Elbo, Porto Nuovo ou le mouillage des îles Lavezzi. J'ai hâte de retrouver les couleurs du soleil couchant, mais il me faut encore attendre le 7 juillet prochain

Amicalement

Pierre

(Format réduit).

Observation de l'écriture :
Instrument : Crayon feutre noir.
Impression : Écriture assez ample et assez enrichie dont la forme est un peu malmenée quand on la regarde attentivement.
Harmonie : Moyennement harmonieuse à harmonieuse. Homogène.
Formniveau : Vie et esprit sont présents dans l'écriture. Irrégularités. Personnalisation du graphisme. Volume. Image directrice importante. Des contraintes. $2\,^3/_4$ à $2\,^1/_2$.
Rythme selon Heiss : Du mouvement avec des crispations dans le geste. De l'équilibre dans la répartition du noir et du blanc : rythme de l'espace. Le mouvement inégalement souple, inégalement contrôlé réduit la forme, en l'écrasant parfois.
Degrés de tension de Pophal : III, IVA.
Définition : Inégale de dimension et inclinaison, saccadée, semi-anguleuse, tantôt mouvementée et gonflée, tantôt rétrécie, aérée, surélevée, du relief, des allègements.
Trait selon Hegar : C, P, Lg$\pm$, R$\pm$. Des arcs dans l'espace.
Grandes majuscules dont le P en parasol de la signature et l'arcade du M.
Geste cruciforme et plongeant de la signature sociale.
Des gestes régressifs, grande virgule après le prénom.

Synthèses :
1° Écrasement, renversement, saccades, gestes régressifs : émotivité, incertitudes.
2° Signature en valeur, grandes majuscules, surélévations, espace bien maîtrisé : sens du rôle, capacité de se situer et d'utiliser ses ressources.
3° Gonflements, volume et coinçages : extériorisation et réserve.

Approches psychologique, caractérologique, typologique :

Tempéraments selon Hippocrate : sanguin, nerveux. Pas de carence.
Le Senne : non-émotif, actif, primaire : sanguin avec le besoin d'expansion et de réussite. Paracolérique.
Freud : oralité.

Szondi et fonctions selon Jung :

Pulsion paroxysmale
e+hy±
fonction hy dominante
Sensation hystéroïde

Moi anxieux luttant pour s'affirmer
k– p+
facteur p dominant
Sentiment paranoïde

Pulsion de contact
d– m+
facteur m dominant
Pensée orale

Pulsion sexuelle
h+ s+
facteur h dominant
Intuition féminine

Éléments d'interprétation :
– Moi dont le niveau d'aspirations est toujours supérieur à la réussite actuelle, qui se force à des performances pour satisfaire son idéal. Sentiment introverti jouant un grand rôle. Besoin de conquérir l'admiration, besoin d'être aimé.
– e+ hy± : désirs forts qui se manifestent dans le comportement, affects profonds bien contrôlés donnant de l'enthousiasme. Finalité sociale recherchée. Besoin de séduire en étant généreux. Adaptabilité, mais conformément à un Surmoi exigeant. Au sujet de ce profil Szondi dit : « l'Abel qui se montre ».
– h+ s+ : les tendances masculines et féminines sont acceptées et vécues, avec, du fait de l'Anima, de la chaleur, de la sociabilité, un besoin d'affection.
– d– m+ : d et m vont dans la même direction et visent à assurer une sécurité dans la stabilité et la fidélité, investissement libidinal fort. Pensée assimilatrice, aisance verbale, don de conteur.

Quand on regarde l'initiale du prénom de Pierre Bellemare on croit apercevoir le roi Louis XIV se découvrant pour saluer sur son passage les dames de sa Cour.

Le couvre chef du galant roi n'avait sans doute pas plus de panache et ses révérences pas davantage de prestance que n'en a ce glorieux P majuscule.

Pierre Bellemare est certainement de commerce agréable.

Désireux de plaire, il est accueillant, aimable, communicatif, cordial. C'est par excellence un homme sociable, un homme de contact, ayant besoin d'un public qu'il sait gagner par son savoir-faire, par son don de la parole.

Il aime faire vibrer son auditoire, susciter son intérêt, transmettre les sentiments qu'il a lui-même éprouvés.

Son imagination, son esprit vif, sa réceptivité à l'ambiance, son désir de persuader, de conquérir, lui font sentir et trouver les ressorts psychologiques et les formes appropriés.

Son affectivité le porte vers les autres avec l'intention de les comprendre, de les aider, de les protéger.

Aussi obtient-il la sympathie, l'adhésion du plus grand nombre par son naturel, parce qu'il semble proche des choses et des êtres, parce qu'il donne libre cours au sentiment.

Il rassure, il réconforte, il entraîne.

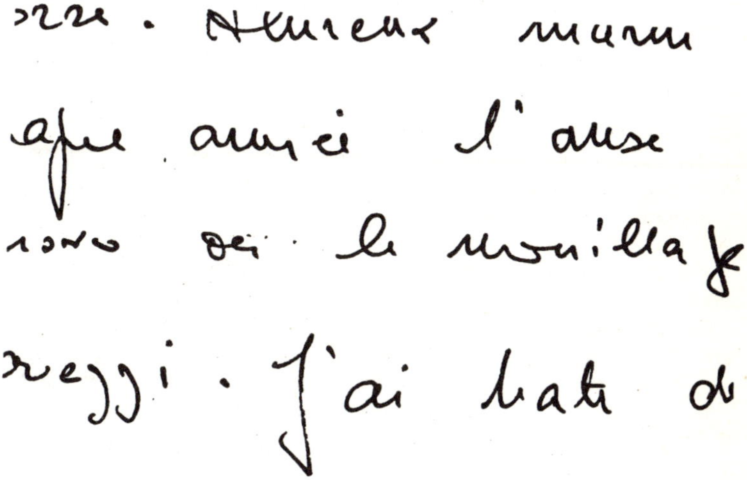

Sans toujours bien s'en rendre compte, il peut avoir tendance aux yeux des autres à tenir le beau rôle.

Il ne lui déplaît pas de bénéficier de la considération de son entourage, de se savoir populaire.

Il aime avoir, dans son domaine de compétence, une réputation de sérieux, de conscience professionnelle; il aime avoir une certaine influence; il tient beaucoup à l'image de valeur professionnelle à laquelle il s'identifie pleinement.

Il est tout à fait sincère dans ses initiatives et ce qu'il parvient à réaliser d'utile, de positif dans son métier le renforce dans l'estime qu'il a de soi.

Une éthique assez rigoureuse lui impose des performances, le pousse à aider autrui, à essayer de sauver les disparus dans la neige comme le font les saint-bernard.

Comme il n'arrive pas à se défaire d'une inquiétude de fond, sa réussite ne lui semble ni absolument acquise ni absolument satisfaisante.

Il aurait probablement souhaité mieux faire et espère y parvenir lorsque l'occasion s'en présentera.

Pourtant, sa réussite s'explique bien par ses qualités de présence, d'impact, non seulement vis-à-vis de ceux auxquels il s'adresse mais aussi de ceux avec qui il travaille, qu'il sait mobiliser et dont il obtient bien le concours.

Il a le sens de l'animation d'une équipe et il en est, face à l'extérieur, un porte-parole en qui il peut être suffisamment flatteur de se reconnaître.

Son flair, son sens pratique, le conduisent à choisir des objectifs réalistes, à évaluer correctement les attentes de ses auditeurs.

Au cours de sa carrière, il a dû prendre ses responsabilités, en restant prudent mais en étant également capable de voir large.

Il est très adaptable, et s'il a des hauts et des bas, il retrouve vite des raisons d'espérer, de s'enflammer, de croire en ses chances.

Intérieurement, il n'a pas du tout l'assurance dont il fait preuve dans les contacts sociaux.

Nerveux, assez émotif, il n'est pas tellement sûr de lui, et peut être gagné par des hésitations, des doutes, des appréhensions de l'inconnu peu confortables. Il en fait peu état, et ceux qui ne le connaissent pas très bien ne les soupçonnent pas.

Sur lui-même il est infiniment plus discret, plus réservé et même plus secret qu'on ne pourrait le prévoir.

Derrière une apparente décontraction, il cache des vulnérabilités affectives, un besoin de soutien, d'affection stable et sécurisante.

S'il est réticent quand il s'agit d'exprimer ses sentiments profonds et d'une façon générale tout ce qui le touche très intimement, il comprend parfaitement ce qui, affectivement, dans une situation ou dans une histoire qu'il raconte, va atteindre la corde sensible chez ceux avec qui il se propose d'établir un courant de communication.

Son don de la parole s'appuie sur cet instinct là.

Avec conviction, il s'entend à faire participer, à inviter les hommes de bonne volonté à améliorer ce qu'il est en leur pouvoir de changer.

Pierre Bellemare est certainement le héraut d'un camp qui n'est pas souvent gagnant : le Bien. C'est un « Abel qui se montre », selon la formule du docteur hongrois L. Szondi *, et à la télévision, ainsi Dieu n'est-il pas seul à le voir et à l'approuver...

1. Voir bibliographie.

JEAN-JACQUES BEINEIX
cinéaste

Signes dominants : la Balance par le Soleil et Neptune. Le Scorpion par Mercure, Jupiter, Mars et Vénus. Le Taureau par l'Ascendant. Les Poissons par la Lune.
Planètes fortes : Mars, Vénus, Neptune, Jupiter et Mercure.
Prépondérance du plan E.

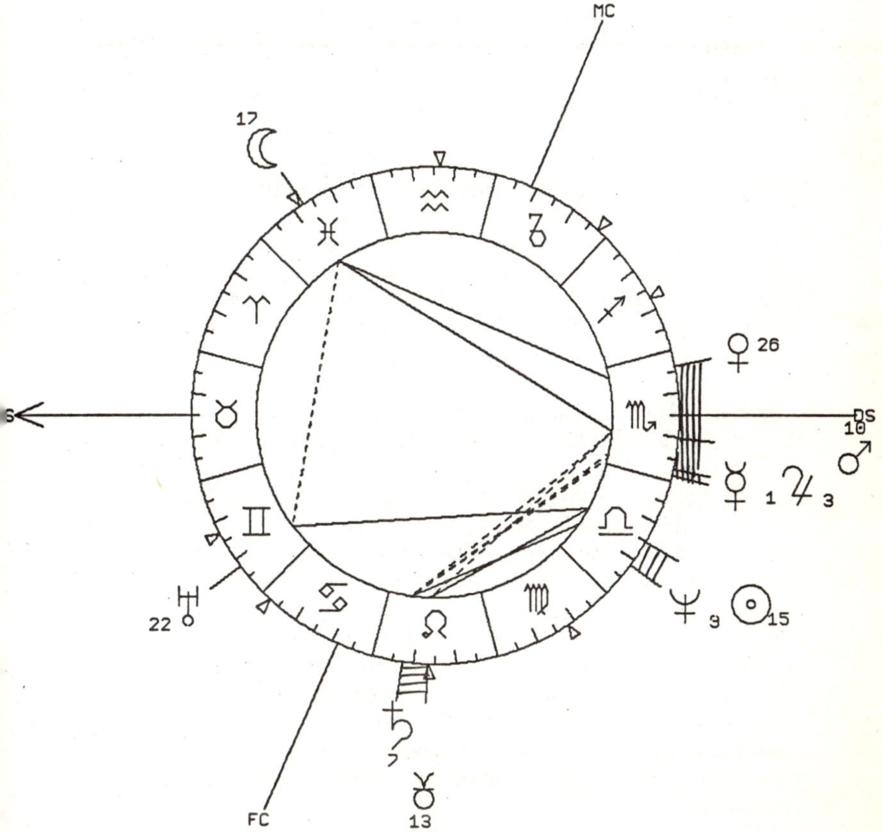

Françoise Hardy : Trois de vos signes dominants sur quatre sont dits réfractaires, dans la mesure où l'un, le Taureau, où vous avez l'Ascendant, porte à se méfier de toute forme d'emballement et de dispersion, l'autre, le Scorpion, où vous avez quatre planètes fortes, à se méfier de la mode et des associations trop superficielles, le troisième enfin, les Poissons, où vous avez la Lune, à être indifférent à ce qui n'est pas ressenti comme essentiel pour soi. Mais la Balance, votre signe solaire, prédispose à aller dans un tout autre sens, c'est-à-dire à être sociable, influençable, sensible à l'air du temps. Comment vivez-vous cette contradiction : réfractaire d'un côté, conciliant de l'autre?

Jean-Jacques Beineix : En tant que Balance, je dirai que je vais tantôt d'un côté, tantôt de l'autre, jusqu'au moment où je dois équilibrer, « balancer », c'est le cas de le dire, ces attitudes effectivement contradictoires. Mais je ne prétends pas réussir à maintenir cet équilibre. Je vis ce contraste davantage sous la forme d'une suite de ruptures avec, de temps à autre, des moments d'équilibre, parfois même d'harmonie. Votre analyse me semble assez juste.

F. H. : Si vous le voulez bien, j'aimerais que l'on précise les contradictions évoquées. Votre dominante martienne sur fond Scorpion-Taureau incite à aimer les rapports de force et l'affrontement direct, alors que votre composante vénusienne sur fond Balance-Poissons incite à préférer la séduction par le charme et à éviter ou fuir toute situation conflictuelle. Êtes-vous une main de fer dans un gant de velours ou bien les épreuves de force laissent-elles toujours une part de vous meurtrie, tout au moins perturbée?

J.-J. B. : Tout ça est juste. Il me semble que j'ai tendance à essayer de résoudre les problèmes plus par la séduction que par la violence. Mais s'il le faut, je suis capable d'utiliser la violence, tout en y répugnant. La violence a sur moi de profondes répercussions qui me troublent, me fatiguent, me perturbent. Je ne l'aime pas. Je préfère que tout se passe dans l'harmonie, mais j'ai toujours l'impression que l'harmonie, quand elle existe, est extrêmement fragile, d'où un sentiment d'insécurité.

F. H. : On peut, au vu de votre ciel, aller jusqu'à dire qu'il y a en vous à la fois le besoin de plaire et celui de déplaire.

J.-J. B. : Je suis, c'est vrai, assez prisonnier de ce schéma-là.

F. H. : Votre dominante Vénus-Mars devrait vous donner un besoin important d'intensité passionnelle qui ne colle pas très bien avec l'aspiration Balance-Poissons et même Taureau au calme et à l'harmonie.

J.-J. B. : Les troubles de la passion me procurent un certain plaisir et, en même temps, l'harmonie fait naître en moi une certaine crainte. Chaque situation porte en elle-même sa contradiction. Je ne peux vivre aucune situation sans en évoquer l'envers. Je fluctue toujours entre l'envers et l'endroit, sans toutefois désespérer d'arriver à trouver l'harmonie. C'est peut-être là où s'introduit un élément supplémentaire : celui de la contrainte. Je ne sais pas si je résoudrai les choses en me contraignant ou en me laissant aller. Je n'ai pas encore décidé.

F. H. : Le Scorpion aime la ou les différences, notamment celles que d'autres, en particulier les Balances, préfèrent esquiver et qui risquent de ce fait de déclencher leur antipathie. Éprouvez-vous un certain plaisir à cultiver votre singularité et même à vous faire des ennemis, ou bien rêvez-vous d'être différent sans être pour autant un objet d'hostilité, tout au moins d'incompréhension?

J.-J. B. : C'est vrai que j'aime les différences, quelles qu'elles soient. J'aime les gens qui ont une autre couleur, au sens propre comme au sens figuré, j'aime les façons d'être différentes, j'aime les ailleurs, et, en même temps, je crois que je suis terriblement conformiste, dans la mesure où mon conformisme m'aide à garder ce que j'appelle ma « privacy ». Par exemple, si je vais dans un endroit où tout le monde est en smoking, je préfère avoir un smoking, bien que ce ne soit pas un costume que j'aime porter. Si tout le monde est en salopette, je préfère être en salopette. Pour rester tranquille.

F. H. : Le Scorpion porte à l'hyperprécision : il s'agit de viser pile au bon endroit, pile au bon moment, dans un but défini. Alors que la Balance, parce qu'elle pèse trop le pour et le contre, et les Poissons, parce qu'ils ont tendance à penser que le pour et le contre se valent plus ou moins, sont, dans leurs aspects négatifs, flous et indécis.

J.-J. B. : C'est, là encore, une contradiction qui joue sur tous les plans. Sur le plan professionnel, autrement dit en ce qui concerne la mise en scène de cinéma, je suis toujours pris entre le désir d'aller jusqu'au bout de la précision, à la limite de la méticulosité, et les leçons de l'expérience qui m'ont appris à savoir faire la part des choses. Ma vie est une sorte de point de rupture continuel, qui tient dans la phrase : « jusqu'où je peux aller trop loin ». Je passe mon temps à essayer d'aller toujours plus loin, tout en m'efforçant de ne pas aller trop loin, en n'essayant pas, par exemple, de faire de chaque instant une compétition avec l'absolu, afin de sauvegarder un minimum d'harmonie.

F. H. : La Balance est toute en nuances, délicatesses et demi-teintes, alors que Mars et le Taureau réunis mettent les pieds dans le plat et appellent un chat un chat. Pouvez-vous être d'autant plus subtil et raffiné, que vous êtes, par ailleurs, capable de lourdeur rabelaisienne?

J.-J. B. : Je vais finir par croire que la science astrologique est assez fondée, parce que je me retrouve assez bien dans tout ce que vous dites là. C'est vrai que j'aime bien les discussions à fleurets mouchetés, mais je ne suis pas contre la diplomatie de la canonnière, encore moins la truculence. Je passe donc par cet arc-en-ciel là et il arrive que je ne me reconnaisse pas : car il peut y avoir un décalage entre ce que je dis et ce que je sens, comme si je proférais des grossièretés en costume Louis XV. Je suis sujet aux incongruités et aux anachronismes.

F. H. : Saturne et Pluton, que l'on trouve dans votre maison 4, en rapport avec les origines, sont souvent l'indice de bases plus ou moins branlantes quant à la sécurité affective ou matérielle que la famille d'origine est supposée apporter. Cela a-t-il été votre cas?

J.-J. B. : Tout à fait. Je suis en proie à un sentiment permanent d'insécurité. Étant plus familiarisé avec l'approche freudienne qu'avec l'approche astrologique, je crois que c'est dû à des conflits éloignés mal digérés. La Balance ou Saturne et Pluton y sont peut-être aussi pour quelque chose, je ne sais pas. Ce qui est sûr, c'est que je suis à la recherche d'une sécurité que je ne trouve pas. D'où une certaine tendance à me mettre en marge, afin d'éviter ce qui me paraît dangereux pour ma sensibilité et mon inquiétude, par peur de souffrir, d'être trompé...

F. H. : Et pourtant, il y a aussi ce besoin de vous impliquer émotionnellement?

J.-J. B. : Oui et c'est pourquoi ma vie est discontinue : les retraites finissent par me peser et débouchent sur des remises en question qui me jettent à nouveau dans la bagarre. Je reste sur le bord de la piscine à regarder les autres et de temps en temps je plonge. Mais quand je plonge, c'est du grand plongeoir.

F. H. : La maison 6 qui est loin d'avoir livré ses secrets, ce qui est normal pour une maison qui relève du plan dit de « Transcendance », est très occupée dans votre ciel. Elle peut, entre autre, avoir trait au pouvoir occulte et non manifeste de l'objet en général et de l'argent en particulier. Quel type de rapport avez-vous avec l'argent?

J.-J. B. : L'argent n'a pour moi qu'une importance relative. Je n'ai pas plus de respect pour un film qui coûte cher que pour un film à petit budget. Un film coûte toujours très cher, mais comme je place la notion de cherté ailleurs que dans le nombre de billets qu'il faut mettre sur le tapis, ça m'est un peu égal. Je suis plus qualitatif que quantitatif. Je suis beaucoup plus impressionné par la férocité, la passion, l'amour, le don de soi, la générosité qu'ont les protagonistes d'un film que par l'argent que déboursent les producteurs. Ceci dit, j'aime bien payer le prix des choses. Quand on vous donne de l'argent, il faut en rendre autant d'une autre façon.

F. H. : Bien que vous disiez être plus qualitatif que quantitatif, la dissonnance de Mars et Jupiter à Saturne, qui marque votre ciel, peut s'interpréter comme un conflit à parts égales entre les besoins de rendement à court terme et les exigences du long terme, ou, si vous préférez, comme un conflit entre l'homme d'action, l'homme d'affaires, et l'homme de réflexion. Ressentez-vous ce conflit?

J.-J. B. : Tout à fait. Mais là encore, je n'ai pas opté. Je dois faire sans cesse des compromis entre le besoin de vivre au présent sans me poser de questions, et celui de trouver un sens aux choses.

F. H. : La dissonnance Mars-Saturne est généralement révélatrice d'un problème de réglage de la volonté. Vous avez, au début de l'entretien, évoqué un conflit entre contrainte et laisser-aller, qui, pour l'Astrologue, relève de cette dissonnance, dans la mesure où Mars incite à suivre sa pente instinctuelle, à cavaler en rejetant tout ce qui ressemble de près ou de loin au contrôle et à la raison, alors que Saturne incite à tenir en bride ses pulsions, et à ralentir le rythme, pour mieux se concentrer sur quelque chose de plus essentiel que la satisfaction du désir et des appétits personnels du moment.

J.-J. B. : Je reconnais les faits, Votre Honneur. Ma volonté, comme ma vie, est discontinue. Il y a des moments où je veux très fort les choses, et il y en a d'autres où je les laisse aller. J'ai l'impression d'être dans un courant assez violent : parfois je le remonte comme un saumon, parfois je suis fatigué et je me laisse dériver. Ce n'est pas désagréable. Je suis un vélléitaire qui agit.

F. H. : Le rapport Mars-Saturne est comparable au rapport muscle-esprit et peut se manifester par une volonté de reculer les limites de la résistance physique. C'est un aspect que l'on rencontre valorisé dans beaucoup de ciels de sportifs, Bobet et Borg, pour n'en citer que deux. Vous sentez-vous concerné par les problèmes d'endurance physique?

J.-J. B. : Tout à fait. J'ai besoin de me dépasser sur ce plan.

F. H. : Pouvez-vous dans vos périodes d'activité vous montrer dur et exigeant, tant avec vous-même qu'avec les autres d'ailleurs?

J.-J. B. : J'aurais tendance à dire que j'ai été plus souvent dur avec les autres qu'avec moi-même. Mais le vieux chrétien qui sommeille en moi me fait aspirer à être plus dur avec moi qu'avec les autres. J'essaie d'apprendre à exercer le pouvoir dans le bon sens, à gérer les forces qui m'ont été données ou prêtées, au mieux des intérêts d'une tâche commune. Avec l'âge, je commence à apprendre à doser la dureté, l'effort d'une part et le plaisir, la détente d'autre part, autrement dit à ne pas aller jusqu'au masochisme.

F. H. : Cette dissonnance Mars-Saturne qui oppose en vous le réalisme du présent, l'efficacité opportune, à des exigences plus complexes et plus hautes, pourrait vous avoir valu une destinée aux reliefs accusés par ses succès et ses revers : avez-vous établi un ou des rapports entre vos dents de scie professionnelles et vos contradictions intérieures?

J.-J. B. : J'ai l'impression d'avoir été davantage marqué par le succès que par l'échec, mais il est un fait que j'avance en dents de scie, parce que j'ai des moments de dépression assez grande qui sont, heureusement, suivis par des moments de bonheur aussi grand. J'essaie de me dégager de ces fluctuations en recherchant la vérité du quotidien, du travail bien fait et du plaisir, au sens fort de joie de l'âme, de l'esprit ou du corps. J'essaie d'écrêter ces dents de scie. On se couche un soir avec un très beau coucher de soleil, on a l'impression qu'il fera toujours beau, et le lendemain il pleut. On est toujours étonné de ça, et, une fois dans la grisaille, on a l'impression que le soleil ne brillera plus jamais. En fait, le soleil revient toujours et la grisaille aussi. A partir du moment où on sait, où on accepte ça, on a une force supplémentaire dans l'existence. Un film est fait de milliers de petits instants reliés les uns aux autres par une volonté, qui doit essayer de s'imprimer le plus possible, sans jamais se relâcher. Mais on se relâche toujours. On croit savoir faire du cinéma, on croit que chaque plan est génial, tout au moins réussi, et ce n'est pas vrai. Il y a toujours des plans ratés. Au fond ce qui compte c'est la façon dont sont reliés les moments ou les plans. J'essaie d'apprendre la continuité. Mais bon... Patience.

F. H. : Vénus qui concerne le pouvoir émotionnel des images, des formes, des couleurs et des sons, est très valorisée dans votre ciel, ce qui n'est pas étonnant vu la primauté de la qualité des images dans vos films. Mais elle est conjointe à Mars qui concerne la réalité brute. Dans l'abstrait, Vénus pourrait vous faire aspirer à esthétiser la réalité sans esthétique, et Mars à donner une réalité plus concrète à l'esthétique...

J.-J. B. : J'hésite souvent entre le fond et la forme. J'ai peut-être jusqu'ici, mais méfions-nous des apparences, privilégié la forme aux dépens du fond. En tous cas c'est ce que l'on m'a reproché, mais je crois que c'est un peu faux. Je crois que la forme implique le fond, que le beau a une valeur morale. Maintenant on peut se laisser entraîner à une certaine froideur, à une certaine construction qui va au détriment de l'humain. Mais c'est justement ce que j'essaye de faire. C'est une vraie recherche. Il est possible que je ne réussisse pas toujours à maîtriser le fond et la forme, mais ma recherche esthétique est toujours la conséquence d'une recherche morale.

F. H. : La réalisation cinématographique vous suffit-elle pour exprimer l'intuition neptunienne des réalités complexes, irrationnelles, indicibles, que vous devriez avoir?

J.-J. B. : Jusqu'à maintenant non. Mais il y a d'autres choses pour moi que le cinéma qui est tout de même et sera de plus en plus, je crois, le lieu géométrique. Je commence seulement à éprouver du plaisir à faire du cinéma, car jusqu'à maintenant j'ai plutôt éprouvé de la difficulté, de la peine, de la souffrance. J'attends avec impatience le moment où le cinéma ne sera pour moi qu'une grande partie de plaisir. Sinon j'essaie d'autres choses : je me confronte aux expériences des autres en littérature et en musique. J'ai aussi une vie d'engagement physique dans le sport : j'ai fait de la compétition automobile, de la moto, du bateau, de l'alpinisme... Sérieusement, à un bon niveau de compétition...

F. H. : J'ai supprimé en route l'une de mes questions en rapport avec le fait que vos dominantes planétaires : Mars, Vénus et Neptune, axent plus sur l'action concrète, physique, sur les sensations et les émotions, que sur l'intellectualité. Cela explique, pour moi, que votre cinéma soit tellement plus visuel, plus charnel même, que celui des autres cinéastes français et provoque l'émotion par l'image plus que par les mots.

J.-J. B. : Je rêve beaucoup les choses, mais je ne me contente pas de rêver : je concrétise ensuite. J'ai rêvé par exemple pendant douze ans d'avoir un bateau : j'ai un bateau aujourd'hui et j'en fais. La question que je me pose actuellement est de savoir si j'arriverai ou non un jour à vivre complètement à travers le cinéma. Ce serait formidable!

RMC, janvier 1984

JEAN-JACQUES BEINEIX

Analyse graphologique

Chère Scrutatrice.

Puisqu'il faut se soumettre au supplice de la graphologie voici un exemplaire de ma belle écriture.
J'espère qu'il vous permettra d'en savoir plus sur les insondables profondeurs de mon ame.
Vous me rendriez le plus grand service en me disant pourquoi, par exemple, j'adore les pâtes à la sauce tomate, pourquoi je suis attiré par la couleur bleue, et enfin pourquoi lorsque je fais tomber une tartine c'est toujours le coté beurré qui touche le sol ?

(Dimension réelle de l'écriture).

Observation de l'écriture :
Instrument : Crayon à bille de couleur noire.
Impression : Les forces d'expression et de contrôle sont également intenses, elles se contrarient, se heurtent, bousculent l'écriture.
Harmonie : L'ordre, les proportions et l'aisance sont relatives. De l'homogénéité.
Formniveau : Moyen tout en notant que l'écriture possède de la vie, du poids, de la force par son trait mais elle est prisonnière d'une contrainte forte, des raidissements. 3 à 2 $^{3}/_{4}$.
Rythme selon Heiss : Des resserrements, des crispations produisent des blocages dans le déroulement du geste et perturbent le mouvement. L'organisation spatiale est peu évoluée. La forme est par moments solide et l'équilibre forme-mouvement s'établit temporairement.
Degrés de tension de Pophal : IVA et restes de II.
Définition : Assez grande, inégale surtout en dimension, verticale à renversée, appuyée, avec des angles et des guirlandes, compacte, enchevêtrée, groupée avec des lettres isolées, posée à accélérée.
Trait selon Hegar : A, N, C et D, Lt$\pm$.
Signature petite, écrabouillée, avec un geste régressif, montante.
Marge de gauche régulière. Marge à droite irrégulière et grande.
Des rebours, des bâtonnements, des télescopages, des acérations, des massues, des formes en crosse, des déplacements.

Synthèses :
1° Très inégale, compacte, signature aplatie, marge de droite importante : Moi encore assez adolescent.
2° Grande, en guirlandes, oves bien dessinés; dimension affective.
3° Appuyée et déplacée, renversée, gestes cruciformes, rebours, crosses des J : forcing, combativité.

Approches psychologique, caractérologique, typologique :

Tempéraments selon Hippocrate : bilieux, nerveux, sanguin.
Le Senne : non-émotif, actif, primaire : sanguin.
Freud : oralité.
Sentiment d'infériorité selon Adler.

Szondi et fonctions selon Jung :

Pulsion paroxysmale
e+ hy–
Facteur e dominant
Sensation épileptoïde

Moi anxieux luttant pour s'affirmer
k– p+
facteur k dominant
Pensée catatonique

Pulsion de contact
d° m+
facteur m dominant
Sentiment oral

Pulsion sexuelle
h+ s+
facteur h dominant
Intuition féminine

Éléments d'interprétation :
Moi qui veut réaliser ses aspirations mais s'en sent encore loin.
S'oblige à des performances. A besoin de se prouver sa valeur, de lutter contre ses imperfections. P+ incite à « vivre sa vie » mais k– veille et s'interpose, veut imposer sa logique, ses critères. Pensée qui soulève beaucoup de questions, rationalisante, introvertie, ayant une vision personnelle.
– e+ hy– : les émotions sont fortes, profondes, vécues sur un mode authentique et servent de base à une tentative d'œuvrer pour le Beau et le Bien qui donnent leur sens à l'aventure humaine. Des convictions.
Sur le plan intime : de la réserve, sens de sa dignité.
– h+ s+ : la pulsion de tendresse est acceptée et vécue, générosité et don de soi possibles. En même temps, a besoin d'agir et veut agir, se battre pour réussir.
Bon équilibre vital, psychique. Relations de confiance.
– d° m+ : ce qui compte, c'est la qualité et la sincérité des contacts; désir d'être compris et d'apporter aussi quelque chose de positif aux autres. Les contacts sont : chaleureux, intenses, vrais. Besoin de partager les sentiments.
L'oralité, le e+, le h+, l'Anima de l'écriture vont dans le même sens.
Sur le plan matériel, relatif désintéressement; c'est accessoire.

Pourquoi est-ce toujours le côté beurré de ses tartines qui touche le sol se demande Jean-Jacques Beineix, ajoutant ainsi un pourquoi à la liste certainement longue de ceux qu'il ne cesse de formuler.

Si les trois questions posées à la « scrutatrice » le sont sur un mode badin et ne semblent pas relever d'une angoisse métaphysique, ne sont-elles pas les doublures dérisoires – dont le rôle est, en faisant « rire la galerie », de cacher avec pudeur ce qui est plus intime – des interrogations plus essentielles, plus existentielles, plus perturbantes qui constituent la trame de ses monologues intérieurs?

Il a deux fois l'âge du prince Hamlet mais n'est pas davantage que lui d'accord avec son destin.

Qui est-il, qui veut-il être exactement et que peut-il véritablement être, voilà ce que anxieusement il cherche à travers ses engagements de vie et des réalisations professionnelles qui ne le satisfont pas toujours.

Il se bat avec énergie, avec une combativité rageuse, avec une détermination non exempte d'une sorte de violence et de passion, à la fois contre les obstacles du monde extérieur et contre ceux qu'il sent en lui, et qui ne sont pas les moindres.

Ayant un grand besoin de s'affirmer dans une activité correspondant à ses aspirations, il lui faut surmonter des inquiétudes quant à ses capacités, des appréhensions face à l'inconnu, face aux paris que représentent les initiatives qu'il doit prendre dans son métier.

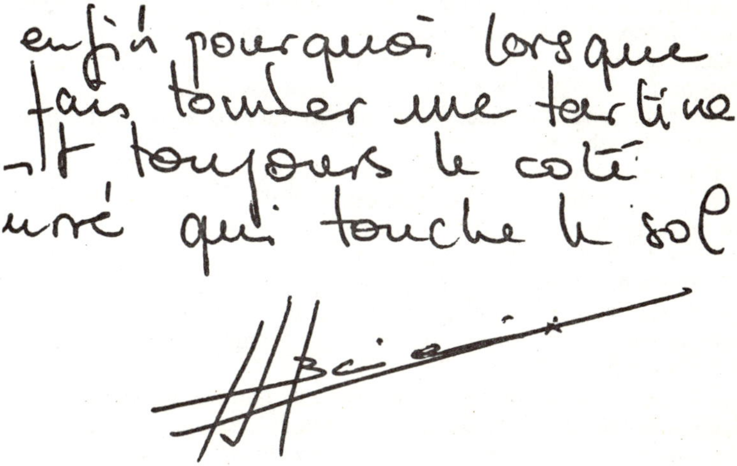

Très impliqué dans ses choix car s'investissant tout entier, très intense aussi bien dans ses émotions – profondes et durables – que dans ses désirs et dans ses buts, il lui importe d'autant plus de réussir qu'il a un contentieux à régler avec le passé. Quelque événement, douloureusement ressenti autrefois, a laissé des traces, des meurtrissures affectives qui ne sont pas encore effacées.

Tantôt il croit à ses chances et en ses possibilités, tantôt il a peur de l'échec.

Il est successivement enthousiaste et saisi de doutes.

De ces états de tension, de ces alternances d'impulsions et de ces tentations de retrait, il émerge au prix d'un forcing et en se malmenant.

Il n'a pas encore trouvé l'équilibre entre d'une part ses désirs, ses instincts et de l'autre, les contraintes que lui imposent ses exigences éthiques, ses critères de valeur sélectifs.

Aussi s'impatiente-t-il intérieurement de ne pas avoir jusqu'à présent donné des fruits d'assez belle qualité, et lui semble-t-il urgent de faire ses preuves non seulement vis-à-vis du public et des professionnels qui comptent dans son métier mais probablement davantage à ses propres yeux pour consolider l'idée qu'il se fait de lui.

Certaines de ses difficultés, de ses tourments ne viennent-ils pas d'une pensée rationalisante, logique, qui brime une affectivité forte, riche, sincère?

Ne serait-il pas plus fidèle à ce qu'il est véritablement s'il la laissait s'exprimer avec plus de spontanéité, avec plus d'abandon?

Le sentiment et l'imagination sont chez lui authentiques, bien développés. Leur alliance est de nature à servir des créations personnelles et intéressantes et à les marquer d'un sceau authentique, frappant et original, à condition que son volontarisme et son souci d'efficacité ne le conduisent pas dans son travail à en faire trop ou à privilégier la forme par rapport au fond.

Sa recherche d'indépendance ne lui facilite sans doute pas toujours les choses.

Il refuse ce qui s'apparente à des concessions touchant à ce à quoi il croit, à ce qu'il estime important, et il entend ne devoir qu'à lui cette indépendance qu'il s'efforce de conquérir.

Cette petit étoile que forme le x terminant son nom et qui reste actuellement embrochée sur le soulignement ascendant de sa signature, parviendra-t-elle à monter au firmament et à lui indiquer le chemin de sa propre vérité comme à Bethléem une étoile conduisit les bergers?

Homme ardent, courageux, convaincu, homme de conscience morale, préoccupé de rigueur et de beauté, il essaie de trouver le langage adéquat pour dire à travers ses images, ses couleurs, à travers ses émerveillements et ses révoltes également, comment il sent le monde. Jean-Jacques Beineix a de quoi s'imposer car il a des qualités solides et point si répandues : rien de superficiel, du cœur, de la solidarité et de l'intégrité dans les contacts, la faculté de voir grand et juste sinon toujours objectivement, bref c'est un homme qui a de la consistance.

Il lui reste à se dépouiller de l'adolescent qui survit en lui, à accepter ses contradictions comme des richesses futures, à s'accepter tel qu'il est sans perdre temps et force à lutter contre lui-même pour mieux canaliser et concentrer toutes les ressources de sa personnalité vers sa vie professionnelle.

SCORPION

210° à 240° de longitude céleste.

Arc nocturne supérieur à l'arc diurne et croissant. Écart moyen entre les deux arcs.

Au Scorpion, l'excitation associative de l'automne se retourne en inhibition différentielle. Autrement dit, là où Balance et Sagittaire s'adaptent au milieu socio-culturel en s'y identifiant, le Scorpion s'y oppose en s'en démarquant, tout en sachant composer avec lui. Là où les deux autres s'attachent surtout aux ressemblances qui rapprochent, le Scorpion s'intéresse davantage aux différences et aux incompatibilités qui séparent. Il s'entend et se complaît à revendiquer sa propre différence, à en user, parfois en abuser. C'est ce en quoi il peut être inquiétant et dérangeant, car ce qui est trop différent suscite la peur, l'hostilité, la haine. Sa fonction consiste à refuser les associations trop faciles, à différencier, démystifier, à se singulariser.

Traits Scorpion : l'inhibition différentielle rend particulièrement individualiste, sélectif, exclusif, exigeant, secret, analytique, précis, critique, discriminateur. Mais il manque au Scorpion ce qui fait la force de son signe inverse le Lion et de sa voisine Balance. Au négatif, le Scorpion est réfractaire, méfiant, méprisant, intransigeant, intolérant, inflexible, répétitif, rancunier, fataliste, destructeur.

JEAN-MARIE PELT
botaniste, humaniste

Signe dominant : le Scorpion par le Soleil, l'Ascendant et Mercure. Le Capricorne par la Lune.
Dominante automnale.
Structure dominante : opposition Soleil-Uranus au double carré de Pluton. Valorisations de Neptune par son trigone à la Lune et sa culmination proche, de Saturne non loin de son minuit et carré au Soleil, de Mercure proche de son lever.
Faiblesse de la Lune, Vénus et Mars.

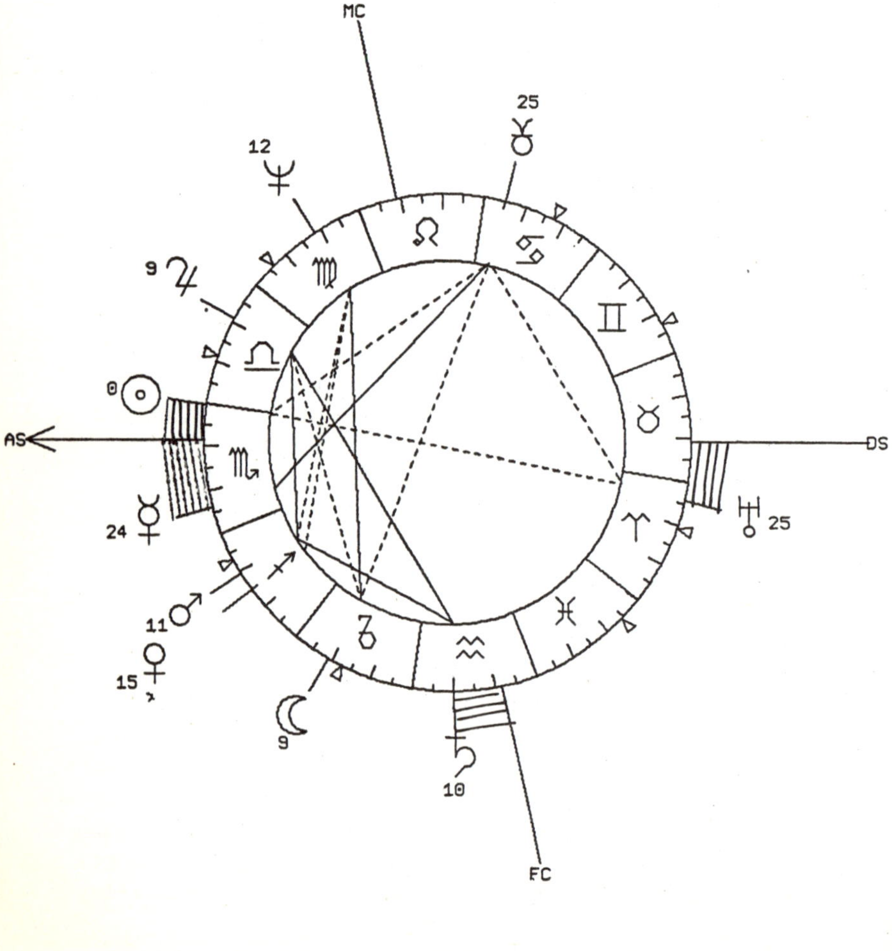

Françoise Hardy : Un Soleil dominant au carré d'un Pluton non loin de sa culmination, pose souvent un problème en rapport avec le père, ou, plus généralement, avec le modèle d'éducation imposé. Ce problème peut se traduire par une ambivalence identification-rejet vis-à-vis du père ou du modèle en question, à moins qu'il ne s'agisse d'une absence ou d'une déficience plus ou moins importantes de l'un ou de l'autre.

Jean-Marie Pelt : Dans mon cas il y a une certaine absence de père et une dominante de mère très marquée, avec de la part de la mère, une demande explicite d'être « tout pour elle ». Tout, c'est beaucoup pour un enfant... beaucoup trop. On ne peut être la mère de sa mère.

F. H. : Un Soleil aussi fort que le vôtre incite davantage à tenir le rôle d'un père que d'une mère.

J.-M. P : Aussi, mais c'était les deux. J'avais la double fonction.

F. H. : Avec Soleil et Uranus, votre ciel de naissance est plus masculin, dans le sens traditionnel du terme, que féminin. Autrement dit, il incite davantage à prendre en charge qu'à être pris en charge. Il est donc intéressant de voir que votre conditionnement familial a été, en partie, dans le même sens.

J.-M. P. : Il a été totalement dans ce sens. Au fur et à mesure que la vie passe, quoi que je fasse, les événements m'obligent à me résigner définitivement à être le père de tout le monde. Quelque situation que je vive où j'attends de la part d'autrui aide et protection, tôt ou tard elle s'inverse et me met en demeure d'assumer cette fonction.

F. H. : Cela ne devrait pas déplaire au Solaire et à l'Uranien que vous êtes.

J.-M. P. : Quand je crois pouvoir compter sur un appui, l'évolution des choses est telle, qu'à la fin du compte, l'appui c'est moi. Le pattern est inévitablement et inexorablement le même : je finis toujours par être père, avec tout ce que cela comporte, entre autre de voir fils et filles prendre leur direction, leurs responsabilités, leur autonomie. Je crois pouvoir dire honnêtement que ma paternité n'est pas possessive et dire aussi qu'elle m'amène bien des soucis.

F. H. : Ainsi que des satisfactions, car cette « paternité », comme vous dites, va dans le sens d'une partie importante de vos inclinations célestes.

J.-M. P. : Oui. Je cherche instinctivement à faire grandir ceux qui sont autour de moi. J'aime les aider à découvrir leurs qualités, à développer leurs dons innés, voire à les révéler à eux-mêmes, dans une sorte de travail purement instinctif et intuitif d'accoucheur. Ainsi, ai-je directement contribué à l'éclosion d'artistes, de scientifiques, d'homme politiques. En dehors de tout calcul, de tout désir de possession et de pouvoir. Ce souci de faire grandir est presque végétal en moi, puisque grandir est le programme inné de tout être vivant, et plus encore des plantes qui, semble-t-il, n'en ont pas d'autre.

F. H. : Un Soleil levant prédispose à avoir un souci d'exemplarité, selon les critères du milieu socio-culturel, alors qu'Uranus incite à se démarquer de ce contexte, et Pluton à le contester ou à en prendre le contrepied.

J.-M. P. : J'ai eu comme seule ambition, pendant toute la période où mes parents vivaient, d'être un modèle exemplaire sur le plan social, c'est-à-dire d'être exactement l'enfant et ensuite le fils qu'ils souhaitaient. Il n'y a eu de ma part ni contestation, ni crise d'adolescence et il semble que je ne leur ai jamais causé aucun souci. J'étais heureux qu'ils puissent être fiers de moi. Par la suite, cette ambition n'a pas changé, si ce n'est qu'à présent je suis mon propre modèle, sans plus chercher à correspondre à l'image que mes parents se faisaient de moi. Je viens d'une famille catholique. L'oncle de mon père était évêque de Metz après la guerre de 14. La famille était très marquée par son influence car, en 1918, dans les départements où le concordat restait en exergue, un évêque était une personnalité fort importante. J'ai donc été élevé d'une manière très religieuse, dans la prison d'une morale stricte, étroite, rigide, et toute la première phase de mon existence a été dominée par une conception dogmatique, doctrinale et profondément sectaire des choses. Moi-même, je ne comprenais pas qu'on puisse ne pas être catholique. Tout comme, faisant ensuite de la politique avec Robert Schuman, je ne comprenais pas que l'on puisse avoir une autre politique que la sienne – la mienne en l'occurrence, c'est-à-dire le M.R.P. de l'époque –. Tout ça s'est complètement inversé après la disparition de mes parents et de ma famille : je n'ai pas changé d'un millimètre sur l'« être » au sens de la philosophie allemande, mais j'ai complètement changé dans la mesure où j'ai cessé d'avoir une appartenance. Par exemple, – après avoir été dans ma jeunesse un militant passionné –, il me paraît impossible de participer à un parti politique, à une organisation ou à une formation de caractère militant bref, à quelque groupe que ce soit, pour faire avancer des idées. Je m'y sentirais enfermé et rétréci. Je préfère me battre seul pour faire avancer mes idées dont je pense qu'elles ont une valeur universelle. Les militants me semblent « étroits », partiaux et partiels... Comme les partis.

F. H. : Le Scorpion, surtout si Uranus et Pluton font partie de ses dominantes, est hyperindividualiste et se sent rebelle à toute forme de communauté.

J.-M. P. : C'est fondamentalement ça. Et en même temps je suis complètement tolérant, c'est ce qui est curieux.

F. H. : Oui, car si le Soleil et le Scorpion vous donnent sans doute l'art de composer avec les divergences d'autrui, ils ne prédisposent pas, à plus forte raison avec Uranus dans le coup, à la tolérance. Au contraire. Vous devriez être particulièrement exclusif?

J.-M. P. : Il y a une contradiction, une dialectique subtile, entre l'aptitude que j'ai à contribuer à faire grandir les autres très librement, selon leur vocation d'une part, et les œillères, souvent même l'impatience, qui résultent de mon exclusivisme d'autre part. Mais je n'ai pas de jugement de valeur. J'imagine l'humanité comme une immense montagne où chacun suit son chemin. Dieu est au sommet de la montagne et il n'y a pas qu'un seul chemin. J'ai mon chemin qui n'est pas celui des autres. Peu importe ce que les autres en pensent.

F. H. : J'avais noté pour vous : « Un Soleil ascendant en Scorpion et à l'opposition d'Uranus entend forger ses propres lois, sa propre éthique et n'admet aucune autorité autre que la sienne. »

J.-M. P. : Je dois avouer que c'est tout à fait exact en ce qui me concerne. Je ne reconnais vraiment que l'autorité divine. – Quand je pense à Dieu ou que je prie, je dis « Sa Majesté » comme le faisait Thérèse d'Avila. – Je ne reconnais pas d'autorité de l'ordre de la terre, bien que je ne transgresse aucune de ses lois – sauf quand j'herborise, herboriser m'obligeant à aller même là où c'est interdit –. Nul autre que Dieu n'est souverain pour moi. J'ai le même comportement avec un ministre qu'avec un smicard : je m'intéresse à ce qui se dit, à la situation, sa réalité, je dirai presque sa non-conformité, sans me préoccuper de hiérarchie.

F. H. : Dans un autre ordre d'idées, Pluton et le Scorpion auraient dû vous attirer de bonne heure vers l'inconnu, l'informulable, avec le besoin et l'art, tant solaires qu'uraniens, de dévoiler, révéler cet inconnu, formuler cet informulable.

J.-M. P. : J'ai toujours été attiré par les étoiles. Je voulais être astronome. Si vraiment je ne veux pas être seul, je monte au sommet d'une montagne et je regarde les étoiles. Je ne suis pas seul, parce que je sens, avec une extrême intensité, une présence très forte, et cela depuis toujours. C'est peut-être une des constantes les plus importantes de mon existence : j'ai besoin de voir le cosmos pour entendre le silence plein d'une présence et me trouver en complète harmonie, posé en moi-même et dans l'univers en même temps. Tout ce qui est très lointain et très inutile m'intéresse totalement. Tout ce qui est conquête de l'espace me passionne. Quand on envoie une navette sur Uranus, je suis dans tous mes états alors que quand on met une cinquième chaîne de télévision, ça ne m'intéresse absolument pas. D'une façon générale, le contenu m'intéresse plus que le contenant, la qualité des programmes plus que le nombre de chaînes.

F. H. : Le Scorpion, surtout quand il est marqué comme vous par toutes les planètes du groupe T de transcendance, éprouve souvent de l'intérêt pour l'occulte.

J.-M. P. : Je vois clair, bien que je ne sois pas pratiquant, dans tout ce qui est occulte. J'ai beaucoup réfléchi, expérimenté, vu, entendu, j'ai rencontré beaucoup de monde, je sais comment ça marche et je sais que ça peut éventuellement permettre de petits coups de pouce pour avancer dans la bonne direction, bien que je connaisse ma ligne depuis très petit.

F. H. : Une dominante soli-uranienne sur fond Scorpion prédispose en effet à savoir ce que l'on veut comme ce que l'on ne veut pas, et à concentrer son énergie sur un objectif, un idéal précis et d'envergure, ce qui favorise la linéarité. Cette dominante porte aussi à avoir besoin de certitudes, de centres de référence précis et l'on peut, à partir du moment où Pluton, qui a pour fonction de démanteler tout repère, toute certitude, est à la double dissonnance de votre opposition Soleil-Uranus, se demander si vous êtes autant un homme qui doute, qu'un homme qui a la foi.

J.-M. P. : Je sais depuis toujours quels sont les points de départ et d'arrivée : la conception pour le premier, le paradis pour le second. La question n'est donc pas où aller, mais comment y aller, car il y a beaucoup de chemins. Je n'ai jamais eu de problème métaphysique. La foi est le seul absolu de mon existence : il n'a jamais, en aucune circonstance, été remis en cause. J'ai connu toutes les épreuves possibles : désespoirs, deuils, pertes, reniements, trahisons etc. Rien n'a ébranlé cette certitude. De ce point de vue, je suis un homme de foi. C'est ainsi que je me définirais vraiment.

F. H. : Il serait donc d'autant plus intéressant de savoir ce qui s'est passé pour vous, quand Pluton a transité votre Soleil natal en 1984.

J.-M. P. : Tous, je dis bien tous, les appuis sur lesquels je pouvais et devais compter, ont systématiquement disparu les uns après les autres. Ça s'est effeuillé comme un artichaut. Ça a été une sorte de répétition générale en raccourci des dépouillements successifs par lesquels, qu'on le veuille ou non, doit passer la vie humaine. Tout s'est inversé : chaque « père » ou « mère » est devenu un « fils » ou une « fille ». On pourrait dire que ça a été la perte de tous les étançonnages et de tous les échafaudages. Des pannes répétées m'ont même privé de voiture : il ne fallait pas que je voie les étoiles non plus. Mais j'ai vécu de façon plus éprouvante encore la perte brutale de très nombreuses sécurités en 1975.

F. H. *(après avoir consulté des tables de positions planétaires)* : Pluton était alors au carré de votre Lune natale, transit type de perte des sécurités acquises, comme vous venez de le dire, ou, pour être plus rigoureux dans la formulation, de perte ou de mise à l'épreuve de l'homogénéité personnelle. Dans les 2 cas – transit Pluton-Soleil ou Pluton-Lune –, c'est le choc du connu avec l'inconnu. Quelles leçons avez-vous tirées de l'inconnu plutonien?

J.-M. P. : Jusque-là, mon camp avait incarné le bien, l'autre ou les autres le mal. Ma révolution intime s'est manifestée par l'abolition totale de ces conceptions morales, qui ont été remplacées par des conceptions éthiques fondées sur l'idée de l'unité fondamentale de la vie, au-delà des apparentes contradictions du jeu dialectique du bien et du mal. Cette nouvelle problématique relativise l'un et l'autre, et j'ai découvert par expérience que « le mieux est souvent l'ennemi du bien » ou encore que « du mal peut sortir le bien ». Mes jugements sur les personnes se sont trouvés remplacés par les notions de compatibilité et d'incompatibilité, ce qui constituait pour moi une véritable révolution mentale. C'est en cette période la plus dure de ma vie, qu'à la lumière de l'admirable texte de Pascal sur « le bon usage de la maladie », j'ai appris que la maladie ou le mal pouvaient engendrer le bien.

F. H. : C'est en effet, comme vous nous l'illustrez, le transit type de changement radical d'optique sur ce qui permettait, jusque-là, la cohésion personnelle. Dans certains cas, la foi ne s'en relève pas. Vous avez échappé à cela.

J.-M. P. : Il y a des pièges dans lesquels il ne faut pas tomber et toutes sortes d'épreuves – les petites fantaisies de Pluton sûrement –, mais j'ai admis, une fois pour toutes, que c'était l'itinéraire et qu'il fallait passer au-dessus chaque fois. Quand vous devez gravir une montagne, il faut bien que vous preniez les lacets les uns après les autres. Ça fait « couic » dans chaque tournant, c'est fatigant et on a l'impression de toujours se retrouver au même point. Alors que non en fait, parce qu'on est chaque fois à l'étage au-dessus et on voit les choses de plus loin.

F. H. : Pluton et Uranus sensibilisent à la Transcendance, autrement dit aux lois souterraines, complexes, ultimes, des phénomènes, tandis que le Soleil ainsi qu'Uranus incitent à rendre évident, conscient, ce qui ne l'était pas, à décrypter, rationnaliser, ordonner, formuler, simplifier et même réduire. C'est pourquoi, on peut dire que vous avez davantage un ciel d'intellectuel qu'un ciel de sensoriel. Faut-il penser que les plantes vous intéressent davantage pour les leçons que vous pouvez en tirer, les idées qu'elles vous permettent de faire passer, qu'en elles-mêmes.

J.-M. P. : Je me sens au moins autant intuitif et contemplatif que typiquement et classiquement intellectuel. Je peux rester un temps infini immobile devant la beauté des œuvres de la nature – la mer, le ciel, la montagne, le désert... –. Si j'étais né en Orient, j'aurais été bouddhiste. A cette réserve près, ce que vous dites est juste : les plantes aiguisent ma curiosité sur le « comment ça marche au fond ». Pour répondre à cette question, je « dévore » beaucoup dans les livres et dans les conversations, et de la même façon dans la nature. Mais j'observe mal, je ne vois pas toujours tout de suite ce qu'il faut voir, il faut que j'aie à côté de moi quelqu'un qui allume la mèche pour que mon ordinateur se mette en marche et que je pense à des tas de choses – des choses auxquelles mon collaborateur n'aurait en revanche pas pensé –. Je ne suis pas vraiment un homme qui a ses racines dans la matière. Les plantes sont un support, un tremplin qui me permettent d'aller plus loin dans la compréhension des mystères universels.

F. H. : Les signes d'automne, tous occupés dans votre ciel, se décrivent par la symbolique du temps : le temps qui court, la mode pour la Balance, les grands cycles pour le Sagittaire, les durées limitées, prises entre 2 échéances inéluctables pour le Scorpion. Avez-vous un sens développé du trop tôt-trop tard, de l'« avant l'heure c'est pas l'heure – après l'heure c'est plus l'heure » – je ne sais plus qui a écrit cette chanson, un Scorpion j'espère –?

J.-M. P. : Pas du tout. Par contre j'ai un sens aigu du temps chronologique : je peux vous dire où j'étais en juillet 47, avec qui, ce que je faisais etc.

F. H. : Le Scorpion est en principe très précis...

J.-M. P. : Je suis précis et méthodique à l'extrême – pas comme une Vierge parce que ça c'est mortellement ennuyeux – ...

F. H. : Et le sens automnal et Scorpion des opportunités?

J.-M. P. : Je l'ai aussi. Mais je ne provoque pas les choses, elles arrivent d'elles mêmes au moment propice. Je trie très vite, et je saute sur l'occasion quand elle se présente, sans la moindre hésitation, avec un sens de l'opportunité qu'un de mes amis trouve « effrayant ».

F. H. : En théorie, le Scorpion, signe du cœur de l'automne, doit réagir à l'« excitation associative » de ses 2 voisins, Balance et Sagittaire, portés à se lier et à lier facilement, par l'« inhibition différentielle » qui consiste à refuser les associations trop faciles, c'est-à-dire à différencier, disséquer, sélectionner, avec ce maximum de précision dont nous parlions. Vous devriez également être prédisposé à envisager pas mal de choses sous l'angle des rapports de force – ce qui relève tant du Soleil et d'Uranus que du Scorpion – et avoir l'art, typiquement Scorpion, de détecter la faille, le talon d'Achille, l'endroit précis où vous devez porter le coup pour qu'il soit fatal?

J.-M. P. : Attendez voir... *(il réfléchit un moment puis prend un ton d'aveu malicieux, jubilatoire presque)* Oui. Je ne m'en sers pas, mais je l'ai. Le principe est le suivant :

1. Ne jamais déclarer une guerre à des ennemis – réels ou potentiels –, mais les contrôler, les mettre dans sa poche ou les éloigner – psychologiquement ou physiquement –. 2. Si une guerre se déclare, la gagner... Si on la perd – ça ne m'est pas encore arrivé vraiment –, on rumine ce que ça peut vouloir dire, on trouve qu'on a perdu de nouveau une feuille à son artichaut et qu'on sera bientôt un cœur d'artichaut complètement comestible. Je vous amuse hein?

F. H. *(après avoir repris son sérieux)* : Vous êtes d'accord pour dire que vous voyez les différences, les incompatibilités avant les points communs et les affinités?

J.-M. P. : Ce n'est pas vraiment évident. Mais si je sens une incompatibilité et que je m'engage quand même, c'est la catastrophe à coup sûr!

F. H. : Il manque au Scorpion ce qui fait la force du Lion et vice-versa : le Scorpion est subtil, perspicace, retors, là où le Lion peut être naïf et facile à piéger. Par contre le Scorpion peut être fataliste, défaitiste, pessimiste, buté et porté à tourner en rond, là où le Lion est positif, volontaire, héroïque et porté à dénouer les situations, à franchir les obstacles. Évidemment, à partir du moment où vous avez la foi comme vous l'avez, vous devez vivre moins qu'un autre ce côté négatif du Scorpion.

J.- M. P. : Je suis trop volontaire pour être fataliste...

F. H. : Il est sûr qu'une dominante Soleil-Uranus fait les êtres volontaires... Comment réagissiez-vous à toutes ces épreuves que vous avez vécues?

J.-M. P. : Très mal! En dramatisant tout! Mais les fées, disons les anges, ces messagers de Dieu, s'approchent alors de mon berceau – qui devient plutôt un linceul dans ces cas difficiles – et des mains se tendent qui me tirent de là.

F. H. : Les fées c'est votre foi, s'il n'y avait pas ça...

J.-M. P. : Je serais déjà mort! C'est tout à fait clair. J'ai l'impression que le Scorpion est indestructible. On l'entend dire souvent.

F. H. : Ses qualités l'arment plus que d'autres pour certains types d'épreuves. Au positif, le Scorpion sait, entre autre, maîtriser la peur et l'utiliser à son profit. Il est donc finalement plus à l'aise que d'autres dans des situations dangereuses ou hostiles, qu'il recherche même parfois, consciemment ou inconsciemment. Au négatif, quand la volonté de dépassement, d'héroïsme, quand le besoin que tout soit le plus clair et le plus positif possible, de son signe inverse, le Lion, lui font trop défaut, le Scorpion est au contraire destructeur et auto-destructeur. Mais, encore une fois, le Soleil et Uranus, contrecarrent chez vous les penchants négatifs du Scorpion, par la volonté, le besoin d'exemplarité, la foi dont vous nous avez parlé, par la passion aussi, à quoi ils prédisposent. Vous reconnaissez être un passionné?

J.-M. P. : Je faisais tout avec passion. Maintenant je fais tout avec conviction. Ce n'est pas pareil. J'ai beaucoup changé. La passion est probablement l'apanage de la jeunesse. Je fais les choses parce que je pense que c'est important que je les fasse et que je dois les faire. Pas pour moi vraiment.

F. H. : Tout ce que vous nous avez dit jusqu'ici est fort intéressant, mais fort sérieux aussi, or, Mercure qui allait se lever au moment de votre naissance et qui a une fonction de désacralisation, de dédramatisation, de détente, devrait vous donner le besoin et l'art d'alléger ce que les choses trop sérieuses ont de pesant, en repérant ce qu'elles peuvent avoir d'amusant et d'insolite.

J.-M. P. : Je déteste être pontifiant quand je suis devant un micro ou un auditoire. J'ai envie de convaincre et de rire, de faire des clins d'œil à ceux qui m'écoutent. J'aime amuser et m'amuser. Les intellectuels dogmatiques et péremptoires me glacent. J'aime sentir que le courant passe : l'humour balaye souvent les réserves et crée l'adhésion.

F. H. : Vous faites tout avec conviction, mais il y a des champs d'intérêt qui vous passionnent encore?

J.-M. P. : Bien sûr. Tout ce qui est scientifique me passionne.

F. H. : Vous êtes-vous éveillé tôt ou tard à vos passions?

J.-M. P. : J'ai été très tôt passionné d'astronomie, de géographie, d'histoire et j'ai éprouvé, très tôt aussi, l'amour profond du jardin. J'ai compris beaucoup plus tard que c'était parce que je vivais en moi-même le mythe du paradis. Encore maintenant, si je rentre dans un jardin, type jardin de curé, avec des tomates et autres légumes bien alignés, j'ai une émotion très forte, intense...

F. H. : Quelqu'un a-t-il favorisé chez vous l'amour du jardin?

J.-M. P. : Mon grand-père était jardinier. Il y avait toute une lignée de jardiniers du côté de mon père. L'atavisme du jardinier était donc très puissant et a forcément joué.

F. H. : Comme je vous le disais au début, le Soleil et Uranus incitent à être ambitieux. Vous m'avez répondu que votre seule ambition était d'être un modèle exemplaire sur le plan social. Rien d'autre?

J.-M. P. : Je n'ai eu qu'une ambition dans mon existence, une seule et unique : devenir professeur à l'université, parce que quand on est professeur, on est égal à ses pairs et on ne court pas le risque d'être gêné dans sa carrière, en raison de la liberté de ses actes et de ses paroles. Je voulais être professeur pour être complètement libre de dire ce que j'avais envie de dire.

F. H. : A partir du moment où vous teniez tant à être libre de dire ce que vous vouliez, c'est que vous ne pensiez pas comme tout le monde, que ce que vous aviez à dire était à contre-courant. Le Scorpion a une fonction de discrimination qui en fait un contestataire, un réfractaire-né. Quand en avez-vous été conscient?

J.-M. P. : Très tôt. Mais c'est quelque chose qui est intériorisé et qui ne se manifeste pas à l'extérieur. Du moins en ai-je l'impression. Je me suis toujours senti différent des autres. Il y a des choses qui semblent beaucoup les agiter et qui me sont totalement étrangères.

F. H. : Par exemple?

J.-M. P. : La mode... Tout ce qui est proche et fluctuant. Il faut que ce soit fixe et lointain. Comme les étoiles. Napoléon ne m'intéresse absolument pas. Auguste César m'intéresse davantage, mais la dixième dynastie égyptienne m'intéresse encore plus et la préhistoire m'intéresse vraiment. Ce qui est loin m'intéresse beaucoup, parce que ça me donne une profondeur de champ. Le proche est tellement emmêlé de scories humaines encore chaudes, qu'on ne voit plus rien. Je ne m'intéresse pas à ce qui intéresse les autres en général et devant le même paysage je vois d'autres choses qu'eux. Par exemple, je ne comprends pas pourquoi l'immense majorité des gens, quand ils sont en face de la mer, s'y conduisent comme ils le font, parce que moi je peux rester des heures à la regarder dans un silence absolu, intérieur, sans penser ou à peu près... Je vis beaucoup dans l'intemporel. Je suis fasciné par les temps géologiques et les années lumière et je vis la quotidienneté avec beaucoup de distance!

F. H. : C'est ce à quoi prédisposent les planètes dites de Transcendance...

J.-M. P. : Je ne suis pas assez attentif aux petites choses qui font pourtant l'essentiel du quotidien. Je perçois d'emblée l'essentiel et néglige ce qui pourtant n'est pas l'accessoire : telle attention à l'occasion d'un anniversaire, d'une fête, d'une rencontre etc. Curieusement, j'inverse ce défaut dans mes relations affectives et j'ai alors systématiquement l'impression que c'est l'autre qui ne me voit pas, tandis que je n'en finis plus d'imaginer des moyens de lui faire plaisir. Il y a là encore cet aspect si caractéristique de ma personnalité, de vivre aux extrêmes, d'inverser les situations. J'ai du mal à me situer dans le quotidien, dans ce qu'on pourrait appeler la voie ordinaire de mon temps. La voie du milieu m'impose des tours de force.

F. H. : L'explication astrologique de ce que vous dépeignez relève, je crois, tant de la faiblesse dans votre ciel de la Lune, de Vénus et de Mars, planètes de vécu concret immédiat, que de la force déjà signalée du plan de Transcendance qui axe, comme son nom l'indique, sur tout ce qui n'est pas trop individuel, trop quotidien, trop terre à terre. De plus, l'ambivalence implication-distance de votre dominante Soleil-Uranus-Pluton, peut favoriser les tendances à en faire tantôt trop, tantôt pas assez, à « vivre aux extrêmes », pour reprendre vos propres termes. Vous ne vous intéressez plus à la politique?

J.-M. P. : J'ai aimé la politique que je regarde à présent comme un spectacle amusant : je compare les hommes politiques à des grands animaux qui se battent pour le pouvoir. Je ne les mésestime pas, je suis tout à fait en dehors du coup. Comment peut-on être un homme politique en compétition avec d'autres? C'est une drôle de situation d'être en compétition. Je suis dans un créneau où je suis tout seul : je suis tout seul à parler des plantes et, à travers elles, de ce que je crois être l'essentiel.

F. H. : Compte tenu du besoin de démarquage, de l'hyperindividualisme et de l'élitisme du Soleil-Scorpion et d'Uranus ainsi que de la distance de Pluton, ce n'est pas mal pour vous d'être tout seul...

J.-M. P. *(riant)* : Je trouve ça très bien. Mais il n'y a pas d'orgueil là-dedans. Je ne pense pas être orgueilleux du tout.

F. H. : Si le Scorpion et Pluton correspondent à l'homme singulier, marginal, que vous nous avez décrit, votre Soleil levant devrait faire de vous un homme non seulement très civilisé, mais aussi très sensible à l'estime, à l'appréciation des autres.

J.-M. P. : C'est très important d'être apprécié par les autres. Je le sens très fort et je fais beaucoup d'efforts pour ça. Les autres, le collectif, ont pour moi une importance extrême. Je suis passé de la communauté au collectif. Je ne peux me situer par rapport aux autres que dans ce que je crois être l'universel. Je veux pouvoir dire des choses que je crois bonnes pour tout le monde et qu'à la limite personne ne dit du tout, parce que les choses essentielles ne sont pas dites et que les médias ne donnent pas toute l'information, tant s'en faut. J'ai l'impression d'avoir une sorte de mission... Bref, il y a les tout proches, et il y a tous les autres à qui je m'adresse par ce que je fais. Je pense que c'est souvent cela la vie d'un créateur.

F. H. : L'Uranien se sent, effectivement, facilement « missionné »...

J.-M. P. : Je me sens tout à fait comme ça. Un peu comme ces prophètes qui ont des tas d'ennuis : chaque fois qu'ils sont fatigués et voudraient dormir, on les force à se mettre debout et à aller plus loin. Ce qui m'embête davantage, c'est cette situation de paternalité généralisée qui s'accuse fâcheusement avec le temps. Si je m'accroche à une ficelle, pouf! elle casse tout de suite, et le petit bout de ficelle cassée qui reste s'accroche à moi...

F. H. : C'est la rançon de Pluton, et, encore une fois, ce n'est pas fait pour vous déplaire complètement?

J.-M. P. : Non.

F. H. : Nous voilà revenus au point de départ et obligés de nous quitter, si nous ne voulons pas illustrer à vos dépens le point faible du Scorpion qui consiste à se mordre la queue...

Paris, février 1986

JEAN-MARIE PELT

Analyse graphologique

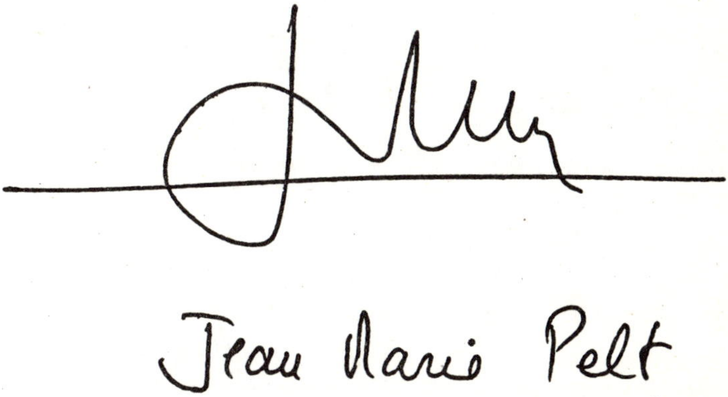

Ma chère Françoise,

Cette rencontre était en vérité très sympathique. Je pense avoir répondu avec grande objectivité à toutes vos questions, et avoir ainsi contribué à la réussite de votre livre.

J'aurais encore bien des choses à raconter. Mais je pense que nous avons vu l'essentiel.

en toute amitié

Jean Marie Pelt

(Format réduit).

Observation de l'écriture :
Instrument : Crayon bille noir (lettre), bleu (carte)
Impression : Forme construite, tenue. Équilibre d'ensemble.
Harmonie : Harmonieuse.
Formniveau : Bon car le graphisme est vivant par ses petites irrégularités. Écriture enrichie, souple. La volonté formatrice l'emporte sur le mouvement qui est plus cadencé que rythmé. $2\,^1/_2$.
Rythme selon Heiss : Le rythme d'espace domine : mise en valeur réciproque du noir et du blanc. Formes de structure. Mariage heureux de la forme et du mouvement.
Degrés de tension de Pophal : Traces de II, du III surtout, des éléments de IVA.
Définition : Grande pour un homme, en guirlandes assez profondes, très nourrie, verticale, contenue, posée, groupée à liée, nuancée à inégale, aérée.
Trait selon Hegar : A, N, C et D, R±
Signature assez grande, soit très lisible, soit en crête dorsale de stégosaure avec angles et courbes, soulignée.
Ordonnée, marges sociales, petite marge de gauche, marge à droite.
Grandes majuscules.
Des angles dans les jambages, des acérations, des lancements, de la pression déplacée, finales courtes ou suspendues.

Synthèses :
1° Écriture à dominante de forme, contenue, verticale, ordonnée, claire : réflexion, contrôle, sélectivité.
2° Grande, en guirlandes profondes, en courbes, finales suspendues, trait net : affectivité importante mais intériorisée.
3° Claire, précise, homogène, signature soit lisible soit accompagnée du nom, trait appuyé, gestes cruciformes : intégrité, sérieux, engagement.

Approches psychologique, caractérologique, typologique :

Tempéraments selon Hippocrate : sanguin, bilieux, nerveux.
Le Senne : émotif, actif, secondaire : passionné calme, paraflegmatique, ce qui apporte de la tolérance.
Freud : oralité forte, narcissisme.

Szondi et fonctions selon Jung :

Pulsion paroxysmale
e+ hy+
facteur e dominant
Sensation épileptoïde

Moi en péril
k+ p+
facteur k dominant
Pensée catatonique

Pulsion de contact
d° m+
facteur m dominant
Sentiment oral

Pulsion sexuelle
h+ s+
facteur s dominant
Intuition masculine

Éléments d'interprétation :

– Moi k+ p+ : processus d'introjection par lequel le sujet absorbe des connaissances, des expériences, des sensations, des émotions sans renoncer au principe de plaisir. Moi fort.

Il veut « tout être et tout avoir » ainsi que le dit Szondi.

Effort de détachement par la pensée déductive, concentrée, ordonnatrice.

– e+ hy+ : affects authentiques, désirs, sentiments ont un effet entraînant et conduisent à une action utile aux autres, généreuse. Besoin d'affection, de reconnaissance, besoin de plaire, d'être aimé.

– d° m+ : renforce ce dernier aspect d'autant plus que l'écriture a un facies Anima. Il y a recherche de communion affective. Sociabilité non agressive, contacts faciles et pouvant être élargis sans que la stabilité, la fidélité soit modifiées.

– h+ s+ : la composante féminine étant acceptée, les contacts sont encore plus agréables. Sexualité bien vécue. Instincts forts. Tonus.

Jean-Marie Pelt sait tout sur l'hélianthénum, sur l'héliothrope, sur l'hellébore, sur l'hémérocalle de Sibérie, il sait tout sur les saponaires de Calabre, les scabieuses du Caucase, les scilles du Pérou, les silènes, les saxifrages.

Il sait tout dans le domaine correspondant à sa spécialité professionnelle et à ses intérêts intellectuels car il aime apprendre. Les connaissances qu'il assimile avec une grande aisance lui sont aussi indispensables que le pain ou le fromage, elles soutiennent sa bonne santé psychique, elles font partie de son amour de la vie.

Il n'a rien, en effet, d'un savant accumulant des données abstraites, et qui, sorti de son laboratoire, se sent perdu.

Jean-Marie Pelt est un homme de paroles.

Il a besoin de transmettre ses émotions, ses enthousiasmes. C'est un conteur. Il a un talent pour expliquer, pour diffuser, pour faire participer. Avec lui, les aventures des plantes, leurs guerres, leurs morts deviennent bien plus captivantes qu'un feuilleton.

Par son aisance verbale et sa formulation imagée, par sa passion

INSTITUT EUROPÉEN D'ÉCOLOGIE

joint échantillon de mon

Très cordialement

JM Pelt

pour son sujet, ses convictions fortes atteignent ceux à qui il s'adresse.

Elles sont fondées sur une réflexion personnelle, sur un raisonnement logique, sur un examen critique des faits.

Toujours, Jean-Marie Pelt a dû être animé d'un souci de comprendre, de voir clair derrière les apparences et de trouver une réponse rationnelle à ses interrogations.

Il conduit sa pensée avec ordre et rigueur, souci d'objectivité et hauteur de vue.

Qu'il s'agisse de lui ou du monde extérieur, son effort de lucidité est constant et entretient une tension, une mobilisation de l'être tout entier.

Cela représente une incitation à tenir en main son destin, à le maintenir sélectivement dans le droit chemin d'une éthique qui est exigeante.

Il vit ses aspirations avec intensité, en s'impliquant beaucoup, sans restriction dans ce qu'il entreprend.

Il mène ses activités de façon organisée, autonome, persévérante, courageuse.

Ses choix ne sont pas établis en fonction de considérations matérielles ou d'un pragmatisme circonstanciel, mais plutôt en accord avec quelque chose de plus fondamental, lié à ce qu'il veut être et qui consiste à servir des finalités d'intérêt général auxquels il s'identifie sans réserve, avec sérieux, avec compétence, sans complaisance mais en entendant leur donner de l'éclat. Il a le sens de la communauté et également celui de son autonomie, ce qui l'amène à donner librement de son temps et de sa personne mais aussi à dire non, à refuser des sollicitations pour garder ses distances et de la disponibilité personnelle.

Son existence a donc, par ses soins, été construite sur des bases solides, bien évaluées, sûres, puis non remises en cause.

Qu'il est rare de rencontrer l'écriture d'un homme dont on puisse dire : il est véritablement mûr, équilibré, sincère, conscient de ce qu'il est, de ce qu'il peut, de ce qu'il veut!

Entier, ne prenant rien avec légèreté, il brûle beaucoup d'énergie psychique que lui dispense sa bonne vitalité, cependant avec les années le problème du maintien d'activités nombreuses et d'un rythme soutenu pourra se poser.

Son affectivité très riche et son besoin impératif de communiquer introduisent une dimension supplémentaire – et essentielle pour lui – dans tout ce qu'il fait, ce qui est à la fois source de plénitude et de complication.

A travers les plantes, ce sont les humains qu'il aime.

Sa chaleur, sa cordialité d'expression (n'excluant pas de la réserve quand ses sentiments intimes sont exposés), son bon contrôle de soi, son goût de l'équité, son attitude foncièrement et résolument positive face aux individus et aux situations, lui attirent la sympathie, lui confèrent non seulement de l'impact mais du rayonnement.

Dans le monde végétal, Jean-Marie Pelt serait un arbre, grand et bien développé, aux racines bien enfoncées dans le sol, au fût droit, ferme et flexible, au feuillage commençant à dégager les lumineuses couleurs de l'automne; il serait peut-être un robuste chêne ne cherchant pas à étouffer ses voisins, seulement à partager avec convivialité l'humus du milieu forestier, l'azote de l'air, et à capter les rayons solaires pour fabriquer avec une sorte de plaisir naturel et d'allégresse raisonnablement optimiste, la chlorophylle indispensable aux animaux à quatre et deux pattes...

ANDRZEJ ZULAWSKI
cinéaste, écrivain

Signes dominants : le Scorpion par Mars, Mercure et le Soleil qui est à la frontière du Scorpion et du Sagittaire. Le Capricorne par l'Ascendant. Le Lion par Pluton et la Lune. Le Taureau par Jupiter, Saturne et Uranus.
Force du Soleil, d'Uranus, de Pluton, de Mercure et de Mars.
Faiblesse de Vénus.

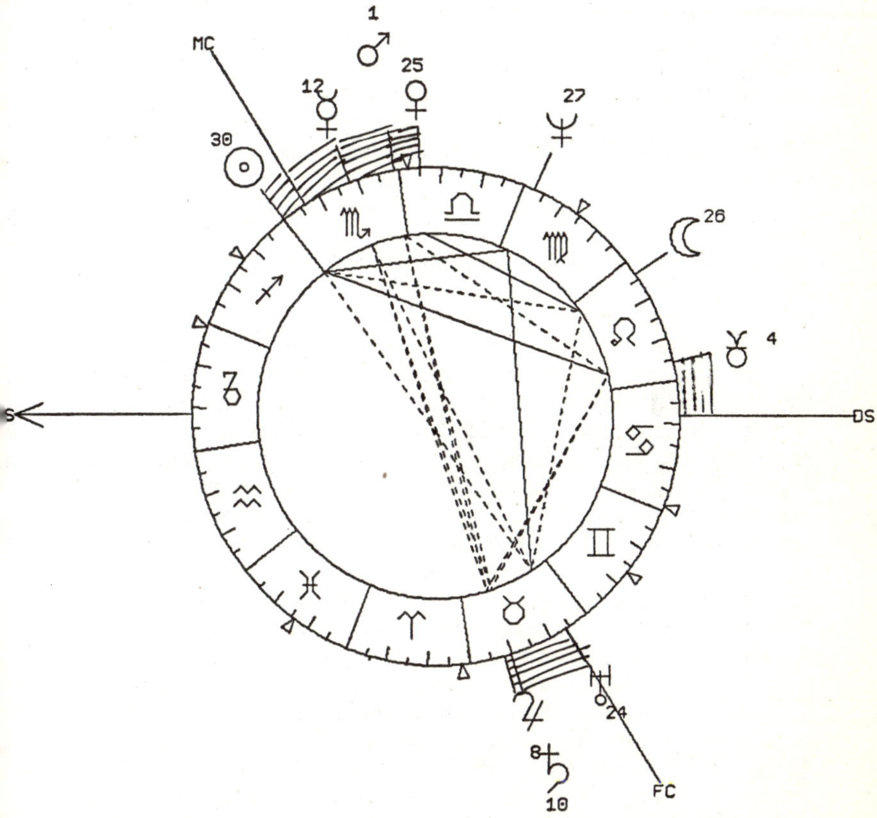

Françoise Hardy : L'intérêt du Scorpion pour les intrications entre le « bien » et le « mal » est connu. Dans Possession, qui est une projection passionnante de ton thème astral, tu fais dire à ton héroïne, Anna, que les portes de l'ambition sont celles du mal. Faut-il voir dans cette affirmation une non-acception de tes propres ambitions, dans la mesure où l'attirance pour le pouvoir personnel que l'on décèle dans ton ciel, et qui relève d'un Soleil culminant à l'opposition d'un Uranus également valorisé, y est contrebalancée par les tendances inverses, inhérentes aux angularités de Mercure, Pluton et Saturne, de distance, voire de rejet, vis-à-vis de ce genre de pouvoir?

Andrzej Zulawski : Je suis ravi que tu trouves que Possession ressemble à un paysage personnel, car, des trois films que j'ai pu faire en Occident, c'est celui que j'ai écrit seul, en partant d'une réflexion sur une expérience vécue qui rejoint, forcément, l'expérience de tout le monde : on est tous en couple, tous les couples sont en crise, ils se défont ou ils se refont... Mais je n'aime pas vraiment le personnage d'Anna, ou plutôt je l'aime d'amour, mais pas d'intelligence. Car Anna a transgressé des lois que nous nous imposons, au-dedans desquelles nous restons pour que le monde n'éclate pas, et elle a fait éclater le monde : en ce sens là je ne l'aime pas.

F. H. : Tu lui fais quand même dire des choses qui te concernent?

A. Z. : Ce n'est pas la résolution par les mots, comme elle les dit, qui me concerne, mais le problème lui-même, qui est en effet très aigu. Le bien paraît une force statique, presque une force de démobilisation, et le mal une force agissante. Dans presque tous les mythes de la création où intervient le diable, c'est lui le « trickster », c'est lui qui va au fond de l'eau chercher la motte de terre avec laquelle Dieu, qui, au fond, n'en a pas si envie que ça, fait le monde. On vit, on respire toujours aux dépens de quelque chose ou quelqu'un. Il y a ce phénomène : inaction-bien, action-mal. Alors, dès que tu entres dans une action, et quand tu fais du cinéma, que tu es metteur en scène, Dieu sait si tu es en action : tu es un « petit chef », tu as un équipe de 150 personnes qui doivent faire ce que tu crois être bien pour le film, tu imposes une volonté et il y a un problème de pouvoir. En même temps, pour quelqu'un comme moi, c'est très compliqué, parce que je viens d'un régime où la haine pour la forme de pouvoir imposé est telle, que toute forme de pouvoir imposé en devient détestable. Il y a donc là une contradiction que je vis fortement. Le simple fait d'être assez prétentieux pour vouloir faire un film et dire : « c'est moi qui parle, c'est mon film », c'est déjà, pratiquement, une volonté de pouvoir, encore que ça ne vienne pas du pouvoir. C'est un malheur de ce métier, qui me découragerait plutôt de faire des films qu'il ne m'y encouragerait. Il y a toujours un passage à l'acte qui est difficile et que les gens comprennent peu. Je suis plutôt calme et doux dans la vie courante, plutôt silencieux...

F. H. : Il faut le savoir...

A. Z. : ... et, au moment de faire un film, c'est comme si une autre nature, à laquelle j'obéis d'ailleurs aveuglément, venait en force.

F. H. : Le langage astrologique étant symbolique, il y a plusieurs façons d'exprimer les mêmes configurations : ainsi, l'ambivalence attirance-rejet vis-à-vis du pouvoir personnel, peut également se traduire par une ambivalence implication-non-implication. Peux-tu être aussi impliqué, passionné, présent, que distant, indifférent, absent?

A. Z. : Complètement. Néanmoins, avec l'âge et la réflexion patiente sur soi, que je considère non comme du narcissisme, mais comme un travail élémentaire que tout un chacun doit aux autres et à soi-même, car il est bon d'être conscient au maximum du pourquoi de ce que l'on fait, j'essaie de circonscrire les zones où je peux me débrancher, me laisser aller à ma volonté de « rien », et les zones où je dois, au contraire, pousser ma volonté de « faire ». Il vaut mieux éviter que ça s'emmêle.

F. H. : Autre proposition : par Soleil-Uranus, besoin de repères, d'objectifs précis, de certitudes, par Mercure-Pluton, absence ou démantèlement des repères, cibles, certitudes. Ce que tu fais dire à Anna sur la Foi et le Hasard est instructif à cet égard. Es-tu aussi sûr de toi, péremptoire, arbitraire, que rongé par le doute?

A. Z. : C'est ainsi que je le ressens : très sûr par moments et complètement rongé par le doute. Encore que je sois plus souvent rongé par le doute que l'inverse. La preuve en est que je fais un film tous les deux ans – deux ans et demi – trois ans parfois, donc les moments de certitude sont rares. Cela vient-il de moi ou du refus de la société pour une certaine forme d'agression, en tous cas c'est comme ça.

F. H. : Mercure, tout-puissant dans ton ciel, donne le goût de la manipulation, du jeu, mais il est conjoint au Soleil et opposé à Saturne qui peuvent concerner l'éthique. T'imposes-tu des règles pour éviter d'aller trop loin dans la manipulation de tes acteurs?

A. Z. : On ne se joue pas des acteurs, on joue avec eux. Si on veut jouer avec des gens, les faire jouer, il faut les comprendre. Ma fonction aide l'acteur à se comprendre lui-même, parfois même très profondément, c'est-à-dire pas intellectuellement, en lui faisant toucher des zones obscures. Pour y parvenir, la première nécessité est de te comprendre toi-même. Sinon tu es malhonnête, tu es un charlatan, et les acteurs, qui, dans la mesure où ils viennent, comme des enfants, se livrer à des entreprises diverses, tantôt de bon, tantôt de mauvais aloi, doivent protéger leur moi, le décèlent et se mettent, avec raison, contre toi. Je n'aime pas le mot « manipulation » en ce qui concerne ma relation aux acteurs, parce que cette relation est finalement presqu'intime, en tous cas d'une grande honnêteté. Si tu t'en amuses, tu es un imbécile et tes films le montreront.

F. H. : La dissonnance qui oppose, dans ton ciel, Mars et Pluton à Saturne, révèle un conflit entre les pulsions instinctives et la cérébralité, la volonté de contrôle. Est-ce parce que tu contrôles un peu trop tes pulsions agressives, qu'il y a un tel déchaînement de violence dans tes films?

A. Z. : Je rêve très peu, je ne retiens pas mes rêves, et je ne pense pas être un cas intéressant pour la psychanalyse. On ne doit pas me tirer très profondément les vers du nez pour savoir qui je suis, et je crois que le fait de pouvoir faire des films y est pour beaucoup. Si on aime l'idée de civilisation comme je l'aime, parce que ça veut dire livres, culture, histoire etc..., on accepte des lois destinées à éviter de s'assassiner les uns les autres. En principe, ces lois ne servent pas à rendre heureux, car elles entraînent des phénomènes d'aliénation. Il faut donc des échappatoires, et le cinéma, quand il est bien conçu, donne un couloir échappatoire à ceux qui le font et à ceux qui le regardent. C'est à ça que la culture, sorte de tampon entre la biologie et la civilisation, sert. En ce qui me concerne, je me suis rendu compte que je suis poussé, tout à fait instinctivement, sans aucune préméditation, à faire des films. Sans doute parce que le bon Dieu ou le diable m'ont fait comme ça : j'ai cette contradiction interne qu'il faut que je résolve, et je suis extraordinairement privilégié de la résoudre en faisant des films, et non pas dans la rue à Belleville.

F. H. : Tu as dit dans des interviews que tu as du mal à tourner parce que tu fais peur. N'as-tu pas tendance à entretenir la peur que tu suscites, à t'en réjouir, voire à l'exploiter, comme beaucoup de natifs du Scorpion?

A. Z. : Je n'entretiens pas cette peur, j'entretiens ma relation d'honnêteté et de franchise avec moi-même. Il y a une loi de la nouveauté non acceptée, dont de plus grands artistes que moi, Bunuel, Griffith entre autres, ont subi les conséquences. Tout dépend de la perspective dans laquelle on travaille. Si tu travailles dans une perspective large, tu vas beaucoup souffrir, mais la récompense est au bout. « L'Important c'est d'aimer » a fait très peur au moment de sa sortie, néanmoins, dix ans plus tard, on peut voir ce film tous les jours à Paris. Même chose pour « Possession ». « La Femme publique » aura, j'espère, le même sort.

F. H. : Je relisais dans « La Condition solaire » de Jean-Pierre Nicola que « le Scorpion oppose la vérité toute nue, d'une nudité provocante ou grotesque, à la vérité accommodée ». Cela fait penser au monstre tentaculaire de Possession. Quelle vérité ce monstre incarne-t-il?

A. Z. : J'ai eu, avec Possession, l'envie de faire un film qui commence dans une cuisine, comme tout bon film de Bergman, où les couples s'envoient des plats de spaghetti à la figure. Mais ces films-là, comme dans nos vies, ne prêtent pas à conclusion, parce qu'il n'y a pas de conclusion. De tout temps, l'humanité a cherché des conclusions, par cette faculté extraordinaire que nous avons de chercher l'explication ailleurs. C'est strictement ce que tu fais en ce moment. Je ne suis pas versé dans ton art « magique », mais j'approuve la démarche, parce que tu fais quelque chose qui, en termes crus, n'existe pas : tu mythologises, tu codifies. Le monstre de Possession c'est ton Astrologie : c'est strictement la même chose. Lorsque tu ne peux plus avoir de réponse dans l'immédiat réel, concret, il faut trouver un code. Je préfère le code du conte de fées pour adultes au code de l'Astrologie, tout simplement parce que je connais mieux le premier que le second, mais je comprends aussi bien que tu m'expliques moi-même par un Lion Ascendant machin, que moi je t'explique le désir inarticulé et pourtant omniprésent de l'humanité par un monstre. Cela revient au même.

F. H. : L'un de tes personnages dit : « Peut-être qu'on peut tout réduire à une compétition sexuelle. Le vainqueur est celui qui procure la meilleure « darkness » (perte de conscience, plongée dans la nuit, aveuglement ?). L'Astrologie traditionnelle a toujours fait un rapprochement entre le Scorpion et le sexe. Pour l'Astrologie moderne, l'automne ayant une fonction associative et étant en rapport avec le temps, il revient au Scorpion, signe du cœur de la saison et, en tant que tel, signe de concentration, les durées limitées, les liens étroits, intenses, qui caractérisent, entre autre, la sexualité. Le thème de la sexualité est-il fondamental pour toi ?

A. Z. : Non et je suis attaquable sur ce plan, car c'est une sorte de manque dans ma réflexion, dans ma façon d'être. Je viens de l'Est où, la vie étant vraiment très dure, certains phénomènes biologiques, comme la faim, prennent le pas sur le phénomène sexuel. Évidemment la sexualité existe, les gens s'aiment, les enfants naissent, les femmes sont ou ne sont pas satisfaites sexuellement, mais ça paraît secondaire par rapport au fait qu'on peut, à tout moment, t'arrêter, te torturer, t'envoyer en Sibérie. Peut-être même que ça empêche les problèmes sexuels, car si tu sais que ton mari risque d'être déporté à tout moment, tu l'aimes d'autant plus fort et tu as plutôt tendance à jouir qu'à ne pas jouir, puisque tout ça se passe dans la tête. L'une des choses qui me frappent en Occident, c'est cette obsession de la jouissance, de la libération du corps, de la femme etc... Je n'ai rien contre, puisque c'est placé dans une réalité sociale, politique, géographique, qui n'est pas tout à fait la mienne. Je l'observe, mais je ne suis pas tout à fait acteur de ce cirque-là, je n'arrive pas à l'intégrer, et je n'en ai d'ailleurs aucune envie.

F. H. : « Le Scorpion, a encore écrit Jean-Pierre Nicola, recherche un rapport adéquat, comme celui de la clé pour la serrure. Ce qui n'est pas conforme à l'image directrice est systématiquement nul. C'est l'un des aspects de la volonté désir : elle est implacable et la réalité désespère de lui répondre. »

A. Z. : Mon plus grand tort, et je me le reproche sans cesse, c'est d'avoir une forme d'intolérance à l'« autrui » et à sa façon très particulière d'exister, et de vouloir que la façon d'autrui, ou ressemble à la mienne, ou, du moins, me soit compréhensible. Mes enfants sont les seuls êtres au monde, avec mon chat, que j'arrive à accepter entièrement. Mais dès qu'un adulte entre en action, il me révolte sans arrêt par des millions de choses. Par exemple, quelqu'un de désordonné me tue. Je voudrais qu'il soit ordonné, mais il ne peut pas l'être, et je n'ai pas l'intelligence de penser que son mérite est ailleurs.

F. H. : On trouve exploité dans tes trois films sortis en France, le thème de ce que tu fais appeler par l'un de tes personnages : « la structure fondamentalement vulgaire du triangle ». Or, et cela renvoie aux premières questions, il y a dans ton ciel l'indication de tendances exclusivistes – ne serait-ce que par le Scorpion –, de difficulté à supporter la rivalité, qui coexistent avec les tendances inverses au recul et au détachement. T'es-tu souvent senti tiraillé entre l'aspiration à être tout pour l'autre et le sens de la dérision de cette aspiration?

A. Z. : Je ne veux pas être tout pour l'autre, je veux que l'autre soit tout pour moi, ce qui est beaucoup plus grave. Je pousse l'autre à être quelqu'un qu'il ne peut pas être, et c'est la source de beaucoup de crises et de drames. Puisque l'autre ne peut pas être tout, la tentation est de mettre deux, trois, quatre autres ensemble, en espérant que l'apport de chacun constituera peut-être un tout. C'est le phénomène de la trahison, donc du triangle. Je préfère le voir au cinéma que le vivre. Il est impératif de désamorcer cette volonté d'absolu impossible à réaliser dans la vie quotidienne, en lui trouvant des issues ailleurs, que ce soit le cinéma, Dieu ou les roses de mon jardin devant lesquelles je n'ai plus qu'à me taire et regarder, ce qui est le premier sentiment religieux au monde...

F. H. : Uranus, dont la fonction est individualisante, est mal situé dans le secteur du ciel attribué aux origines, et sa double dissonance au Soleil et à la Lune, ne fait qu'accentuer la prédisposition à refuser plus ou moins les modèles parentaux et à couper très tôt d'avec le milieu familial. Cela a-t-il été ton cas?

A. Z. : Oui. Je suis parti de chez moi à dix-neuf ans, avec un refus grave, total, d'un certain modèle d'adaptation à la vie. C'était une époque difficile politiquement. Mon père était un intellectuel qui a eu un trajet aussi tragique que d'autres intellectuels polonais, et, sans entrer dans le détail, j'ai refusé complètement une façon d'être. Pourtant, aujourd'hui, nous sommes très amis, et c'est une fête chaque fois que mes parents viennent passer les vacances d'été avec moi. Je pense que la destinée de tout homme de bien est de devenir un sage, au sens chinois du terme, c'est à dire de finir par comprendre et accepter ses propres restrictions et, par conséquent, celles des autres. A partir de quoi on arrête de juger. Mais cela demande beaucoup de temps et d'humilité.

F. H. : Trois sur quatre des signes fixes sont occupés dans ton ciel, ce qui pourrait susciter une attirance pour le signe vide : le Verseau. Je ne sais pas si tu as eu des Verseaux dans ta vie...

A. Z. : Oui, oui, oui, plein...

F. H. : Étant donné que ce signe a une fonction de « re-création » qui consiste à voir les choses sous un angle différent, inédit et positif, tu pourrais avoir besoin de l'optimisme Verseau pour compenser une vision trop noire des choses.

A.Z. : Paradoxalement, mon pessimisme arrive à construire des choses, tandis que l'optimisme, Verseau ou autre, est la plupart du temps à jambes courtes. C'est séduisant sur le moment et au bout de quelques années, tu t'aperçois que l'optimisme en question pédale dans la semoule.

F. H. : Dans Possession, Anna parle d'un troisième champ de possibilités : « Ce champ est comme le cancer ou la folie, dit-elle, mais le cancer et la folie contournent la réalité alors que le champ dont je parle la transcende. » L'une de tes planètes fortes, Pluton, qui appartient au troisième plan du RET, système de codification des planètes, le plan T dit de Transcendance, et dont la formule est transcendance de Transcendance, pousse, si on en a les moyens, à aller au-delà de ce que l'on perçoit, de ce que l'on fait, de ce que l'on est. Pluton concerne donc le troisième champ dont parle Anna. Fais-tu une recherche active pour atteindre ce troisième champ, ou te bornes-tu à en supposer l'existence.

A. Z. : L'un et l'autre. Mais toute forme de recherche active de ce champ est impossible à circonscrire. Puisque ce champ est indéfinissable, la recherche ne peut pas être méthodique. Il y a ce champ de je ne sais quoi, qu'on appelle, selon les époques, Dieu, la poésie, l'intuition... Einstein nous a expliqué que l'univers ressemble à une mince feuille de papier, légèrement courbe en son centre, et que nous sommes tous d'un côté de la feuille. Qu'y a-t-il de l'autre côté et comment chercher, puisqu'on ne peut pas passer de l'autre côté, c'est contraire au principe d'existence. Mais je sais que c'est là, et, finalement, peut-être que le but ultime de tout l'effort, c'est de passer de l'autre côté de la feuille de son vivant.

RMC, juin 1984

ANDRZEJ ZULAWSKI

Analyse graphologique

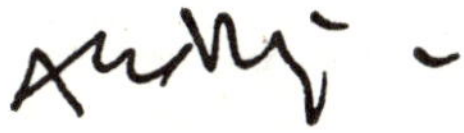

Paris, le 22.X.85

Chère Françoise,

merci pour ta gentille lettre. Je te donne évidemment toute autorisation de publier les textes que tu m'as envoyés, ainsi – comme tu le dis – d'un fragment de mon écriture.

Ça me fera plaisir d'être dans un livre de toi.

Je n'ai rien repris dans l'interview, à part une fin de phrase qui – par sa syntaxe – me paraissait trop obscure. Ce qui est dit est dit...

Par contre, je serais heureux d'avoir une photocopie des deux textes. Pourras tu me les envoyer?

(Dimension réelle de l'écriture).

Observation de l'écriture :
Instrument : Feutre noir particulièrement mince dans le document : chère Françoise.
Impression : Écriture zigzagante, aiguë, piquante, griffante.
Harmonie : Moyenne. Plus sobre que simple.
Formniveau : Écriture très vibrante, intensité contenue, de l'originalité mais l'élan est contrarié. Une partie des forces est employée à freiner des quatre fers.
Rythme selon Heiss : Le mouvement est crispé, cabré, vif cependant. L'espace est utilisé de façon personnelle. Jeu de cache-cache entre forme et mouvement.
Degrés de tension de Pophal : III, IVB dans la signature.
Définition : Petite, inégale, basse, renversée, semi-anguleuse, sautillante, accélérée, simplifiée, combinée, montante, groupée, acérée.
Trait selon Hegar : R,N,A±, C.
Signature simple, d'aspect désarticulé.
Beaucoup de rebours, de torsions, de rapetissements dans les jambages, des suspensions, des pochages et des étrécissements.

Synthèses :
1° Basse, renversée, à rebours, petite : attitude d'auto-protection, de refus, de choix, de domination.
2° Rapetissée, cabrée, sautillante, tordue : inquiétude.
3° Montante, combinée, acérée, accélérée, à rebours, petite : cérébralisation, esprit critique.

Approches psychologique, caractérologique, typologique :

Tempéraments selon Hippocrate : bilieux, nerveux.
Le Senne : émotif, actif, secondaire : passionné tourmenté.
Freud : Œdipe. Analité. Ambivalence.

Szondi et fonctions selon Jung :

Pulsion paroxysmale
e+ hy–
facteur hy dominant
Intuition hystéroïde

Moi masculin qui se détache
$k\pm\ p^{0}$
facteur k dominant
Pensée catatonique

Pulsion de contact
d+ m–
facteur d dominant
Pensée anale

Pulsion sexuelle
h– s+
facteur s dominant
Sensation virile

Éléments d'interprétation :
– Le moi cherche à satisfaire ses désirs, ses pulsions dans son métier. L'anxiété est forte car refoulement partiel.
Sentiment intériorisé, refusé, mal vécu qui marque le comportemnt
– e+ hy– est un profil qui impose une contrainte. Souvent, sentiment de culpabilité, inflexibilité des positions.
Vive intuition qui procède par flash. Force d'impulsion, de conception, de réalisation. Recherche circonscrite au monde intérieur du sujet.
– d+ m– : thème de détachement, de séparation, note abandonnique. Volonté de diriger, de dominer les objets recherchés mais sans en retirer de joie.
Pensée analytique, déductive, critique, personnelle.
– h– s+ : accentuation des tendances masculines, besoin d'activité réalisatrice, refoulement de la tendresse. Sens du combat.
Sensation introvertie dont le rôle peut être créateur.

Des lettres mouvantes, dansantes, tordues comme des flammèches laissent place sur la rétine à la vision de sarments de vigne qui se recroquevillent sous l'effet de la combustion.

Une page d'A. Zulawski peut être comparée à l'image d'un feu crépitant. Mais au feu il me semble nécessaire d'adjoindre un élément froid : glace ou neige. Ce contraste du brûlant et du froid que l'on trouve par exemple en Islande, correspond bien aux différentes facettes de sa personnalité.

Elle est complexe, septentrionale et insulaire parce que se tenant à l'écart, réfractaire aux influences et en même temps incandescente par la révolte intérieure qui l'anime, par les braises qui couvent.

Le domaine du froid représente chez lui la volonté de rupture avec les modèles familiaux, sociaux qu'il n'a pas pu ou pas voulu accepter de faire siens. Cet effort de détachement, cette renonciation à ses racines affectives ont été vécus douloureusement et le sentiment de séparation est toujours sensible. Il lui reste une conscience aiguë de sa différence qui est beaucoup plus que de l'individualisme : probablement de la solitude.

Le froid c'est encore l'intelligence non seulement vive, mobile, curieuse, brillante mais aussi d'une lucidité très critique dans l'analyse, d'une acuité qui peut se révéler mordante, destructrice, décapante comme l'acide chlorhydrique.

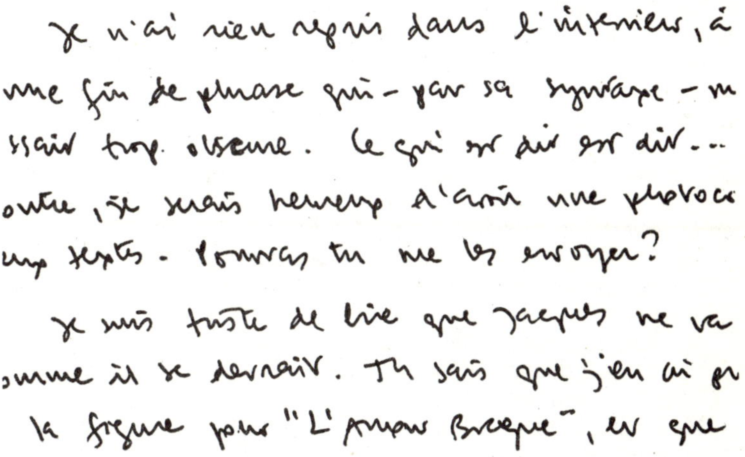
Je n'ai rien repris dans l'intérieur, à une fin de phrase qui - par sa syntaxe - me semblait trop obscure. Ce qui est dit est dit... outre, je serais heureux d'avoir une photocopie des textes. Pourras-tu me les envoyer?
Je suis triste de lire que Jacques ne va comme il se devrait. Tu sais que j'en ai eu la figure pour "L'Amour Baroque", et que

Cet esprit aiguisé a tendance à vouloir tout régenter, n'admettant pas ce qui ne cadre pas avec la logique de ses déductions, avec ses critères, avec ses conceptions.

Une pensée de ce type, qui trie, sélectionne, se propose de persuader et d'imposer sa vision discriminative du réel, est par ailleurs portée à faire la loi au sentiment, à le cérébraliser pour le mieux tenir à distance.

Le sentiment suscite la méfiance d'A. Zulawski; il le ressent comme dangereux, tel un comploteur qui se tient dans l'ombre et surgit à l'improviste au moment où on l'attend le moins, et où ayant l'avantage de l'initiative, il sait que la riposte est malaisée.

Aussi, s'efforce-t-il de lui opposer le barrage de l'intellect et l'empêche-t-il d'engendrer les faiblesses, renonciations, compromis, dont il lui semble enceint afin de disposer de toute l'énergie psychique dont il a besoin pour les réalisations professionnelles qui lui importent.

Pourtant ce sentiment intériorisé, secret, tourmenté, ne se venge-t-il pas parfois en faisant irruption, quels que soient le contrôle, la surveillance exercés, ne rend-il pas dans certaines circonstances le comportement peu rationnel, défensif, ambivalent, trop intense, en tout cas pas toujours adéquatement ajusté?

Pour A. Zulawski, l'autre est à convaincre, à dominer par l'effet d'un ascendant résultant de sa compétence, de son approche originale où la subjectivité passionnée du sentiment et la sensation presque agressive des apparences jouent un rôle.

Un caractère personnel, exigeant, indépendant, rétif, une sensitivité réactive car l'orgueil est sous-jacent, une nature subtile, fine, caustique, détectant rapidement les failles ou les hypocrisies derrière les faux-semblants, ne facilitent certainement pas l'insertion au groupe social.

Anxieux, en proie à ses propres interrogations et contradictions, il ne peut vraiment rassurer les autres n'ayant pas de sécurité intime lui-même.

Au contraire, leur confiance, leur affection, leur admiration lui sont nécessaires dans la mesure où elles apaisent son inquiétude.

Cela ne l'empêche pas d'avoir de l'impact et d'exercer une emprise certaine, ne signifiant pas forcément adhésion sans réserve.

Là, nous approchons du foyer ardent de sa personnalité.

Il est tendu vers un objectif difficile à atteindre. Il est ambitieux. Il a le sens du combat.

Son ambition est intellectuelle, existentielle, créatrice.

Il cherche à donner forme à ses impressions, à ses intuitions dont l'élément moteur est d'ordre sensoriel.

Mais dans la mesure où, pour des raisons tenant à son histoire personnelle, A. Zulawski ne se sent plus affectivement protégé, conforté par les liens qui soudent les humains entre eux, ses émotions – -même celles que la beauté fait naître – son regard sur le monde, lui apportent peut-être plus de souffrance, plus de doute que de joies.

S'il lui semble parfois qu'il ne parvient pas à saisir ce qu'il cherche, pourtant il poursuit sa quête, traversant successivement des états d'exultation suivis de déchirements.

Symbole du tragique de la destinée humaine, Prométhée fut enchaîné sur le Caucase par Zeus pour avoir dérobé le feu.

Pour échapper à sa solitude, A. Zulawski a son métier et ses dons créateurs, vecteurs d'espoirs et de désespoirs.

Ne pourrait-on lui appliquer les vers de Valéry dans *Album de vers anciens*?

« Un feu distinct m'habite, et je vois froidement
La violente vie illuminée entière... »

SAGITTAIRE

240 à 270° de longitude céleste.

Arc nocturne supérieur à l'arc diurne et croissant. Écart maximal entre les 2 arcs.

L'excitation associative de l'automne prend toute son ampleur au Sagittaire, l'homme civilisé par excellence, le citoyen du monde, qui sait dépasser les différences en trouvant le ou les points, ponts de liaison entre des cultures, des idéologies, des religions ou des traditions de nature ou d'époques diverses. Selon le niveau, la fonction associative du Sagittaire débouche sur les synthèses originales et fécondes, ou sur les généralités et le bric-à-brac.

Traits sagittariens : au positif, le Sagittaire est adaptable, sociable, solidaire, coopératif, bienveillant, chaleureux, expansif, généreux, il a de l'aisance, de l'envergure, de l'habileté, il voit grand et loin, il comprend vite. Mais il lui manque ce qui fait la force du Cancer son signe inverse et de son voisin Scorpion. Au négatif, le Sagittaire est opportuniste, conformiste, sans relief, confus, creux. Il manque de mesure, de rigueur, de précision, de stabilité.

JANE BIRKIN
actrice, chanteuse

Structure dominante : l'opposition d'Uranus à Mars, au Soleil et à Mercure sur l'axe Gémeaux-Sagittaire.
Dominante solsticiale.
Conjonction Saturne-Pluton au Fond du Ciel.
Planètes faibles : Lune, Neptune, Vénus et Jupiter.
Axe maison 1 – maison 7.

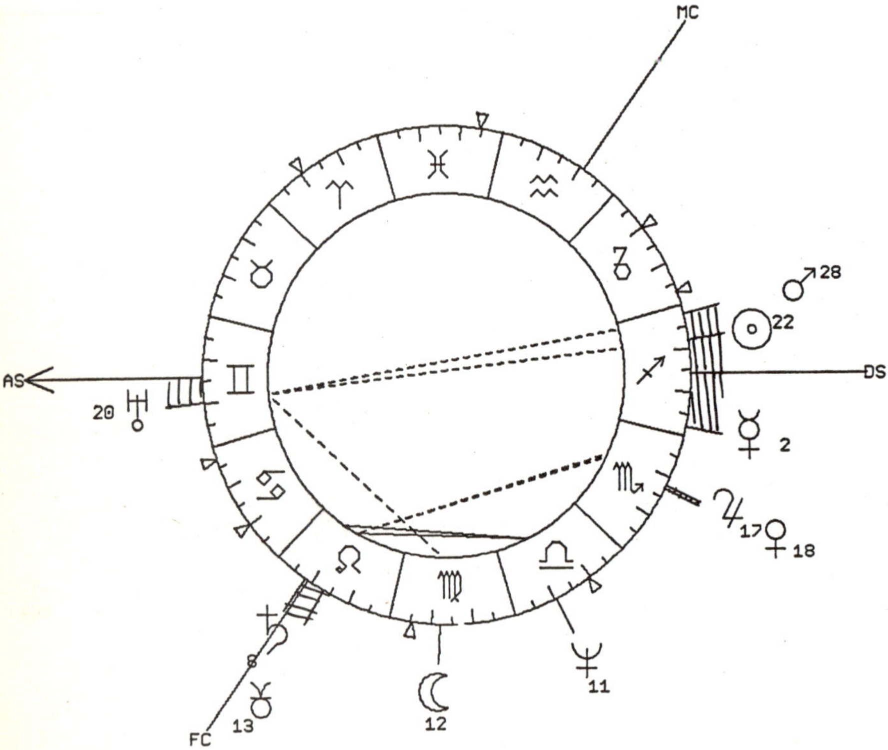

Françoise Hardy : Aborder avec quelqu'un son ciel de naissance, revient plus ou moins à une sorte de jeu de la vérité. Or, dans ton ciel, Mars qui incite à voir les choses telles qu'elles sont, est à la conjonction du Soleil et à l'opposition d'Uranus qui privilégient l'idée qu'on se fait des choses, aux dépens de leur réalité brute, concrète. N'as-tu pas tendance à occulter les aspects de cette dernière réalité, quand ils ne conviennent pas à l'image que tu souhaites donner de toi-même ou à la représentation idéale que tu te fais de toi ou des autres?

Jane, surprise, rit de bon cœur : Tu me demandes si je mens? Oui, en fait, j'ai toujours ressenti le besoin de rendre la réalité plus excitante, plus pimentée qu'elle n'est. Toute jeune déjà, je ne résistais pas à la tentation de fabuler pour me rendre plus intéressante. Par exemple, quand je vivais avec John Barry, mon premier mari, je faisais croire aux chauffeurs de taxi que j'étais fille au pair, ou quelque chose du même genre. A présent que je joue d'autres rôles dans les films, je devrais arriver à être seulement moi dans la vie, et dire la vérité. Mais récemment, quelqu'un m'a beaucoup troublée en me laissant entendre que j'essaie de me fabriquer un personnage en conformité avec ce qui me séduit, ce qui risque de m'éloigner de ma réalité et de me noyer dans l'illusion. Cela m'a été dit très gentiment, mais je me suis sentie piégée, comme une petite fille surprise à voler de la confiture : la main dedans! Alors, à partir du moment où la vie consiste pour moi à jouer un rôle, parce qu'il ne m'a pas été donné d'être ce rôle, je me demande ce qu'est vraiment la vie et, parfois, j'ai l'impression de me surveiller, comme si ce n'était pas moi qui marchais, qui faisais les choses, mais quelqu'un d'autre.

F. H. : L'axe Gémeaux-Sagittaire qui domine ton ciel, pourrait te prédisposer à la dispersion et au désordre, si 2 de tes planètes fortes, Uranus et le Soleil, n'incitaient à se polariser sur un objectif précis et valorisant. As-tu conscience d'avoir besoin d'un programme fort à remplir pour te protéger de la tentation du n'importe quoi, n'importe où, n'importe qui?

J. B. : Certainement, Quand je tourne un film, je suis soulagée de ne plus être dans la vie. Même si je me plains de devoir me lever à 6 heures du matin, secrètement ça m'arrange, car si je n'avais pas une raison impérative de faire sonner mon réveil aussi tôt, je dormirais jusqu'à 3 heures de l'après-midi, et ce serait déjà la matinée de perdue. J'aime être prise en main : on m'emmène au studio pour faire un métier que j'adore, à midi on me donne à manger, on prend soin de moi, on me demande si j'ai froid, si j'ai chaud... C'est comme une enfance idéale, magique, et, malgré l'angoisse de ne pas être à la hauteur du rôle à jouer, c'est un plaisir. Alors que, quand il n'y a rien d'autre à faire qu'attendre que les enfants rentrent de l'école, je me trouve sans intérêt, sans utilité, je suis beaucoup moins drôle et ça me panique.

F. H. : Lorsque l'on fait un métier public, un Soleil dominant en

Sagittaire prédispose à être le prototype, l'ambassadrice d'une mode, d'un milieu, d'une époque. Mais ta composante uranienne pourrait te faire mal supporter d'être prisonnière d'une image de marque, à plus forte raison si elle a été façonnée par un autre que toi. Avoir été pendant longtemps la « muse-objet » de Serge Gainsbourg t'a-t-il posé des problèmes?

J. B. : J'ai toujours eu le désir secret d'être une muse. J'ai toujours envié les modèles des peintres, parce que le fait d'être représentée, d'être vue par l'œil de quelqu'un rend exceptionnelle... Ça m'excitait donc beaucoup d'être une muse, mais, parallèlement, j'avais des sursauts d'orgueil : d'un côté je doutais d'avoir un autre intérêt possible que celui de muse, de l'autre, je n'avais pas envie de rester muette toute ma vie. Mais ces spasmes-là ne durent pas longtemps chez moi, parfois assez tout de même pour fermer la porte. Et puis, tout de suite après, je me sens nulle à nouveau et je me réachemine vers la situation de muse. De toute façon, être actrice revient plus ou moins à être une muse quand on travaille avec des artistes créateurs qui coulent s'ils ne créent pas, et qu'on a de ce fait, dans une relative mesure, l'impression de sauver. Évidemment c'est avec ce type d'artiste – Gainsbourg, Doillon, Rivette... – que je préfère travailler. Je ne suis donc pas sortie de l'ambition d'être une muse, mais c'est vrai que ça m'agace tout autant de ne pas l'être assez que de l'être trop.

F. H. : Justement, la contradiction majeure de ton ciel que l'on peut schématiser par un conflit entre d'une part le besoin solaire de se conformer, et, d'autre part, le besoin uranien de se démarquer, pourrait faire de toi quelqu'un de particulièrement paradoxal. Tu pourrais, par exemple, avoir du mal à dire, vouloir, faire quelque chose, sans avoir envie de dire, vouloir ou faire aussitôt l'inverse.

J. B. : C'est comme ma mère : quand elle cherche ses clés de voiture, on peut être sûr qu'elle les a oubliées ou qu'elle a pris celles de mon père à la place, ou sinon qu'elle va se tromper de voiture, etc. Elle passe son temps à faire des plans et toute cette confusion a pour résultat de les défaire, si bien qu'elle ne sait plus où elle va. C'est la même chose en ce qui me concerne : j'ai un projet et quelque chose vient se mettre en travers... Comme maintenant : je viens de perdre le fil... J'avais une très bonne idée et elle est sortie. C'est exaspérant! Quelle était ta question?

F. H. : L'attitude que tu décris relève, astrologiquement, de ta dominante solsticiale qui prédispose au « bric-à-brac », c'est-à-dire à faire, penser, plusieurs choses différentes en même temps et à inverser les extrêmes...

J. B. : Il y a plus pervers : souvent j'essaie de provoquer ce que j'ai envie d'entendre en disant le contraire de ce que je pense. Par exemple, si je refuse une proposition de film pour une autre, je vais utiliser ce refus en exagérant l'importance de la proposition que j'ai refusée, afin de faire valoir au metteur en scène avec qui je signe, tout ce que je lui sacrifie, dans le but de l'amener à m'exprimer sa reconnaissance et à me dire qu'il n'aurait pas pu faire son film sans moi. Mais ça ne se passe pas ainsi : il me reproche d'avoir peut-être agi à la légère, argue qu'il avait contacté d'autres actrices, qu'il aurait pu s'arranger, car, si l'autre film est si important, je vais lui en vouloir de m'avoir empêchée de le faire. De fil en aiguille, alors que je cherchais la confirmation de mon irremplaçabilité, je m'aperçois que je suis interchangeable.

F. H. : Les valorisations d'Uranus et du Soleil font en effet ambitionner d'être irremplaçable, unique, aux yeux des êtres qui vous importent. Revenons au conflit : besoin solaire de se conformer contre besoin uranien de se démarquer. N'as-tu pas l'impression de t'opposer à toi-même en faisant trop ce que les autres attendent de toi et, à l'inverse, de ne pouvoir être toi-même qu'en t'opposant aux autres?

J. B. : J'en fais trop. Par exemple, je vais me mettre à faire très bien la cuisine, même si je n'en ai ni le temps ni la force, uniquement pour prouver à quelqu'un que je suis une très bonne femme d'intérieur et pouvoir ainsi l'épater, lire dans ses yeux que je ne le déçois pas. Si je suis seule, je ne mange pas et, à l'extrême limite *(Jane rit)*, les enfants non plus. Je cherche sans cesse à dominer les traits de mon caractère qui ne sont pas des qualités aux yeux de l'autre. S'il trouve cela immodeste, je ne découpe pas les articles de presse me concernant, alors que ça me ferait plaisir. J'essaie d'être modeste alors que je ne le suis pas. Ou bien je domine ma jalousie pour qu'il pense que je suis très généreuse, ce qui est faux.

F. H. : N'y a-t-il pas tout de même chez toi un goût pour le jeu de cache-cache : tu te calquerais d'autant plus et d'autant mieux sur ce que tu crois que l'autre attend de toi, qu'au tournant tu vas subitement inverser ton attitude et lui claquer dans les doigts?

J. B. : Le plus désolant de tout, c'est, une fois qu'on a essayé de rendre l'autre à un tel point fier de soi, en faisant des choses qu'on n'aurait peut-être jamais faites autrement, une fois qu'à la limite de l'épuisement, on sent, sans en être tout à fait sûre, qu'on est presqu'entièrement devenue ce que l'autre souhaitait, après tant d'efforts, la chose la plus triste du monde, c'est de ne même pas arriver à jouer le jeu jusqu'au bout et d'abattre toutes ses cartes en disant : « Tout ça était faux, j'ai essayé de faire ça pour te plaire, finalement, je n'ai pas pensé ça du tout. »

F. H. : L'importance excessive que tu accordes au regard de l'autre vient pour l'Astrologue de ta dominante solaire, mais toi-même à quoi l'attribues-tu?

J. B. : Je suis souvent sous le coup de l'admiration. J'ai commencé par vouloir que mon père soit fier de moi, j'essayais d'avoir son humour, de rire des mêmes choses que lui et j'ai fini par lui ressembler. Ça a été la même chose avec Serge, à un point tel que, parfois, j'avais l'impression d'être lui. Je ne fais rien seule.

L'idée la pire pour moi, est de me retrouver seule avec moi-même. Enfin non, il y a pire : tomber dans l'estime de tout le monde... qu'on fasse la lumière sur ton cas et que tout le monde se rende compte que tu es une faussaire, que rien n'est vrai, que tu es mauvaise en tout... que tes enfants finissent par s'apercevoir que tu n'étais pas du tout ce que tu faisais semblant d'être...

F. H. : Une autre façon d'exprimer tes contradictions est de parler de divorce entre le pouvoir excessif du milieu sur toi et ton besoin, non moins excessif, d'exercer un pouvoir sur le milieu

J. B. : C'est pour cette raison que tout ce que j'essaie de faire de désintéressé me paraît suspect. Comme si le plaisir que j'y trouvais était la preuve même que ce n'est pas un vrai désintéressement, une vraie générosité. Si j'ai envie de faire plaisir à quelqu'un, je ne sais pas si c'est sans arrière-pensée ou si c'est pour me donner de l'importance à ses yeux.

F. H. : Une conjonction Saturne-Pluton au fond de ton ciel qui a trait aux bases, aux origines, suggère que ta famille d'origine ou les circonstances de ton départ dans la vie t'ont privée d'assises, de bases suffisamment solides, ce qui expliquerait en partie ton manque de confiance en toi et les excès qui en découlent.

J. B. : J'ai été en pension à l'âge de douze ans. J'étais une petite fille très lâche, par peur de me faire attraper et qu'on dise du mal de moi à mes parents. Je ne m'amusais jamais car je faisais d'énormes efforts pour prouver que si je n'étais pas assez calée, ce n'était pas ma faute.

F. H. : Comment étaient les relations avec tes parents?

J. B. : J'étais la préférée de mon père et ravie de l'être. J'étais également folle de mon frère aîné que je suivais partout et je l'imitais en me coiffant et m'habillant comme lui. J'avais envie de lui ressembler, car il me paraissait courageux alors que je me trouvais lâche.

F. H. : Et ta mère?

J. B. *(sa voix se brise et elle s'écrie)* : Ma mère était très belle! *(se reprenant)* Ma mère était actrice. Je pensais qu'elle préférait ma sœur. Aujourd'hui, je me rends compte qu'elle essayait d'équilibrer les choses, car, non seulement j'avais mon père et mon frère dans mon camp, mais encore j'ignorais injustement ma sœur... Je n'ai découvert ma mère qu'à trente ans, car j'ai eu besoin d'aller la trouver à ce moment-là pour qu'elle me dise que j'étais belle, que j'étais quelqu'un de bien... et je me suis rendue compte qu'elle est une femme extrêmement généreuse, spirituelle, drôle...

F. H. : Ton besoin éperdu de reconnaissance, d'approbation, d'amour, joint à l'impossibilité d'être toi-même, puisque toi-même te semble indigne de susciter tout cela, devrait te valoir des moments de dépression, d'angoisse très durs à vivre?

J. B. : Help! Je ne veux pas donner l'impression de quelqu'un pour qui on n'en fait pas assez, je ne veux pas faire de peine avec mon cas...

F. H. : Je ne dis pas que tu es tout le temps dans ce genre d'état, mais que quand ça t'arrive, c'est susceptible d'aller plus loin, de faire plus mal que la moyenne.

Jane hésite et finit par lâcher un « oui » mal assuré, puis un autre « oui », plus affirmé celui-là, mais derrière lequel perce comme une fêlure.

RMC, décembre 1983

JANE BIRKIN

Analyse graphologique

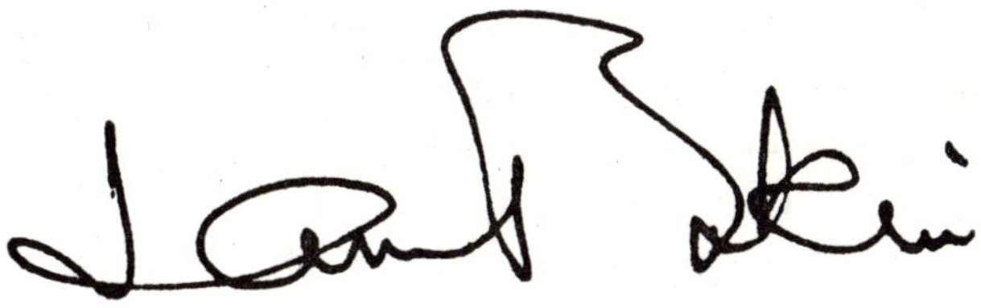

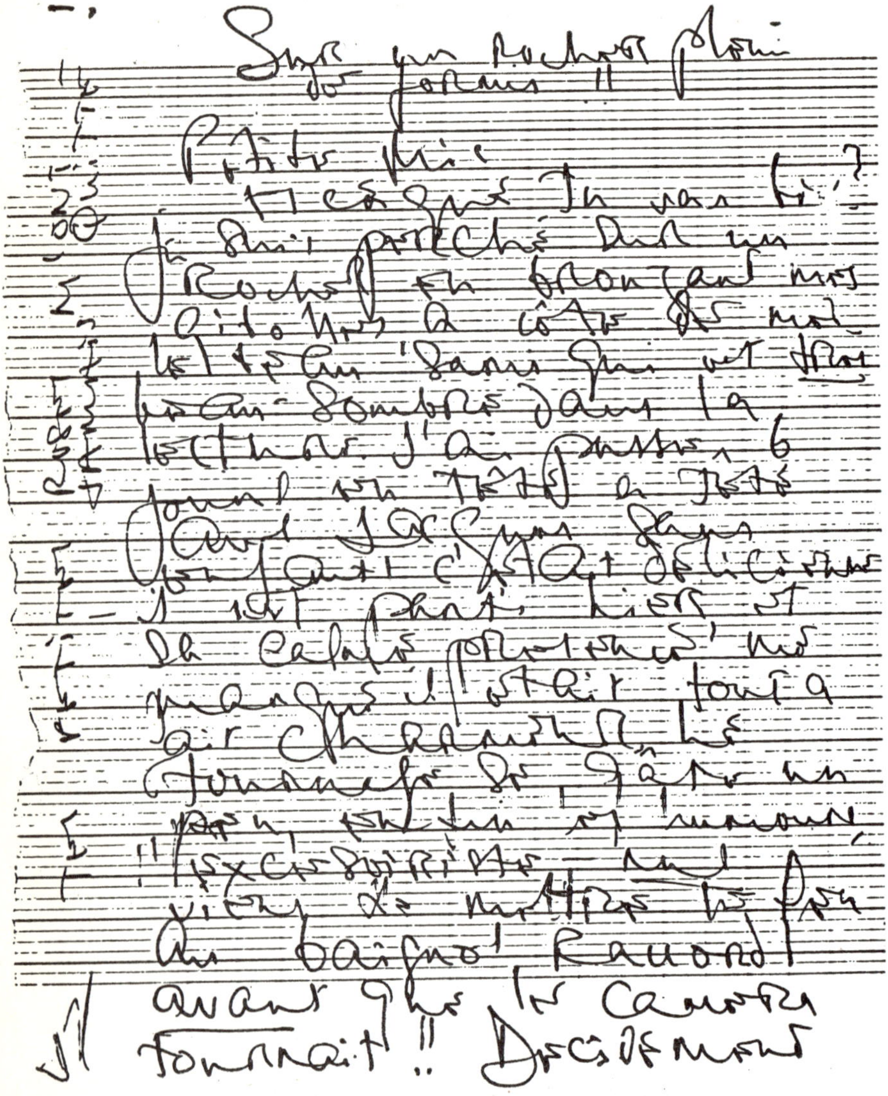
Sur un rocher plein de formes !!
Petite pluie
[illegible]
Je suis perché sur un
rocher en frottant mes
[illegible] à côté de moi
[illegible]
[illegible] sombre dans la
[illegible]. J'ai passé 6
jours en tête à tête
[illegible]
[illegible] c'était délicieux
[illegible] hier et
[illegible]
[illegible] tout à
air charmant, le
[illegible]
[illegible]
[illegible]
[illegible]
au bain ! Raymond !
avant que la caméra
tournait !! Décidément

(Format réduit).

Observation de l'écriture :
Instrument : Stylo, encre noire.
Le papier provient d'un cahier d'écolier dans lequel Jane écrit chaque jour à sa fille aînée lorsqu'elle est loin d'elle.
Elle dit être installée sur un rocher plein de fourmis mais l'écriture a la même physionomie quelles que soient les circonstances. Jane Birkin étant anglaise, il faut noter que la liaison secondaire est plus fréquente en Grande-Bretagne qu'en France et que le souci des marges et des interlignes y est moins marqué.
Impression : Aspect spectaculaire du fil graphique créant des arabesques visant plus à l'ornementation qu'à la communication car le texte n'est pas facile à déchiffrer.
Harmonie : Pas d'harmonie.
Formniveau : Peu élevé à cause des exagérations, des disproportions. L'écriture est acquise dans son mouvement comme dans sa forme. 3 $^1/_2$.
Rythme selon Heiss : La page semble trop petite pour contenir ce débordement de volutes. Des éléments de polarité rythmique existent par la présence de courbes et de droites, d'étrécissements et d'étalements, mais il est difficile de parler de rythme ici.
Degré de tension de Pophal : IVA.
Définition : Artificielle, très inégale, tantôt gonflée tantôt petite et écrasée, prolongée dans les jambages, envahissante, enchevêtrée, tendance à lier en s'accrochant à la liaison secondaire, à rebours notamment dans la curieuse forme du e, spasmodique, surélevée, grandes majuscules.
Trait selon Hegar : C,A$\pm$,N,R.
Signature conforme au texte (dans d'autres textes).
Des R pour des r.

Synthèses :
1° Gonflée, exagérée, envahissante : avidité, besoin d'occuper la scène.
2° Inégalités, prolongements, petitesse des i : insatisfactions.
3° Enroulements, trait net, formes adroites : se sert de son charme pour obtenir ce qu'elle veut.
4° Proportions médiocres, envahissement : subjectivité, rôle de l'inconscient.

Approches psychologique, caractérologique, typologique :

Tempéraments d'après Hippocrate : sanguin, nerveux.
Le Senne : émotive, non-active, primaire : nerveuse qui « muse et s'amuse, s'ébat dans des fioritures, des prolongements inutiles, des trouvailles d'artiste » (G. Beauchataud, *Apprenez la graphologie).*
Freud : Oralité et analité. Narcissisme. Inconscient important. Stade phallique marqué.
Sentiment d'infériorité selon Adler.

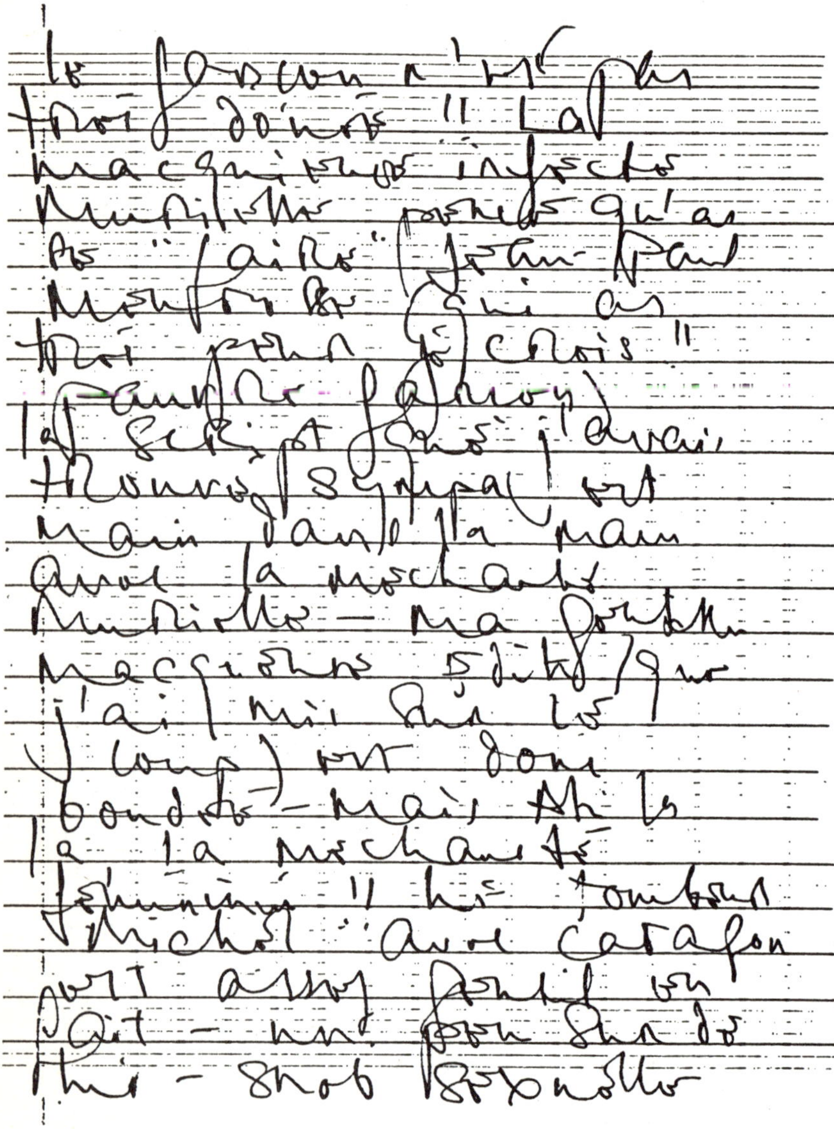

(Format réduit).

Szondi et fonctions de Jung :

Pulsion paroxysmale
e^{0} hy+
Facteur hy dominant
Sensation hy

Moi autistique
k+ p–
Facteur p dominant
Pensée p

Pulsion de contact
d– m^{0}
Facteur m dominant
Sentiment m

Pulsion sexuelle
h^{0} s+
Facteur s dominant
Intuition masculine

Éléments d'interprétation :
– Moi qui recrée sa réalité selon des désirs, selon ses fantasmes. Pensée introvertie et intuition également. Vision personnelle. Puise dans son inconscient. Irrationalité inventive.
– Hystéroïdie marquée : besoin du regard de l'autre. Sensorialité diffuse qui s'extériorise, qui renforce l'adaptabilité extrême servie par e^{0}.
– h^{0} s+ : désir de plaire, de dominer l'autre. Besoin d'être traitée avec tendresse. Plaire pour avoir est renforcé par hy+. Beaucoup d'adresse.
– d–m^{0} : contacts faciles, aisés. Contact ayant une nuance infantile. Besoin d'un contact maternant. Sécurité trouvée dans un mode de vie social et relationnel sans qu'il y ait d'attachement exclusif.

Par ces entrelacs, ses rinceaux, l'écriture de Jane Birkin produit une impression décorative. Elle s'apparente aux manuscrits des moines irlandais du Moyen Age, copies des évangiles à partir des textes romains, illustrées selon leur imagination.

Si les influences orientales ont beaucoup compté dans leurs enluminures, le style de l'Islam ne semble pas absent du graphisme de Jane. Les firmans ornementés des sultans de Constantinople présentaient des enroulements et cheminements recherchés voisins des siens.

Les scribes celtes s'efforçaient d'obtenir une sorte d'envoûtement émotif en donnant une haute idée des mystères chrétiens tandis que les sultans par leurs signatures se proposaient de manifester leur toute-puissance, leur magnificence.

Jane, inconsciemment ne vise-t-elle pas par un effet esthétique à capter l'attention de son lecteur, à le fasciner plutôt qu'à s'en faire vraiment comprendre, car la déchiffrer suppose une bonne volonté certaine.

A travers son écriture-mise en scène, elle ne livre d'elle qu'une image élaborée, apprêtée, sortant de l'ordinaire, une image qui intrigue, qui sert à égarer, à attirer plus peut-être qu'à communiquer.

Mais y a-t-il coïncidence entre ce qu'elle souhaite paraître, ce qu'elle veut donner à voir d'elle et ce qu'elle est véritablement? En fait, l'image féminine de séduction et de grâce irrésistible qu'elle propose n'est-elle pas la cotte de maille, l'armure lui permettant de mieux conquérir le monde?

Son charme, sa fantaisie, sa spontanéité, sa gentillesse et son extrême naturel avec tous ne seraient-ils pas les instruments efficaces de son pouvoir? Au-delà des apparences ne serait-elle pas bien plus forte, plus déterminée, plus résistante, et au fond plus dominatrice qu'elle ne le paraît?

Comme il arrive à Jane de confondre ses désirs et la réalité, comme elle s'amuse à dérouter, à brouiller les pistes par goût du jeu et de la mystification, par anti-conformisme également, toutes les interprétations sont possibles chacun étant fondé à retenir celle qui lui convient, et, Jane elle-même ne sait plus très bien où elle en est.

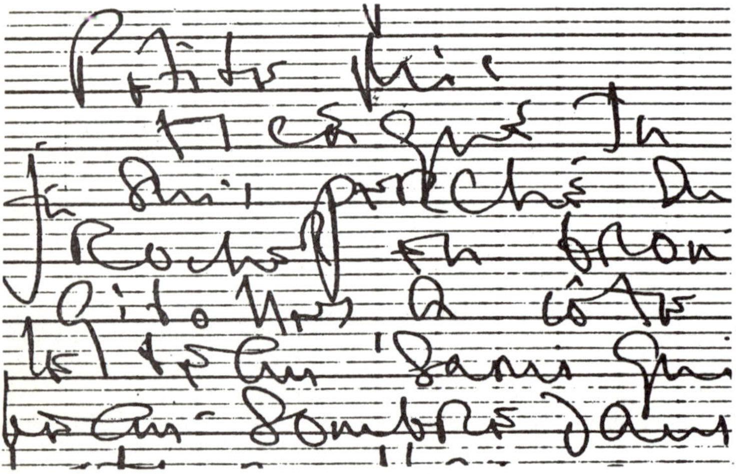

Sa manière d'interpréter la réalité est très orignale car son inconscient riche alimente son imagination en découvertes inattendues, amusantes. Ses propos, son comportement sont imprévisibles et désarmants.

Elle a des inspirations soudaines, un jaillissement d'idées qui surprennent et ravissent l'interlocuteur.

Sa vision des choses est entièrement personnelle, irrationnelle incontestablement mais astucieuse.

Le plaisir qu'elle prend à étonner aiguillonne son esprit. Elle se sert admirablement bien de sa vivacité, de son humour, de sa faculté d'invention et de répartie.

Tout cela favorise son adaptation aux circonstances dont elle tire le meilleur parti. Là où d'autres seraient embarrassés, elle se débrouille adroitement et sans en avoir l'air ménage ses intérêts.

Son immense désir d'être aimée du plus grand nombre provient probablement du dépit qu'elle a dû autrefois ressentir quand, petite fille, elle s'était aperçue qu'elle perdait du terrain dans le round de charme qu'elle avait engagé contre sa mère afin de monopoliser les bonnes grâces de son père. Comme elle était de ces gamines dont on dit : « elle a les yeux plus gros que le ventre » elle ne s'est pas avouée battue et s'emploie à prendre sa revanche. Elle est assez prisonnière de son besoin de captiver, de briller car bien que paraissant indépendante dans certaines de ses démarches, le sentiment qu'elle a d'elle est lié à l'opinion que les autres s'en font.

Lorsqu'elle se trouve en tête à tête avec elle-même, provisoirement privée du milieu social ou du public qui lui sont indispensables, elle peut éprouver une impression de désarroi, de vide, d'insécurité.

Aussi, s'étourdir dans un tourbillon d'activités, se dépenser pour ses proches, pour ses amis, pour ceux qui font appel à elle, est la solution qui lui permet le mieux d'éviter le malaise et le risque de culpabilisation qui la guettent. C'est sans nul doute, une réaction positive et combative.

Comment définir Jane? Elle est élans, enthousiasmes mais aussi caprices. Elle est attachante, accessible, amie délicate et fidèle mais également possessive, égocentrique.

C'est une fine mouche.

Habile, agile, elle est impossible à attraper comme le furet de la chanson, elle va, elle vient à sa guise, diligente, hardie, curieuse et toujours en quête, carnassière selon sa nature, souple dans la manœuvre mais résolue et courageuse dans l'offensive.

Constatons qu'elle est difficile à cerner et que parodiant l'inventaire de J. Prévert qui rassemblait : « un raton laveur, un Monsieur décoré de la Légion d'honneur, un carnaval de Nice, une écurie de course, trois sauterelles et le raton laveur » on pourrait fabriquer une comptine telle que : Jane Birkin, un magicien et ses colombes, le petit chat de l'Agnès de Molière et Agnès faisant des confitures, une souris grise courant dans l'herbe, Alice au pays des merveilles, trois petits tours et puis s'en vont, des enfants jouant à colin-maillard, un rire flûté, une réponse futée et zut, zut, zut, et Jane Birkin...

PHILIPPE BOUVARD
journaliste, chroniqueur, animateur

Signes dominants : le Sagittaire par le Soleil, Mars et Mercure. La Balance par l'Ascendant. Le Verseau par la Lune.
Dominantes automnale et solsticiale.
Planètes fortes : Pluton, Saturne. Uranus et Jupiter.
Planètes faibles : Neptune et Vénus.
Maison 3.

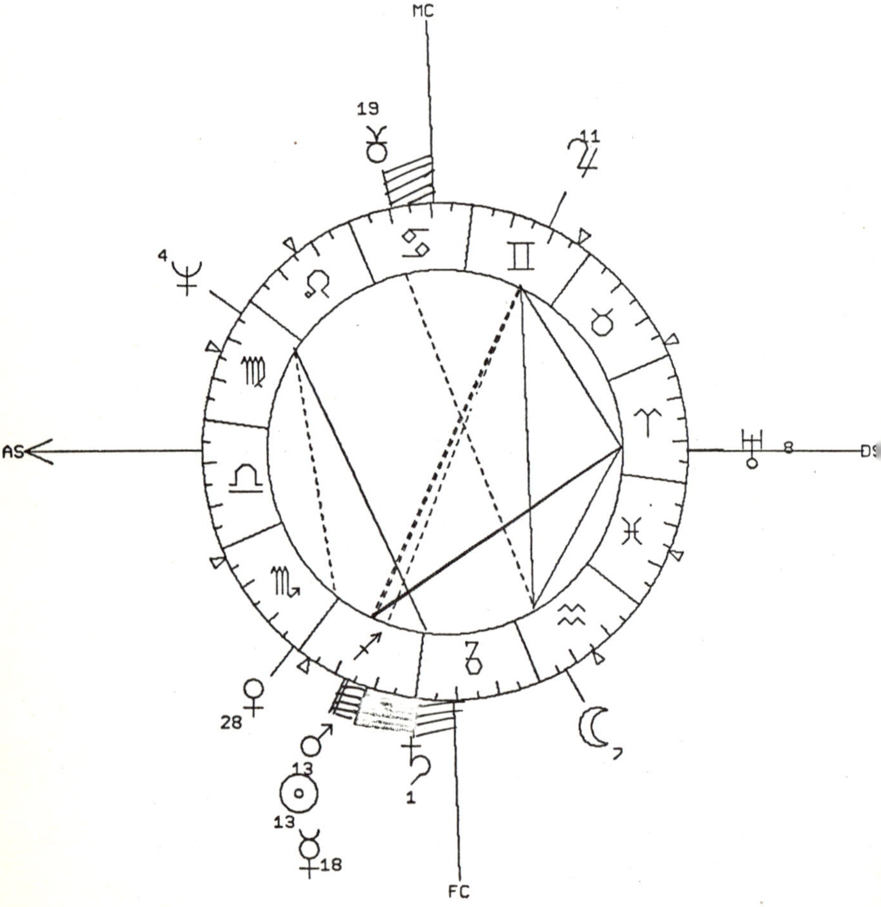

Françoise Hardy : Lorsque l'on sait que l'automne a une fonction socialisante, associative et sélective qui consiste à voir mieux, plus vite et d'une façon plus fine que la moyenne, ce qui rapproche et ce qui différencie les êtres, les situations, les idées, on n'est pas étonné de le voir entièrement occupé dans votre ciel.

Philippe Bouvard : Toute ma petite carrière a effectivement consisté à transformer en qualités professionnelles des défauts caractériels graves. J'espère avoir pondéré avec ma déontologie personnelle la tendance à interférer dans les rapports entre contemporains qui peut tourner, quand elle ne se manifeste pas pour la bonne cause, à l'esprit d'intrigue ou à des formes paroxystiques d'ambition.

F. H. : Avez-vous un exemple amusant, concret, de votre don automnal pour les cocktails?

Ph. B. : Comme je pratique l'information-divertissement, j'essaie toujours, pour obtenir quelque chose d'inattendu, de mettre un zeste de provocation dans les cocktails en question. Je me souviens avoir assis sur le canapé inconfortable d'une émission à petit budget, que je faisais tous les samedis soirs, des gens qui, sans moi, ne se seraient jamais rencontrés, du moins ai-je la faiblesse de le penser. C'est un grand plaisir que de faire se serrer la main, dans un moment d'aberration collective, des gens qui ne peuvent pas se voir...

F. H. : Je reconnais bien là le côté empêcheur de tourner en rond d'un Pluton puissant...

Ph. B. : ... j'avais installé Krasucki, qui, pour de toutes autres raisons, occupait la scène syndicale et politique, entre un baron de Rotschild et une femme du monde, parfaitement idiote comme toutes les femmes du monde. Ça a été très réussi.

F. H. : La double fonction d'association et de sélection qui revient à l'automne permet des distinctions subtiles, mais, en raison de cette même subtilité, ne facilite guère les attitudes claires et nettes. Avez-vous du mal à formuler des jugements définitifs?

Ph. B. : Non hélas! J'aurais même une tendance fâcheuse à faire le contraire. Je crois beaucoup en la morphopsychologie. C'est Cocteau qui disait qu'à partir de quarante ans, on a la tête qu'on mérite. Évidemment, ça exclut les moins de quarante ans, mais hélas je vois peu de jeunes... Ça exclut également les femmes, parce que la beauté féminine est une escroquerie permanente, dans la mesure où la vitrine fait augurer de quelque chose qu'on ne trouve presque jamais à l'intérieur... Finalement je prononce 50 jugements définitifs par jour, avec les risques de me tromper que cette précipitation implique. Je crois pourtant que la première impression est la bonne : la seconde impression permet de revenir dessus mais la troisième la confirme. Alors je ne regrette pas tellement d'être si définitif et à l'emporte pièces dans mes jugements, parce que, même s'il m'arrive de me tromper, je gagne beaucoup de temps.

F. H. : L'un des contrastes majeurs de votre ciel est dû à la coexistence de la valorisation des signes d'automne et de la planète Jupiter, d'une part, avec, d'autre part, celle d'une opposition Saturne-Pluton. En clair, cela signifie que vous avez, d'un côté, tendance à vous adapter aux normes et aux conformismes ainsi qu'à vous en servir, et, de l'autre côté, tendance à les rejeter. Comment conciliez-vous l'être social et opportuniste avec l'être réfractaire et marginal qu'il devrait y avoir en vous?

Ph. B. : Vous avez mis le doigt dessus. Allez vite vous laver les mains. C'est vrai qu'il y a d'un côté un esprit individualiste forcené et de l'autre un conformisme absolu. Je vais vous dire le distinguo que je suis arrivé à pratiquer, après avoir réfléchi à postériori à ce comportement : je suis conformiste chaque fois que l'exercice de ma ou de mes professions l'exige et j'essaie d'être non-conformiste sur le plan privé. Je crois que c'est comme ça que j'ai résolu mon problème, mais il y a, c'est vrai, une contradiction énorme en moi.

F. H. : Les tendances Saturne-Pluton à la fermeture et au rejet systématiques vous ont-elles, malgré l'ouverture du reste de votre ciel, posé des problèmes d'adaptation? Dans votre enfance ou votre adolescence par exemple?

Ph. B. : Oui. J'étais un solitaire, un asocial, un anarchiste presque. Ça s'est arrangé à ma première voiture.

F. H. : Saturne et Pluton prédisposent à ne voir dans le discours, dans le langage, que ce qu'ils ont de creux ou de réducteur. Mais Uranus et Jupiter, qui sont également importants dans votre ciel, incitent au contraire à savoir user du discours, au point d'en tirer un pouvoir. Doit-on déduire de cette sensibilisation contradictoire au pouvoir et au non-pouvoir du discours, que votre facilité à communiquer en surface se double d'une difficulté à communiquer en profondeur?

Ph. B. : Là encore, je ne peux pas vous donner tort. J'étais venu un peu avec l'arrière pensée de vous contredire systématiquement. C'est raté jusqu'à présent...

F. H. : Je vous avoue que l'idée de vous interviewer m'a fait rêver de vous pour la première fois de ma vie. Il va de soi que c'était cauchemardesque!

Ph. B. : ... Je retiens que si vous rêvez de moi, c'est cauchemardesque... C'est vrai qu'il y a, pour moi, une espèce d'opposition entre les mots qui forment le langage et les idées qu'on essaie de faire passer à travers lui. C'est presque une dichotomie, parce que je suis extrêmement sensible au charme des mots. Je ne suis absolument pas gêné par les innombrables contemporains qui parlent pour ne rien dire, dans la mesure où ils parlent bien, mais je sais que, souvent, le langage des idées – celui qui fait passer un message, comme on dit un peu pompeusement – n'a rien à voir avec les sortilèges de plume et les acrobaties verbales. Je suis parfaitement conscient qu'il y a, surtout dans nos milieux et dans la communication moderne, pléthorique et surinformée, deux façons de s'exprimer – si on arrive à faire la synthèse, c'est le rêve – : une façon quasi-poétique consistant à jouer avec les mots – le fait même de jouer avec les mots dispensant de jouer avec les idées – et puis quelque chose de plus dépouillé, qui est le langage des philosophes et des hommes de science, et qui consiste à vouloir pousser en avant davantage les idées que les mots... (*moqueur*) Je dois vous prévenir que je suis intarissable sur tous les sujets que je ne connais pas.

F. H. : On peut donc poursuivre... Saturne et Pluton prédisposent à ne pas se satisfaire de la réussite sociale que font rechercher Uranus et Jupiter. Votre réussite laisse-t-elle toute une part de vous insatisfaite?

Ph. B. : Je suis un ambitieux et l'ambition a exactement la même définition que la ligne d'horizon : elle recule au fur et à mesure qu'on avance. Je ne suis donc pas plus satisfait aujourd'hui qu'il y a trente-deux ans, quand j'ai commencé le journalisme. En tout cas, je n'ai pas fait la carrière que je voulais faire. Je voulais être un journaliste sérieux : c'est raté, ça ne s'arrangera plus. D'un côté je ne peux pas me plaindre, de l'autre je ne suis pas réellement content non plus et je considère ce qui s'est passé comme totalement dénué d'importance. Tout est à venir.

F. H. : Jean-Pierre Nicola me suggérait que vous cherchiez les sommets pour fuir ou cacher vos secrets. Plus simplement, n'avez-vous pas tout autant besoin d'une vie secrète, marginale, que d'une vie normale? Il me semble que vous me l'avez déjà dit...

Ph. B. : D'abord je n'ai pas besoin d'une, mais de plusieurs vies. Comme ça coûte cher, j'ai toujours eu plusieurs employeurs pour les financer. Au-delà de ça, c'est vrai que je recherche, sinon les sommets... je crois peu à l'alpinisme social, les sommets ce n'est pas un auteur dramatique ou un ministre, c'est une petite sœur des pauvres ou un médecin de campagne... du moins une fuite en avant dans le travail, parce que je me suis aperçu que cela gomme l'inquiétude métaphysique, l'insomnie et toutes sortes de problèmes mineurs.

F. H. : Pouvez-vous nous dire quelques mots de la réussite en tant que moyen de démystifier les rapports humains?

Ph. B. : Il n'y a que les gens riches pour dire que l'argent n'a aucune importance. Jules Renard ajoutait : « Si l'argent ne fait pas le bonheur, eh bien rendez-le. » De la même façon, il faut réussir pour se moquer de la réussite. Il faut avoir beaucoup d'honneurs pour les mépriser...

F. H. : Votre propre attitude vis-à-vis de la réussite d'autrui n'est-elle pas ambivalente? Tout en cherchant à la démystifier, n'êtes-vous pas en même temps impressionné par elle?

Ph. B. : Vous mettez le doigt sur un très, très mauvais côté de ma personnalité : à savoir que la réussite des autres m'a toujours beaucoup plus irrité que la mienne.

F. H. : Elle vous impressionne aussi ou non?

Ph. B. : Oui. Bien sûr. Ça va même plus loin que m'impressionner : j'ai un culte de la réussite. J'avais d'ailleurs, il y a quelques années, lancé un magazine intitulé « Réussites », qui a été un grand échec. Je pense que la réussite est la sanction d'un tas de choses : la chance, le courage, l'intelligence, le crédit de bienveillance, par définition toujours limité, que peuvent vous accorder vos contemporains, etc... Comme l'argent, qui est un raccourci, la réussite ne traduit qu'imparfaitement les nuances d'un caractère et d'une carrière, mais j'avoue que je suis passionné, fasciné, par la réussite, et dans tous les domaines. Le type qui grimpe le plus haut, celui qui plonge le plus profond, la dame la plus grosse, le type le plus con... Quand je propose des gens aux auditeurs, aux télespectateurs ou aux lecteurs, et pour ma consommation personnelle, j'aime que ce soit vraiment ce que l'on fait de mieux dans la catégorie.

F. H. : Votre goût des superlatifs est à mettre en rapport avec votre dominante solsticiale – les signes de solstice, tous occupés dans votre ciel, se caractérisant par les nuits ou les jours les plus longs de l'année. Vous sentez-vous concerné par la formulation suivante : besoin, par Uranus, de montrer l'arbitraire de toute légalité et besoin, par Jupiter, de légaliser l'arbitraire?

Ph. B. : Cela ferait un excellent sujet pour le concours général. Pas pour moi : tout ce que je ne comprends pas en moins de 3 secondes ne me concerne plus.

F. H. : Vous avez dit que vous êtes intarissable sur les sujets que vous ne comprenez pas...

Ph. B. : Que je ne connais pas. Il faut que je comprenne l'exposé du sujet, ce qui n'est pas le cas.

F. H. : L'importance de la maison 3 dans votre ciel, jointe à la faiblesse de Vénus, fait penser que vous préférez la communication de groupe au tête à tête.

Ph. B. : C'est juste. Je redoute le tête à tête : comme on n'y peut, par définition, convaincre qu'une seule personne, on perd du temps.

F. H. : En quoi multiplier les expériences relationnelles, comme vous y invite la maison 3, vous paraît plus intéressant ou plus agréable, qu'approfondir la relation unique?

Ph. B. : Dans la relation unique, vous n'avez pas le choix : ou bien vous privez les êtres très rapidement de tout leur mystère et c'est bien dommage, car il faut quand même qu'il subsiste des zones d'ombre pour donner un relief au portrait, ou bien il y a des choses que vous ne comprenez pas, parce qu'on ne veut pas vous les dire, ce qui rend le contact difficile. Je n'ai jamais eu envie de pousser, sinon très loin, du moins très longtemps, le dialogue. Je fais des portraits assez poussés dans certains magazines à grand tirage. Il me faut pour cela cinquante-neuf minutes. Pas une de plus. En cinquante-neuf minutes, j'ai l'impression, avec la superficialité de mon caractère et la place qui m'est impartie dans le journal en question, d'avoir fait le tour d'une personnalité, d'une vie professionnelle et d'une vie privée. Pourquoi voudriez-vous que je perde une heure et quart? C'est vrai que je rencontre des gens fabuleux à la télévision, mais je ne les vois pas avant parce que j'arrive à la dernière minute, je ne les vois pas pendant parce que j'ai les projecteurs dans l'œil, je ne les vois pas après parce que j'ai autre chose à faire et eux aussi. Je suis donc condamné à des contacts souvent intenses mais succincts.

F. H. : Abordons vos planètes faibles, Vénus et Neptune, qui devraient concerner ce que vous craignez, rejetez, ou ce par quoi vous êtes plus ou moins aveuglément fasciné. Vénus et Neptune ayant trait aux émotions d'ordre sentimental, le domaine des sentiments n'est-il pas la source de vos plus grandes peurs, méfiances ou désillusions?

Ph. B. : Quelle est la personne d'un certain âge qui n'est pas arrivée à ce genre de conclusion? On a peur de ne pas avoir de sentiments, parce que ça traduit une sorte d'insensibilité regrettable et inquiétante, et on a peur d'en avoir parce que ça vous expose aux coups de ceux qui en ont moins que vous. Pour être plus clair, je me méfie beaucoup de mes sentiments, mais c'est le vieux combat entre la raison et le cœur.

F. H. : Vous en méfiez-vous d'autant plus que vous pouvez être naïf, « piégeable » sur le plan sentimental?

Ph. B. : Non.

F. H. : Pas actuellement, mais quand vous étiez plus jeune?

Ph. B. (*ironisant*) : Vous m'auriez rencontré il y a une cinquantaine d'années, j'étais encore assez naïf. (*sérieux*) On ne peut pas faire 50 000 interviews, voir tout ce que j'ai vu, avoir un zeste d'humour et être naïf. Ce n'est pas possible.

F. H. : On peut être moins lucide sur le plan sentimental que sur les autres plans.

Ph. B. : Je ne suis pas naïf, je suis pur. C'est très différent.

F. H. : Je vous félicite... La Balance et le Sagittaire font rejeter tout ce qui, d'une façon ou d'une autre, protège, encadre, attache, en bref : limite la liberté, rejet que la valorisation de Pluton ne peut qu'aggraver. N'avez-vous pas la nostalgie d'être sans feu ni lieu, sans foi ni loi?

Ph. B. : C'est vrai. C'est si vrai que j'ai fêté il y a quelques années mon cinquantième anniversaire en réunissant à l'Automobile Club une centaine d'amis qui ont réussi brillamment dans différents milieux : les arts ou les médias. Il y avait là une dizaine de ministres qui ne le sont plus, des académiciens qui le sont toujours, des prix Goncourt, des confrères de talent etc. Dans les trois jours qui avaient précédé cette réunion qui me tenait beaucoup à cœur et à laquelle – coïncidence sans doute – ne participait aucune femme, j'ai eu la tentation d'annoncer à ma centaine d'amis que j'abandonnais tout, que je pensais avoir fait le tour de la profession que j'avais choisie et que j'allais redémarrer à zéro dans un autre secteur d'activité, éventuellement changer de pays... qu'on n'avait qu'une vie, qu'il ne fallait peut-être pas ne la vivre que d'une seule façon... J'en ai parlé à ma femme et à mes enfants qui m'ont ri au nez, à mon percepteur qui ne m'a pas pris plus au sérieux, et tout a continué...

RMC, avril 1983

PHILIPPE BOUVARD
Analyse graphologique

Observation de l'écriture :
Instrument : Crayon bille de couleur bleu.
Remarque : Le document destiné à l'analyse n'a pas été signé.
Impression : Fermeté et élasticité, rebondissement.
Harmonie : Plutôt harmonieuse et homogène.
Formniveau : Bon formniveau à cause de la vie et du rythme du graphisme, de sa souplesse, de son irrégularité. 2 à 2 $^1/_2$.
Rythme de Heiss : Mouvement aisé et propulsif, trait tonique, soutiennent le rythme de mouvement. Pour un petit billet écrit rapidement, l'espace est traité de manière évoluée. Forme et mouvement se conjuguent rythmiquement.
Degré de tension de Pophal : III.
Définition : Grande, très inégale en dimension et en inclinaison, rythmée, des étrécissements, en arcades semi anguleuses, surélevée, accélérée, liée à groupée, en relief, combinée, acérée, montante et sinueuse.
Trait selon Hegar : N, A, R, C et D. Arcs et fil dans l'espace.
Signature : dynamogéniée, montante, soulignée avec un paraphe en bateau.
Marge de gauche souple. Marge à droite.
Jambages en vasque, des jointoiements, des gonflements.

Synthèses :
1° Liée, accélérée, nourrie, montante, combinée : activité dynamique et ingénieuse.
2° Gonflée, surélevée, accélérée : nombreuses motivations.
3° Grande, en courbes, en relief, acérée : don verbal, esprit caustique, vivacité.
4° Marge à droite, jointoiements : contrôle, attitude avisée.

Approches psychologique, caractérologique, typologique :

Tempéraments selon Hippocrate : sanguin, bilieux, nerveux.
Le Senne : émotif, actif, secondaire : passionné audacieux.
Freud : oralité forte. Narcissisme.

Je ne suis pas sûr que le zodiaque vous apprenne davantage sur moi que la graphologie.

Si vous ne comprenez pas mon écriture, portez-la quelques temps au pharmacien le plus proche. Il vous aidera...

(Dimension réelle de l'écriture).

Szondi et fonctions selon Jung :

Pulsion paroxysmale
e+ hy+
facteur hy dominant
Sensation hystéroïde

Moi en péril
k+ p+
facteur p dominant
Sentiment p

Pulsion de contact d+ m+
facteur m dominant
facteur d important
Pensée orale

Pulsion sexuelle
h+ s+
facteur s dominant
Intuition s

Éléments d'interprétation :

– Moi boulimique, voulant « tout être et tout avoir » selon la formule szondienne. Personnalité forte, hyper-narcissique.

Charge émotive importante utilisée dans le besoin de communication verbale avec le monde extérieur. Besoin de dépasser ses limites, besoin de convaincre et de plaire (sentiment paranoïde, plus Anima par la forme.)

– e+ hy+ : super-adaptabilité renforcée par le s+ du vecteur sexuel. Recherche de mise en valeur et de réussite du hy+.

– h+ s+ : les composantes masculines et féminines sont utilisées. Besoin d'affection, capacité d'en donner. Sens de la compétition. Activité, résistance.

– d+ m+ : « bloc de réalité » selon Szondi. Tout ce que le monde extérieur propose est apprécié, poursuivi. Avidité qui crée un problème de choix. Désir d'être reconnu par les autres (m+).

Pensée orale : assimilatrice, utilisatrice, (extravertie) douée pour verbaliser. Pensée qui objectivise et met à distance (k+), qui sécurise.

Sans être graphologue, sans savoir qu'il s'agit de Philippe Bouvard, quand on lit ce petit billet bien tourné, il est évident que celui qui l'a écrit a le sens de l'humour, qu'il a de l'à propos, et qu'il met facilement les rieurs de son côté. Il est certain aussi que c'est un sceptique et même un homme méfiant, il veut juger sur pièces.

On peut encore déduire de son texte que bien qu'aimant que l'on parle de lui puisqu'il accepte de participer à l'émission de R.M.C., il est cependant assez secret sur ce qui le touche intimement.

Qu'apporte de plus l'étude de son écriture?

Elle dénote :

– une intelligence très pratique, assimilatrice, utilisatrice, un esprit vif dont le sens critique et le souci de comprendre ce qui se cache derrière les apparences permettent de maîtriser l'intensité des émotions ressenties, une imagination réalisatrice, une aptitude à verbaliser et à persuader l'interlocuteur, une attitude tolérante, ouverte, curieuse, une vision large des choses,

– un tonus, une résistance vitale à rendre jaloux,

– du pragmatisme, beaucoup de réalisme, de la débrouillardise, un sens instinctif des opportunités, une super-adaptabilité remarquable, des dons et des ressources personnelles parfaitement employés et rentabilisés,

– le goût du tangible, de l'argent,

– une envie de jouer, de risquer, de gagner, mais sans mettre en péril son capital,

– des scrupules de conscience relativement réduits,

– le sens de la compétition, de l'auto-défense, de la hardiesse pour prendre l'initiative ou l'offensive,

– du brio social, une adresse dans les contacts qui sort de l'ordinaire, de l'assurance.

Tout cela correspond bien à l'idée que le public se fait de Philippe Bouvard et n'étonne donc pas.

Mais qu'est-ce qui le fait donc « courir »; quelles sont ses motivations?

Son appétit de vivre est considérable.

Il veut être présent sur tous les terrains et sur tous les fronts.

Il veut avoir beaucoup (de bonne nourriture, de biens matériels, de relations, d'activités) et être beaucoup (être célèbre, influent, reconnu et estimé dans sa profession).

Il refuse de renoncer à quoi que ce soit, ne peut se résoudre à repousser une chance qui se présente. Le principe de plaisir est indissociable de son activité. Il a l'air de s'amuser en travaillant car il aime ce qu'il fait.

Il lui faudrait comme le dieu Shiva une multiplicité de bras pour être partout à la fois et faire diligence de tous côtés. Son organisation bien huilée, sa vitalité, son ingéniosité concrète, sont ses bras indiens.

D'une certaine façon, c'est un boulimique, un ogre.

Son narcissisme est revigorant, dynamique, combatif, insatiable.

Plus batailleur qu'il ne paraît, une fois lancé dans une entreprise il est tenace et la conduit en praticien avisé.

On peut se demander si sa fringale, si la frénésie avec laquelle il remplit son temps, sa vie jusqu'à ras bord ne proviennent pas d'une peur.

Est-ce la peur de manquer de quelque chose? Est-ce une peur du vide? Est-ce une peur du vertige possible s'il cessait de regarder devant et au-dessus de lui pour considérer la pente qu'il a escaladée?

Il préfère la menace d'indigestion à la sensation de faim, au moindre tiraillement d'estomac.

Il finit par être prisonnier de son propre mouvement.

Pourtant, il se connaît, s'observe avec lucidité, se dit qu'il faudrait essayer de rétrograder de vitesse mais se laisse emporter par une composante irrationnelle de sa nature, par les sollicitations et les nouveautés du moment, se laisse tenter par l'attrait d'une réussite supplémentaire.

Cet activisme est peut-être aussi un moyen de lutter contre des tendances un peu cyclothymiques.

Cet homme de médias tellement à l'aise, remuant, content de ses succès, n'est-il pas moins satisfait intérieurement qu'il ne le paraît, communicatif mais défiant, au fond plus fermé qu'on ne le croirait, aiguillonné par son désir de plaire mais cédant à des mouvements de retrait commandés par son affectivité?

Journaliste de presse écrite et de télévision, observateur caustique de son époque, il aurait également pu exercer avec efficience bien des métiers et en particulier tous ceux qui sont en rapport avec la bouche : cuisinier, tâte-vins, ou avec la parole : avocat, vendeur.

Il aurait sans nul doute été un commercial hors pair, vite promu de la fonction de représentant à celle de chef de réseau puis Directeur des ventes. Les défauts que certains lui reprochent : vanité, culot, arrivisme lui auraient servi comme ses qualités de flair, de répartie, d'entrain, d'accrochage, d'aptitude à improviser.

Bien que sachant se mettre en valeur devant un auditoire, il n'aurait pu faire carrière en politique car il ne se prend pas assez au sérieux...

Cependant, petit Bouvard, qui a une grande écriture a une forte personnalité.

CAPRICORNE

270° à 300° de longitude céleste.

Arc nocturne supérieur à l'arc diurne et décroissant. Écart maximal entre les 2 arcs.

L'inhibition dite « extinctive » de l'hiver se manifeste au Capricorne par l'indifférence à tout ce qui motivait le Sagittaire : l'adhésion au consensus, les règles du jeu social, la diversification des intérêts ou des rencontres. Celui-ci naviguait rapidement et à l'aise sur les vagues changeantes du relatif, celui-là dont le regard trop fixé sur le phare de l'absolu, l'empêche de voir les écueils ou récifs divers qui entravent sa route, a une marche heurtée, maladroite, lente. L'absolu capricornien qui, selon le niveau, peut se traduire autant par le désintéressement que par l'avidité, rend le natif de ce signe sourd et aveugle à ce qui est sans rapport avec lui. La fonction capricornienne est une fonction de déconditionnement, de détachement, d'élimination de ce qui est considéré comme accessoire, aléatoire, inutile, périmé.

Traits capricorniens : au positif, le Capricorne est fidèle à lui-même, secret, intègre, authentique, rigoureux, profond, fiable, passionné. Mais il lui manque ce qui fait la force de son signe inverse les Gémeaux et de son voisin Sagittaire. Au négatif, le Capricorne est lent, raide, monolithique, distant, indifférent, misanthrope, replié sur lui-même, paralysant car paralysé, pessimiste.

DANIEL FILIPACCHI
créateur et PDG de nombreuses revues, éditeur, grand amateur de jazz et de peinture

Signes dominants : le Capricorne par le Soleil et Mercure. La Balance par l'Ascendant. Le Sagittaire par Vénus, Saturne et Mars. La Vierge par la Lune.
Dominante solsticiale.
Force du Soleil, de Mercure et de Pluton.
Faiblesse de Vénus et Neptune.
Carence du plan E.

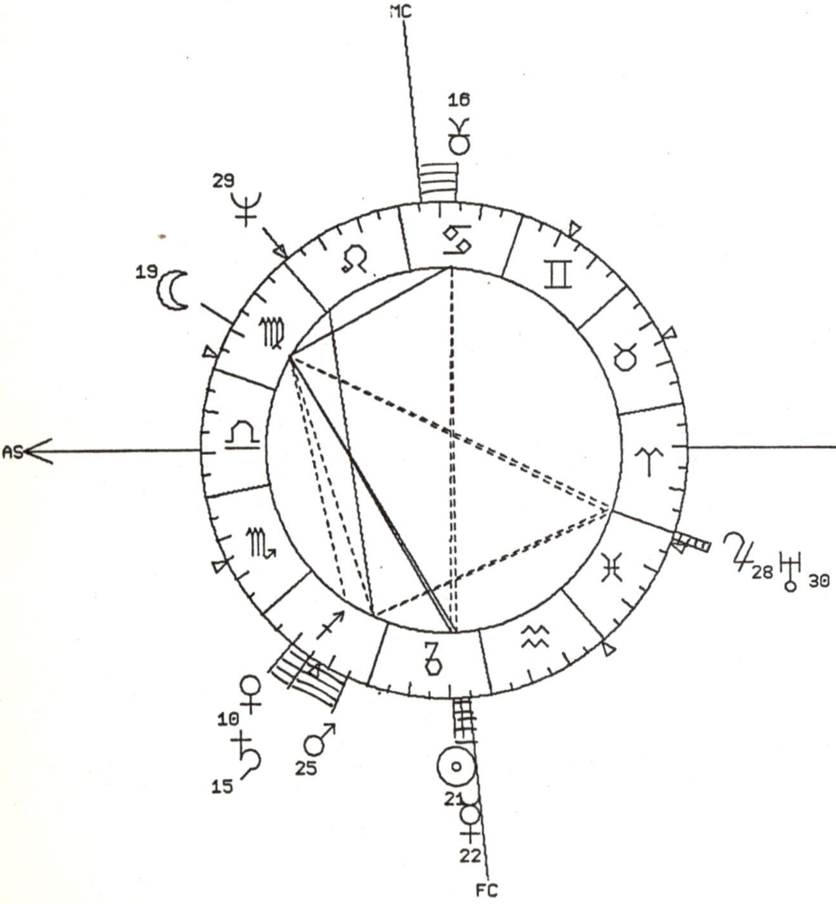

Françoise Hardy : L'occupation dans un ciel de naissance de la Balance et du Sagittaire sensibilise au social, à l'actualité, fait sentir le vent, ce qui, vu ton activité, n'étonnera personne. Mais le Capricorne, ton signe solaire, a une fonction de déconditionnement, qui coupe, dans une large mesure, du monde extérieur et du social. Te reconnais-tu davantage dans l'homme de contacts civilisé, raffiné, sociable, que tu pourrais être par l'automne ou bien dans l'ours, le misanthrope, le solitaire, mal à l'aise dans les situations qui requièrent les qualités automnales de mobilité, de souplesse et d'habileté, que tu devrais être par l'hiver?

Daniel Filipacchi : Je serais plutôt le deuxième personnage. Je me force à être le premier. Si je me laissais vraiment aller à mon penchant naturel... je m'isolerais. Mais c'est techniquement impossible. Je ne sais pas si c'est un bon exemple, mais alors que j'ai pu faire de la radio, j'aurais été absolument incapable de faire de la télévision. Je ne suis d'ailleurs pratiquement jamais passé à la télévision de ma vie. Je ne pourrais pas supporter que les gens se retournent sur moi dans la rue.

F. H. : Comment concilies-tu la promptitude automnale à se lier comme à se délier ainsi que l'horreur à quoi prédispose cette saison de tout ce qui enracine, encadre, enferme, avec la lenteur, la difficulté capricorniennes à s'attacher comme à se détacher. Autrement dit comment concilies-tu l'infidélité automnale et la fidélité hivernale?

D. F. : La fidélité m'importe beaucoup. En même temps, je pense qu'on peut être fidèle à plusieurs personnes. Cela dit, il est assez rare que je me détache de quelqu'un.

F. H. : La fonction de déconditionnement du Capricorne se manifeste par un pouvoir d'élimination, conscient ou inconscient, de ce qui n'entre pas dans le champ relativement étroit des intérêts. Es-tu facilement sourd et aveugle à ce qui ne t'intéresse pas?

D. F. : Je le suis, mais plutôt volontairement. J'ai mis des œillères. Il y a des choses dont je ne veux absolument pas m'occuper.

F. H. : Les œillères capricorniennes font généralement passer les natifs de ce signe pour froids et indifférents, je ne sais pas si c'est le genre de choses que l'on te reproche?

D. F. : Ah oui, oui...

F. H. : Cette indifférence vis-à-vis de ce qui ne concerne pas les intérêts privilégiés, se double d'une sensibilité et d'une profondeur plus grandes que la moyenne vis-à-vis de ce qui les concerne. A l'extrême – il ne faut pas oublier que le Capricorne fait partie des signes dits « ultra-paradoxaux » – cela donne Hitler dont la Lune natale, conjointe à Jupiter, était en Capricorne, et qui, tout en étant l'instigateur des horreurs que l'on connaît, ne supportait pas que l'on fasse du mal à une souris. Sans aller jusque-là, peux-tu te montrer aussi hypersensible à certaines choses qu'insensible à d'autres, d'autres qui émeuvent le commun des mortels?

D. F. : Sûrement. Effectivement, je peux contempler des atrocités qui me laissent froid, et être, au contraire, extrêmement remué par quelque chose qui semblerait anodin aux autres. Cela m'arrive assez souvent.

F. H. : Ton Soleil angulaire prédispose à être ambitieux, dans la mesure où il donne un besoin important d'un rôle social central, de premier plan, alors que Pluton et Mercure, tout aussi valorisés que ton Soleil, incitent à la distance vis-à-vis de toute ambition trop personnelle. Es-tu ambitieux sans l'être?

D. F. : Je ne me serais pas donné autant de mal pour accomplir certaines choses, si je n'étais pas ambitieux. Mais mes ambitions sont limitées. Je ne me lancerais pas, même avec des certitudes de réussite, dans des entreprises qui ne m'intéressent pas, juste pour l'argent, le pouvoir ou la gloire. En fait, j'aurais aimé être un artiste. J'aurais aimé être écrivain, mais je me suis vite rendu compte que c'était sans espoir sur le plan de l'invention. De même, chaque fois que je m'entendais jouer de la trompette, ça me donnait la chair de poule tellement je me trouvais mauvais. J'étais obsédé par la crainte d'être un médiocre.

F. H. : Un Soleil fort comme le tien favorise l'élitisme et le perfectionnisme, alors que Pluton qui est aussi puissant, sinon plus, que ton Soleil, et qui s'y oppose, peut saper la confiance en soi et porter à se sous-estimer.

D. F. : Je ne me sous-estimais pas. Je crois vraiment que je n'étais pas brillant. Je pensais qu'il valait mieux être très bon dans une spécialité mineure, que moyen dans un genre prestigieux. A un moment, je me sentais très déprimé de ne pas pouvoir avoir une activité artistique. Je ne serais jamais Armstrong, Max Ernst ou Hemingway. Finalement, j'ai fait mes premières armes professionnelles dans la rédaction d'un journal et j'ai basculé très vite vers la photo. Mais, là encore, je me suis rendu compte que je n'étais pas un très bon photographe. En revanche, j'avais l'impression de pouvoir réussir à la radio.

F. H. : Pluton sensibilise à l'antimodèle ce qui est une façon parmi d'autres d'expliquer ton attirance pour cette musique révolutionnaire, marginale, qu'était le jazz à l'époque où il est apparu.

D. F. : Ce que j'aimais au départ dans le jazz, c'était le swing, le rythme. Tout ce qui pouvait ressembler au tango, à la valse, à la chanson populaire ou même à la musique classique, me donnait la nausée. Dans les années trente, rares étaient les familles françaises où l'on entendait du jazz toute la journée comme dans la mienne. A dix ans déjà, j'étais vraiment passionné, j'allais à des concerts, dans des clubs de jazz où jouaient de très bonnes formations. Je connaissais Django Reinhardt qui était un ami de mon père. Je lisais des revues spécialisées, Jazz Hot notamment, ainsi que des livres comme ceux de Panassié, qui m'incitaient à me poser des questions sur le jazz : le vrai, le faux, le bon, le mauvais, le noir, le blanc etc. J'étais un puits de science. Je connaissais tout par cœur, même les numéros des disques...

F. H. : Astrologiquement, on retrouve là les tendances solsticiale et capricornienne à se donner à fond, jusqu'à épuisement, au sujet qui intéresse...

D. F. : A la fin de la guerre, j'avais alors seize ans, le jazz m'a encore plus intéressé. Avec le be-bop, Dizzy Gillespie, Charlie Parker etc... apparaissait un nouveau style qui naissait sous nos yeux et qui, tout en gardant les caractéristiques rythmiques du jazz, le transformait en en faisant éclater les trames harmoniques.

F. H. : L'expresson « faire éclater » que tu viens d'utiliser convient bien à Pluton dont la fonction consiste à rompre avec les modèles, les normes, les règles en vigueur. C'est du reste ce à quoi, vu de l'extérieur, tu t'es employé en faisant, entre autre, une revue extrêmement élaborée, sur les anti-chanteurs qu'étaient les chanteurs yéyé, ou en lançant la revue *Lui*, première du genre en France.

D. F. : Ce n'était ni délibéré, ni systématique. Mais c'est un fait que je ne crois pas aux règles, en tout cas pas aux règles immuables, dans le domaine de la presse, de la chanson ou du cinéma. Je pense qu'on a effectivement souvent intérêt à faire le contraire de ce qui a été fait, à essayer de renverser certaines valeurs.

F. H. : Le premier modèle étant généralement le père, as-tu eu également tendance, tout en t'y identifiant par ton Soleil, à en prendre – par Pluton – le contrepied?

D. F. : Mon père était un homme intéressant à voir vivre. Mais s'il m'avait dit : « il faut que tu joues de la clarinette », ou « il faut que tu fasses de la photo », cela m'aurait sans doute dégoûté d'avance. Il était éditeur et m'a donné le goût de la chose imprimée et des livres. Mais, assez curieusement, il méprisait la presse. Il était aussi collectionneur. Comme moi-même.

F. H. : L'aspiration capricornienne à une totalité et les tendances solsticiales déjà évoquées à toujours aller plus loin sur le plan de ce qui intéresse, peuvent prédisposer à être collectionneur ainsi qu'à friser la démesure.

D. F. : C'est vrai. D'ailleurs si l'on arrive un jour à avoir réalisé une collection complète, on est dans une impasse. La seule solution est de s'en débarrasser et d'en commencer une autre. Le collectionneur est un artiste refoulé dans la mesure où constituer une collection revient à essayer de créer une œuvre. On n'achète pas n'importe quoi n'importe comment. Il y a toujours un souci de réaliser un ensemble qui, en fait, s'apparente à une œuvre d'art. Je trouve significatif que les vrais artistes soient rarement des collectionneurs. Ils n'éprouvent pas ce besoin.

F. H. : Comment ce qu'il devrait y avoir en toi de solaire, c'est-à-dire de discipliné, de conservateur et même de conformiste, s'accommode-t-il de ce qu'il devrait y avoir de plutonien, c'est-à-dire d'indiscipliné, de rebelle, de contestataire? Reconnais-tu ces deux côtés en toi?

D. F. *(riant)* : Je reconnais. Tout à fait. Finalement je mène une vie anticonformiste, mais à l'intérieur d'un cadre que je me suis fixé et auquel je suis à peu près fidèle... C'est vrai que j'aime bien choquer. Je suis légèrement provocateur.

F. H. : La configuration Soleil-Mercure-Pluton incite à douter de son identité sociale et à ne guère pouvoir se reposer sur ses acquis.

D. F. : J'ai des incertitudes à ce sujet. Je ne sais pas trop qui je suis. Se juger soi-même est très difficile. Ma réussite professionnelle est ce qu'elle est. Pourtant je ne me repose pas sur mes lauriers. J'ai toujours eu – et j'ai toujours d'ailleurs – l'angoisse de l'avenir. Mais je me suis toujours plus ou moins satisfait de la situation présente, en la jugeant, non par rapport à un mieux, mais par rapport à un pire.

F. H. : Une Lune en Vierge et au carré de Saturne prédispose à la peur de manquer et fait aspirer à se suffire de peu. Qu'est-ce qui, dans ton conditionnement familial, a pu amplifier cette inquiétude?

D. F. : J'avais douze ans au début de la guerre. Le fait d'avoir vécu toute cette période où on souffrait du froid et de la faim m'a marqué. Ce fut une bonne chose.

F. H. : Sous l'angle astrologique, les tendances solsticiales à toujours étendre plus loin son rayon d'action, jointes à l'inquiétude tant de Soleil-Mercure-Pluton que de Lune-Saturne-Vierge, sont une explication possible du fait que tu n'as jamais cessé de créer de nouvelles revues, de monter de nouvelles affaires.

D. F. : J'ai toujours évité de mettre tous mes œufs dans le même panier. L'avenir m'inquiétant d'autant plus que je me suis, paradoxalement, orienté dans des professions très instables, comme la presse ou la radio, j'ai pris très vite l'habitude de faire plusieurs choses à la fois.

F. H. : Au positif, la configuration Soleil-Mercure-Pluton incite à ne pouvoir se contenter d'une seule fonction et à se remettre perpétuellement en question.

D. F. : J'ai tenté beaucoup de choses, exploré des voies diverses, tout en sachant abandonner celles où je percevais qu'il n'y avait pas d'espoir. Encore aujourd'hui, j'essaie des choses. Il y en a forcément qui ratent et d'autres qui réussissent. Mais je reste dans mon domaine : là où je pense que je suis à même de comprendre. En même temps, j'ai toujours été obsédé par l'idée de régresser, de revenir en arrière, de retomber.

F. H. : Une Lune en Vierge au carré de Saturne favorise souvent l'hypocondrie.

D. F. : J'ai peur de la maladie. Pas de la mort, si elle est rapide et sans souffrance. J'ai toujours vécu avec l'idée du suicide dans un coin de ma tête comme une porte de sortie intéressante. Pour moi la vie serait insupportable si on n'avait pas la possibilité d'en disposer. Mais je ne conçois le suicide que comme une fuite devant la maladie. Rien d'autre.

F. H. : Tu appréhendes plus la souffrance physique que la souffrance morale?

D. F. : Beaucoup plus. Sans comparaison. Pour moi, une grande souffrance morale ne peut venir que d'une chose : la disparition ou la souffrance de personnes que j'aime.

F. H. : Vénus et Neptune qui concernent la sentimentalité, sont les planètes les moins valorisées de ton ciel, ce qui fait supposer que le plan sentimental est problématique chez toi. D'autant plus que ton affectivité est « saturnisée », ce qui est souvent l'indice d'une fixation à l'adolescence, autrement dit d'une immaturité affective pouvant se manifester par des alternances d'excès d'avidité ou d'excès de détachement, débouchant, dans l'un et l'autre cas, sur un sentiment chronique d'insatisfaction ou de vide.

D. F. : J'ai toujours été privilégié, comblé, satisfait sur ce plan, au contraire, dans la mesure où j'ai eu la chance de trouver chez ma mère un amour absolu.

F. H. : Tu n'as jamais été désespéré à cause d'une femme?

D. F. : Non.

F. H. : C'est peut-être l'une des raisons pour lesquelles tu n'as pas pu être un grand artiste... La conjonction Vénus-Saturne ne te vaut-elle pas une certaine difficulté à exprimer tes sentiments?

D. F. : Connaissant ce défaut, je me force.

F. H. : « Le poids des mots, le choc des photos » dit la publicité de Paris-Match. Précisément, ton ciel de naissance te sensibilise aux représentations – mots, images, idées – auxquelles, quoi qu'en dise la publicité, manque le poids du vécu, de l'éprouvé, du concret, de l'agi, que ton ciel relègue à l'arrière-plan. Te ressens-tu plus comme un homme de verbe, d'idées ou de contacts, que comme un homme d'action? Action au sens physique du terme. T'intéresses-tu davantage au spectacle, à la représentation de la vie, à l'art ou à la fiction, qu'à la vie elle-même?

D. F. : Ta question est peut-être un peu trop subtile pour moi. Je m'intéresse plus au spectacle qu'à l'action, mais la frontière est floue.

F. H. : Ton travail consiste de toute façon à représenter, à relater, à montrer, à communiquer. Mais en dehors de lui qu'aimes-tu faire?

D. F. : Je n'aime pas trop l'exercice physique, sauf s'il s'accompagne d'un plaisir visuel, comme le ski, ou si c'est un jeu, comme le tennis. J'adore lire la presse, les bouquins – les documents plus que les romans. – J'aime aussi beaucoup regarder les images, la peinture. Et le cinéma. Si j'ai le temps, je vois 2 ou 3 films par jour.

F. H. : L'opposition Soleil-Pluton qui marque ton ciel en priorité peut donner, par le Soleil, le goût du pouvoir personnel et, par Pluton, le refus de ce genre de pouvoir. L'une des solutions possibles à une telle contradiction est d'exercer un pouvoir occulte. Est-ce ainsi que tu considères ton activité de magnat de la presse?

D. F. : Je n'ai jamais vraiment pensé à cet aspect-là. Je n'ai pas de messages à délivrer ou, si j'en ai, ils sont tellement étranges, que, dans ma position, j'ai intérêt à m'abstenir. Je n'ai pas de certitudes. Et je ne suis pas un magnat.

F. H. : La fonction de déconditionnement du Capricorne porte à se sentir en dehors de la mêlée en général, de la mêlée politique en particulier. C'est ce qui ressort de ce que tu as dit. Tu ne te sens vraiment pas concerné par la politique?

D. F. : Je suis un sceptique. Cela vient peut-être de mon adolescence où, pendant la guerre, j'ai assisté à pas mal de renversements spectaculaires. Les hommes – je parle de la foule, pas des quelques personnes que j'aime – me dégoûtent et m'attendrissent en même temps. Quand j'étais enfant, bien qu'athée, j'avais ma conception de l'enfer : l'enfer était sur terre. Quand je regardais les gens, je les regardais à l'intérieur. J'imaginais le sang, les viscères, le délabrement interne. Ça c'était l'enfer. Je les regardais de l'extérieur et quelquefois c'était le ciel. Le ciel et l'enfer sont sur terre. Bien sûr, il y a des systèmes politiques plus ou moins appétissants. Le capitalisme me fait penser à la jungle et le communisme à la basse-cour. Je préfère vivre dans la jungle, quitte à être dévoré par plus fort que moi, qu'être un animal de basse-cour dont la vie et la mort sont programmés.

Propos recueillis en janvier 1977 et en janvier 1986.

DANIEL FILIPACCHI

Analyse graphologique

le 13 mai 86

Chère Françoise

Voici un petit texte pour ton livre. Ce n'est pas tout à fait imaginaire, vaguement automatique et peut-être un peu long. Tu étais bien à la télé hier. Et courageuse avec ça !*

Ton admirateur de toujours

Daniel

* P.S. A cause des cardons.

(Format réduit).

Observation de l'écriture :
Instrument : Crayon à bille de type Pentel, fin; couleur noire pour le second document qualifié d'« automatique » par l'intéressé. Feutre noir pour la lettre.
Impression : Aspect dansant, élastique, primesautier pour l'âge. Le blanc pénètre même dans le doc. n° 2.
Harmonie : Moyenne. L'écrite est homogène.
Formniveau : De la vie, de la souplesse, de l'expressivité, graphisme personnalisé mais qui avance à reculons. Manque de poids et de densité. Assez bon formniveau. $2^1/_2$ à $2^3/_4$.
Rythme selon Heiss : Le mouvement cabré entrave la progression; l'écriture est animée d'ondulations plutôt qu'elle n'est vraiment dirigée vers la droite. Équilibre noir-blancs dans le doc. n° 1, de l'aération mais pas d'organisation très concertée. Formes un peu fluides.
Degrés de tension de Pophal : III avec des traces de II.
Définition : Inégale, surtout en dimension et assez grande pour un homme, renversée, un peu étalée, notamment par de la liaison secondaire, groupée à liée, accélérée, en arcades semi anguleuses, gonflements et écrasements, des saccades, simple, aérée (doc 1), compacte (doc. 2).
Trait selon Hegar : C, N±, A±, R±.
Signature du prénom très semblable à l'ensemble du texte, au centre-droit. Marge de gauche régulière. Marge à droite inégale. Des lettres en deux morceaux (d, q, a, g), des torsions (Je), des gestes un peu lancés et acérés, quelques trous.

Synthèses :
1° Renversée, en arcades, retenue, oves fermés : contrôle, tendance à vouloir se démarquer pour s'affirmer.
2° Inégalités, torsions, saccades, trous, des coinçages et écrasements : incertitudes mais : renversement et étalement secondaire : compensation et volonté d'adaptation.
3° Simple, liaison souple, homogénéité, gonflements, trait ayant de la pâtosité : authenticité, sensibilité.

Approches pyschologique, caractérologique, typologique :

Tempérament selon Hippocrate : lymphatique, nerveux, sanguin.
Le Senne : émotif, non-actif, primaire : nerveux.
Freud : oralité; restes d'Œdipe.

Paris le 27 Mars 86

Chère Françoise
Je connaissais bien Max Ernst. Un
jour il me demanda : "Voulez vous du
scotch ou du bourbon ?" quinze ans
après je n'ai toujours pas résolu cette
question. Je pense que mon attitude lui
plut. Max buvait du bourbon. Dali
m'appelait ci qui. Je n'ai jamais
rectifié. Un jour il comprit tout
seul que mon vrai nom était Axum.
Magritte portait un chapeau melon. Ce
qui est curieux c'est qu'il n'hésitait
pas à dire : "Je porte un chapeau melon"
et aussi : "Je vous présente Georgette,
ma femme". J'étais très surpris. Je
m'attendais plutôt à quelque chose
comme : "Ceci est un morceau de fromage."
Clovis Trouille, lui, me dit : "Je m'ap-
pele Camille". C'est ainsi que je
compris qu'il était un authentique
naïf. De plus il m'avoua avec un
peu de gêne : "Je hais la gravure ori-
ginale." J'ai connu aussi Alfred, etc.

(Format réduit).

Szondi et fonctions selon Jung :

Pulsion paroxysmale
e+ hy–
facteur hy dominant
Sensation hystéroïde

Moi tantôt : anxieux luttant
pour s'affirmer : k– p+
tantôt : moi professionnel :
k+ p^{0}
facteur dominant k
Sentiment catatonique

Pulsion de contact
d+ m±
facteur m dominant
Pensée orale

Pulsion sexuelle
h± s±
facteur s dominant
Intuition virile

Éléments d'interprétation :
– Moi assez fort mais qui doit vivre avec des conflits intérieurs. Importance de la faculté d'adaptation. Sentiment d'infériorité sous-jacent. Personnellement, un refoulement partiel laisse insatisfait. Impression d'avoir sacrifié une partie de soi. Le sentiment est tu. Peu démonstratif. Sur la défensive affectivement.
– N'est pas à l'aise au fond, mais sent bien les situations. Peut être adroit dans son métier.
– L'ambivalence du vecteur sexuel implique une difficulté à se stabiliser dans des relations de tendresse. Libido vécue physiquement, mais aussi tentative de sublimation par la culture (h– s–). Plus d'incertitude que d'équilibre.
– Dans les contacts, efforts pour échapper à la sensation de ne pas être heureux. Désirs frustrés, découragement. Si d est assez fort, l'activité socio-professionnelle peut aider. Mais il reste une avidité non comblée qui ôte la joie. Hédonisme possible. Pensée qui assimile, qui sait utiliser, convaincre. Pensée introvertie.

Daniel Filipacchi n'est certainement pas un homme qu'il est si facile de bien connaître et encore moins de bien comprendre. Il est parfois déroutant.

D'ailleurs, il n'encourage pas ceux qui s'avancent vers lui car il préfère garder ses distances. Au fond, il n'est pas particulièrement compliqué mais il ne se livre pas et évite toute démonstration. En étant extrêmement réservé sur lui, il s'expose peu et préserve ainsi, lui semble-t-il, son autonomie, se ménage plus ou moins consciemment des possibilités de repli.

Analyse-t-il bien les causes de certaines de ses réactions?

Il est pourtant lucide et il déteste les œillères, mais une partie de sa personnalité est au fond restée juvénile.

Il se défie beaucoup de l'affectivité, des sentiments en général tout en attendant cependant des autres davantage qu'il ne le croit.

Ses contradictions le rendent très réticent dans l'expression de soi.

Il a peut-être eu des projets, des espoirs qu'il n'a pas satisfaits, et qu'il se reproche de ne pas avoir osé satisfaire.

Il n'est pas celui qu'il voudrait être, et en même temps il se dit que cela n'a pas d'importance.

Une sorte de crispation émotive que l'on peut aussi qualifier d'amour-propre viril le conduit à se méfier de tout ce qui ressemblerait à de l'attendrissement. S'il a besoin qu'on lui témoigne de l'attachement, bien que cela ne lui apporte pas pour autant de la joie ni un apaisement personnel, il craint qu'on l'envahisse et qu'il ne soit plus maître chez lui.

Aussi s'abstient-il de s'engager affectivement.

Il est partagé entre le désir d'une relation stable et sécurisante et la peur de dépendre intérieurement de quelqu'un d'autre, entre le besoin d'un lien solide, chaleureux et le souci de ne pas renoncer à une liberté, à une indépendance qu'il recherche, davantage qu'il ne les possède réellement.

Les contacts personnels, intimes, sont au fond plus décevants pour lui que les contacts sociaux et professionels.

Là, au contraire, sa circonspection, ainsi que son adaptabilité lui sont d'une utilité pratique, et du savoir-faire compense ce qu'il y a de retranché et de peu accessible en lui.

D'où vient que les relations avec autrui le laissent souvent inassouvi et que bien des choix de vie et bien des combats qui attirent, ont attiré ceux de sa génération, ne rencontrent chez lui qu'étonnement et scepticisme?

A-t-il autrefois connu une situation conflictuelle, une frustration ayant provoqué de sa part une attitude de refus?

A-t-il été obligé de réprimer – en raison de diverses contraintes éducatives ou familiales – la manifestation de ses instincts, de ses désirs?

A-t-il été très proche de sa mère, est-il complètement détaché d'elle ou de l'image qu'il s'en faisait?

Quelle qu'ait pu être la réalité, il n'en demeure pas moins chez lui :

– une ambivalence marquée,

– un comportement de retrait face aux emprises éventuelles et un individualisme résistant aux influences, aux intrusions de l'extérieur.

Son esprit logique, critique, sa pensée personnelle, ses points de vue originaux ne tenant aucun compte des modes du moment, contribuent aussi à le différencier.

Pourtant, sa personnalité est plus naturelle, plus spontanée qu'il ne paraît; il est sur ses gardes mais sincère, authentique.

Ce qui parle à son imagination, à ses goûts, à ses aspirations, à sa sensorialité, trouve en lui un écho d'autant plus sensible que les buts professionnels habituels, la compétition en soi, ne l'intéressent que modérément. Les réalisations dans le domaine esthétique lui semblent d'un niveau supérieur car elles mobilisent ce qui en l'homme est le plus évolué.

Il semble qu'il y ait un Daniel qui ne cesse d'observer l'autre. « Attention gamin », dit le premier, « je t'ai à l'œil, ne t'embarques pas là dedans, c'est ridicule ». L'un joue le rôle d'un aîné vis-à-vis du second, lui fait des recommandations. Le grand frère raisonnable surveille son cadet qui aimerait bien céder à ses envies.

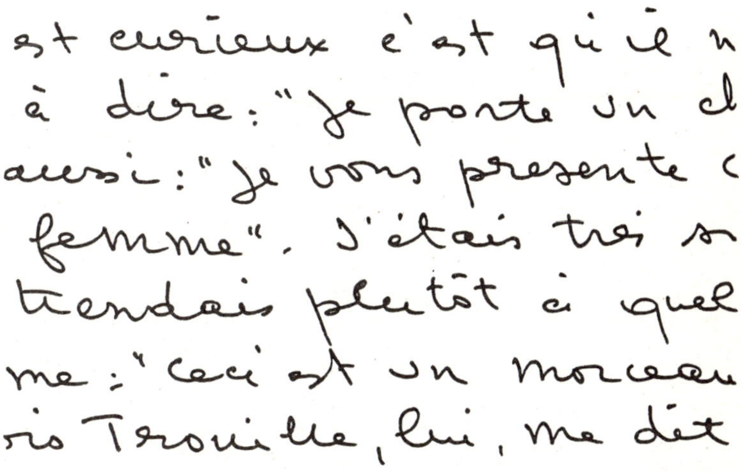
st curieux c'est qu'il n
à dire: "Je porte un cl
aussi: "Je vous présente c
femme". J'étais très s
tendais plutôt à quel
me: "ceci est un morceau
rio Trouville, lui, me dit

Mais le grand frère veut l'obliger à se plier aux réalités, à renoncer à ses rêves, à être efficient.

Le petit n'est pas convaincu de la nécessité de tout cela, il ne se sent pas assez fort pour dire non, c'est pourquoi il se soumet de mauvais gré, mais n'en continue pas moins de préférer les bandes dessinées aux équations du second degré et se propose lorsque le printemps reviendra de faire l'école buissonnière.

ROGER CARATINI
philosophe, humaniste, encyclopédiste

Signes dominants : le Capricorne par le Soleil, Jupiter et Mercure. Le Bélier par l'Ascendant et Mars. Le Scorpion par la Lune et Saturne en conjonction.
Dominante solsticiale.
Force de Mars, du Soleil, de Jupiter, Mercure et Pluton.
Faiblesse de Neptune et Vénus.

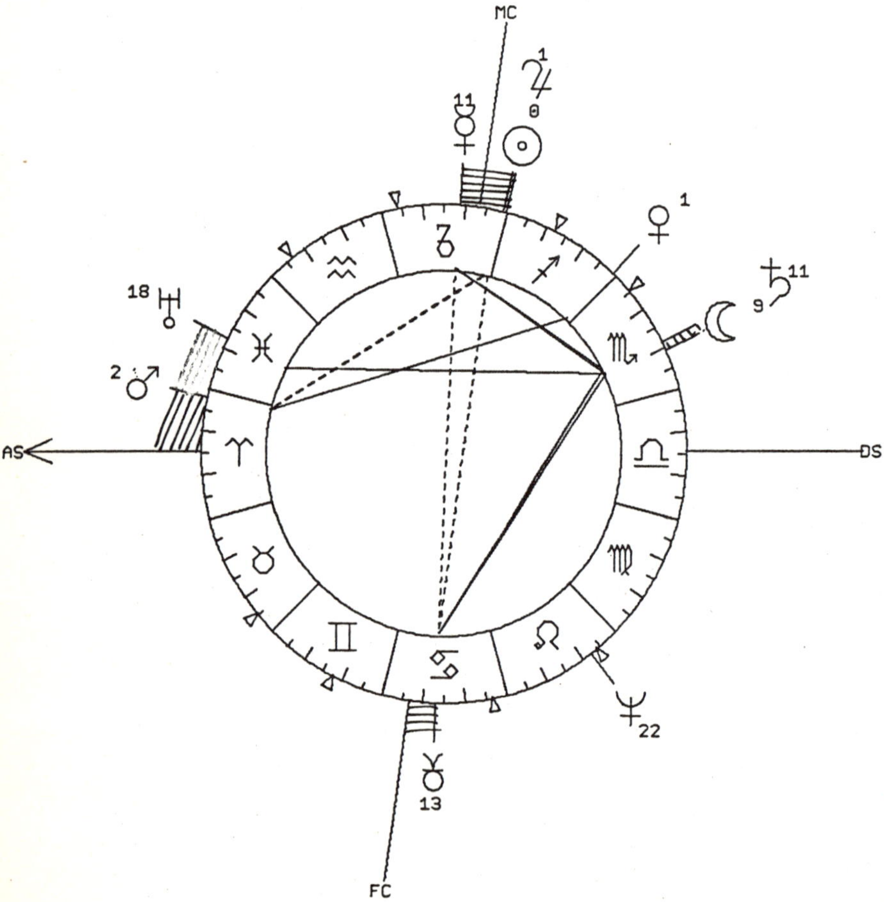

Françoise Hardy : Ton ciel de naissance indique des tendances très contradictoires. La fonction de déconditionnement du Capricorne, ton signe solaire, et celle de discrimination du Scorpion, ton signe lunaire, incitent en effet à une grande distance et à une sélectivité extrême vis-à-vis des sollicitations du monde extérieur, alors que la fonction de dépense de l'énergie du Bélier incite à beaucoup plus de spontanéité et d'ouverture. Comment vis-tu la coexistence d'une partie de toi lente à émouvoir, ayant en permanence le pied sur la pédale de frein, avec une autre partie hyperexcitable, toujours prête à accélérer. Autrement dit, comment vis-tu ton excès de secondarité et ton excès de primarité?

Roger Caratini : Je suis, c'est exact, à la fois, mais d'une manière discontinue, terriblement secondaire et terriblement primaire. Quand j'écris, mon attitude secondaire consiste à peser tous mes mots avec une prudence extrême, à prendre des précautions de plume de toute sorte. A côté de ça, il y a des moments où j'ai envie de foncer dans le tas, où ma plume s'envole et où je me laisse aller à une belle phrase, un enthousiasme, ou même une vacherie. Mais pour que mon travail soit homogène, je dois finalement contrôler le tout. Je pense que la secondarité est en rapport avec le besoin de comprendre, c'est-à-dire avec l'intelligence, alors que la primarité est en rapport avec la libido. La source de ma secondarité n'est pas une censure morale, consciente ou inconsciente, mais une exigence de rationalisme et d'inscription de mes actes, pensées ou écrits, dans une vision synoptique des choses. Mais c'est vrai que je suis toujours pris entre une primarité qui me pousserait à être véhément, dans un sens ou dans un autre, et les limites que m'imposent mes exigences rationnelles. Je résous cela en étant secondaire quand j'écris et primaire quand je parle. Élémentaire mon cher Watson.

F. H. : Le Bélier et le Capricorne sont des passionnés chacun à leur façon : le Bélier s'enflamme vite et aime de tout son être, mais est capable de revirements soudains qui le font basculer rapidement de l'amour à la haine, alors que le Capricorne est également entier, mais met longtemps à s'attacher, et tout aussi longtemps à se détacher. Comment peut-on être à la fois l'homme des coups de foudre et celui d'une passion unique?

R. C. : Je prône la vertu de la concupiscence que je prends au sens large, comme un désir de totalité, tant sur le plan matériel que sur le plan intellectuel. Je suis le contraire d'un bouddhiste. L'ascèse bouddhiste consiste à anéantir tout désir : les désirs sensoriels ou « le quintuple attachement », tout autant que le désir de connaissance. En ce qui me concerne, j'aime me laisser aller à la totalité de mes désirs, dans la mesure, bien sûr, où mon intégrité n'est pas atteinte. La concupiscence implique des emballements en même temps qu'une maîtrise de soi, sauf au cœur des dits emballements. Mais je ne crois pas que cela ait un rapport avec tes chères étoiles. Je pense qu'on a plus une histoire qu'une nature.

C'est pourquoi je suis contre l'Astrologie et contre toute doctrine qui tend à postuler et définir un inné. C'est une philosophie, un point de vue personnels. Je pense que le code génétique, qui est une réalité au même titre que les étoiles, devient ce que notre histoire le fait devenir, car nous avons la totalité des potentialités au début de notre existence et notre histoire nous amène à développer certaines d'entre elles. Ceci dit, ton observation est juste : je suis ou tout l'un ou tout l'autre, ce qui est d'ailleurs une source de trouble et même de déception pour les gens qui veulent me connaître, parce qu'ils ne s'y retrouvent pas vraiment. La vérité est que j'ai développé deux séries de potentialités concomitamment, parce que l'une comme l'autre sont les meilleures façons de s'adapter à l'existence. Au fond, c'est formidable d'être à la fois primaire et secondaire : il faut de temps en temps savoir donner un coup de poing, comme il faut savoir aussi subir les injures ou autres en « restant un homme mon fils »...

F. H. : As-tu cette force de détachement du Capricorne et cette aptitude à basculer de l'amour à la haine du Bélier?

R. C. : Je ne hais personne, encore moins quelqu'un que j'ai aimé. Je ne tire pas non plus définitivement un trait quand la passion s'est éteinte. Un être, une occupation ou un objet dont je me suis détaché, font partie de ma personnalité et j'y tiens toujours un peu. Quand je n'aime plus, je n'aime plus, je n'ai pas de regrets, mais une forme d'attachement ou d'intérêt subsiste pour la personne que j'ai aimée.

F. H. : Te considères-tu comme l'homme du tout ou rien?

R. C. : Non. Bien qu'il y ait eu des moments de mon existence où j'ai joué à cela. Pas longtemps d'ailleurs. En réalité, je suis un homme d'efficacité, ce qui exclut l'attitude tout ou rien. Ceci dit je ne suis pas un homme de compromis.

F. H. La dissonance, qui marque ton ciel, du Soleil et de Jupiter en Capricorne au carré de Mars en Bélier, peut sensibiliser au décalage entre le dire et le faire. Dans certains cas, j'y pensais quand tu niais l'importance de l'inné, cela porte à privilégier la vérité belle aux dépens de la vérité vraie. Est-ce ton cas?

R. C. : Non et ça ne peut pas l'être, parce que je pense que le beau est un vrai insuffisamment perçu et qu'il n'y a qu'une différence de degré, et non de nature, entre le beau et le vrai. Quand je joue ou entends du Mozart, j'ai l'impression d'être à la fois au cœur de la beauté et de la vérité. Mais quand j'écoute Stockhausen, il n'y a plus qu'une certaine vérité, puisqu'il m'est très difficile, ainsi qu'à tout le monde, y compris, probablement, Stockhausen lui-même, de me laisser complètement envahir par Kontakt ou par toute autre musique électro-acoustique. Ma réaction à ce genre de musique est donc une démarche de connaissance, de vérité. Dans d'autres cas, une musique me plaît sans que j'y perçoive une démarche de vérité. Le sentiment que j'éprouve n'est lié qu'à la beauté. Théoriquement, au nom de la vérité, je devrais dire que ça ne vaut rien. Mais puisque ça me plaît, j'essaie de trouver pourquoi. Je ne privilégie donc pas le beau aux dépens du vrai ni l'inverse.

F. H. : Cette même dissonance Soleil-Jupiter Capricorne contre Mars-Bélier peut s'interpréter comme un conflit entre l'homme d'action et l'homme de verbe. Le goût de l'action a-t-il autant compté pour toi que celui du verbe et, si oui, as-tu eu du mal à satisfaire les deux?

R. C. : Je ne suis pas un homme d'action, mais je suis capable de l'être si c'est nécessaire. Je peux être l'homme qui sauvera 350 personnes sur un bateau en perdition, ou l'homme de la tour infernale, mais là s'arrêtera mon action. Elle sera esthétique. Je suis davantage un homme de verbe et de création. Quand on a fait des études de philosophie, qu'on a étudié Socrate, Platon, Aristote, Spinoza, Hegel et Cie, que l'on a réfléchi à tous ces concepts et à ces forces qui gouvernent l'être humain, on est amené à se demander quelle est la valeur suprême, celle à laquelle on sacrifierait tout. Tout jeune, entre le bachot et l'agrégation, je me posais ce genre de question et j'établissais ma hiérarchie des valeurs. Je pensais que la valeur suprême était la valeur d'action et que la valeur suprême d'action était la valeur de création, puisque par la création je ressemble à Dieu et que l'idéal est d'être Dieu. Je me suis donc donné un destin de créateur. Dire que je l'ai atteint, c'est autre chose. A un certain moment, je distinguais l'existé, l'existant et l'existable. J'appelais existé un individu qui est existé : il n'est rien qu'un végétal perfectionné, agi par le monde extérieur : il se laisse conditionner. L'existant est l'homme d'action qui croit dépasser ses conditionnements, mais risque de se demander, à la fin de sa vie, à quoi son action a servi. C'est le mot de la fin de Lyautey : « J'ai perdu ma vie. » Quant à l'existable, c'est celui qui donne à l'existence toute sa valeur et qui dépasse l'action par la création.

F. H. : Une conjonction Soleil-Jupiter, comme celle qui domine ton ciel de naissance, sensibilise à l'extrême aux modèles traditionnels. Mais Mercure et Pluton perturbent ta dite conjonction en incitant à rejeter les modèles en question, tout au moins à s'en distancier. Comment as-tu vécu cela?

R. C. : Je viens d'une famille de Français moyens : ma mère était professeur et mon père fonctionnaire. L'autorité y était diffuse, et j'ai découvert mes modèles de vie, plus qu'ils ne m'ont été imposés. Principalement dans ma vie scolaire ou parmi les personnalités qui venaient à la maison. Le modèle du savant, du polytechnicien avec son bicorne, m'a fait pendant longtemps beaucoup d'effet. Toujours est-il que, dès l'âge de quinze ans, je suis devenu, sinon le contraire, du moins très différent de ma famille, puisque j'étais le premier à ne suivre aucun des exemples familiaux existants, à n'être, autrement dit, ni fonctionnaire, ni militaire.

F. H. : La tentation solaire consiste à être son propre modèle, et certains de tes propos suggèrent qu'elle ne t'est pas tout à fait étrangère, alors que la tentation plutonienne est de refuser en bloc tous les modèles, d'être sans foi ni loi.

R. C. : Je suis sans foi ni loi et la liste de mes rejets, qui n'ont pas été affectifs ou passionnés mais réfléchis, est longue. Par exemple, j'ai reçu une éducation catholique et, à cause de mes adhésions philosophiques, je n'ai plus éprouvé, du jour au lendemain, le besoin de jouer la comédie religieuse. Je suis devenu agnostique sans problème. Je me suis senti... au-dessus de la mêlée. J'avais quatorze ans quand la guerre s'est déclarée et j'étais étudiant à Paris pendant la guerre. Je vivais au Quartier Latin, dans un milieu de gens évolués, tous plus ou moins liés à la Résistance. Mon livre de chevet était « Au-dessus de la mêlée » de Romain Rolland. J'étais au courant de ce qui se passait, mais, tout en y participant un peu, aussi choquant que cela puisse paraître, je ne me sentais pas concerné...

F. H. : C'est le déconditionnement capricornien...

R. C. : ... je me suis toujours, non pas réfugié dans une tour d'ivoire... disons que je privilégie l'attitude esthétique à l'attitude que tu qualifies de martienne... Je suis donc sans foi et même sans loi, puisque je respecte celle-ci par simple utilité et non par intime conviction de sa valeur.

F. H. : Soleil-Jupiter d'un côté contre Pluton, Mars et Mercure de l'autre, cela peut se formuler par une ambivalence entre le besoin de plaire en se conformant à ce que l'autre attend de soi, et le besoin de déplaire, de déranger, de contredire, en mettant les pieds dans le plat, en retournant les convictions d'autrui comme une crêpe, par une habileté particulière et systématique à déceler la faille de tout édifice. Bref il y aurait chez toi une tendance à compliquer les choses à plaisir, coexistant avec la tendance inverse à les simplifier.

R. C. : Je fais partie de ceux qui critiquent. Je crois à la valeur de la philosophie négative et je suis une antithèse. Je ne me retrouve jamais dans une synthèse ou dans une vérité. Quoi qu'on me dise, je cherche, effectivement, tout de suite la faille. J'ai horreur des simplifications hâtives. Je vais même beaucoup plus loin : je doute de la science établie. Je pense qu'elle n'est pas valable à 100 % – c'est pourquoi l'Astrologie me fait rigoler. Par exemple, je dis avec beaucoup de prudence, qu'il est hautement probable que la terre tourne, parce que ça colle avec le modèle qu'on a fait. Finalement il est plus commode de penser que c'est la terre qui tourne autour des étoiles, plutôt que l'inverse. Mais je pense aussi que l'on peut fabriquer un modèle mathématique qui rendrait compte de tout ce qui se passe dans l'univers, y compris ces derniers mystères en date que sont les trous noirs, en supposant la terre immobile. Simplement les équations seraient plus compliquées. Ce n'est pas parce que le discours que l'on tient sur la réalité, le modèle qu'on a trouvé, sont cohérents qu'ils sont vrais. Il n'y a pas de vérité absolue, mais des probabilités plus ou moins grandes. C'est le fameux théorème de la chasse au lion. Il y a plusieurs méthodes pour capturer un lion vivant. L'une d'elles consiste à mettre une cage dans son salon et à attendre, puisque la probabilité qu'un lion vivant entre un jour dans la cage, n'est pas nulle. Les absurdités de ce genre abondent. La seule vérité certaine, c'est peut-être le fait que je pense : le fameux cogito sur lequel on a tous disserté. Je fais donc comme Descartes, je révoque tout en doute. Alors, quand on me raconte une histoire, je cherche par où elle pêche. Ce n'est pas que je veuille démolir ce qu'on me dit, mais je veux démolir la confiance en une vérité absolue que l'on croit avoir et dont je me méfie.

F. H. : Les Astrologues qui voient dans une dominante solsticiale l'incitation à une attitude ultra-paradoxale, vont se réjouir de ce que tu dis. Mais revenons à ton Soleil et à ton Jupiter culminants, qui donnent généralement un grand besoin de valorisation sociale et vont de pair avec les qualités d'aisance et d'autorité que l'on te connaît. De quelle façon Mercure et Pluton, qui ont une fonction de déstabilisation, perturbent-ils ce besoin?

R. C. : Je n'ai pas besoin de valorisation sociale. Ça t'étonne, mais c'est vrai. J'ai toujours fui les honneurs et la publicité. Je suis, bien sûr, sensible aux éloges, mais je ne vais pas les chercher. J'ai toujours été frappé par l'image d'Épictète qui comparait la vie à un banquet. Le sage est au banquet et, si une danseuse ou un plat passent à sa portée, il se sert. Mais il ne se lève pas pour courir après. Je suis un peu comme ça. Je ne cours pas après la valorisation sociale. La réussite me fait évidemment plaisir, mais ce qui m'intéresse, c'est cette concupiscene qui me pousse à aller toujours plus loin, à écrire 2, puis 3, puis 10 livres. Projeter d'écrire seul une encyclopédie de 23 volumes, ce peut-être, d'un certain point de vue, un désir de valorisation sociale. Mais l'écrire et rester dans l'ombre derrière l'œuvre, c'est la déstabilisation dont tu parles. Je n'ai jamais tenu à me mettre en avant, à tel point que cela m'a joué certains tours contre lesquels j'ai dû réagir en me mettant en avant justement... En ce moment, par exemple, je caresse l'idée d'être Académicien...

F. H. : Nous voilà en plein Soleil-Jupiter!

R. C. : J'ai toujours considéré les décorations ou les titres comme des gris-gris. Je suis bourré de titres universitaires de haut niveau, mais je n'en ai aucun sur aucune carte, d'ailleurs je n'ai pas de carte... *(rires)*. Mon éditeur avait mis mes titres sur la jaquette de la première édition de mon Encyclopédie, mais je les ai fait supprimer pour la deuxième édition, ainsi d'ailleurs que ma photographie. Être dans l'ombre me séduit davantage et procède peut-être d'un plus grand orgueil. C'est certainement orgueilleux de préférer être connu des happy few, que du grand public. Cette idée que j'ai eue il y a cinq-six ans d'entrer à l'Académie est donc curieuse. Mais j'ai été en butte, à cette époque, à un certain nombre de conflits sociaux. Je connais ma valeur et je supportais mal que certaines personnes, pourtant bien placées pour la connaître aussi, n'en tiennent pas suffisamment compte. Je parle souvent d'une manière un peu fantaisiste, et il arrive qu'on pense que je parle en chansonnier, alors que je parle en philosophe. C'est une suggestion amicale, qui m'a amené à penser qu'être Académicien donnerait plus de poids à mes dires auprès de ceux qui les mettent en doute. Évidemment, j'ai tourné cette ambition en dérision, en me disant que tout ce qui m'intéressait c'était le droit au port de l'épée, ou l'arrivée à Bastia en uniforme... Mais il y a aussi un désir de valorisation sociale dont le but est de venir plus facilement à bout des discordances ou des conflits qui résultent du fait que ma personne n'a pas le succès ni l'accueil qu'ont connu mes livres.

F. H. : Tes planètes affectives, Neptune, Vénus et la Lune, qui concernent les sentiments, sont sans valorisation. Le plan sentimental est-il ton talon d'Achille?

R. C. : Ma vie affective est un peu mon talon d'Achille. Elle a été très riche à différentes reprises, mais elle ne m'en a pas moins échappé plusieurs fois... Pourquoi, à un moment donné, la passion s'éteint-elle? Je ne crois pas que ce soit à cause d'une distanciation ou d'une satiété de ma part. Je crois que l'amour est une connaissance, qu'aimer quelqu'un c'est le connaître, et qu'une fois que tu connais tout de lui, tu ne l'aimes plus. Peut-être que je connais trop vite. Peut-être aussi, ai-je peur qu'une vie affective trop importante m'empêche de poursuivre mon plan de vie qui est d'écrire et de créer.

F. H. : Une conjonction Lune-Saturne peut se traduire par des alternances d'avidité et de détachement sur le plan affectif. C'est donc le détachement qui l'emporte chez toi?

R. C. : C'est l'avidité...

F. H. : ... tu te contredis...

R. C. : Quand je vis une passion, je suis totalement avide. Je suis tellement envahi par l'autre et le besoin que j'en ai, que j'en perds les pédales, ce qui revient à ne plus pouvoir s'occuper de quoi que ce soit d'autre. C'est donc au détriment de mon intégrité intellectuelle. Puis la passion s'émousse. A présent, je suis devenu un peu froid, tout en n'ayant pas envie de l'être. En fait, j'ai projeté toute mon affectivité sur ma fille, ce qui exclut que je tombe amoureux, prisonnier que je suis de la passion que j'éprouve pour elle. Mais c'est moins grave de perdre les pédales pour sa fille. Alors peut-être que je me retiens de la passion par peur de perdre mon identité, de me détruire. Et pourtant, je suis un homme de plaisirs. J'aime les plaisirs et je les prends...

F. H. : ... Ce qui est, pour l'Astrologue, bien dans la note Mars-Jupiter...

R. C. : Le premier écrit de mon existence était un traité des passions, où j'expliquais que la passion était liée au désir d'éternité et tournée vers le passé, alors que la vie consistait à regarder vers le futur. L'éternité ne pouvant se réaliser, la passion était donc pour moi une valeur à la fois présente et absente : la présence d'une absence...

Boulogne, décembre 1985

ROGER CARATINI

Analyse graphologique

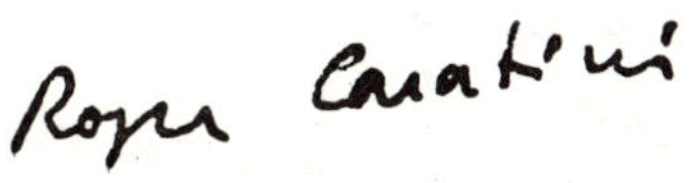

Françoise,

Voici la lettre promise ... et due. C'est la deuxième fois de ma vie que je me livre à l'examen graphologique (plus grapho que logique). La première fois, j'avais 18 ans. Et ça s'est terminé par un mariage.

Alors. Évitons de deviner l'écriture, de la lire sans avoir l'air intelligent, de la grossir, ou de la laideur de [illegible]. D'ailleurs, je n'ai pas de rage.

Voilà. Est-ce suffisant ?

Roger Caratini

(Format réduit).

Observation de l'écriture :
Instrument : Stylo, encre bleue.
Impression : Équilibre d'ensemble. Vie et contrôle. L'écriture se dirige vers quelque montagne magique.
Harmonie : Écriture harmonieuse et très homogène.
Formniveau : Élevé car : petite vibration interne, souplesse, douceur, physionomie discrète, belles proportions globales. Originalité dans la simplicité. $1\,^{1}/_{2}$ à 2.
Rythme de Heiss : Les trois aspects du rythme sont présents et évolués.
Degrés de tension de Pophal : III.
Définitions : Petite, nuancée, rythmée, progressive, semi-anguleuse, combinée, aérée, simplifiée, sobre, groupée, parfois hyperliée, contenue, montante, sinueuse, veloutée, un peu inclinée.
Trait selon Hegar : P, R, Lg $\pm$, D et présence de C.
Signature simple, lisible, à droite.
Majuscules typographiques. Pochages, moirages.

Synthèses :
1° Petite, simplifiée, accélérée, aérée, groupée : capacités intellectuelles.
2° Nuancée, homogène, sobre, ordonnée, légèrement inclinée : sensibilité, intégrité, qualité.
3° Inégalités, moirages, pochages : interrogations, vulnérabilités.

Approches psychologique, caractérologique, typologique :

Tempéraments selon Hippocrate : bilieux, nerveux, lymphatique et sanguin.
Le Senne : émotif, non-actif, secondaire : sentimental très évolué.
Freud : le Moi rejoint l'idéal du Moi.

Szondi et fonctions selon Jung :

Pulsion paroxysmale
e+ hy–
facteur e dominant
Sensation épileptoïde

Moi qui cherche un idéal
k± p+
facteur k dominant
Sentiment catatonique

Pulsion de contact
d° m+
facteur d dominant
Pensée anale

Pulsion sexuelle
h+ s+
facteur h dominant
Intuition féminine

Éléments d'interprétation :
– Moi qui correspond souvent à la seconde moitié de la vie; certains choix et renoncement sont acceptés. Moi mûr, riche, anxieux, dont la tension s'apaise avec la concentration dans le travail poursuivi avec une volonté perfectionniste. « Souvent, il s'agit d'un travail où (on) s'occupe des problèmes des autres (psychologie, assistance sociale, éducation). Parfois aussi la conscience de ses problèmes dirige vers une psychothérapie. » *
Sentiment catatonique : intériorisé, ne s'exprimant qu'avec pudeur, discernement, souci de comprendre et d'être compris. Mais ce sentiment extraverti selon Jung a pu être un élément déterminant dans des décisions importantes de choix de vie.
– e+ hy– : la conception du bien et du mal, les aspirations vers le bien orientent les choix de vie et le comportement qui est discret. Émotions et sensation authentiques, qui laissent une trace durable, et un désir de dépassement.
– h+ s+ : le facteur h+ et le caractère Anima de l'écriture signifient : réceptivité, écoute, esprit de conciliation, tendresse partagée. Vecteur sexuel adulte indice de bon équilibre permettant à la tendresse et au sens du combat d'être vécus.
– d° m+ : le sujet n'est pas motivé par des objectifs d'ordre matériel mais plutôt par un souci d'aider les autres et d'en être aimé.
La pensée anale méthodique, ordonnatrice qui a aussi les qualités du facteur k favorise l'obtention des résultats de nature à satisfaire : e+, m+.
Pensée introvertie selon Jung; elle donne des certitudes, de la force.

Voici une de ces écritures harmonieuses selon la conception de Crépieux-Jamin **, présentant tous les signes de ce qu'il appelait la supériorité intellectuelle et morale, une de ces écritures qui impressionnent si favorablement les graphologues qu'ils décernent des couronnes de lauriers à leurs possesseurs et leurs analyses, davantage que des panégyriques deviennent des hagiographies.

Cependant, quand ces écritures évoluées de personnes très cultivées sont consciemment contrôlées et stylisées (même si la stylisation est très discrète comme c'est le cas ici) il est certain qu'elles sont moins expressives que des écritures plus spontanées. Aussi, l'interprétation peut-elle passer à côté de données importantes, donc de certains travers dont les effets bien que très surveillés sont connus des proches.

L'idéal du moi en fonction duquel R. Caratini a construit sa personnalité s'inscrit dans son écriture plus que des affects, plus que des pulsions ou des instincts vis-à-vis desquels il a pris depuis longtemps ses distances.

---

* Introduction à la psychologie du Moi, F. Lefèbure et Dr J.-C. Gille (éd. Mont-Blanc).

** Crépieux-Jamin : A, B, C, de la Graphologie (éd. P.U.F., 1930). Il est considéré comme l'un des pères fondateurs de la graphologie moderne.

Il faut toutefois noter, qu'en ce qui le concerne, les acquisitions sont tout à fait conformes à son être profond; elles en ont consolidé les bases, elles lui ont permis de mieux réaliser ses potentialités.

Son écriture à dix-neuf ans en fournit la preuve. Il est rare qu'une écriture garde une physionomie aussi stable pendant quarante ans et surtout il est rare qu'un adolescent possède autant de maturité.

On peut dire que R. Caratini est resté fidèle à un idéal de perfection, à un sens de la qualité, à une exigence éthique.

Sans doute, était-il autrefois plus vulnérable face aux élans de son affectivité, aux mouvements de son émotivité.

Ses besoins d'empathie et de dialogue, son ouverture aux idées, son désir de connaître le monde, d'y trouver sa place, désir contradictoire avec le détachement auquel conduisent la raison et le travail de la pensée critique, tout en étant positifs car impliquant une dialectique enrichissante, lui ont probablement rendu certains choix difficiles, certains renoncements douloureux.

Les ressources variées, la richesse de sa personnalité, son unité, étaient déjà à dix-neuf ans tout à fait remarquables.

Les transformations se sont faites dans le sens d'une concentration vers l'essentiel, d'une décantation.

Les années ont apporté davantage de maîtrise de soi, davantage de tension vers un objectif, davantage d'autonomie affective, davantage de fermeté dans l'action.

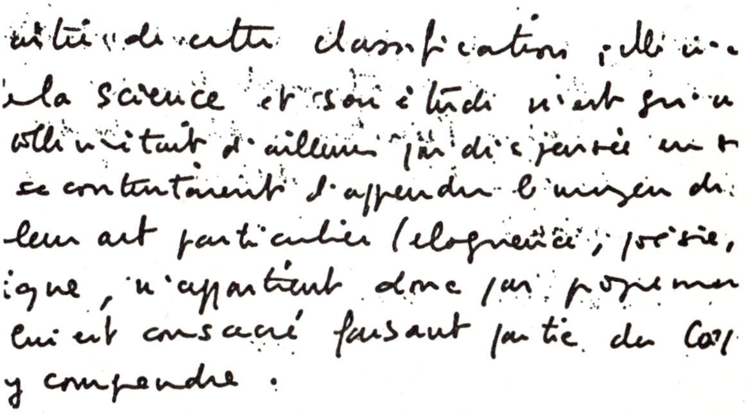

Écriture à 19 ans.

L'homme est aussi authentique, sincère, généreux affectivement que l'était le jeune homme, également disponible, mais mieux à même de se défendre à l'égard des autres.

Son intelligence a toujours pu l'aider à se situer, à voir clair, d'autant qu'il a des conceptions très personnelles, des critères qui lui appartiennent, qu'il a façonnés lui-même.

Cette intelligence est analytique et intuitive. Sa pensée est guidée par un souci de réflexion, de recul, de rigueur, d'objectivité, de lucidité. Les idées, la démarche consistant à comprendre ce qu'il y a derrière les apparences, la curiosité intellectuelle, représentent une dimension fondamentale de son existence.

Il est fin, nuancé dans ses jugements, mesuré, veillant à contrebalancer l'effet possible de ses sentiments, veillant à se garder de sa tendance à réagir avec passion, avec enthousiasme.

Les convictions, les engagements sont forts, au service d'une affectivité certainement bien plus intense que ne l'indiquent sa retenue, sa réserve extérieure.

Sa sensibilité est très vive ainsi que son émotivité bien qu'il s'emploie à n'en rien laisser paraître par pudeur et aussi parce qu'il veut se dominer et relativiser les choses.

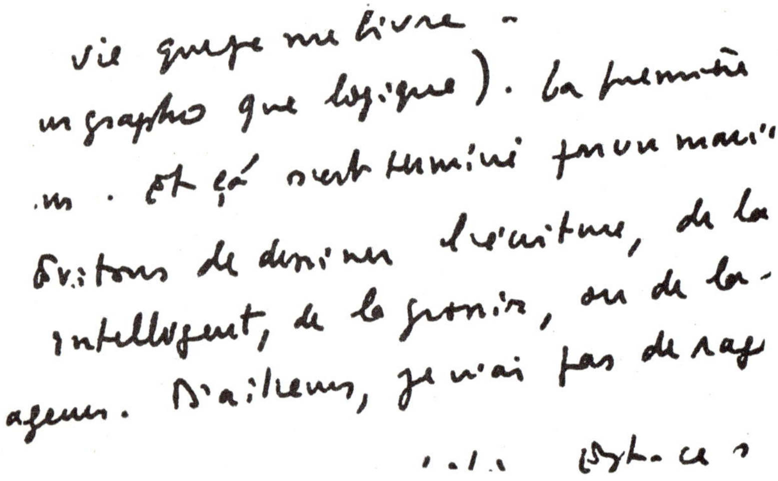

Rien de superficiel chez lui, pas d'effet, aucune vanité, pas de possessivité matérielle mais une détermination constante de s'en tenir à ce qu'il estime vrai et juste. Il se propose d'être plus, d'apporter plus, non d'avoir plus.

Le contraire d'un mondain, il a horreur de l'agitation et de la mise en scène. Seul lui importent la communication confiante, le dialogue, où il a parfois tendance à imposer son point de vue, à prendre le pouvoir.

Il est simple, naturel, direct, chaleureux dans les contacts mais gardant souvent ses distances par crainte d'être déçu, blessé, par sélectivité foncière aussi.

Il sait d'autant mieux se remettre en cause qu'il n'est pas si sûr de lui que cela, en dépit de tout ce qu'il pourrait inscrire à son actif. De plus, une grande intégrité ainsi qu'une inquiétude latente engendrent des doutes, des interrogations. Il n'est pas facilement satisfait de lui. Les objectifs qu'il se fixe impliquent une réelle mobilisation de soi et une vigilance sans relâchement.

Quels que soient ses moments de doute en cours de parcours, il va de l'avant avec constance.

Son activité est : pesée, précise, consciencieuse, organisée, efficiente. L'énergie psychique est bien utilisée, les dons intellectuels, les moyens humains sont mis au service de projets auxquels il croit.

A condition de pouvoir s'appuyer sur des liens affectifs solides avec quelques proches, il se sent solide.

Les années, les contraintes professionnelles, n'ont pas altéré le ressort interne qui anime R. Caratini. Sa sensibilité, ses qualités de cœur, de courage raisonné lui donnent du rayonnement.

Peut-être manque-t-il du grain de folie, de l'insouciance, de l'indifférence à ce qui n'est pas son plaisir et ses goûts, de l'imagination qui font partie du génie. Peut-être est-il trop raisonnable, trop prudent, trop scrupuleux pour appartenir au monde des créateurs, peut-être en est-il un peu malheureux?

Les justes proportions de son écriture, l'équilibre de sa personnalité, suscitent l'image d'une construction grecque classique dans un paysage baigné par la lumière limpide de la méditerranée, le temple de Ségeste par exemple. La couronne de lauriers est distribuée...

VERSEAU

300 à 330° de longitude céleste.

Arc nocturne supérieur à l'arc diurne et décroissant. Écart moyen entre les 2 arcs.

Le Capricorne avait coupé le contact pour mieux se concentrer sur un absolu quasi hors d'atteinte, le Verseau le rétablit avec un parti-pris résolu d'optimisme, avec une volonté de tout envisager sous un angle nouveau et porteur d'espoir. Il se ferme à ce qui lui semble négatif pour mieux s'ouvrir à ce qu'il juge positif. Il est à l'affût de l'inédit, fourmille d'idées originales ou farfelues selon le niveau, fait bouger les choses, en écartant, volontairement ou non, certains de leurs aspects qui vont, éventuellement, le rattraper au tournant. Mais on ne peut pas assumer la fonction de « récréation », de renouvellement, de rénovation, qu'est la fonction Verseau, sans passer par-dessus certaines considérations, ni sans essuyer quelques plâtres.

Traits Verseau : au positif, le Verseau est idéaliste, désintéressé, inventif, communicatif. Sa foi abat les montagnes, son optimisme réconforte. Mais il lui manque ce qui fait la force de son signe inverse le Taureau et de son voisin Capricorne. Au négatif, le Verseau est utopiste, inconséquent, imprudent, imprévoyant, prodigue, fébrile, imprévisible.

SERGE LAMA
auteur et interprète de chansons

Signes dominants : le Verseau par le Soleil. Le Cancer par l'Ascendant et Jupiter. Le Taureau par la Lune. Les Poissons par Vénus.
Force de Jupiter, de Vénus, du Soleil et de Mars.
Faiblesse du plan T.

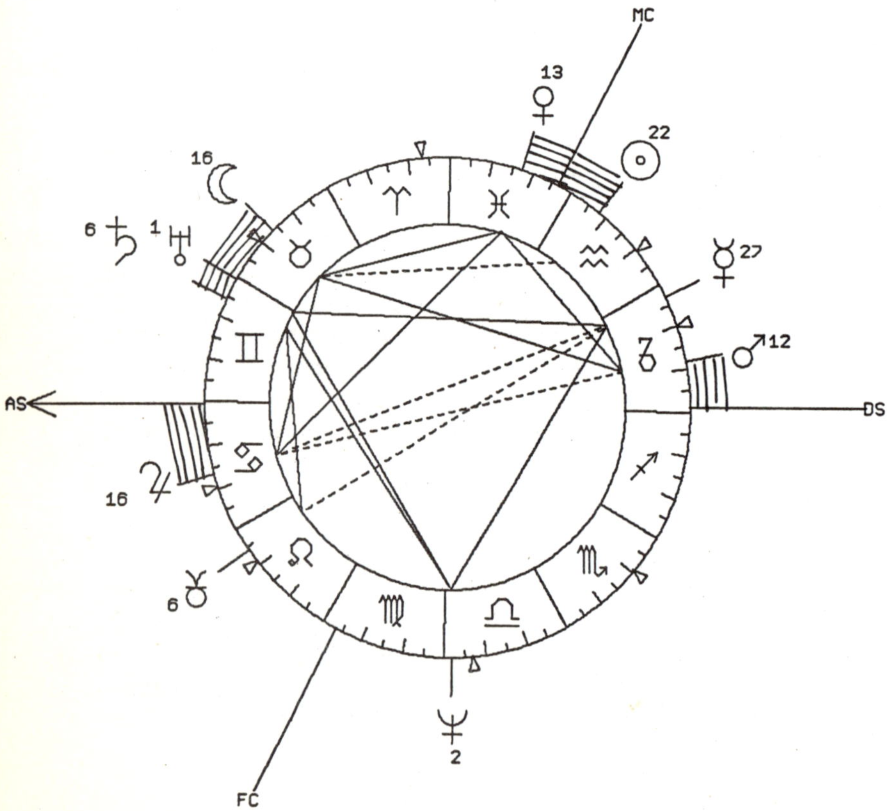

Françoise Hardy : Comme vous le savez, le Verseau a la réputation d'être anticonformiste et futuriste. C'est que sa fonction consiste à regarder les choses, êtres, situations, etc., sous un angle différent qui les rénove, les recrée. Comment conciliez-vous vos aptitudes Verseau à vivre en fonction de demain et à innover, avec vos tendances solaires, jupitériennes et cancériennes à vivre en fonction d'hier et à être conservateur et traditionaliste?

Serge Lama : C'est vrai que je suis assez traditionaliste, à commencer par ma façon de m'habiller qui a toujours été classique. Je ne vis pas vraiment dans le présent : je vis dans le passé qui a une très grande importance pour moi. Mais j'ai besoin de l'avenir pour que le présent existe. J'ai une forme de solidité qui vient de ce que je me projette dans l'avenir. Je suis fort tant que j'ai quelque chose devant. Mon présent est fait de mes souvenirs et de mes projets. En ce qui concerne l'autre aspect de votre question, je me considère comme un bon vulgarisateur, mais aussi comme un novateur, dans le sens où je mets à plat les innovations des autres, j'en rejette ce qui n'est pas indispensable et j'en vulgarise l'essentiel en respectant le ton qu'il faut pour l'imposer. Je considère également comme novateur le fait d'avoir la continuité que j'ai dans un contexte social où tout change tout le temps.

F. H. : Les amateurs d'Astrologie moderne qui savent qu'une dominante solsticiale comme la vôtre, porte à aller plus loin que le paradoxe, autrement dit à inverser carrément les contraires, se réjouiront de ce que vous venez de dire.

S. L. : Je n'ai pas peur de mes paradoxes. Je les assume complètement. Pour un bon mot je n'hésiterais pas à dire le contraire de ce que j'ai pu dire avant.

F. H. : Revenons au côté conservateur du Cancer. Vous avez les mêmes musiciens aujourd'hui qu'à vos débuts?

S. L. : C'est mon côté... j'allais dire paternaliste... Moi qui n'ai pas vraiment de famille, j'ai finalement un sens de la famille aigu. Cela fait dix ans que j'ai mon équipe : on vit ensemble, c'est mon clan et j'y tiens beaucoup. J'ai le même imprésario depuis vingt ans....

F. H. : Le Cancérien, c'est connu, a besoin d'un groupe, famille ou équipe, qu'il protège et qui le protège en même temps, alors que le Verseau, beaucoup plus épris de liberté, peut ressentir tout groupe trop restreint comme menaçant pour sa liberté. De quelle façon conciliez-vous cela?

S. L. : Je me suis bien organisé. J'ai eu la chance de rencontrer une femme qui supporte cette façon de vivre. Je vis chez moi, la dame vit chez elle, nous nous rencontrons très régulièrement, mais j'ai besoin de cette sensation – je ne dirais pas de liberté, parce que je trouve que c'est un mot qui sonne bien dans les chansons, et qui ne veut pas dire grand-chose dans la réalité – mais d'indépendance. J'ai besoin de pouvoir prendre ma valise et de m'en aller quand je veux. Même si je ne le fais pas, j'ai besoin d'avoir intérieurement la sensation que je peux le faire. C'est pour ça que le mariage est dangereux pour moi et surtout pour la passion que j'éprouve pour l'autre. L'officialité de l'acte même du mariage me troublerait au point de risquer de foutre par terre une relation solide. Mon besoin, Verseau ou autre, d'indépendance, se manifeste aussi par ce goût que j'ai d'improviser dans le quotidien. Je me donne des zones de soirées libres où je m'octroie le plaisir de décider à la dernière minute qui je vais appeler, si j'ai envie d'appeler quelqu'un, où je vais aller dîner tout seul, si j'ai envie d'aller dîner seul. *(royal)* Ce soir par exemple je suis libre *(éclat de rire général).*

F. H. : Abordons un autre contraste probable. Il y a dans votre ciel de naissance toute une structure...

S. L. : Je suis content... *(nouvel éclat de rire général).*

F. H. : Un ciel indique des structures qu'il s'agit d'essayer d'interpréter. L'une des structures du vôtre, constituée par Jupiter qui se lève en Cancer, à l'opposition de Mars en Capricorne, au sextil de la Lune en Taureau et au trigone de Vénus en Poissons, indique l'importance de la sensorialité, autrement dit des appétits en tous genres, ainsi que celle de l'instinct, en particulier de l'instinct de conservation et de récupération. Tout ceci va à contre-courant de votre Soleil culminant en Verseau, signe plus cérébral qu'animal, qui a tendance à brûler sa vie en fonction de ses idées et de ses idéaux plus que de son petit ou gros ventre.

S. L. : Je n'aime pas faire des régimes, ce n'est pas dans mon tempérament, mais je dois le faire sinon, moi qui ne suis déjà pas mince, je deviendrais énorme. Et bien j'arrive à transformer, un peu masochistiquement, les privations que je dois m'imposer en plaisir : celui que l'on éprouve à exercer sa volonté. Mais la faim est le seul instinct que je réprime, dans la mesure où trop m'y laisser aller me porterait préjudice professionnellement. Je suis mes autres instincts – sexuels, pour dire les choses comme elles sont, ou autres –, au fur et à mesure qu'ils se manifestent. Pourquoi m'embêterais-je à m'empêcher de faire des choses qui au fond ne me coûtent rien... *(se reprenant après un court instant de réflexion)* Enfin ça dépend... *(éclat de rire).*

F. H. : Finalement l'instinct de Vénus, Mars et Jupiter, l'emporte sur la cérébralité du Soleil culminant en Verseau ?

S. L. : Ce qui fait ma force, c'est d'être un homme d'actualité et de contacts. Je suis fait pour provoquer les choses, pour parler fort, pour violenter, pour donner des émotions avec ma peau, avec ma bouche, avec mes yeux, avec ma voix et avec l'écriture qui est la mienne et qui me sert de support, même si elle n'est pas novatrice. Souvent je ne sais même pas ce que j'écris. J'écris poussé par une espèce d'instinct et je deviens ensuite mon propre lecteur. Je ne sais qu'après coup ce que j'ai écrit, et c'est pareil pour tout : un événement m'arrive, je ne l'ai pas tellement « pensé », je réalise après coup et je réfléchis, éventuellement, à ce que cela peut m'apporter. Par exemple j'ai écrit Napoléon par instinct et une fois que cela a été fait j'ai commencé à me demander où je pouvais aller avec ça.

F. H. : Une dominante soli-jupitérienne attire vers les grands hommes et donne envie d'en être un soi-même. Napoléon était d'ailleurs solaire et jupitérien comme vous.

S. L. : Je suis attiré par les mythes : César, Alexandre, Talleyrand, de Gaulle sur qui j'ai fait une chanson... Mais je ne suis pas un politique. J'aime la grandeur, mais la grandeur dans la simplicité.

F. H. : C'est le Cancer qui veut ça, sinon un Soleil culminant comme le vôtre fait aimer les rôles de premier plan et convient tout à fait à la vedette que vous êtes.

S. L. : Il y a des gens que la gloire tue : elle les met de mauvaise humeur, les gêne aux entournures. Moi pas. Être une supervedette me convient très bien, dans la mesure où ça ne m'empêche pas de sortir dans la rue et de vivre normalement. Je ne pourrais pas avoir une vie de star. Je n'ai jamais eu la grosse tête... ou alors je l'ai toujours eue *(éclat de rire)*. J'aime le contact avec les gens et je ne supporterais pas qu'il y ait une distance trop grande entre eux et moi. Je n'ai aucune envie de m'ennuyer tout seul sur un piédestal.

F. H. : Enfant étiez-vous déjà une vedette : chef de bande ou premier de la classe?

S. L. : Non. Par contre j'étais à part. Je vivais beaucoup avec des adultes et j'étais précocement mûr. A quarante ans, je ne me sens pas très différent, hormis l'expérience que j'ai acquise, de l'adolescent que j'étais à douze-treize ans. J'ai relu récemment des poèmes et des réflexions que j'écrivais à cet âge et qui ne sont pas très éloignés de ce que je fais maintenant. Curieusement, c'est une fonction de confident, de gourou, que j'ai été amené à assumer très tôt... J'aurais presque pu être prêtre... C'est vrai que j'ai une mentalité de leader, mais de leader Pygmalion, pas de leader qui écrase tout le monde.

F. H. : Une dominante solaire sensibilise à l'extrême aux modèles en rapport avec la socioculture, au modèle paternel en particulier. Auriez-vous été chanteur si votre père ne l'avait pas été lui-même?

S. L. : Mon père faisait un métier qui me fascinait et à travers lequel je l'admirais. Mais, plus qu'un modèle, il a été pour moi une motivation à la Monte-Cristo. D'une certaine façon j'ai voulu reprendre le flambeau pour le venger. Si mon père avait mieux réussi dans la chanson ou s'il avait fait autre chose, j'aurais peut-être été un littéraire, j'aurais écrit des livres, des pièces, des scénarii...

F. H. : Le Soleil, Jupiter et Vénus, qui marquent votre ciel en priorité, concernent le langage...

S. L. : Il faut bien reconnaître aussi que, quoi qu'on dise sur la chanson, elle constitue un domaine où l'on peut pratiquement tout faire : je suis un exhibitionniste – pas comme certains qui vont au bois – mais j'ai quand même besoin d'exhibitionnisme et j'ai aussi besoin de m'exprimer avec des mots. Or c'est l'un des rares métiers où l'on peut faire les deux en même temps.

F. H. : D'autres modèles que votre père ont-ils compté pour vous ?

S. L. : J'ai écrit la chanson « Mon ami, mon maître » pour quelqu'un qui a été pour moi un modèle de volonté, de courage et d'optimisme...

F. H. : Autant de qualités Verseau...

S. L. : Je lui dois ma force de caractère et mon sens du temps. Normalement je devrais être un homme pressé...

F. H. : Le haut niveau d'excitabilité de vos planètes fortes vous y incite, au contraire de vos signes dominants.

S. L. : C'est lui qui m'a fait comprendre que quand on arrive au fond de la rivière, on ne peut plus que remonter.

F. H. : Sur le plan de votre carrière vous semblez avoir eu moins de hauts et de bas que la moyenne, ce que, astrologiquement, on peut mettre sur le compte du Soleil qui prédispose à une certaine linéarité ainsi que de Jupiter et Mars qui donnent un grand souci d'efficacité, de rentabilité...

S. L. : J'ambitionne de faire une carrière longue, qui dure jusqu'à ce que je tombe. Or, les grandes carrières que j'ai pu observer, sont le fait de gens qui n'ont jamais bougé. J'ai toujours étudié les carrières de ceux qui m'ont précédé et j'ai toujours vu les erreurs qu'ils ont commises ou, au contraire, évitées. Les avant-gardistes qui essayent de faire quelque chose de différent chaque fois, compliquent les choses sans arrêt au lieu de les simplifier.

F. H. : Les planètes dites de Transcendance, qui sensibilisent à la complexité et favorisent l'évolutivité et la créativité sont particulièrement faibles dans votre ciel.

S. L. : La complexité éloigne des autres et moi j'ai besoin des autres. Je comprends que l'on choisisse la voie étroite, mais, généralement, ceux qui la choisissent veulent toucher le plus grand nombre, sans comprendre que c'est impossible. Évoluer consiste pour moi à être tout le temps à l'heure de mon âge, de mes idées, de mon écriture.

F. H. : Les planètes dites de Représentation que sont le Soleil et Jupiter prédisposent à ne pouvoir se passer d'être, d'une façon ou d'une autre, sur le devant de la scène. Je crois d'ailleurs que vous êtes l'artiste français qui fait le plus de scène.

S. L. : C'est que j'ai besoin de brûler mon énergie. Vous rendez-vous compte de l'enfer que ce serait si je restais à la maison sans rien faire ? Je serais littéralement comme un tigre en cage. En dehors des périodes où je suis crevé, c'est-à-dire complètement abruti pendant huit-dix jours, je suis positivement invivable. La scène fait donc partie de mon équilibre physique et j'en ai besoin pour ne pas être insupportable.

F. H. : Pour l'Astrologie traditionnelle, Jupiter, Vénus et le Soleil, qui dominent votre ciel, sont des planètes de chance. Pour l'Astrologie moderne, ce sont des planètes qui portent à ne pas se compliquer la vie et facilitent de ce fait l'adaptation. Considérez-vous que la chance consiste à être adaptable et pas trop exigeant ni envers les autres ni envers soi-même?

S. L. : Vous abordez là un point très important. Ma grande force est ma force d'adaptation. Je ne peux pas être longtemps malheureux. Je peux toucher, comme tout le monde, le fond du goufre, mais ça ne peut pas durer. Je tape du pied très vite.

F. H. : La fonction de « re-création » du Verseau amène à survaloriser le moindre indice positif, et « à voir avec une clarté aveuglante, comme dit Jeanne Moreau (Soleil, Lune et Mercure culminant en Verseau) tout ce qu'il peut y avoir de bénéfique dans les désastres ».

S. L. : C'est une force incroyable – surtout dans le métier que je fais. Je ne reste jamais longtemps au fond et je m'adapte à toutes les situations et à tous les milieux sociaux.

F. H. : L'optimisme Verseau qui peut parfois friser l'inconséquence est tempéré chez vous par le réalisme de Mars et de Jupiter.

S. L. : Je suis un optimiste lucide. Je vois les choses exactement telles qu'elles sont, mais il m'arrive de mentir pour remonter le moral des autres. Dans mes moments de découragement, c'est sciemment que je fais mousser la moindre petite chose positive, que je m'accroche au moindre rayon de soleil et que je m'en sers comme tremplin pour repartir. Je trouve toujours des portes de sortie.

F. H. : J'aimerais dire quelques mots sur l'accident de voiture très grave dont vous avez été victime en août 1965 et qui non seulement vous a handicapé physiquement, mais encore privé de votre compagne d'alors. L'Astrologie permet non pas de prévoir des événements ponctuels, mais de leur donner un éclairage supplémentaire. A cette époque donc, Neptune était à l'opposition de votre Lune natale et Uranus et Pluton à l'opposition de votre Vénus natale. Ce dernier transit prive généralement des points de repère tant sentimentaux que sensoriels, alors que le premier exige un élargissement de l'ego, perturbateur pour l'équilibre acquis. Bien entendu, ce n'est qu'exceptionnellement que ces échéances, que chacun est amené à vivre au moins une fois dans sa vie, se traduisent par une tragédie du type de celle que vous avez vécue. Qu'avez-vous, en bon Verseau, tiré de positif de tout cela?

S. L. : Avant mon accident, j'étais trop certain de réussir. Sans lui, j'aurais probablement continué à être trop sûr de moi. J'aurais été moins bien, moins humain.

F. H. : Les Verseaux s'intéressent au devenir du monde. Comment l'envisagez-vous?

S. L. : Le communisme et le capitalisme ont fait faillite sans qu'on ait trouvé un système de rechange et la civilisation mondiale se casse la gueule de tous les côtés. Je crois donc qu'on va vers des catastrophes qui sont presque des catastrophes naturelles. Je ne suis pas très optimiste en ce qui concerne les années à venir.

F. H. : Vous n'allez pas faire mentir votre signe solaire juste au moment où nous arrivons à la fin de cette interview ! N'y a-t-il pas une lueur confortante dans tout ça ?

S. L. : Je crois que la lueur c'est la vie. Je reviens justement de Beyrouth où, comme vous savez, c'est vraiment la guerre, et j'ai été frappé de voir pousser les immeubles neufs à côté des ruines. Il faut avoir le moral pour reconstruire à Beyrouth actuellement. Et bien, non seulement on reconstruit tout de suite, mais, en plus, les gens sont gais. En France et dans les sociétés occidentales, tout le monde se plaint, tout le monde croit qu'on est dans la misère depuis vingt ans. Maintenant on va se rendre compte que c'était une erreur car les vraies difficultés vont commencer. Finalement, c'est quand il est au pied du mur que l'homme est le plus heureux, parce que la moindre petite chose agréable qui lui arrive devient alors un cadeau du ciel. Quand on vit dans un train-train confortable on ne se rend même plus compte des privilèges dont on jouit, ne serait-ce que celui d'être libre. Je crois que ceux qui survivront aux années noires à venir, auront des joies plus violentes et plus profondes que ceux qui vivent en ayant une vie confortable sans même se rendre compte de la chance qu'ils ont.

RMC, mai 1983

SERGE LAMA

Analyse graphologique

Les prisons et les femmes

Où donc sont les prisons bien sages
Où dorment d'ivrognes soldats
Les camps où sous de rêches draps
Les prisonniers vont en voyage
Au large de l'amour des femmes.
Au centre du corps assouvi
D'une nymphe élue, ravie
Trébuchantes flottent leurs âmes
O Senteur des fils barbelés
Piquets d'étoiles qui blessent
Mots d'amour d'amantes qui laissent
Une marque rouge sur les
Murs à la chaux grise des geôles
Qui les saoûlent comme une grêle

— Serge

(Format réduit).

Observation de l'écriture :
Instrument : Crayon feutre bleu (doc : Les prisons, ayant servi à l'analyse), feutre vert pour l'autre.
Impression : Graphisme dont la forme ne semble pas tout à fait achevée mais seulement ébauchée, poutre non équarrie.
Harmonie : Moyenne. Souci d'être lisible sans toujours y parvenir.
Formniveau : Les irrégularités ne s'inscrivent pas dans un contexte rythmé mais l'écriture a de la souplesse; elle est dégagée du modèle scolaire. Les proportions des masses graphiques sont altérées par le fait que les lettres des mots ne sont pas bien rassemblées. Formniveau moyen 3 à $3^1/_2$.
Rythme selon Heiss : Pas de rythme spatial car aspect peu organisé. Peu de mouvement soutenu mais le déroulement du geste est parfois aisé (voir le mot prisonniers). Absence de fermeté dans la forme.
Degrés de tension selon Pophal : II et III.
Définition : En guirlandes très ouvertes, grande pour un homme et inégale, un peu renversée, dilatée avec quelques étrécissements, groupée avec des blancs dans les mots et des lettres isolées, légère, retouchée.
Trait selon Hegar : C, P, Lg, Lt.
Grande signature avec gestes d'expansion à gauche et à droite.
Marge de gauche régulière (ou régressive dans la lettre), lignes descendantes.
Des lettres en deux morceaux, des crénelages, des torsions, des t cruciformes.

Synthèses :
1° Grande, en guirlandes, dilatée, grande signature, pâteuse : besoin de s'affirmer, de s'extérioriser.
2° A dominante de courbes, légère, pâteuse, blancs arythmiques : aspect lunaire de la personnalité.
3° Renversée, barres de t cruciformes : se défend, réagit.

Approches psychologique, caractérologique, typologique :

Tempéraments selon Hippocrate : lymphatique, sanguin.
Le Senne : non-émotif, non-actif, primaire : amorphe paranerveux.
Freud : oralité, narcissisme.

Szondi et fonctions de Jung :

Pulsion paroxysmale
e+ hy+
facteur hy dominant
intuition hystéroïde

Moi magique de base :
k+ p–
Devenu un Moi professionnel :
k+ p°
facteur k dominant
Pensée catatonique

Pulsion de contact
d– m° à do m°
facteur m dominant
Sentiment oral

Pulsion sexuelle
h+ s+
facteur s dominant
Sensation virile

Éléments d'interprétation :
–k+ p° : La personnalité s'est socialisée et intégrée par le travail. A travers son métier on s'aime soi-même. Pensée magique.
– Pulsion paroxysmale : le facteur e intervient peu, il s'efface devant le hy impliquant soif de gloire et de réussite.
Intuitions par flash, perception imagée, faculté d'anticiper certaines choses.
– Pulsion sexuelle : bonne santé sexuelle adulte. Besoin d'agir, de s'imposer.
– Pulsion de contact : les relations avec les autres ne posent pas de problème particulier, ne préoccupent pas le sujet qui a de bons contacts avec tout le monde, qui aime qu'on l'aime.

Sensoriel, à l'aise dans l'imaginaire, peu conformiste, accommodant, tel est Serge Lama.

Il est réceptif aux impressions venant de l'extérieur, aux ambiances. Ses perceptions passent par l'intuition, par les sens.

Son approche est instinctive, concrète, empirique.

Il assimile des images, des symboles.

Peu rationnel, peu logique – ou obéissant à sa propre logique – il n'en est pas moins sincère dans ce qu'il veut exprimer, dans ce qu'il veut communiquer et qui fait appel à des émotions, à des sentiments simples fondamentaux.

Il n'est pas de ceux qui compliquent les choses, qui « coupent les cheveux en quatre ».

Il apprécie ce que la vie propose d'agréable, de joies immédiates, et il sait en profiter sans trop se poser de questions. Il possède une sorte de disponibilité, d'adaptabilité, de souplesse.

Il a la faculté d'accueil et d'éveil à la vie qu'ont les êtres jeunes. Son attitude face à l'existence est confiante; il croit en son étoile.

En général, il est optimiste, et l'enthousiasme, l'espoir, l'emportent chez lui sur le poids du quotidien.

Certains peuvent le trouver un peu naïf, simpliste et même, enfantin dans ses admirations ou dans ce qu'il cherche de son côté à transmettre. Mais quelles que soient les critiques, on ne peut lui dénier de la chaleur dans les contacts, du naturel, de la spontanéité, de l'entrain, de la gaieté, une faculté de susciter la sympathie.

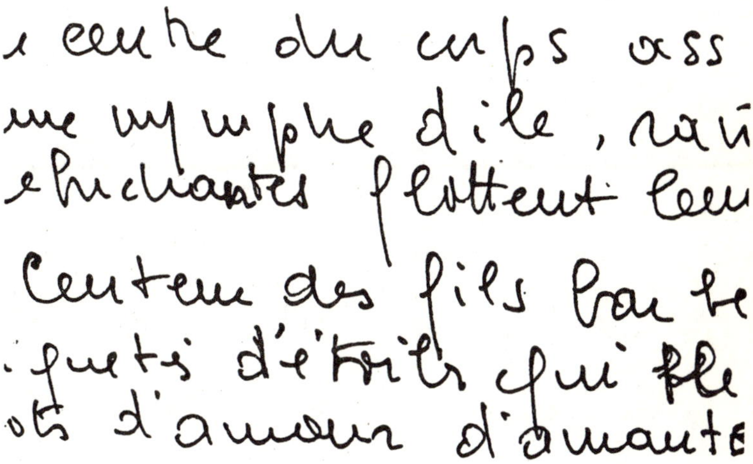

Il est sociable, aimable, gentil avec tout le monde, porté à la conciliation, sans calcul, sans agressivité.

Peu sélectif, il apprécie d'être entouré, il est un ami loyal et fidèle mais de même qu'il souhaite être accepté tel qu'il est, il accepte aussi les autres sans faire d'effort particulier pour essayer de les comprendre lorsqu'ils lui paraissent compliqués.

Il témoigne son affection sans doute mais sans qu'il y ait au fond un intérêt très marqué pour les individus en eux-mêmes, dans leur unicité, dans leur spécificité.

Son besoin d'être aimé n'en est pas moins grand mais il faut qu'on l'aime en lui laissant sa liberté, sans avoir l'intention de le changer ou d'orienter ses choix, sans lui en demander trop, sans attendre de lui ce qu'il n'aurait pas envie de donner.

Plaire à un large public, le conduire dans son monde imaginaire, établir avec lui une connivence, communiquer aisément avec lui est extrêmement important pour Serge Lama. C'est par son public qu'il se sent le mieux exister.

La popularité lui est nécessaire comme l'air qu'il respire.

Son métier est donc au centre de sa vie, l'objet de tous ses soins.

Il le chérit comme s'il était une personne.

Sans être un spécialiste comme vous, je suis fort intéressé par l'astrologie, et je pense qu'irré-futablement les astres forment en partie et en tout cas influencent nos destinées, nos vies, et nos décisions, je serai donc une fois de plus ravi de vous rencontrer et de me soumettre à vos lumières

A bientôt

Serge

Il lui consacre le meilleur de lui-même, prenant très au sérieux son rôle professionnel qui lui dispense de multiples gratifications. Les tendances les plus profondes de sa personnalité y trouvent leur bénéfice.

Son narcissime, son désir d'expansion, de démonstration, de réussite, sont ainsi comblés.

Il se conforme aussi à sa loi intérieure en privilégiant ce qui lui procure du plaisir, ce qui parle à son imagination, à son inspiration. Par son activité professionnelle, il s'est construit une identité sociale qui, en d'autres conditions, aurait eu du mal à émerger, à entrer dans des moules contraignants, à se plier aux limites qu'impose la réalité à tous ceux qui restent fondus dans la masse.

Il lui a fallu pour y parvenir, se dégager des influences du passé, des modèles que son milieu familial lui offrait.

S'il a conservé des liens forts avec son passé et demeure affectivement proche de lui, il a utilisé sa faculté d'autodéfense, de résistance pour faire prévaloir la voie qui lui convenait le mieux.

Croire en ses potentialités, être persuadé que l'on est ce que l'on désire être, que l'avenir est ouvert parce que l'on en ignore les obstacles éventuels ou parce que l'on escompte infléchir le sort par sa seule assurance est une force que possède Serge Lama.

Aussi supporte-t-il dans son travail des obligations, des disciplines qui dans d'autres contextes lui seraient insupportables.

Mais il en est bien récompensé!

Être sur scène Napoléon * n'illustre-t-il pas de façon éclatante son besoin de merveilleux?

Ne réalise-t-il pas ainsi le rêve d'une personnalité qui se veut toute-puissante par l'imagination, n'incarne-t-il pas les héros dont enfant il admirait l'histoire, ne continue-t-il pas de cette façon à vivre dans ce paradis des premières années où tout est possible, où magie et réalité se confondent et où en y entrant pendant quelques heures, ses auditeurs lui sont reconnaissants de pouvoir oublier les soucis et les peines du quotidien.

---

* Napoléon, comédie musicale de Serge Lama en 1985 et 1986.

BERNARD TAPIE
homme d'affaires

Signes dominants : le Verseau par le Soleil, Mercure et Vénus. Le Sagittaire par l'Ascendant et Mars. Les Gémeaux par Uranus et Saturne. La Vierge par la Lune.
Planètes fortes : Mars, Uranus et Saturne. Neptune et la Lune.
Planètes faibles : Vénus et Jupiter.
Prépondérance du plan E.

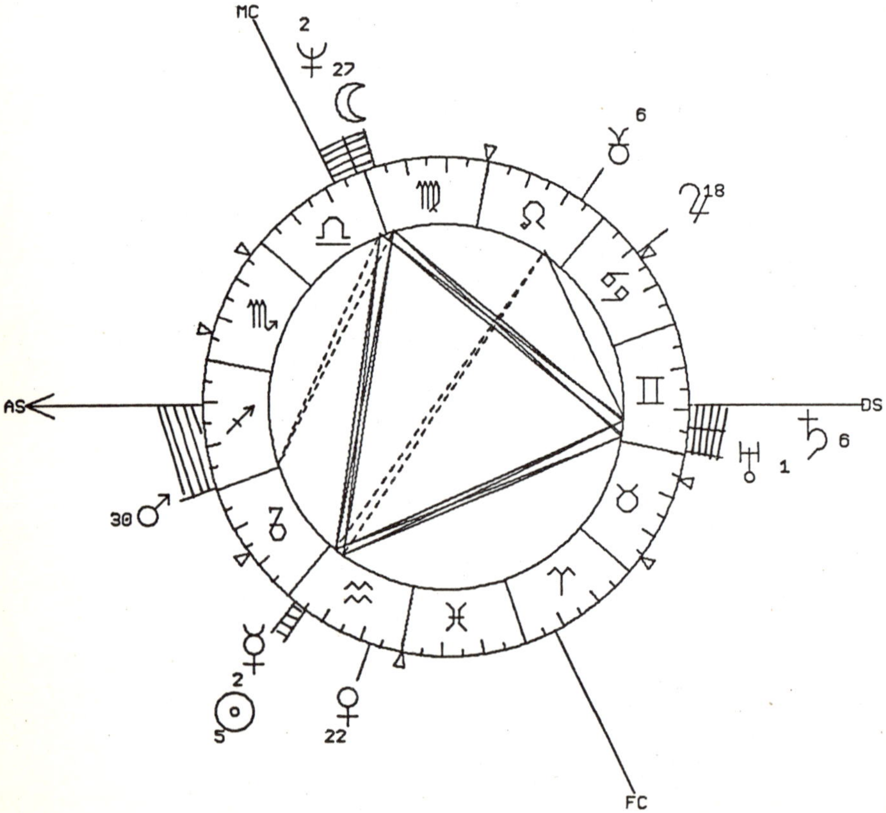

Françoise Hardy : Votre ciel est si conforme à ce que l'on sait de vous, à la légende qui est déjà la vôtre, que vous poser les questions qu'il suggère, revient à enfoncer des portes ouvertes. Par exemple, le Verseau, votre signe dominant, a une fonction de « re-création » qui consiste, je cite : « ... à réagir contre le désintérêt, le désabusement, le renoncement, l'oubli, la sclérose... à reprendre en considération, sous un nouvel angle, les signaux extérieurs, bref : à trouver de nouvelles raisons, de nouvelles façons de s'adapter, d'agir, de comprendre, de vivre ensemble... » * Vu de l'extérieur, c'est en assumant cette fonction Verseau de récréation, que vous vous êtes fait connaître. Quand et de quelle façon avez-vous pris conscience de votre faculté de voir la valeur cachée ou en germe de ce qui n'a pas ou plus d'intérêt pour les autres?

Bernard Tapie : Je ne me suis pas réveillé un beau matin en me disant que j'allais refaire le monde... Il y a des moments où l'on a le sentiment de ne pas être dans son élément et où l'on finit par ne plus supporter de se débattre dans une structure inadaptée. L'important, le vital même, est de trouver un ou des champs d'activité où l'on se sente bien. Par exemple, j'ai vite senti que la chanson, l'un des premiers domaines où j'ai fait une incursion, n'était pas mon élément et que je n'avais pas, par conséquent, le pouvoir d'agir sur le show-business pour en modifier, éventuellement, le cours. En revanche, la crédibilité que j'ai ensuite acquise sur le plan des affaires, en réussissant comme conseil pendant huit ans dans des structures déjà existantes, me donnait le droit d'en contester le fondement. J'ai vite pensé que le management français commettait deux grosses erreurs dans la gestion de l'entreprise : la première, en se laissant porter par le taux de croissance, la seconde en ayant des relations sociales inexistantes au sein de l'entreprise. Je disais qu'étant donné notre manque d'imagination et de créativité, nous aurions de gros problèmes le jour où le taux de croissance baisserait. En même temps, je mettais l'accent sur le fait qu'à quelque niveau qu'ils soient, les employés de l'entreprise ne se réduisent pas à des tubes digestifs, qu'ils ont aussi un égo à satisfaire. Je me rendais compte que plus on descend dans l'échelle hiérarchique, moins les gens ont la possibilité d'y parvenir. Il est facile d'avoir une identité lorsqu'on est en haut de l'échelle, parce qu'on est positionné dans une structure établie qui comporte des points de repère – ce sont les points de repère individuels. Au bas de l'échelle, au contraire, le positionnement individuel n'existe pas car les repères manquent, et les gens qui s'y trouvent, n'ayant pas une image d'eux-mêmes suffisamment personnalisée ou valorisante, n'ont pas la capacité de se projeter dans leur environnement en général et leur activité professionnelle en particulier. C'était là ma

* J. P. Vezien : Aide-mémoire d'Astrologie conditionaliste.

façon de voir les choses autrement. *(simulant l'inquiétude)* Ai-je bien répondu?

F. H. : Vous avez un bon point et nous allons continuer à enfoncer les portes ouvertes. L'axe Gémeaux-Sagittaire est très valorisé dans votre ciel, puisque vous avez l'Ascendant et Mars, votre planète dominante, en Sagittaire, ainsi que deux autres de vos planètes fortes, Uranus et Saturne, en Gémeaux. Au positif, cet axe incite à étendre toujours plus loin et dans le plus grand nombre de directions possibles son champ d'action, ainsi qu'à avoir – ce qui va avec – le goût et le sens des vastes synthèses. Là aussi on sait, tout au moins on se doute, que cela fait partie de vos ambitions et de vos atouts. Parlons donc plutôt de l'aspect négatif de cet axe qui incite à la dispersion et au bric à brac. Finalement, deux des dangers majeurs qu'indique votre ciel sont : par l'axe Gémeaux-Sagittaire, l'excès de généralisation, la confusion des extrêmes, l'auto-contradiction, la dispersion, le désordre, et, par l'axe Verseau-Lion, la survalorisation de sa force et des éléments positifs des situations, autrement dit : la minimisation de ses talons d'Achille et des risques, l'excès d'optimisme donc. Avec le recul, pouvez-vous dire si vos échecs éventuels sont imputables à des tendances de ce genre?

B. T. : Pas du tout. Mais je ne conteste pas cette analyse que je ressens bien, au contraire. Si ce n'est que je n'ai jamais la certitude d'avoir raison et, qu'ayant conscience du fait que personne n'est bon en tout, n'est universel, ainsi que des inconvénients que risque d'entraîner un certain excès d'optimisme, je mets dans mon état-major des gens qui sont à l'opposé de moi. De cette façon j'évite l'optimisation des facteurs positifs et la mise à l'écart des éléments négatifs.

F. H. : Votre Soleil en Verseau est en bon aspect d'Uranus et de Saturne, ce qui, au positif, donne des qualités d'ambition, de volonté, de ténacité, d'autorité, de sérieux. Mais il est aussi conjoint à Mercure et opposé à Pluton, ce qui pourrait nuire aux qualités évoquées et à votre crédibilité, en induisant chez vous de brusques accès de désintérêt ou d'impulsion à faire basculer les situations dans un tout autre sens que celui décidé au départ, le tout se traduisant par des pirouettes, des absences, une insaisissabilité déconcertantes... Comme si une partie de vous avait du mal à s'impliquer et s'ingéniait à tourner l'autre partie, celle qui s'implique, en dérision...

B. T. : Je suis content d'être ainsi, car cela signifie que je suis capable de faire des remises en question et d'avoir envie d'autre chose. Dans l'idéal, le chef d'entreprise de demain doit être un mutant capable de faire des virages à 180° en très peu de temps, dès qu'il réalise qu'il ne va pas dans la bonne direction. Il n'y a rien de pire que ces gens figés, immobiles, qui restent assis sur une recette qui a fonctionné à un moment donné, sans se rendre compte qu'elle a fait son temps et qu'elle les mène désormais droit à l'échec. Il faut être mobile et à même de changer d'orientation dans des délais très courts. Mais je conteste la difficulté à s'impliquer. Ce qui est vrai, c'est que je n'ai jamais eu les mêmes passions longtemps et que j'ai toujours réussi à me dégager de ce qui ne me passionnait plus. J'ai comme souci essentiel, non pas de réussir dans la vie, mais de réussir ma vie. Ce qui veut dire que je fais les choses que j'aime au fur et à mesure qu'elles se présentent.

F. H. : Votre conjonction Soleil-Mercure à l'opposition de Pluton, se situe sur l'axe maison 2 – maison 8 qui concerne les gains et les pertes, matériels et autres, qui obligent à retourner à la case départ. Sur le plan financier, cet ensemble suggère que votre vie est faite de hauts et de bas plus impressionnants que la moyenne, mais sur le plan psychologique, cela pourrait faire supposer une attitude ambivalente de votre part vis-à-vis de l'argent, comme si vous aviez autant besoin du vertige des gains que du vertige des pertes.

B. T. : Je n'ai jamais perdu d'argent. Je n'ai fait que monter sur ce plan. Je n'ai jamais été moins riche une semaine que la semaine précédente. Pourtant je n'ai pas eu que des succès professionnels, mais l'argent et la réussite ne sont pas forcément liés.

F. H. : Êtes-vous joueur?

B. T. : On ne peut pas être joueur et réussir en affaires. C'est complètement incompatible. Ou alors je serais un joueur refoulé. Car je vais très loin dans mon désir de ne pas être joueur : sur le plan professionnel comme sur le plan privé, je refuse complètement les situations qui comportent trop de risques ou d'incertitudes – ce qui est le cas du jeu –. Ça signifie peut-être que je suis joueur et que je m'en défends.

F. H. : Les angularités de Mars, Saturne et Uranus, indiquent tout un pôle réaliste, combatif, mais aussi tendu, sec, dur, de votre personnalité, qui contraste singulièrement avec une conjonction Lune-Neptune culminante, révélatrice d'un pôle inverse, impressionnable, influençable, dépendant, voire subjectif et naïf. L'homme d'affaires redoutable coexiste-t-il avec une midinette fragile?

B. T. : Je suis capable d'aller au bout de mes convictions, même si elles sont contraires à une partie de mon affectivité. Mais je suis également capable de chialer devant un film ou de demander un autographe à Françoise Hardy. Si c'est être une midinette que pleurer, éprouver des émotions comme la moyenne des gens, alors là je le suis tout à fait. Mais je ne ferai jamais passer ce côté de ma personnalité avant le reste. Si j'ai des licenciements à faire, j'en serai malheureux pendant quinze jours, mais je ferai quand même ce que la réalité me dicte, car l'intérêt collectif passe avant mes états d'âme.

F. H. : Une autre façon de différencier ces 2 pôles est de parler de la coexistence chez vous de tendances à la précision et à l'imprécision. Êtes-vous aussi précis sur le plan professionnel que flou sur le plan privé, ou êtes-vous un perpétuel et paradoxal mélange de précision et de flou?

B. T. : Je suis hyperchiant à vivre car j'exerce une pression éprouvante sur mon entourage – famille et amis – dans la mesure où je ne supporte pas l'improvisation, l'amateurisme, l'à peu près, y compris pour les choses sans importance. Je suis d'une exigence difficilement supportable avec les autres comme avec moi-même.

F. H. : Vous avez lu Janov * et vous savez donc à quel point nous gardons l'empreinte de nos premiers conditionnements terrestres. La valorisation de Lune-Neptune dans votre ciel m'incite à vous demander quel type de relation vous avez eu avec votre mère et en quoi, éventuellement, ce type de relation a accentué la difficulté de base qu'indique votre ciel à concilier en vous le pôle martien de dynamisme, de combativité, de réalisme, d'agressivité, avec le pôle neptuno-lunaire de passivité, de douceur, de dépendance, en bref, à concilier le masculin et le féminin en vous?

B. T. : Il faut considérer l'ensemble des relations entre mon père et ma mère, ma mère et moi, mon père et moi. L'aspect positif de ma personnalité a été cristallisé par la relation de complicité totale, d'affection sans mesure, entre ma mère et moi. De plus, ma mère m'a nourri au sein pendant vingt-cinq mois, ce qui, comme vous savez, est d'un apport irremplaçable pour l'équilibre et l'épanouissement. Mais mon père, ouvrier et prolétaire, axé, de ce fait, sur le travail et exprimant difficilement ses sentiments, était un homme dur, tant avec les autres qu'avec lui-même. Pas une seule fois je ne l'ai entendu me dire : « c'est bien ». J'avais le sentiment profond de ne pas réussir à le convaincre. Je n'arrivais donc pas à faire l'unanimité et les difficultés de communication ont provoqué chez moi une sorte de course au compliment. Je multipliais les tentatives de performances en étant brillant en sport, en faisant de la musique classique, en bossant à l'école et même pendant les vacances. Mais, paradoxalement, plus j'avançais, moins mon père se reconnaissait en moi, plus il avait de doutes quant à sa paternité, non pas sur le plan génétique, mais psychologique. A un certain moment, il y a eu comme une rupture : on n'était pratiquement plus ni le père ni le fils, tout en continuant à vivre sous le même toit. En contraste avec l'affection débordante de ma mère, le conflit avec mon père était très difficile, mais il m'a armé, dans la mesure où c'était un conflit d'adulte alors que je n'étais qu'un enfant.

F. H. : Restons sur cette dissonance Mars contre Lune-Neptune...

B. T. : Qui est mon copain là-dedans, j'aimerais bien le savoir!

---

* A. Janov : Le Cri primal, Empreinte etc.

F. H. : Une façon de le savoir est de vous demander dans quelles situations vous êtes le plus à l'aise : celles qui requièrent agressivité, mordant, rapports de force, ou celles qui requièrent confiance, douceur, tendresse, abandon?

B. T. : Je dirai que mes surrénales ne fonctionnent bien que dans des situations conflictuelles, ce qui est une conséquence de ma jeunesse qui a eu, entre autres effets, de m'hypertrophier les surrénales qui ont un volume double de la normale. J'ai donc une suractivité surrénalienne – avec en contrecoup des coups de pompe dramatiques qui me laissent K.-O. une ou deux fois par trimestre – et les doses excessives d'adrénaline qui en résultent, sont véritablement comparables à une drogue aussi toxique que la cocaïne. Or, je suis dans un tel état d'accoutumance, de dépendance, vis-à-vis de cette drogue que je me fabrique moi-même, que dès que je ne suis plus dans des situations anxiogènes, passionnelles ou émotionnelles, intenses, je me retrouve en quelque sorte en manque, ce qui m'amène à provoquer parfois des situations de ce type. Ce n'est pas un hasard si, après avoir été conseil, je me suis orienté vers les affaires en faillite : je trouvais là, manifestement, le genre de situation dont j'ai quasi névrotiquement besoin.

F. H. : Une question tout à fait indiscrète à présent : une Lune culminante en Vierge, à la conjonction de Neptune et au carré d'un Mars tout-puissant, prédispose à avoir une image trop idéalisée de la femme, une image de pureté, de rêve, de poésie, qui intègre mal sa part d'animalité. Cette dissociation ange-bête, cœur-sexe, vous concerne-t-elle?

B. T. : Non, pas du tout...

F. H. : Je suis ravie pour votre épouse...

B. T. : Les femmes sont une race dominatrice. J'ai depuis longtemps confiance en leur intelligence et leur efficacité, mais il y a belle lurette aussi que je n'y crois pas du tout en tant que partenaires complémentaires de l'homme. Je crois que la relation homme-femme est systématiquement basée sur des rapports de force et que, quand c'est la femme qui est en situation de faiblesse, l'homme, par prétention peut-être, se comporte généralement avec gentillesse, alors que quand c'est l'homme qui est dans la même situation, la femme lui fait beaucoup moins de cadeaux.

F. H. : Je ne sais pas si vous avez répondu à ma question qui consistait à vous demander si vous divisez les femmes en deux catégories : la femme idéalisée qu'on aime et qu'on ne touche pas d'une part, et les femmes d'autant plus excitantes qu'on ne les idéalise ni ne les aime d'autre part.

B. T. : En termes crus : je ne pourrais pas me satisfaire d'une femme qui ne soit pas un petit peu salope quelque part, si c'est ça que vous voulez me faire dire.

F. H. : D'une façon plus générale, le carré de Mars à Lune-Neptune revient à avoir du mal à ajuster ses rêves à la réalité. Cela vaut-il pour vous?

B. T. : Non. A partir du moment où vous êtes animé du souci de réussir votre vie, celle-ci n'est rien d'autre que la transposition de vos rêves et de vos fantasmes. Le décalage rêve-réalité est évidemment sensible au moment où l'on projette un avenir différent du présent. J'ai la chance de réaliser les rêves que j'avais projetés dans l'avenir. Soit parce que mes rêves n'étaient pas exagérément ambitieux, soit parce que je suis particulièrement performant dans la réalité. En fait, je crois que je n'ai jamais fait de rêve insensé.

F. H. : Une conjonction Lune-Neptune en heure de puissance rend particulièrement réceptif à l'irrationnel. Quel irrationnel vous attire plus spécialement?

B. T. : L'irrationnel, c'est ce qui n'est pas quantifiable. L'irrationnel peut, par exemple, consister à me débarrasser de ce qui relève de la comptabilité et faire de la musique avec des amis, ce à quoi je consacre pas mal de temps.

F. H. : Je sais que vous avez lu Groddeck qui va assez loin dans une autre forme d'irrationnel que la musique. Comment vous êtes-vous intéressé à cet auteur?

B. T. : Tout simplement parce que, quand vous voulez établir des relations sociales, il est nécessaire de toucher chez les gens à qui vous avez affaire, un certain nombre de fibres, que seule la psychologie, à mon avis, permet de déceler. La psychologie permet aussi de se débarrasser de la cuirasse qui nous enferme, nous comprime et nous empêche d'être nous-mêmes. Personnellement, elle m'a aidé à prendre conscience de certains problèmes et des tensions qui en découlent, ainsi que d'en tirer parti dans mes relations avec les autres. Elle m'a également fait concevoir et admettre que la vérité sur soi, qui blesse obligatoirement, est finalement constructive.

F. H. : Vos planètes faibles sont Vénus et Jupiter, ce qui peut révéler une sociabilité qui laisse à désirer – en plus ou en moins –, une difficulté par exemple à se rendre et à tenir compte de ce qui est agréable ou désagréable aux autres. Est-ce un de vos travers?

B. T. : Complètement. C'est mon défaut majeur!

RMC, mars 1985

BERNARD TAPIE

Analyse graphologique

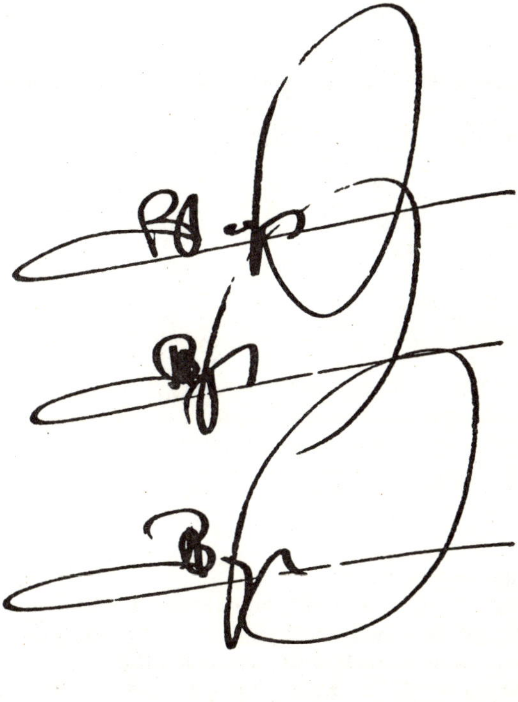

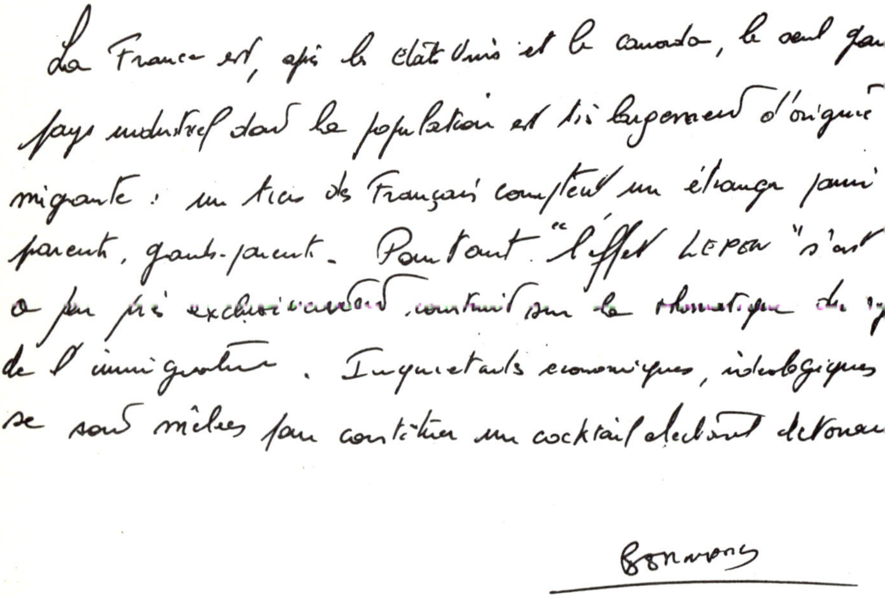
La France est, après les Etats-Unis et le Canada, le seul
pays industriel dont la population est très largement d'origine
migrante : un tiers des Français comptent un étranger parmi
parents, grands-parents. Pourtant "l'effet LEPEN" s'est
à peu près exclusivement construit sur la thématique de
de l'immigration. Inquiétudes économiques, idéologiques
se sont mêlées pour constituer un cocktail électoral détonant

Bernard

(Format réduit).

Observation de l'écriture :
Instrument : Stylo bille noir. Signature du grand nom à l'encre noire. En vue de l'analyse et de l'émission sur R.M.C. Bernard Tapie avait signé son texte de son seul prénom.
Impression : Cheval lancé au galop. Peu de souci de la forme et de la présentation.
Harmonie : Moyenne surtout par manque de clarté. Le prénom paraît peu homogène par rapport au texte.
Formniveau : Beaucoup d'élan, de vie, de souplesse, d'irrégularités, à valoriser compte tenu du milieu social de naissance simple. Pas d'originalité : $2^3/_4$ à cause de la labilité.

Rythme selon Heiss: Mouvement très propulsif. Tendance à l'envahissement de l'espace qui est occupé sans beaucoup d'organisation. Il faudrait – pour apprécier le rythme de l'espace – une lettre. Formes de mouvement. Donc, rythme de mouvement dominant.
Degrés de tension: Restes de II par l'élan, III, IV dans la signature.
Définition: Très inégale en tous genres, rapide à précipitée mais avec une petite marge à droite, inclinée, lancée, assez imprécise, arcades et guirlandes, prolongée, surélevée, en relief, acérée, assez protéiforme, à rebours, continuité maladroite.
Trait selon Hegar: R, N±, A±, D et C. Arcs dans l'espace.
Épaisseur et pâtosité de la signature sociale, illisible, terminée par un lancement très gonflé.
Petite marge de gauche régressive. Lignes montantes ou sinueuses.
Des suspensions, des retouches pour préciser, des d en deux morceaux, jointoiements et fermetures à gauche, un 8 à la place du e de Bernard.

Synthèses:
1° Rapide, lancée, inclinée, t en antennes, des courbes, le gonflement de la signature : est entraînant, vit pour ses projets, ambition de réussite.
2° Formes de liaison variées, protéiformité, sinuosité, trait tonique : adaptabilité.
3° Inégalités de zone médiane, surélévations, marge régressive : incertitudes, défis à relever.

Approches psychologique, caractérologique, typologique :

Tempéraments selon Hippocrate: bilieux, nerveux, sanguin.
Le Senne: non-émotif, actif, primaire : sanguin para-colérique.
Freud: analité.

Szondi et fonctions selon Jung :

Pulsion paroxysmale
e+ hy+
facteur hy dominant
Sensation hystéroïde

Moi possédé
k^0 p+
facteur p dominant
Sentiment paranoïde

Pulsion de contact
d+ m+
facteur d dominant
Pensée anale

Pulsion sexuelle
h+ s+
facteur s dominant
Intuition masculine

Éléments d'interprétation :
– Moi recherchant une fusion, voulant transcender ses limites, désirant tout être (facteur p) acceptation des appétits sans barrage.
Sentiment introverti, subjectif, irrationnel. Besoin de plaire, d'être aimé.
– e+ hy+ : tension émotionnelle, besoin d'imposer une image valorisante. L'habileté face aux situations prime sur le souci éthique.
Les conduites spectaculaires sont canalisées vers des fins sociales et professionnelles. Besoin de participation. Tonicité. Adaptabilité.
La sensation introvertie à laquelle s'ajoute la plasticité de l'hy favorise le flair, la créativité.
– h+ s+ : Intuition extravertie, active, tournée vers des réalisations pratiques. Bon équilibre vital et psychique. Combativité, sens de la compétition. Les tendances masculines et féminines de la libido sont vécues, se complètent.
– d+ m+ : vecteur dit « bloc de réalité » par Szondi. Intérêt pour les objets matériels, les biens, les personnes, les situations sociales, les idées. Avidité en rapport avec une pensée anale extravertie, réalisatrice.

Tout le monde connaît son nom et a entendu parler de ses sauvetages de Sociétés, de ses déclarations en matière d'emploi des jeunes.

Il suscite la sympathie des uns, la réserve des autres, mais il ne laisse pas indifférent.

Au lieu de proposer au lecteur un portrait en trois parties qui ne lui apprendrait pas grand-chose, il m'a semblé plus intéressant d'essayer de comprendre pourquoi Bernard Tapie est devenu la star des chefs d'entreprise et sur quels ressorts psychologiques s'appuie son extraordinaire ascension.

Elle est la résultante de quelques facteurs simples entre lesquels la synergie fonctionne parfaitement.

La vie au départ, ne lui offrait pas les premières places.

Étant moins favorisé que d'autres par la naissance, il lui fallait prouver et réaliser davantage qu'eux.

Le besoin d'être reconnu, apprécié, était d'autant plus impératif qu'il lui fallait se défaire d'une incertitude quant à sa valeur et à ses possibilités.

Pour un jeune pourvu comme lui d'un grand appétit de participation, d'une énergie vitale et d'un tonus psychique certains, d'une remarquable mobilité de réaction aux incitations du milieu, la tentation de s'essayer à décrocher les lots du mât de cocagne de la foire d'empoigne qu'est l'existence, est vive évidemment, mais rares sont ceux qui deviennent des Bernard Tapie.

Qu'a-t-il donc de particulier?

Non seulement il aime intensément le monde mais dans toutes ses manifestations bénéfiques – ce qui est tout de même assez répandu – mais il souhaite ardemment être aimé, plaire, retenir l'attention, donner de lui une opinion favorable, faire de l'effet, ce qui lui est agréable, le rassure, le stimule. Il s'est assez vite aperçu qu'à ce jeu là il était plus doué que la plupart, et qu'il avait sur les autres de l'impact, qu'il pouvait leur communiquer ses espoirs.

Chez lui, l'envie de séduire, d'être admiré et ainsi intimement conforté, le rend chaleureux, spontané, enthousiaste, charmeur dans son comportement. Ainsi c'est un homme dont les émotions et les désirs multiples, les enthousiasmes, sont contagieux et qui s'entend à obtenir des autres le meilleur d'eux-mêmes.

Il sait, quand il le faut, utiliser le ressort du sentiment et celui-ci a pu lui servir de tremplin.

Le sentiment qui n'est pourtant pas l'aspect de sa personnalité sur lequel il s'appuie le plus consciemment joue peut-être dans sa trajectoire personnelle un rôle plus important qu'il ne le croit et sert de ferment à son action.

Son extériorisation ne peut se passer d'une tonalité assez spectaculaire. Il a le sens du public et de la mise en scène, il sait trouver les mots, le ton appropriés, faire « passer le courant », susciter l'élan.

Son talent est à la fois celui du journaliste, de l'animateur, du publicitaire, du professionnel des relations publiques, de l'homme politique.

Mais s'il comprend bien ses propres pulsions, il ne cerne pas toujours ses limites. Il a tendance à vouloir continuellement les repousser, les ignorer. Il est comme un organisme en expansion, un cœur qui ne connaîtrait que l'état de diastole.

Autrefois, quand il débutait, son problème (qui demeure actuel) n'a pas dû être : que faire, mais plutôt à quelles aspirations renoncer, comment éviter de laisser tomber ceci ou cela?

Il veut vivre entièrement et à fond ses passions, il veut être plus, être présent dans tous les domaines qui l'attirent.

Sa réceptivité à ce qui se passe autour de lui, son impulsivité et sa mouvance naturelles renforcent cette tendance.

Être plus cela signifie :
– oser aller plus loin avant même qu'un objectif soit atteint, anticiper, prendre des initiatives, se sentir propulsé de l'avant par ses projets,
– parier sur soi et sur le futur, être si convaincu que l'on devient irrésistiblement convaincant et entraînant pour ses collègues, ses partenaires, ses clients,
– envisager des combats ayant une portée sociale élargie; une fois satisfaite, l'ambition professionnelle pousse à rechercher des succès sur une scène plus vaste.

C'est ainsi que Bernard Tapie se propose d'établir le contact avec toute une génération en lui redonnant espoir et confiance. Il y met du zèle et de l'ardeur en même temps que l'éclat dans la manière de celui qui tient à ce que l'on sache ce qu'il fait d'utile.

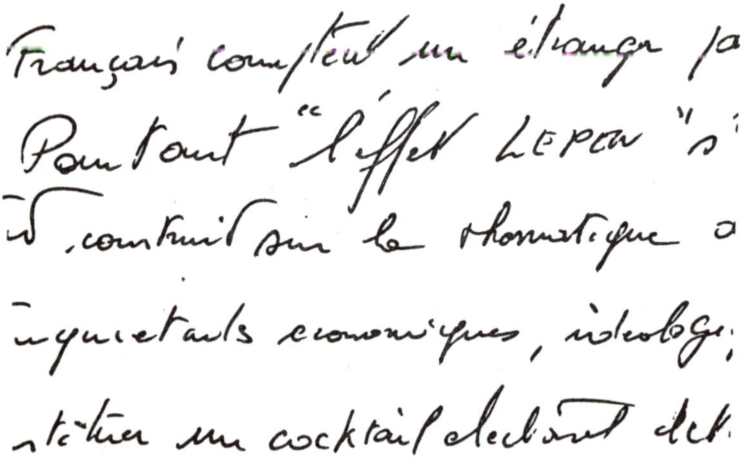

On aborde là les caractères spécifiques de son intelligence.

Il n'est ni vraiment rationnel ni particulièrement logique. Il ne procède pas de façon méthodique ni toujours réfléchie, il a des emballements, des audaces qui l'emportent sur la rigueur, ses calculs peuvent être plus instinctifs que très construits.

Ce qui est frappant chez lui c'est la faculté de prendre son bien là où il le trouve, d'écouter pour saisir immédiatement ce qui peut se révéler positif, c'est son absence de préjugé, sa souplesse d'esprit, son pragmatisme.

Il est pratique, vif, très réaliste, d'imagination inventive et concrète.

Ayant tiré la leçon des faits avec un temps d'avance sur les autres, il modifie ses positions au gré des opportunités, des événements. L'impératif de progression prime, son équilibre s'établit dans le mouvement accéléré, à un rythme d'allégro presto.

Parce qu'il préfère se consacrer à ce qu'il aime, parce qu'il a du coup d'œil, il discerne bien les compétences autour de lui, délègue à ceux qui le complètent, ne s'embarrasse pas de considérations secondaires et vise l'efficience sans trop se poser de questions.

Ce n'est pas un homme compliqué. Il s'adapte continuellement en restant lui-même, direct, décidé, hardi, combatif.

Il n'est pas sans défauts. Ses proches doivent se plier à son exigence de résultats, à ses virages, à son impatience, à son indifférence à ce qui n'est pas le but commun, à son incompréhension s'ils ont d'autres critères que les siens.

Le secret de Bernard Tapie est-il dans sa signature-bulle, nasse lancée avec euphorie vers l'avenir en vue de quelque pêche miraculeuse, montgolfière qui s'élève dans l'air mais qu'un fil relie cependant au sol ou encore signature-toile d'araignée déployée par un guetteur aux aguets, éveillé et industrieux?

Il est amusant de noter qu'à travers les siècles, en dépit de l'évolution des modèles scripturaux, des différences d'appartenances sociales et de cultures, certains tracés ont des points comparables.

L'habile Mazarin avait dans son écriture des antennes, des imprécisions, des courbes et des (petites) bulles que l'on trouve également chez Bernard Tapie.

Lui qui produit une grosse bulle serait-il le super Mazarin de l'économie? Ce ne serait pas lui faire injure, Mazarin rendit de grands services à la France.

On lui reprochait son empirisme, sa fortune colossale, ses expédients tortueux, mais il mit au pas la noblesse, favorisa les arts, fut un diplomate de talent. Certainement, c'est un modèle qui a de quoi faire rêver l'ardent Bernard Tapie – le faire agir plutôt.

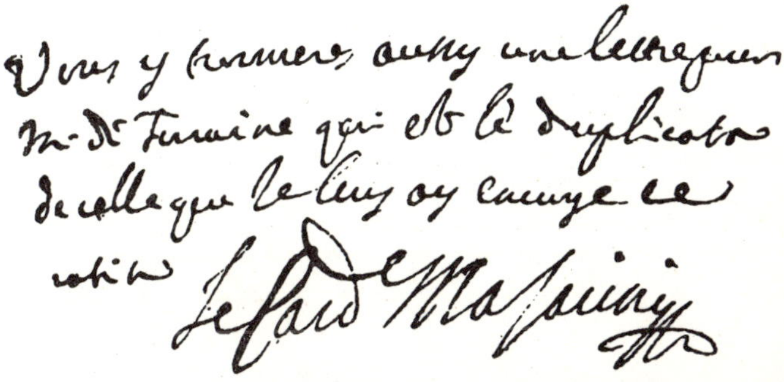

Écriture de Mazarin

POISSONS

330 à 360° de longitude.

Arc nocturne supérieur à l'arc diurne et décroissant. Écart minimal entre les deux arcs.

Les Poissons savent d'emblée ce que le Capricorne met longtemps à découvrir – s'il le découvre jamais – : que l'absolu est forcément relatif et qu'il n'y a guère que le relatif que l'on puisse ériger en absolu. Difficile dans ces conditions de se passionner pour quoi ou pour qui que ce soit. C'est pourquoi les Poissons fuient les risques d'engrenage dans le silence ou l'absence, dans le ni oui ni non qui cache, selon les cas, un excès ou une insuffisance de réceptivité. Pourquoi faire ceci plutôt que cela, être ici au lieu de là? L'interrogation Poissons peut déboucher sur une lassitude qui ressemble à la passivité de celui qui se laisse finalement entraîner ou aimer par qui n'a pas été découragé par ses apparentes léthargie et indifférence. Tout ça a si peu d'importance au fond, pensent en général les Poissons, dont la fonction d'inhibition extinctive, de déconditionnement, consiste justement à n'accorder aux choses, aux gens et à eux mêmes qu'une importance toute relative.

Traits Poissons : au positif, les Poissons sont intériorisés, secrets, rêveurs, contemplatifs, imaginatifs, intuitifs, ouverts à l'irrationnel, calmes, doux, secrets, effacés. Mais il leur manque ce qui fait la force de leur signe inverse le Bélier, et de leur voisin Verseau. Au négatif, les Poissons sont indécis, flous, ambigus, insaisissables, passifs, paresseux, négligents, indolents, démissionnaires, indifférents.

PHILIPPE CHATEL
auteur, compositeur, et interprète de chansons

Signes dominants : les Poissons par le Soleil. Le Lion par l'amas Lune-Pluton-Saturne-Mars. Le Scorpion par l'Ascendant.
Force du Soleil, de Mars, Saturne et Pluton.
Faiblesse de Vénus et Neptune, de Jupiter et Uranus.

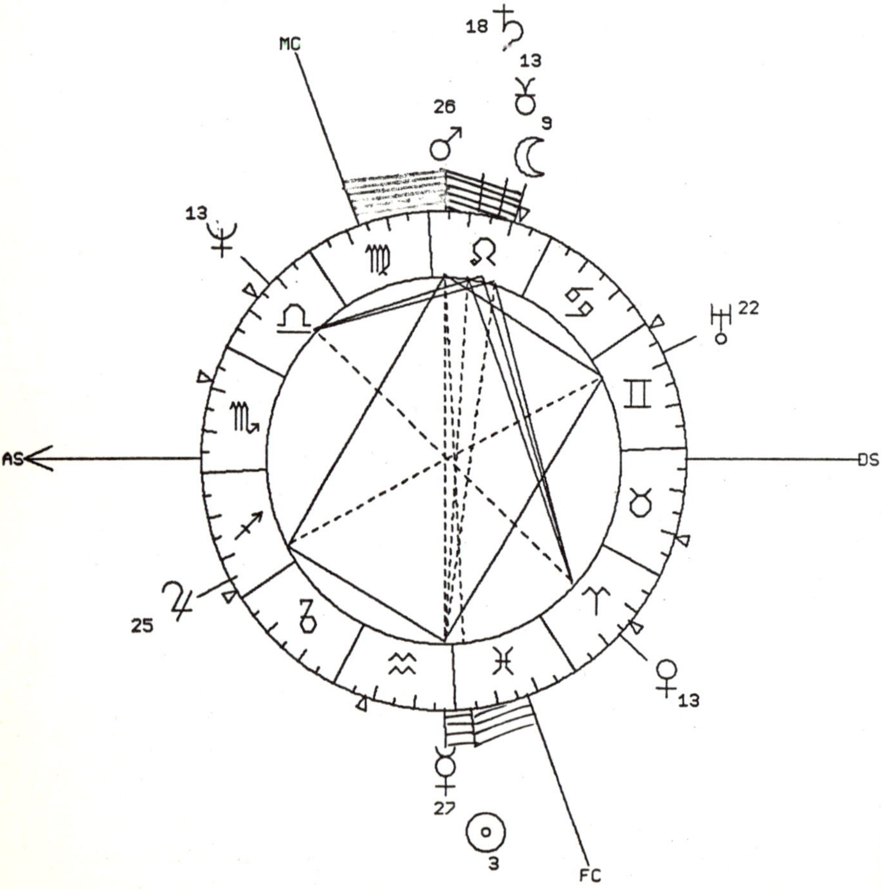

Françoise Hardy : Une triple conjonction Lune-Pluton-Saturne prédispose à se sentir plus ou moins exclu de sa famille d'origine, plus ou moins insécurisé par elle. Cela a-t-il été ton cas?

Philippe Chatel : Tout à fait. Sans tomber dans le misérabilisme, mon enfance n'a pas été très joyeuse et je n'y retournerais pour rien au monde. Je suis un enfant de divorcés, je n'ai donc jamais su ce que c'est que la famille, au sens où on l'entend généralement, et dès que j'ai pu partir, je suis parti.

F. H. : On peut être enfant de divorcés et se sentir aimé par ses deux parents...

Ph. C. : Je me sentais aimé par mon père, mais je le voyais peu, et je ne me suis jamais vraiment entendu avec ma mère.

F. H. : Il y a évidemment plusieurs façons de compenser un complexe d'exclusion...

Ph. C. : Faire des enfants soi-même...

F. H. : Justement, cette solution parmi d'autres qui consiste à créer la famille que l'on n'a pas eue, ne s'accompagne-t-elle pas chez toi de la tendance, inconsciente celle-là, à se porter au-devant d'une partenaire tellement différente de soi, que la relation qui en résulte va réactualiser plus ou moins le sentiment initial d'être étranger chez soi?

Ph. C. : Tu insinues qu'en essayant de faire cette famille, ce clan, qui comptent tellement pour moi et qui rattrapent sûrement un manque, je réinstalle le style de communication que j'avais quand j'étais petit?... La famille et le quotidien étant liés, je te dirai que ça dépend des jours : le lundi ça va, mais le mardi ça ne va plus...

F. H. : Ce que symbolisent les planètes non valorisées d'un ciel a l'attrait de ce qui manque. En ce qui te concerne, ce rôle est tenu par Vénus et Neptune, et tu pourrais donc être « ébloui », « aveuglé » par tout ce qui évoque l'amour. N'as-tu pas tendance à te « foutre dedans » dès que le cœur ou les grands sentiments sont en jeu?

Ph. C. : J'aurais dû réviser mon cœur avant de venir. En gros : je pars, je m'emballe assez vite. Si je rencontre quelqu'un qui me plaît, je le mets tout de suite sur un piédestal, et je suis par conséquent souvent déçu, puisque, bien évidemment, les gens sont des êtres humains et pas des statues. Les déceptions qu'il m'arrive d'éprouver sont donc entièrement de ma faute.

F. H. : Mars, planète du réel concret, qui porte à la confrontation directe, est en position de force par sa situation en Lion et en haut de ton ciel. Mais il est lié à Saturne et Pluton qui portent à une distance qui peut aller jusqu'au défaitisme, jusqu'à l'aquoibonisme, surtout avec l'apport Poissons. Qu'est-ce qui l'emporte entre le besoin d'action et la peur éventuelle de l'échec ou de l'inutilité?

Ph. C. : Jusqu'à présent le besoin d'action. Mais je suis assez cyclothymique. Les périodes d'activité excessive alternent avec des périodes exactement inverses de passivité où je pourrais par exemple, regarder la mer toute la journée sans rien faire. J'aspire à la contemplation à certaines époques de ma vie. Quant à la peur de l'échec, elle ne me gêne pas lorsque j'entreprends quelque chose. Par contre, une fois que j'ai fini un disque, que je ne peux plus rien améliorer, et que je le réécoute en n'entendant plus que ses défauts, ou que les critiques m'en parviennent, l'angoisse me prend aux tripes, et j'éprouve alors un sentiment d'échec qui me fait beaucoup de mal. Mais je pense que l'échec est beaucoup plus stimulant que le succès, car le succès engendre l'angoisse, alors que l'échec engendre une fureur qui fait agir, du moins dans mon cas...

F. H. : Dans le cas de tous ceux qui ont, comme toi, une forte composante Lion...

Ph. C. : Je peux te dire qu'Emilie Jolie a été un énorme succès et que j'ai pédalé dans la semoule pendant toute l'année qui a suivi. Je ne savais plus où donner de la tête. Du jour au lendemain, les gens te renvoient une image de toi qui est fausse, et à laquelle tu n'as pas eu le temps de t'habituer. Tu es demandé de toutes parts alors qu'avant tu ne l'étais pas tellement, ou même pas du tout. Et, subitement, il y a tout un ballet que tu n'as pas réglé, qui n'arrête pas de se faire autour de toi. Chez moi cela a engendré l'angoisse. Je me suis considéré comme un has-been. Je me suis demandé ce que j'allais faire après ça. J'avais envie de laisser tomber, de faire autre chose, de rentrer dans une banque...

F. H. : J'ai beau savoir qu'une composante Poissons-Scorpion prédispose à beaucoup d'ambivalence vis-à-vis du succès, il me semble qu'un échec commercial est plus pénible que des mauvaises critiques?

Ph. C. : Les critiques arrivent avant, dès la sortie du disque. On se donne entièrement à un disque, c'est un peu comme un enfant que l'on sort de soi et auquel il ne faut surtout pas toucher. Si on te dit que ton enfant n'est pas beau, c'est terrible. Une fois que le temps a commencé à passer, tu es moins vulnérable...

F. H. : On pense déjà au disque suivant...

Ph. C. : Si, au moment où je sors un disque, on ne me dit pas que c'est vraiment le disque le plus génial du monde, si ce n'est pas à ce niveau là, je ne suis pas content. Après je m'en fous. Il faudrait pouvoir partir sur une île et faire de la contemplation pendant deux mois, chaque fois qu'on sort un disque.

F. H. : Précisément, le mécanisme de défense habituel des Poissons est la fuite. As-tu tendance à disparaître, à te cacher, quand les choses ne vont pas comme tu le souhaites?

Ph. C. : Oui, mais je n'ai pas besoin d'aller très loin : les plus beaux voyages sont intérieurs. Il suffit de couper le téléphone et de se mettre au piano, ou de rêver... et les voyages se font par la fenêtre...

F. H. : L'importance, dans ton ciel, du Lion et de la maison 9, porte à dépasser ses limites, à vaincre ses faiblesses. Quelles sont à tes yeux tes plus grandes faiblesses et de quelle façon arrives-tu à les dépasser?

Ph. C. : Toutes mes faiblesses proviennent d'une angoisse viscérale. Alors dès que je fais quelque chose pour dépasser cette angoisse, que ce soit anecdotique ou plus profond, j'ai l'impression d'avancer. Un exemple idiot : j'ai peur de l'avion. C'est une angoisse parce que ce n'est pas explicable : chaque fois que je devais prendre l'avion, je me mettais dans des états pas possibles, jusqu'au jour où j'en ai eu marre et où j'ai décidé de passer mon brevet de pilote pour avoir moins peur. Il y a là une ambivalence qui frise un peu la perversion : j'ai peur de monter dans l'avion, mais quand je suis dedans et que je le pilote, je suis très content... La réalisation d'Émilie Jolie m'a également obligé à dépasser mes limites, car je suis très timide et j'ai dû aller voir beaucoup d'artistes, pour leur demander de participer à mon histoire. C'était un effort absolument fou, car l'admiration génère la timidité chez moi. J'ai dû massacrer pas mal des chansons que j'ai montrées aux artistes que j'ai contactés, car je n'étais pas en pleine possession de mes moyens, et je me demande encore comment ils ont pu accepter. Faire ma première émission de télévision, c'était aussi dépasser mes limites : j'aurais vraiment préféré être ailleurs. En fait, je dépasse mes limites à peu près tous les jours.

F. H. : Une triple conjonction Lune-Pluton-Saturne est la plupart du temps génératrice d'angoisse. Cette angoisse se manifeste-t-elle par autre chose que la peur de l'avion ou des gens que tu admires?

Ph. C. : Je me lève dans des ruines tous les matins : je me demande ce que je fais là, j'ai envie de mourir, je ne crois plus en rien, ni en ce que je fais, ni en ce que je suis... et puis je reconstruis mon monde jusqu'au soir, où, vers huit-neuf heures, je commence à dominer mon sujet, à habiter ma peau, à être à peu près à l'aise et à pouvoir parler aux autres. Le cycle de la journée, c'est ma vie entière.

F. H. : Parce que la durée du jour et celle de la nuit s'équivalent dans ce morceau d'écliptique, ce morceau d'espace-temps qu'on a baptisé Poissons, et parce que ce signe appartient à l'hiver qui a une fonction de déconditionnement, le sens des contraires des natifs de ce signe est particulier : relatif, flou... Penses-tu qu'il faille très peu de choses pour basculer du plus au moins?

Ph. C. : Très peu. Tout tient à un fil, je suis un équilibriste. Il aurait fallu peu de choses pour que je sois clochard. Il aurait fallu peu de choses pour que je n'aie pas mes enfants. Et si je ne les avais pas eus, je n'aurais sûrement pas la carrière que je mène. Je ne suis pas ambitieux, j'adore faire ce que je fais et je le fais vraiment pour mon plaisir, ce qui est fantastique, mais je n'ai pas d'ambitions d'ordre social. Le peu d'ambition que je peux avoir sur ce plan est fonction de mes enfants.

F. H. : Ce sont également tes enfants qui t'aident à surmonter ton sentiment Lune-Pluton de précarité?

Ph. C. : Je ne m'intéresse pas beaucoup à ma propre vie, à ma propre existence. Je n'ai pas l'angoisse de la mort pour moi. Je trouve que la vie ce n'est pas mal, mais je n'en suis pas fou. S'il y a quelque chose de mieux, je veux bien connaître. Il n'y a donc que mes enfants pour me raccrocher au quotidien, à la réalité, aux contingences matérielles, dont je me foutrais autrement...

F. H. : Tu as finalement à un degré élevé l'aptitude Poissons au détachement?

Ph. C. : J'ai une sorte de distance. Je suis souvent debout en train de me regarder assis. J'ai l'impression de me dédoubler dans des tas de situations de ma vie. Si je suis en situation de pouvoir, par exemple, je me vois faire : je regarde un type qui porte mon nom et qui me ressemble, jouer le pouvoir ou le succès. Je ne suis pas « entier » là-dedans. J'ai toujours le sentiment que ce n'est pas à moi que l'on demande de chanter une chanson à la télé ou un autographe dans la rue...

F. H. : Le Soleil, qui concerne l'apparence, le personnage social, est, dans ton ciel, opposé à Mars qui concerne le réel tangible, ce qui devrait te sensibiliser à toute distorsion entre le paraître, le dire, et l'agir, le faire, entre le vêtement et la chair qu'il couvre ou recouvre... En élargissant, tes valorisations planétaires avec, d'un côté, le Soleil et, de l'autre, la Lune, Pluton, Mars et Saturne, de même que tes valorisations zodiacales avec, d'un côté, le Lion et, de l'autre, les Poissons et le Scorpion, mettent en relief une double et paradoxale sensibilisation au paraître et à l'au-delà du paraître. Qu'y a-t-il pour toi de plus illusoire dans le monde extérieur et de plus essentiel dans le monde intérieur. Quelle question compliquée!

Ph. C. : En tout cas tu parles là mon langage. Je pense que l'apparence des choses est illusoire et systématiquement trompeuse. On rejoint Pluton. Le monde sensible est beaucoup plus intéressant que le monde intelligible. On vit avec des codes. On dit que quand il y a le soleil, ça s'appelle le jour, et que quand il y a la lune, ça s'appelle la nuit. C'est un code. On aurait pu convenir de l'inverse. C'est ça le monde extérieur : un jeu d'apparences dont on n'a pas défini les règles et qu'il faut accepter, où il faut entrer. Ainsi, on dit d'une femme blonde platine qu'elle est décolorée et ce n'est peut-être pas vrai, peut-être que sa vraie couleur c'est justement le blond platine, parce qu'elle l'a choisi et que ça correspond à quelque chose de profond chez elle. Mais on va dire qu'elle est décolorée, autrement dit qu'elle est fausse en surface, alors qu'elle est peut-être bien plus vraie que quelqu'un qui a gardé sa teinte naturelle parce qu'il ne s'est pas trouvé. Dans mes chansons, j'essaie de trouver un monde de rêve ou d'enfance, parce que les enfants sont des mutants qui ont bien plus facilement accès au monde sensible qu'au monde intelligible.

F. H. : Tu dis ne pas avoir d'ambition sociale. En as-tu d'autres?

Ph. C. : J'ai l'ambition d'être heureux, ce qui est beaucoup plus difficile que de gagner de l'argent. C'est même, vu le monde peu paisible où nous vivons, pratiquement impossible. Il n'y a donc que deux solutions : la révolution ou le rêve. J'ai choisi le rêve. On arrive vite à la schizophrénie, mais recréer un monde plus conforme à l'image idéale qu'on porte en soi, c'est déjà un pas de fait vers la paix intérieure. Si j'étais employé de banque, ce ne serait pas possible, mais j'ai un métier artistique où l'on me paye pour réinventer le monde, pour m'échapper de la réalité. Je pense que le monde que j'invente avec la musique et les mots, a autant d'existence que le monde réel. Je me sens bien en écrivant des chansons et des histoires, parce que ça me permet de recréer un monde plus satisfaisant pour moi que le vrai, un monde auquel je crois, même si les apparences en sont fausses.

RMC, décembre 1982

PHILIPPE CHATEL

Analyse graphologique

Paris, le 20 Novembre 82

Chère Françoise,

Comme convenu, je t'écris une petite
lettre, pour que tu puisses étudier
mon écriture. j'espère que le papier
quadrillé ne te gênera pas c'est
celui sur lequel j'écris mes chanso
j'en profite pour te dire que je su
très heureux de te revoir à l'occasio
de ton émission.
j'espère que tout va bien pour toi.

je t'embrasse

(Format réduit).

Observation de l'écriture :
Instrument : Stylo, encre verte. Le texte est écrit sur une feuille de cahier, non signé à dessein.
Impression : Écriture d'aspect enfantin.
Harmonie : Peu harmonieuse par manque de proportion et d'aisance. Homogène.
Formniveau : Les critères d'évaluation du formniveau s'appliquent mal à ce type d'écriture.
Rythme de Heiss : L'écriture ne comporte aucun rythme qu'il s'agisse du mouvement ou de l'espace.
Degrés de tension selon Pophal : L'écriture est inclassable.
Définition : Composantes enfantines nombreuses : écriture grande, sans mouvement, dodue, collages, soudures, absence de marge, d, q, p, a en deux morceaux, torsions de jambages.
Basse, compacte et serrée sur la ligne, posée à lente, inégale, pâteuse, en arcades, légèrement inclinée.
Trait selon Hegar;P, Lt,A,C.
Signature semblable au texte avec un minuscule soulignement et un point. Ponctuation précise et proche du texte, des j pour J,oves

fermés souvent à gauche. Marge à droite, texte placé dans le haut de la page.

Synthèses :
1° Les composantes enfantines, la compacité : personnalité restée proche du monde de l'enfance, cherche un milieu sécurisant.
2° Homogène, signature conforme, très lisible et précise : sincérité, avec les finales tenues : consciencieux.
3° Pâteuse, formes arrondies, légère inclinaison : bons contacts, gentillesse.

Approches psychologique, caractérologique, typologique :

Tempéraments selon Hippocrate : lymphatique, bilieux, un peu de sanguin.
Le Senne : presque inclassable, sentimental peut-être.
Freud : oralité, narcissisme.

Szondi et fonctions selon Jung :

Pulsion paroxysmale
e+ hy–
facteur e dominant
Sensation épileptoïde

Moi autistique
k+ p–
facteur k dominant
Pensée catatonique

Pulsion de contact
d° m+
facteur m dominant
Sentiment oral

Pulsion sexuelle
h+ s+
facteur h dominant
Intuition féminine

Éléments d'interprétation :
– Moi qui ne peut et ne veut pas s'adapter à ce qui ne lui convient pas. Crée son propre monde.
Pensée logique, personnelle, concrète, extravertie, prenant position par rapport aux situations quotidiennes.
– e+ hy– : symbole de l'Abel de la Bible, figure du bien. A une éthique, est concerné par le bien et le mal. Émotions et sensations sont vécues avec sincérité. L'introversion de la sensation est source de créativité.
– h+ s+ : utilisation des deux composantes masculines et féminines. Bon équilibre adulte. Instinct viril et tendresse se complètent. Intuition instinctive de ce qui favorise la vie.
– d° m+ : contact, confiant, besoin de compréhension, besoin de sécurité affective, affections stables, fidèles, attitude simple, gentillesse. L'avidité

affective de base, non comblée et le sentiment de frustration latents peuvent se réveiller si le contexte est propice.
Sentiment qui a la force de celui de l'enfant, entier, mystérieux, subjectif, introverti.

Même pour le non graphologue, il est évident que ces formes dodues, un peu ventrues, que ce tracé sage, appliqué, appartiennent à un homme qui est resté proche du monde de l'enfance.

Comme les enfants, en effet, Philippe Chatel se réfugie dans son univers à lui. Celui des adultes lui est étranger; il ne partage ni leurs motivations ni leurs calculs de carrière, ni leurs critères de jugement.

Au pays des adultes, il se sent désarmé, naïf, timide, désemparé, maladroit.

Conscient de ce qui lui manque, il perd par moment toute assurance et désespère de parvenir à s'adapter à des contraintes, à des impératifs qui ne le concernent pas. Il a dû connaître plus jeune cette impression d'être perdu dans un milieu dur, hostile. Peut-être l'éprouve-t-il encore.

Aussi le pays de l'enfance est-il bien pour lui celui des merveilles, celui qui lui semble plus beau, plus sincère que celui des adultes et où il se sent à l'aise. C'est celui où en rêve tout est possible, celui où par l'imagination on est délivré de ses inquiétudes, de ses appréhensions.

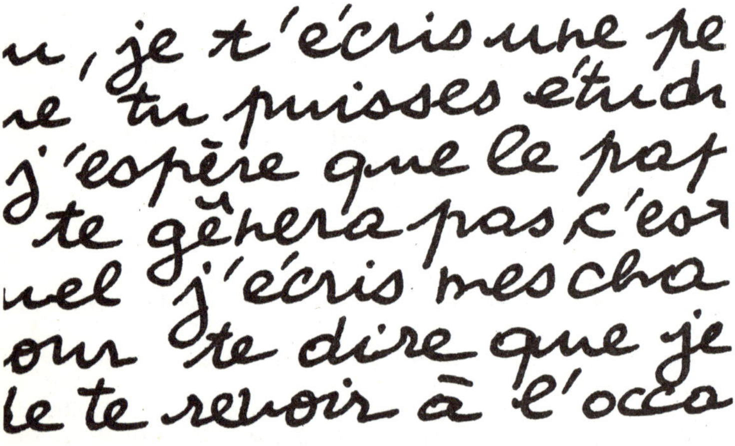

Des enfants, Philippe Chatel a le contact simple, naturel, confiant, gentil. Mais lorsqu'il ne perçoit pas chez les autres un courant de sympathie, il se referme se contente d'observer.

Ses sentiments sont forts, subjectifs, conditionnés par son grand besoin d'être compris, aimé et ainsi rassuré.

Comme ceux qui ont souffert ou souffrent de quelque chose il est à même d'aider ceux qui font partie de la grande famille des faibles, des sans défense, des peu habiles.

Savoir qu'il est utile à de plus démunis que lui et qu'il parle pour eux voilà ce qui le réconforte, voilà ce qui lui permet de surmonter les obstacles, de rassembler son courage, d'envisager l'avenir avec suffisamment d'espoir.

Bien entendu il a de la peine à se mettre en avant; il évite les rivalités, il n'a pas et ne cherche pas à avoir de l'autorité.

Aussi se le représente-t-on mal se rendant chaque jour dans une usine ou dans un bureau. Il y aurait été malheureux, aurait fui intérieurement en étant de ceux dont on dit : il est toujours dans la lune, il aurait végété, attendant les jours fériés pour vivre selon ses goûts

Sans doute, il aurait pu devenir dessinateur, illustrer des livres d'enfants ou encore être instituteur, moniteur.

Mais incontestablement le métier de musicien-conteur, de chanteur, qui est le sien lui convient très bien. Avec du flair, en fonction d'une idée exacte de ce qu'il est, ou à tâtons en procédant par essais successifs, il s'est orienté vers un domaine où il sait se faire entendre.

Il peut dans son métier parler de ce qui le touche le plus et dont il ne s'est jamais détaché : son passé, l'enfance.

Pour trouver le chemin du cœur souvent racorni des « grandes personnes » il dispose d'une faculté d'étonnement qui habituellement disparaît avec l'adolescence.

Sa logique très personnelle est également un instrument de non acceptation, de remise en cause, de non-conformisme.

L'approche immédiate, sensorielle des êtres et de tout ce qui vit est son mode de communication qu'il essaie ensuite de transcrire dans son langage.

Consciencieux, il entend faire le mieux possible ce qu'il a choisi, ce qui relève de ses responsabilités et donner le plus possible à ceux qui comptent sur lui ou qui dépendent de lui.

Parce qu'il a moins confiance en lui qu'un autre, il se montre plus scrupuleux, plus attentif, plus persévérant, plus patient.

Ses engagements, ses initiatives sont limités mais il les assume avec d'autant plus de sincérité et d'authenticité.

Parce qu'il souhaite, à son niveau et selon ses moyens apporter une contribution bénéfique, positive sur une planète où le mal se fait davantage remarquer que le bien, Philippe Chatel est un adulte, un adulte qui aurait l'âme d'un hobbit. Comme les hobbits * il est en quête d'un talisman perdu que convoitent les cavaliers noirs et toutes les forces du mal qui leur sont asservies.

---

* Les hobbits ont été inventés par Tolkien dans : Le seigneur des anneaux, C. Bourgois éd.

ISABELLE HUPPERT
actrice

Signes dominants : les Poissons par le Soleil et Mercure. Le Scorpion par l'Ascendant. Le Bélier par la Lune et Mars.
Dominante équinoxiale.
Planètes fortes : Jupiter, Mercure et Pluton. Angularité large du Soleil.
Faiblesse de Vénus, Mars, Saturne, Neptune et Uranus.

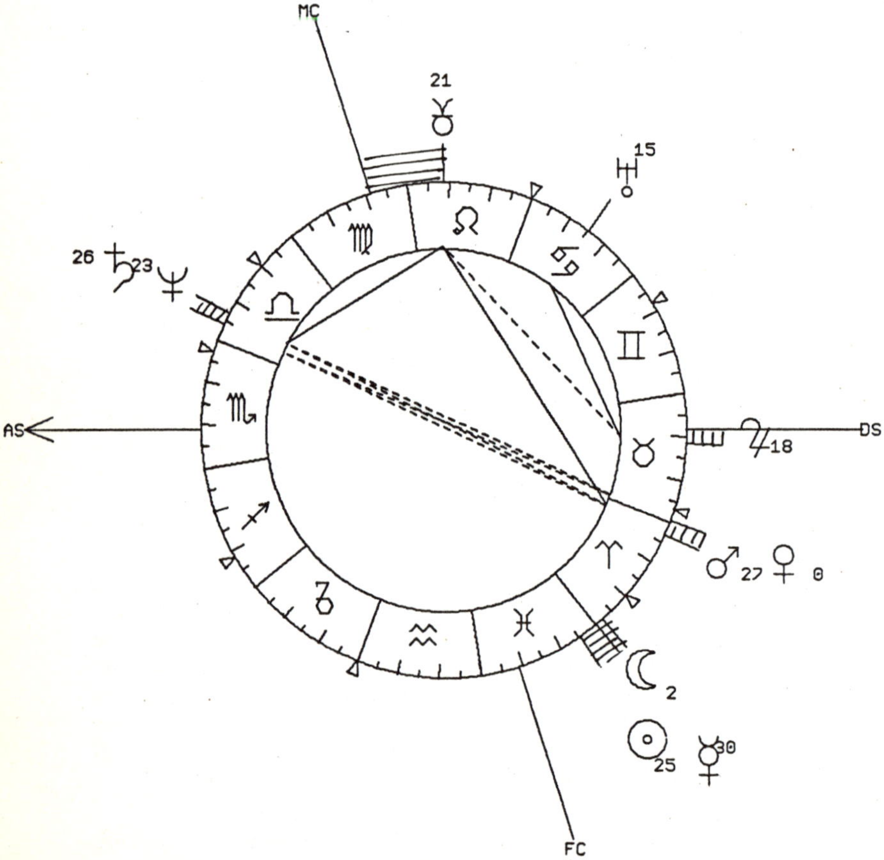

Françoise Hardy : Je n'ai pas été surprise de vous savoir Poissons Ascendant Scorpion, car ces 2 signes prédisposent à l'intériorisation et au goût du secret qui correspondent à l'image que vous donnez. Mais votre Lune natale se trouve dans le signe du Bélier, signe inverse des Poissons et très différent, également, du Scorpion. Vous devriez donc être un curieux mélange de contrôle, de calme, de secrétivité et de spontanéité, d'effervescence, d'impulsivité, ou, plus schématiquement encore, de retenue et d'irretenue.

Isabelle Huppert : Tout à fait. Je me sens aussi souterraine, à certains moments, qu'impulsive à d'autres. Je suis parfois « solaire », tout en étant très aquatique, maritime. Tout dépend des gens avec qui je me trouve et je m'étonne moi-même d'être aussi gaie et impulsive avec certaines personnes, et aussi retenue et mélancolique avec d'autres.

F. H. : Comment conciliez-vous la perméabilité, la disponibilité à plusieurs possibles des Poissons, avec la sélectivité du Scorpion et l'exclusivisme du Bélier?

I. H. : Je suis très sélective sur le plan professionnel, pour tout ce qui est de l'ordre de l'actif. Pour le reste, je suis assez passive et fataliste : je laisse les choses aller et venir...

F. H. : Vos 2 planètes fortes : Jupiter et Pluton, devraient accentuer l'ambivalence de vos signes. Êtes-vous tiraillée entre une partie de vous sociable, disposée à certaines concessions, ainsi que soucieuse d'efficacité, et une autre, distante vis-à-vis de toute forme d'efficacité, de réussite, ainsi que rétive, opposante, se sentant en marge des autres et tenant à le rester?

I. H. : Je suis plutôt ouverte et sociable dans un cercle très restreint. Dès lors que le cercle s'élargit, je me ferme beaucoup : j'ai l'impression de donner très peu, je n'aime pas parler de moi, j'ai horreur que l'on sache des choses sur moi.

F. H. : Le Bélier donne envie de bouger, de se dépenser, de s'extérioriser, alors que les Poissons portent à un immobilisme contemplatif : vivez-vous alternativement ces 2 attitudes ou l'une d'elles prédomine-t-elle nettement?

I. H. : C'est vrai qu'une partie de moi-même me pousse à m'extérioriser et qu'une autre partie me force à me rétracter tout autant. Finalement j'ai choisi un métier qui équilibre assez bien les deux puisqu'il me permet de me montrer en me cachant.

F. H. : Les Poissons qui craignent les œillères des choix trop exclusifs, sont facilement indécis, « flottants », alors que le Bélier appelle des positions claires et que le Scorpion requiert un maximum de précision dans tous les domaines. La décision vous pose-t-elle problème?

I. H. : Je suis incroyablement indécise, incroyablement influençable, je suis incapable de prendre une décision! Dire oui ou dire non m'angoisse absolument. Je prends donc l'avis de tout le monde autour de moi, et, pendant un certain temps, on a l'impression que je suis absolument flottante, que c'est le dernier qui parle qui a raison. Mais, en fin de compte, je m'aperçois que j'avais dès le départ une idée dans la tête et que je ne faisais que glaner des informations pour me confirmer dans mon oui ou dans mon non. Si tout le monde opte pour le oui alors que j'avais opté pour le non, je reste généralement sur mes positions. Mais il y a cette indécision, qui fait que j'ai besoin de beaucoup de temps pour me décider et qu'il me faut me confronter au jugement des autres durant ces longs moments d'hésitation qui ne sont pas agréables du tout. Contrairement à ce qu'on pourrait penser, car il me semble donner l'impression de quelqu'un qui sait ce qu'il veut et qui fait des choix radicaux, j'ai beaucoup de mal à faire des choix, je ne sais absolument pas ce que je veux, ou alors très confusément. Les évidences se font jour après beaucoup de remue-ménage dans ma tête, ce sont des accouchements qui sont toujours très douloureux.

F. H. : En résumant une partie des paradoxes de votre ciel on pourrait penser que vous êtes à la fois naïve et méfiante, combative et défaitiste, passionnée et détachée, voire indifférente?

I. H. : Je ne peux rien ajouter, c'est absolument ça.

F. H. : L'importance des Poissons ainsi que de Pluton et de Mercure dans votre ciel, révèle une forte tendance à se sentir bonne à tout, bonne à rien, de partout et de nulle part, tout le monde et personne, ce qui facilite des identifications multiples, avec en contrepartie une difficulté à savoir qui on est au fond. Y a-t-il eu un rôle qui ait déclenché chez vous une identification révélatrice de ce que vous êtes plus spécifiquement?

I. H. : Dans la mesure où tous mes rôles, pratiquement sans exception, ont déclenché une violente identification, le résultat final est que j'ai effectivement du mal à savoir qui je suis : je suis tous ces personnages, donc je ne suis rien en fait. J'ai souvent tendance à me comparer à une éponge ou à une page blanche sur laquelle on peut écrire ce qu'on veut. J'ai une espèce de propension à me caméléoniser très facilement et je me sens potentiellement tout mais existentiellement rien. Toute petite déjà, je me souviens que, quand je commençais à appréhender mon image en me regardant dans la glace, je me trouvais désespérément pâle et sans relief. Je le suis restée d'ailleurs, car je n'ai pas tellement changé de couleur, et je sais que c'est souvent ce que l'on me reproche. En même temps, évidemment, plus on est pâle et plus les couleurs s'inscrivent.

F. H. : Petite fille à qui aimiez-vous vous identifier?

I. H. Je me souviens très bien que les premiers personnages auxquels je me sois fortement identifiée étaient La petite sirène et La petite fille aux allumettes d'Andersen. Elles avaient toutes deux une destinée très amusante puisque l'une mourait d'amour et l'autre de froid. Quand j'ai joué La dentellière, qui a été, au cinéma, ma première identification très forte avec un personnage, tout ça est remonté violemment et je me suis aperçue que je n'avais fait que reproduire mes identifications les plus primitives, celles que j'avais eues quand j'étais petite.

F. H. : La conjonction Mercure-Lune pourrait vous donner le goût des facéties et de tous les divertissements ou diversions qui ne portent pas à conséquence : pratiquez-vous d'autres jeux que la comédie ?

I. H. : Non. Je suis paresseuse, je n'ai pas de hobby et je me sens très végétale, très contemplative. Je fais très peu de choses, quand je ne joue pas. En fait je suis capable de tout quand je joue mais de rien quand je ne joue pas. Je ne suis pas du tout comédienne dans la vie. Ce n'est pas que je sois mal à l'aise, mais je suis incapable d'être en représentation devant une assemblée privée.

F. H. : La légèreté des choses, l'humour devraient vous attirer pourtant ?

I. H. : Oui, mais c'est rarement moi qui donne cette coloration. Je me sens plus observatrice qu'actrice, c'est probablement pour cela, paradoxalement, que je suis actrice : par compensation.

F. H. : La conjonction Soleil-Lune, que l'on trouve dans votre ciel, prédispose à ne pas vouloir que sa vie publique entame sa vie privée, tout en ne pouvant s'empêcher de les associer étroitement.

I. H. : Je suis peut-être l'une des actrices qui, dans les interviews, dévoile le moins de choses sur sa vie privée. En même temps, ma vie professionnelle est inextricablement liée à ma vie affective. Il y a une telle alchimie, une telle osmose entre ce que je suis et ce que je joue, que je dis toujours que si l'on veut savoir qui je suis, il suffit d'aller voir mes films. Pour moi, faire du cinéma, c'est vraiment une façon de faire signe, de parler aux gens, au point que je n'éprouve pas du tout le besoin de leur parler autrement.

F. H. : Une maison 4 occupée comme la vôtre, indique généralement une empreinte familiale plus prégnante que la moyenne.

I. H. : Il y a un moment où il faudrait couper une certaine forme de lien avec ses parents pour pouvoir vivre par soi-même, ce qui ne voudrait pas dire qu'on ne les aime plus. Mais le poids des racines est extrêmement lourd pour moi. A un certain moment je l'ai sous-estimé : je me sentais très mobile, mouvante, je voyageais beaucoup... En réalité, mes liens avec ma famille sont d'une telle force, d'une telle ténacité, que je ne crois pas que j'arriverai jamais à me détacher d'elle autant que je devrais.

F. H. : Il y a dans votre ciel une conjonction Vénus-Mars à l'opposition d'une conjonction Saturne-Neptune, qui révèle une difficulté de base à concilier vos attirances ou pulsions instinctives, physiques, avec l'aspiration à une dimension plus élevée. Cette dissonnance suggère plusieurs questions. Par exemple, vous sentez-vous bloquée dès que quelqu'un vous attire ?

I. H. : Assez oui... c'est vrai ça... D'abord j'ai beaucoup de mal à... comment dirais-je... à nommer l'objet de mon désir. Par culpabilité peut-être. J'ai un sentiment de culpabilité développé qui fait que dès que je veux quelque chose, en même temps je ne le veux plus. Normalement, quand les désirs sont forts, ils devraient emprunter des voies qui permettent leur concrétisation et leur assouvissement, mais, en fait, ils ne se réalisent pas, parce qu'ils n'arrivent pas à s'exprimer ou bien y arrivent mal, par des voies très contradictoires, avec frustration, insatisfaction à la clé...

F. H. : La frustration peut aussi être en rapport avec une attirance inconsciente pour les êtres les plus à même de vous frustrer à long ou moyen terme...

I. H. : C'est une attitude masochiste finalement...

F. H. : C'est une configuration qui prédispose au masochisme...

I. H. : J'ai souvent l'impression qu'il y a deux personnes en moi : l'une qui veut les choses et estime qu'elle doit les obtenir et l'autre que quelque chose retient de les obtenir, parce qu'elle pense qu'elle n'y a pas droit...

F. H. : Ce quelque chose qui retient, n'est-ce pas du défaitisme?

I. H. : Plutôt un manque assez fondamental de confiance en soi qui fait que je me vois ressembler à une certaine image et qu'en même temps je n'y crois pas. Une partie de moi me dit que je suis incapable de ressembler à ce à quoi j'aimerais ressembler.

F. H. : On touche là à autre chose : je pense à votre Soleil qui est probablement plus angulaire que votre heure de naissance, manifestement arrondie, ne l'indique, et qui se trouve au quinconce de Saturne, ce qui se manifeste par ce que vous venez de dire. D'une façon générale, un Soleil fort inspire le besoin de représenter une image idéale...

I. H. : Cette image idéale est difficile à atteindre, pas simplement parce que l'idéal en soi est difficile à atteindre, mais parce que l'on ne se donne pas soi-même les moyens de l'atteindre... C'est ma principale difficulté, quoique, à l'âge que j'ai et avec la réflexion que je fais sur moi-même, je commence à prendre mieux conscience de tout cela et à lutter contre.

F. H. : C'est très Poissons de ne pas se donner les moyens d'atteindre son rêve.

I. H. : J'ai constamment le sentiment d'osciller entre une image très haute, valorisée et valorisante de moi-même et une image complètement dévalorisée, diminuée... Et je dois lutter contre cette « dissonnance » si je veux limiter les désillusions, les déceptions, les frustrations...

F. H. : L'indifférence qui peut résulter d'une dominante Poissons aggravée par la faiblesse de Mars et la force de Pluton, ne doit pas vous faciliter les choses...

I. H. : L'indifférence que vous évoquez peut être un atout à certains moments et devenir une entrave à d'autres. C'est probablement la raison pour laquelle les Poissons ont du mal à accéder à certaines choses, parce que c'est une façon... finalement de se dénigrer soi-même, d'anéantir sa personnalité. On a parlé tout à l'heure du « laisser faire les choses » qui est une caractéristique des Poissons, voire un de leurs avantages, mais, sur le plan de la réalisation de soi-même et de la concrétisation de certains objectifs, cette indifférence finit par se retourner complètement contre soi, dans la mesure où elle devient une impossibilité à faire les choses, à se faire écouter, à s'affirmer. Ça donne lieu à des comportements très contradictoires, décousus, névrotiques presque. Au début on pense que c'est de l'indifférence, mais quand elle se retourne contre soi, on prend conscience que ce n'était pas que ça, sinon on serait resté intact. Le jour où on s'aperçoit que ce qu'on croit être de l'indifférence ne vous laisse pas intact, on est obligé d'aller plus loin dans l'analyse de son comportement, et on se trouve alors comme devant une pelote de laine qui, en se dévidant, révèle des tas d'autres choses : la peur, le manque de confiance en soi, l'indécision, et, en fin de compte, une non-structuration de la personnalité qui a dû mettre en place un système de défense qui ressemble à de l'indifférence, mais qui n'est pas que cela. On est toujours entre deux eaux : il y a cette capacité à se mouvoir agréablement partout qui, à un moment donné, n'est plus qu'une apparence qui recouvre justement le contraire : l'incapacité à se mouvoir. Les raisons pour lesquelles ça va, sont justement les raisons pour lesquelles ça ne va plus du tout. On est à l'aise avec la tête sous l'eau, mais ce n'est pas une façon d'affronter la vie, les autres et leurs jugements : il faudrait arriver à mettre la tête hors de l'eau.

RMC, décembre 1983
Paris, janvier 1986

ISABELLE HUPPERT

Analyse graphologique

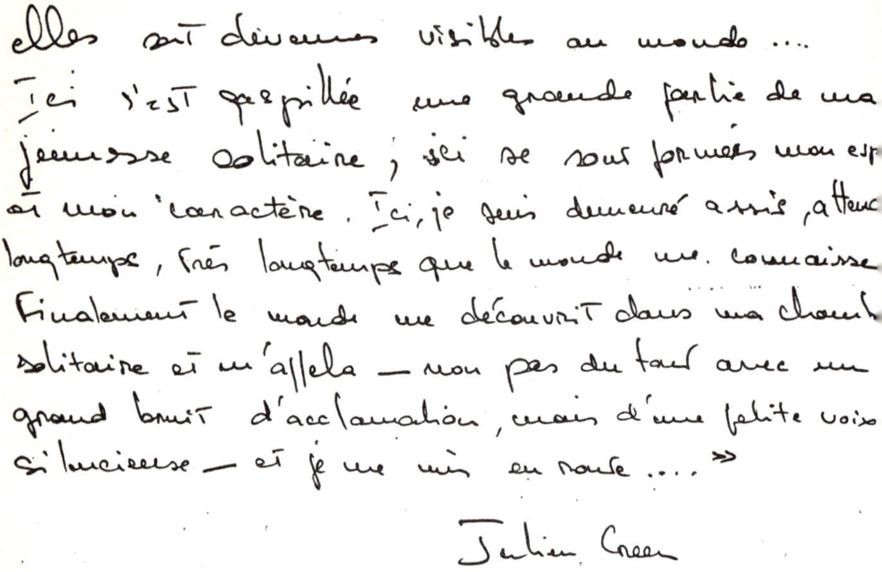
elles sont devenues visibles au monde...
Ici s'est gaspillée une grande partie de ma jeunesse solitaire, ici se sont formés mon esp et mon caractère. Ici, je suis demeuré assis, attend longtemps, très longtemps que le monde me connaisse. Finalement le monde me découvrit dans ma chamb solitaire et m'appela — non pas du tout avec un grand bruit d'acclamation, mais d'une petite voix silencieuse — et je me mis en route...»

Julien Green

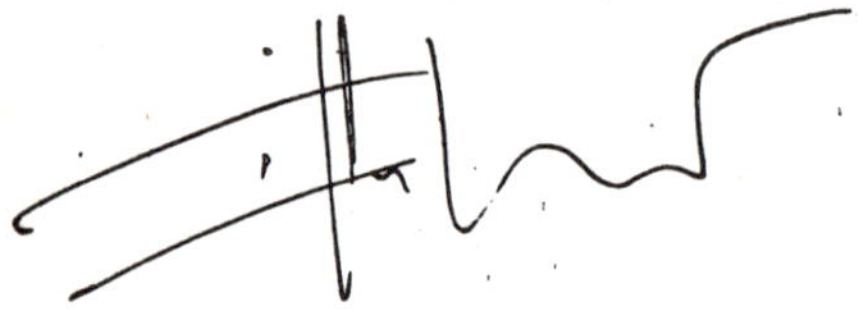

(Format réduit).

Observation de l'écriture :
Instrument : Crayon à bille de type japonais, couleur noire.
Impression : Fluidité. Le blanc domine malgré l'occupation de toute la page. Petit feston adroit de la guirlande. Verticales-roseaux au bord d'un lac, flexibles et tenant bon comme dans la fable.
Harmonie : Moyenne. L'écriture est homogène.
Formniveau : Impression de respiration, de palpitation, de souplesse, tout ceci valorisant, mais du flottement, pas de chaleur, pas d'intensité, l'aspect cabré coupe l'élan. 3 à $3^1/_4$.
Rythme selon Heiss : Le mouvement semble glisser, couler avec facilité, donc du rythme. Formes de mouvement. Pas de rythme de l'espace.

Degrés de tension de Pophal : II, III, IVB, I et IVA dans la signature.
Définition : En petites guirlandes annelées, étalée, prolongée dans les hampes, renversée, légère, poreuse, bâtonnée et gonflée dans la zone médiane, jointoyée, acérée, posée à accélérée.
Trait selon Hegar : C, Lg, R, P.
Signature placée à gauche, filiforme, terminée par un geste à rebours et lancé que l'on retrouve dans les barres de t surplombantes. Petite marge de gauche, peu de souci de mise en page. Des R pour des r, des torsions, des suspensions, des laps de cohésion.

Synthèses :
1° Pâtosité, légèreté, étalement : sensorialité.
2° Gonflements, annelage, R du roi, petite marge de gauche : avidité, besoin de sécurité.
3° Renversement, rebours, bâtonnements, grandes hampes, surélévations, geste en angle dans les jambages : recherche d'indépendance.
4° Absence de mise en page, fluidité des formes : attitude qui n'est pas toujours très consciente, mais avec les guirlandes, l'annelage : adaptabilité, savoir-faire.
5° Acérations, bâtonnements : sens critique.

Approches psychologique, caractérologique, typologique :

Tempéraments d'après Hippocrate : lymphatique, nerveux.
Le Senne : émotive, non-active, secondaire : sentimentale un peu affectée, idéalisme, recherche de dignité.
Freud : oralité. Stade phallique visible dans l'écriture.

Szondi et fonctions de Jung :

Pulsion paroxysmale
e+ hy+
facteurs hy dominant
Intuition hystéroïde

Moi inquiet
k– p+
facteur k dominant
Sentiment catatonique

Pulsion de contact
d+ m+
facteurs d et m comptent
Pensée anale

Pulsion sexuelle
h+ s+
facteur s dominant
Sensation virile

Éléments d'interprétation :

– k– p+ : des incertitudes, des hésitations. Le Moi n'est pas toujours assez fort pour aller à l'encontre des désirs, des pulsions. L'aspiration d'être plus, de dépasser ses limites (p+), se heurte au frein du k– qui fait barrage aux risques que représentent les tendances intérieures pour favoriser la réaction d'adaptation, de soumission à la réalité.
Sécrétivité et rationalisation caractérisent le sentiment, que p+ peut conduire à intellectualiser.
– e+ hy+ : l'écriture est plutôt hy–, la signature hy+. Le facteur e n'est pas très accentué. Plasticité du facteur hy dominant. Aptitude à plaire, mobilité des attitudes, bien appropriées. Expression aisée des émotions. Finesse des inspirations et des intuitions renforçant la grande adaptabilité. Le facteur hy+ motive dans l'activité professionnelle. Le succès est recherché.

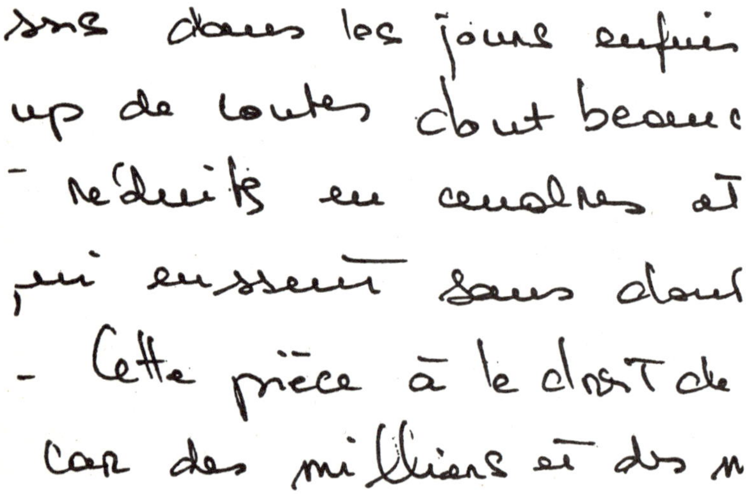

– h+ s+ : profil adulte bien équilibré. Les deux tendances féminine (douceur) et masculine (combativité) sont vécues. Avec s dominant, l'énergie et l'ambition de réussite sont renforcées dans l'activité.
– d+ m+ : « Bloc de réalité », réalisme, valorisation de tout ce que le monde extérieur peut apporter de positif. Compétitivité accrue et avidité également, d'où problème de choix. Pensée à la fois assimilatrice et soucieuse d'acquérir.

Si on a lu le très beau récit autobiographique de Julien Green, *Jeunes années,* on comprend bien pourquoi il a été touché par l'écrivain américain Hawthorne lorsque celui-ci évoque sa « jeunesse solitaire » et sa « vieille chambre » où lui sont apparues des milliers et des milliers de visions ». Ce sont là des mots qui le transportent bien des années en arrière et lui redonnent accès au monde de l'adolescent qu'il fut.

De même, lorsque Isabelle Huppert lit des passages tels que : « jours enfuis », « attendant que le monde me connaisse », ce sont des clés du pays du souvenir qui lui sont prêtées.

Les résonances, les rêves, alors déclenchés en elle, ont une douceur dont il lui est difficile de se détacher.

Elle a besoin de rêves car elle aspire à davantage que ce qui est quotidien, ordinaire, moyen.

Elle souhaite d'une certaine façon s'évader de la réalité, de ses contraintes et de sa banalité, mais souhaite peut-être encore davantage que sa vie comporte une dimension qui élève, élargisse cette réalité, qui la rende brillante, légère, pleine de fantaisie et de succès.

Sa sensibilité, son esprit ouvert, son imagination, ont besoin de trouver à l'extérieur des sources d'inspiration, des stimulations.

L'art les lui apporte ainsi que son métier par les rôles à interpréter.

De l'intuition, une capacité d'approche de ce qui n'est pas expressément formulé, de l'impressionnabilité, une sensorialité délicate, lui donnent de la finesse de compréhension.

Ce qui est trop direct, brutal, sans demi-teintes, sans ombres et sans mystère ne l'attire pas.

Il lui faut suffisamment de complexité, de richesse.

La société, les êtres tels qu'elle les observe, tels qu'elle les ressent, et elle-même telle qu'elle s'éprouve, ne sont ni simples ni sans interrogations.

Sa réceptivité aux ambiances, sa perception des nuances, sa faculté de deviner sans passer par l'intermédiaire de la réflexion logique, sa perméabilité aux situations, aux émotions, sont les éléments constitutifs d'une mobilité psychique précieuse pour une actrice.

Ils créent aussi un terrain assez insécurisant, assez fluctuant, un terrain où dans les brumes de l'incertitude, Isabelle Huppert avance à tâtons et craint parfois de s'égarer en cherchant son chemin.

Vulnérable, influençable, par certains aspects de sa personnalité, elle n'est cependant pas fragile.

Elle sait réagir et voir où se situe son intérêt en fonction des buts qu'elle se propose d'atteindre.

Elle n'idéalise pas car elle possède du sens critique, du bon sens quand il s'agit de décisions pratiques.

Sans doute, il ne lui est pas si facile de résister à ses désirs, à ses impulsions, à ses élans et elle n'est pas toujours une personne raisonnable.

Mais sa conduite est finalement guidée par un besoin de dépassement peut-être lié à un sentiment d'insatisfaction.

Mais elle est concrète, elle pèse les implications de ses choix, elle

Le livre de Henry James sur
Hawthorne est une des plus belles biographi
qui soient, tant par la profondeur de ses
intuitions que par sa souveraine intelligence
du sujet. Il y a une citation de Hawthorne
que je voudrais essayer de traduire, mais qu
n'est-ce pas cueillir une fleur de magnolia
en espérant qu'elle ne se flétrira pas aussitôt
Enfin, voici le passage en question – à peu
près : « Me voilà donc de nouveau assis dans
ma vieille chambre qui m'est si familière
comme j'étais assis dans les jours enfuis.... Ic
j'ai écrit beaucoup de contes dont beaucoup
ont été brûlés et réduits en cendres et beau
coup d'autres qui eussent sans doute mér
le même sort. Cette pièce a le droit de se di
une pièce hantée, car des milliers et des milliers
de visions me sont apparues, et quelques unes d'en

regarde la réalité en face, s'y adapte adroitement, et, dans son activité professionnelle témoigne d'un savoir-faire intelligent, d'ingéniosité inventive.

Spontanée, simple, naturelle, douce dans les contacts, Isabelle Huppert, tout en usant de son charme car elle aime plaire, reste secrète, très réservée sur ce qui la touche de près, se livrant peu, pas si assurée que cela au fond, gagnée par des doutes, des inquiétudes, essayant de se protéger de son mieux.

L'attention, le soutien de ses proches lui sont indispensables mais elle est individualiste, affectivement circonspecte, ne se laissant pas conduire par ses sentiments, prête à faire machine arrière si on l'envahit, si on veut la limiter.

Alors, elle réagit par de l'indépendance, par de l'obstination, par du refus, par de l'opposition.

Pourtant, elle n'est pas encore très autonome, elle reste attachée à son passé, à son milieu familial, nourricier, rassurant, dispensateur de chaleur.

Sa signature résume bien les ambivalences et les réticences qui sont les siennes et comment elle parvient à les surmonter.

Le geste cruciforme, le mouvement, le lancement final nous indiquent qu'elle a fait un pari positif quant à ses chances, qu'elle a une ambition et un projet professionnel, qu'elle a pris le parti de mener une activité conforme à ses goûts et à ses rêves, conduite avec hardiesse, liberté, aptitude à risquer quand il le faut, combativité au moment opportun.

En même temps ce retrait dans la partie gauche de la page incite à se demander s'il n'y a pas là le signe d'une appréhension, d'une prudence, d'une tentation éventuelle de rester comme Hawthorne à observer le monde depuis sa chambre.

L'antenne qui termine son nom est semblable à un défi. Ne dit-elle pas ainsi : je vais montrer ce dont je suis capable, je vais vous surprendre, vous étonner, je suis sortie de ma chambre, je me suis mise en route, j'arrive!

Cet ouvrage a été réalisé sur
Système Cameron
par la SOCIÉTÉ NOUVELLE FIRMIN-DIDOT
Mesnil-sur-l'Estrée
pour le compte des Éditions RMC
le 25 septembre 1986

Imprimé en France
Dépôt légal : septembre 1986
N° d'édition : 860005 – N° d'impression : 4677

3,20,–